VADE-MECUM

DES TROUPES COLONIALES

A. BEAUNÉE

OFFICIER D'ADMINISTRATION DE L'INTENDANCE MILITAIRE DES TROUPES COLONIALES

TROUPES COLONIALES

VADE-MECUM

ANALYTIQUE ET ALPHABÉTIQUE

DE LA RÉGLEMENTATION APPLICABLE AUX ÉTATS-MAJORS, CORPS DE TROUPE

ET SERVICES DE L'ARMÉE COLONIALE EN FRANCE ET AUX COLONIES

(Lois, Décrets, Décisions, Circulaires, etc.)

A JOUR JUSQU'EN OCTOBRE 1906

(B. G., jusqu'au n° 37 ; B. C. jusqu'au n° 8 inclus)

PARIS

HENRI CHARLES-LAVAUZELLE

ÉDITEUR MILITAIRE

10, rue Danton, boulevard Saint-Germain, 113

(MÊME MAISON A LIMOGES)

Tous droits réservés.

ABRÉVIATIONS

B. G.	*Bulletin officiel du Ministère de la guerre*, partie réglementaire.
B. G., P. S.	*Bulletin officiel du Ministère de la guerre*, partie supplémentaire.
B. G., E. R., vol. , p.	*Bulletin officiel du Ministère de la guerre*, édition refondue, volume n° , page (couverture bleue).
B. G., E. M., vol. , p.	*Bulletin officiel du Ministère de la guerre*, édition méthodique, volume n° , page (couverture jaune).
B. G., vol. spl. T. C. p.	*Bulletin officiel du Ministère de la guerre*, volume spécial aux troupes coloniales, page (couverture grise).
B. C.	*Bulletin officiel du Ministère des colonies.*
B. M.	*Bulletin officiel du Ministère de la marine.*
B. M., R.	*Bulletin officiel du Ministère de la marine*, édition refondue.
J. O.	*Journal officiel.*
J. M.	*Journal militaire.*
A. M.	*Annales maritimes.*
Vol. spl.	Volume spécial.
Arr.	Arrêté.
Circ.	Circulaire.
Déc.	Décision ministérielle.
Déc. prés.	Décision présidentielle.
Déc. imp.	Décision impériale.
Déc. roy.	Décision royale.
Inst.	Instruction.
Ord.	Ordonnance royale.
Régl.	Règlement.
Mod.	Modèle.
Modif.	Modifié.
Err.	Erratum.
T. C.	Troupes coloniales.
T. M.	Troupes métropolitaines.

VADE-MECUM
DES TROUPES COLONIALES

A

Abatage des chevaux.

Abondements.

Abonnements téléphoniques.

1° Guerre.

2° Colonies.

Abreuvage des chevaux.

Abreuvoirs.

Absence illégale.

Accidents.

Achat de chevaux.

(Voir : *Remonte.*)

· Achat sur facture.

(Voir : *Marchés.*)

Acide phénique.

Acte de disparition.

Actes conservatoires.

(Voir : *État civil.*)

Actes de l'état civil.

(Voir : *État civil.*)

Action d'éclat.

28 mai 1895 Arr. Inscription sur les registres et états de services, *B. G.*, p. 1918.
 6 déc. 1903 Décret, annexe D. Inscription sur les registres et relevés des services, *B. G.*, vol. spl., T. C., p. 159.
23 déc. 1903 Service en campagne, art. 111, *B. G.*, E. R., vol. 76.

Adjoint au trésorier.

20 oct. 1892 Décret, art. 58, *B. G.*, vol. spl., T. C., p. 22.
 6 déc. 1903 Service intérieur : Inf., art. 59 ; Artil., art. 51, *B. G.*, E. R., vol. 78.

Adjudants.

(Voir : *Avancement.*)

20 oct. 1892 Service intérieur : Inf., art. 116 à 131 ; Artil., art. 141 à 152, *B. G.*, E. R., vol. 78.
 6 févr. 1897 Loi rétablissant les adjudants de bataillon, *B. G.*, p. 187.

Adjudants chargés de l'armement et du harnachement.

20 oct. 1892 Service intérieur, Artil., art. 157, *B. G.*, E. R., vol. 78.
 9 déc. 1901 Inst. sur la masse de ferrage et de harnachement aux colonies, art. 27, *B. C.*, p. 1263.
28 déc. 1905 Règl. sur l'armement aux colonies, art. 20.

Adjudants chefs de fanfare.

(Voir : *Musiciens.*)

Adjudants de casernement.

20 oct. 1892 Service intérieur : Artil., art. 153, *B. G.*, E. R., vol. 78.
 3 mars 1899 Règl. sur le casernement en France, art. 11, *B. G.*, E. R., vol. 51.
16 oct. 1903 Règl. sur le casernement aux colonies, art. 11, *B. C.*, vol. spl., p. 887.

Adjudants de garnison.

 4 oct. 1891 Service des places, art. 29, *B. G.*, E. R., vol. 75.

Adjudants de réserve.

11 févr. 1898 Propositions et nominations, *B. G.*, E. R., vol. 71, p. 368.
28 déc. 1898 Inst., art. 6, nominations, *B. G.*, E. R., vol. 72, p. 72.

Adjudants gardiens de batteries aux colonies.

(Voir : *Gardiens de batterie coloniaux. — Passages.*)

19 sept. 1903 Décret réorganisant l'artillerie coloniale, art. 8, § 2. Les adjudants gardiens de batteries aux colonies sont rétablis ; leur effectifs est déterminé chaque année, *B. C.*, p. 845 ; *B. G.*, p. 1443.

Adjudants gardiens de batteries aux colonies (suite).

16 oct. 1903 Règl. sur les directions d'artillerie coloniales, art. 18, attributions, *B. C.*, vol. spl., p. 48.

16 oct. 1903 Règl. sur le service des adjudants gardiens de batteries coloniaux, *B. C.*, vol. spl., p. 475.

24 nov. 1900 Inst. sur la garde des batteries aux colonies : organisation, effectif, recrutement, stages d'instruction professionnelle, service colonial, fonctions, subordination, instruction, solde et accessoires, indemnités, tenue, armement, équipement, proposition pour l'emploi de gardien de batterie métropolitain, *B. C.*, p. 1148; *B. O.*, p. 1787.

Adjudants indigènes.

11 nov. 1904 Décr. Organisation du recrutement indigène en Afrique occidentale, art. 9 et 10, mode de nomination, *B. C.*, p. 1092.

Adjudants majors.

20 oct. 1892 Service intérieur : Inf., art. 45 à 51; Artil., art. 113 à 118, *B. O.*, E. R., vol. 73.

Adjudants vaguemestres.

(Voir : *Vaguemestres.*)

Adjudications.

(Voir : *Marchés.*)

18 nov. 1882 Décr., art. 2 à 17, *B. C.*, 1899, p. 1119; *B. O.*, E. M., vol. 25, p. 5.

7 juill. 1899 Conditions générales des marchés. Colonies, art. 18 à 31, *B. C.*, p. 1113.

16 févr. 1903 Cahier des clauses et conditions générales des marchés. Guerre, art. 2 à 6, *B. O.*, E. M., vol. 25, p. 67.

15 juin 1903 Inst. pour la passation des marchés. Guerre, art. 2 à 34, *B. O.*, E. M., vol. 25, p. 92.

10 févr. 1906 Circ. Dépôt dans les adjudications publiques de soumissions remises par des mandataires. Guerre, *B. O.*, p. 153.

Administrateurs coloniaux.

6 avril 1900 Décr. Réorganisation, *B. C.*, p. 289; modifié : 19 septembre 1903, *B. C.*, p. 811; 27 juin 1905, *B. C.*, p. 729; 10 décembre 1905, *B. C.*, p. 1281.

6 sept. 1905 Arr. Conditions exigées des fonctionnaires, officiers, agents ou explorateurs non munis du brevet de l'école coloniale qui sollicitent leur admission dans le cadre des administrateurs coloniaux, *B. C.*, p. 981.

Administrations centrales.

(Voir : *Ministère de la guerre. — Ministère des colonies.*)

30 mars 1902 Loi de finances, art. 79; fixation des cadres, imputation de la solde du personnel des administrations centrales, *B. O.*, E. M., vol. 23, p. 137; *B. C.*, p. 305.

22 avril 1905 Loi de fin., art. 43; imputation de la solde et des accessoires du personnel employé dans les administrations centrales des ministères, *B. C.*, p. 532.

Administration des troupes coloniales.

21 oct. 1889 Il appartient au commandement seul de notifier aux corps de troupe les décisions administratives, *B. G., E. R.*, vol. 62, p. 135.

28 févr. 1903 Circ. Transmission en copie conforme des prescriptions ministérielles d'ordre administratif, *B. G.*, p. 222.

12 nov. 1904 Circ. Attributions respectives des commandants supérieurs des troupes, des commandants de l'artillerie et des directeurs de service, *B. G.*, p. 1690.

21 juin 1906 Décr. sur l'administration des troupes coloniales, *B. C.*, p. 579; *B. G.*, p. 803.

Art. 1 Principes généraux de l'administration.
2 Services aux colonies.
3 Services en France, en Algérie et en Tunisie.
4 Établissements et services spéciaux en France, en Algérie et en Tunisie, relevant du ministère des colonies.
5 Attributions des directeurs. Ordonnateurs. Sous-ordonnateurs.
6-7 Autorité et attributions du commandant supérieur.
8 Responsabilité des administrateurs et ordonnateurs.
9 Attributions du gouverneur de la colonie principale d'un groupe.

Administration des officiers de réserve.

Voir : *Officiers de réserve, etc., B. G., E. R.*, vol. 72.

Administration et comptabilité des corps de troupe.

(Voir : *Comptabilité des corps de troupe en campagne. — Matériel d'artillerie.*)

1° Métropole.

6 déc. 1903 Règl. provisoire sur l'administration, la comptabilité et l'habillement des troupes coloniales stationnées dans la métropole, *B. G.*, vol. spl. ; modif. décret du 11 juin 1905, *B. G.*, p. 711; modif. 20 septembre 1906, *J. O.* du 27 septembre.

Art. 1 à 3. Administration des corps.
4 à 9. Composition du conseil d'administration.
10 à 21. Attributions.
22 à 34. Séances du conseil.
35 - 36. Responsabilité.
37 - 38. Chef de corps.
39 à 49. Major.
50 à 59. Trésorier.
60 à 68. Officier d'habillement.
69 - 70. Officier de casernement.
71 - 72. Officier directeur du parc.
73. Agents du conseil autres que les officiers comptables.
74 à 79. Commandants d'unités administratives.
80 à 86. Administration des détachements.
87 - 88. Corps organisés sous le nom de compagnie, section ou dépôt.
89 à 92. Valeurs en caisse.
93 à 101. Dépôts au Trésor et versements à la Caisse des dépôts et consignations.
102 à 105. Avances faites par les corps pour l'exécution de divers services.
106 - 107. Remboursement de matières et effets cédés par le corps.
108 à 110. Envoi de fonds.
111 - 112. Recouvrement des imputations.
113. Pertes ou déficits de fonds.
114 à 120. Registres tenus dans le corps.
121 à 130. Traitement des officiers et payement des sous-officiers rengagés ou commissionnés.
131 à 139. Prêt.

1.

Administration et comptabilité des corps de troupe (*suite*)

Modèles. *B. G.*, vol. spl.; modif. 11 juin 1905; *B. G.*, p. 744.

30 oct. 1904 Inst. pour l'application du décret du 6 décembre 1903, *B. G.*, v. s., p. 986; modif. 11 juin 1905, *B. G.*, p. 744.

2° *Colonies.*

22 juin 1847 Ord. sur l'administration et la comptabilité des corps de troupe de la marine (colonies); modif. 14 janvier 1879; 25 février 1889, *B. M.*, p. 372, etc.; vol. spécial; et circ. du 1er juillet 1847, *B. M.*, II, p. 645.

Administration et comptabilité des corps de troupe (suite).

Adresse des établissements militaires et des officiers comptables des corps et services.

Adresse des familles des militaires en service aux colonies.

Affaires militaires.

Affectation.

Affectation spéciale.

(Voir : *Réserves.*)

Affiches dans les casernements.

Affiches militaires.

Affrétements.

(Voir : *Transports maritimes.*)

Afrique occidentale française.

Age des chevaux.

Agence judiciaire du Trésor.

Agents civils du commissariat.

(Voir : Non disponibles.)

11 juin 1901   Décret, art. 23. Les commis du commissariat et les magasiniers seront supprimés par voie d'extinction, *B. M.*, 2° 1901, p. 659; *B. C.*, p. 511; *B. G.*, p. 1025.

3 déc. 1902   Circ. Tenue de la matricule et des feuillets de notes des agents du commissariat et des magasiniers de l'ancienne organisation, *B. G.*, p. 2387.

28 janv. 1903   Décret réorganisant les personnels des agents civils du commissariat et des comptables des matières des colonies, *B. C.*, p. 107, *B. G.*, p. 117; modif. décret du 30 mars 1904, *B. C.*, p. 315, *B. G.*, p. 421.

10 juill. 1905   Inst. Procédure à suivre par les commissions d'enquête d'agents civils du commissariat et du corps des comptables des colonies, *B. C.*, p. 795, *B. G.*, p. 1070.

18 janv. 1906   Inst. réglant les conditions d'admission au concours pour l'emploi de sous-agent du commissariat. Programme du concours, *B. G.*, v. s., p. 37.

18 janv. 1906   Inst. réglant les conditions d'admission au concours pour l'emploi de sous-agent comptable des matières. Programme du concours, *B. G.*, v. s., p. 43.

Agents des conseils d'administration.

Colonies.

22 juin 1847   Art. 615 à 657. Modif. 14 janvier 1879, vol. spl.

Métropole.

6 déc. 1903   Art. 2, 50 et suivants, *B. G.*, vol. spl., T. C.

Agents ne faisant pas partie des conseils d'administration.

Colonies.

22 juin 1847   Art. 652 à 657, vol. spl.

Métropole.

6 déc. 1903   Art. 73, *B. G.*, vol. spl., T. C.

Aiguillettes.

30 sept. 1903   Description des uniformes, art. 1, *B. G.*, vol. spl., T. C., p. 1.

Ajournements.

(Voir : Appel.)

21 mars 1905   Loi sur le recrutement, art. 18, 19; jeunes soldats, *B. G.*, p. 263; *B. O.*, p. 359; *B. G.*, E. M., vol. 68-1, et inst. du 29 décembre 1905, art. 66 à 69, B. G., E. M., vol. 68-1, p. 153.

7 avril 1906   Inst. Art. 11 et 12. Décompte des services des ajournés.

Alcool. — Alcoolisme.

(Voir : Boissons alcooliques. Conférences. Ouvrages.)

Aliénés.

Alimentation des troupes.

*(Voir : Eau. — Masse de ravitaillement. — Officiers d'approvisionne-
ments. — Ordinaires. — Service des subsistances. — Subsistances.)*

Allumettes.

Ambulances.

(Voir : Service de santé colonial.)

Amendes.

Ameublement.

(Voir : Masse de couchage et d'ameublement.)

1° Métropole.

Ameublement (*suite*).

2° Colonies.

Anarchistes.

(Voir : *Presse. — Provocation à l'indiscipline.*)

Ancienneté.

(Voir : *Congés*.)

16 mars 1838   Ord. sur l'avancement, art. 3 à 8, 22 à 24, 55-56, 36 à 128, *B. G.*, E. R., vol. 22, p. 10.

31 août 1840   Déc. Gradés rendant leurs galons pour passer dans un corps sur le pied de guerre, *B. G.*, E. R., vol. 22, p. 88.

15 oct. 1853   Déc. relative aux capitaines et lieutenants de 1re classe suspendus de leur emploi pour moins d'un an, *B. G.*, E. R., vol. 22, p. 72.

18 janv. 1882   Décret. Rang assigné aux sous-lieutenants sortant des écoles, *B. G.*, E. R., vol. 22, p. 13.

26 nov. 1888   Décret. Décompte de l'ancienneté des sous-officiers provenant des officiers démissionnaires, *B. G.*, E. R., vol. 22, p. 82.

16 juin 1897   Décret. Avancement des officiers de réserve et de l'armée territoriale, *B. G.*, E. R., vol. 72, p. 9.

27 mars 1902   Circ. L'officier du cadre étranger admis dans le cadre français perd son ancienneté de grade pour prendre rang à la date du décret de nomination, *B. G.*, p. 536.

30 mars 1902   Loi de finances, art. 80. Décompte des services militaires des agents de l'Etat dans le calcul de l'ancienneté pour l'avancement, *B. C.*, p. 305.

20 mai 1903   Décret, art. 18. Les lieutenants et capitaines qui passent dans la gendarmerie ne comptent leur ancienneté de grade dans ce corps pour le commandement et l'avancement que de la date du décret d'admission dans la gendarmerie, *B. G.*, E. M., vol. 39.

24 févr. 1906   Décret. Manière de décompter l'ancienneté des anciens gradés des troupes métropolitaines passés dans les T. C. comme soldats ou dans un grade ou un emploi inférieur à celui qu'ils avaient dans les T. M. et qui ont été renommés à leur grade ou à leur emploi précédent, *B. G.*, p. 323.

Anneaux de pansage.

6 juill. 1899   Description, *B. G.*, E. R., vol. 51 *bis*, p. 40.

16 oct. 1903   Description, *B. C.*, vol. spl., p. 980.

Annonces officielles dans les journaux.

(Voir : *Marchés*.)

Annuaire officiel de l'armée française.

26 mars 1906   Circ. Conditions de vente à l'armée pendant les années 1906 à 1915 inclus, *B. G.*, p. 139.

Annulation de jugement.

9 juin 1857   Code de justice militaire, art. 181, *B. G.*, E. R., vol. 56.

Appareil à copier.

7 févr. 1900   Appareils à employer par les états-majors pour la reproduction des ordres et autres documents, *B. G.*, E. M., vol. 55-2, p. 230.

Appareils à vapeur.

30 avril 1880   Décret sur les appareils à vapeur, *B. lois*.

Appareil Castaing.

6 juill. 1899 Description, *B. G.*, E. R., vol. 51 *bis*, p. 41.

Appareil Renard.

6 juill. 1899 Description, *B. G.*, E. R., vol. 51 *bis*, p. 40.

Appel.

(Voir : *Réserves*.)

28 déc. 1895 Inst. sur l'administration des réserves, art. 182 à 252, *B. G.*, E. R.,
vol. 71, et inst. du 7 avril 1906, art. 32 à 37.

26 févr. 1901 Les demandes d'ajournement, de dispense, etc., formées par les réservistes des troupes coloniales sont instruites dans les mêmes formes que pour les troupes métropolitaines, *B. G.*, p. 268; complétée
23 avril 1901, *B. G.*, p. 629.

18 juill. 1901 Loi garantissant leur travail et leur emploi aux réservistes et aux
territoriaux appelés à faire leur période d'instruction militaire,
J. O., 19 juillet 1901.

27 nov. 1901 Inst. relative aux convocations et aux appels en temps de paix,
B. G., p. 1343; modifiée 2 mars 1903, *B. G.*, p. 278.

21 nov. 1903 Inst. relative aux appels périodiques en temps de paix des hommes
des réserves, *B. G.*, p. 1743.

4 oct. 1904 Périodes à accomplir par les hommes des réserves rentrant des colonies ou de l'étranger ou rayés des contrôles de la non-affectation
et de la non-disponibilité, *B. G.*, p. 1517.

15 mai 1906 Circ. Proportion des ajournements à accorder aux réservistes et
territoriaux, *B. G.*, p. 611.

21 juill. 1906 Inst. relative à l'affectation et à l'appel des jeunes soldats, *B. G.*,
p. 926.

Appellations.

(Voir : *Correspondance. — Officiers d'administration*.)

20 oct. 1892. Service intérieur : Inf., art. 222; Artil., art. 257, *B. G.*, E. R., vol. 78.

Approvisionnements.

Colonies.

26 févr. 1892 Circ. Les frais de transport des vivres et du matériel sont à la
charge du chapitre qui supporte l'achat, *B. C.*, p. 190.

27 mai 1895 Circ. Le matériel et les vivres destinés aux colonies doivent toujours
être expédiés dans les plus courts délais possibles, *B. C.*, p. 486.

16 juill. 1895 Circ. Les demandes de vivres et de matériel doivent être adressées
au département des colonies au moins 6 mois à l'avance, *B. C.*,
p. 639.

17 juin 1896 Circ. Observations sur le service des approvisionnements et travaux
aux colonies, *B. C.*, p. 356.

7 juill. 1896 Circ. Recommandations en vue d'éviter les pertes et les condamnations d'approvisionnements, *B. C.*, p. 421.

14 avril 1897 Circ. Dispositions relatives à l'établissement des demandes d'approvisionnements, *B. C.*, p. 331.

23 juill. 1900 Circ. Rappel de la circ. du 14 avril 1897. Interdiction aux services
coloniaux de faire directement des commandes en France, *B. C.*,
p. 649.

20 févr. 1901 Circ. Mesures arrêtées en vue de l'approvisionnement des troupes en
service aux colonies, en effets d'habillement, de grand et de petit
équipement et de matériel de campement et d'outillage, *B. C.*,
p. 130.

30 mai 1902 Circ. Les demandes de vivres et de matériel doivent être adressées
aux bureaux administrateurs des crédits, *B. C.*, p. 509.

6 août 1902 Circ. Achat sur place des approvisionnements nécessaires au service
des constructions militaires, *B. C.*, p. 697.

Approvisionnements de guerre.

Colonies.

Aptitude physique au service militaire.

Arbitrage.

Arbitres.

Archives.

(Voir : Revue d'histoire et Revue militaire des armées étrangères.)

Archives (*suite*).

25 nov. 1889 Règl., art. 60. Archives des infirmeries régimentaires. *B. G., E. M.*, vol. 80.

4 oct. 1891 Service des places, art. 14 à 30. Archives des places de guerre, *B. G., E. R.*, vol. 75.

23 janv. 1899 Règl. pour la communication des archives administratives du ministère de la guerre, *B. G., E. R.*, vol. 10, p. 8; modif. 4 juin 1903, *B. G.*, p. 831.

26 janv. 1899 Règl. pour la communication des archives historiques du ministère de la guerre, *B. G., E. R.*, vol. 10, p. 6.

15 juin 1899 Inst. relative à la constitution des archives du ministère de la guerre, *B. G., E. R.*, vol. 10, p. 3.

20 févr. 1900 Inst., art. 18 à 20, et 46. Archives des état-majors, *B. G.*, p. 214.

15 sept. 1901 Service courant, art. 49 et 59. Archives de campagne, *B. G., E. R.*, vol. 74.

13 nov. 1902 Circ. Durée de la conservation, dans les divers services et établissements, des registres et des pièces de comptabilité, *B. G.*, p. 2158; *B. G., E. M.*, vol. 27, p. 98.

16 oct. 1903 Inst. Composition et classement des archives des directions d'artillerie coloniales, *B. C.*, vol. spl., p. 497.

2 oct. 1905 Inst. sur la rédaction, la publication, la conservation et la destruction des documents de la correspondance collective permanente ou semi-permanente, non confidentielle, *B. G.*, p. 1474.

Archives coloniales.

juin 1776 Edit portant établissement à Versailles d'un dépôt des chartes et papiers publics des colonies

Armée territoriale.

24 juill. 1873 Loi sur l'organisation générale de l'armée, art. 32, *B. G., E. R.*, vol. 62, p. 3.

13 mars 1875 Loi des cadres, *B. G., E. R.*, vol. 63, p. 3.

28 déc. 1895 Inst. relative à l'administration des hommes des réserves dans leurs foyers, *B. G., E. R.*, vol. 71.

Armement

(Voir : *Armes. — Capitaine inspecteur d'armes. — Revolver. — Sabre. Tir réduit. — Tir.*)

———

1° *Guerre. — Dispositions générales.*

30 août 1884 Instruction sur le service de l'armement, *B. G., E. R.*, vol. 19, p. 17; errata et rectif., *B. G.*, p. 2013; modif., 15 janvier 1902, *B. G.*, p. 39; modif., 3 février 1903, *B. G.*, p. 65; modif. 2 décembre 1904, *B. G.*, p. 1715; erratum, *B. G.*, p. 1866.

   Art. 1 à 10. Attributions générales des officiers dans les corps. Responsabilités.

     11 - 12. } Chefs armuriers.
     24 à 32. }

     33 à 43. Ouvriers armuriers.

     44 à 48. Dotation des corps.

       49. Comptabilité-matières.

       50. Situation annuelle de l'armement.

     51 à 57. Mise en service temporaire d'armes de réserve, mouvements d'armes appartenant à la dotation d'un corps de troupe.

     58 à 63. Règles à suivre pour prendre des armes ou des caisses d'armes dans les magasins de l'artillerie.

     64 à 75. Versement d'armes et de caisses d'armes à l'artillerie.

     76 à 80. Versement d'armes et de caisses d'armes à un autre corps.

Armement (*suite*).

81 à 88. Marques et numéros des armes.
89. Contrôle général des armes.
90 à 91. Mutations.
95. Armes des hommes absents.
96. Armes des déserteurs et des hommes isolés.
97 à 99. Pertes d'armes.
100 à 101. Armes hors d'état d'être réparées.
102. Remplacement des armes perdues ou hors d'état d'être réparées.
103 à 121. Entretien des armes entre les mains des troupes et en magasin.
122 à 110. Réparations.
111 à 160. Recettes et consommations de pièces d'armes.
161 174 à 180. { Régime pour l'entretien des armes.
185 à 200. Relevé annuel des dépenses de l'armement. Comptabilité.
271 à 322. Visite annuelle des armes.
330 - 331. Travail d'inspection des armes d'un corps de troupe.
333 à 366. Service de l'armement en temps de guerre.

3 mars 1897 Note. Acquisition par les sous-officiers rengagés admis à la retraite de l'épée ou du sabre dont ils étaient détenteurs, *B. G.*, p. 305; *B. G.*, E. R., vol. 19, p. 208; appliquée aux troupes coloniales par circ. du 16 décembre 1901, *B. G.*, vol. spl., T. C., p. 260.

10 mars 1897 Circ. Procédé à employer pour réparer en manufacture les fusils mod. 86 M. 93, dont la chambre est fortement dégradée par la ficelle de nettoyage, *B. G.*, E. R., vol. 19, p. 282.

23 févr. 1898 Circ. Interdiction aux corps de troupe de toutes armes de faire usage de gaines en étoffe ou en cuir pour protéger certaines parties des armes portatives, *B. G.*, E. R., vol. 19, p. 283.

11 nov. 1898 Inst. sur les accessoires d'entretien des armes à feu portatives. Appliquée aux troupes coloniales, circ. du 6 mai 1899, *B. M.*, p. 735.

30 mai 1899 Circ. Inconvénients que présente l'échange des têtes mobiles des armes de 8^{mm}, *B. G.*, E. R., vol. 19, p. 262.

13 oct. 1899 Circ. Transport des pièces d'armes de rechange, en campagne, par les corps de troupe et les parcs, *B. G.*, E. R., vol. 19, p. 262.

15 oct. 1899 Tarif des réparations aux armes portatives, *B. G.*, E. R., vol. 15; erratum, *B. G.*, 2ᵉ sem., 1900, p. 1948; feuille rectificative n° 1, 19 décembre 1901, *B. G.*, p. 1497; erratum, *B. G.*, p. 1586; feuille rectificative n° 2, *B. G.*, p. 517; feuille rectificative n° 3, *B. G.*, p. 1560.

11 avril 1900 Circ. Les acquisitions prévues par la note du 3 mars 1897, ci-dessus, seront autorisées par les généraux commandant les corps d'armée, *B. G.*, p. 530.

12 avril 1900 Circ. Prêt de sabres ou d'épées aux officiers et assimilés de la réserve et de la territoriale, *B. G.*, p. 536; modif. 31 juillet 1901, *B. G.*, p. 1350.

5 déc. 1901 Circ. Réparation des crosses de carabine de cavalerie mod. 90, au moyen d'une grande pièce en bois en queue d'aronde au talon, *B. G.*, p. 1412.

19 déc. 1901 Circ. Tubage des cylindres des armes à feu de 8^{mm}, *B. G.*, p. 1496; erratum, *B. G.*, p. 1586.

29 juill. 1902 Circ. Adoption d'un nouveau piston de magasin pour le fusil mod. 86, mod. 93, *B. G.*, p. 1613.

15 déc. 1902 Circ. Entretien et réparation du système de percussion des armes à feu de 8^{mm}, *B. G.*, p. 2128.

24 déc. 1902 Suppression du cran de sûreté du chien sur diverses catégories de fusils mod. 86, mod. 93, *B. G.*, p. 2579.

1ᵉʳ févr. 1903 Fourniture des armes blanches et des éléments d'armes blanches aux officiers et assimilés de toutes armes et de tous services, *B. G.*, p. 60; addition 23 mars 1903, *B. G.*, p. 272; modifié 12 août 1903, *B. G.*, p. 1170.

17 avril 1903 Circ. Vérification des ressorts de percuteur des armes à feu de 8^{mm}, *B. G.*, p. 555.

8 juin 1903 Ajustage de la cuvette sur le fourreau de l'épée-baïonnette mod. 86, *B. G.*, p. 853.

19 nov. 1904 Circ. Réparation des bois de montures des armes à feu de 8^{mm}, fendus au logement de la vis inférieure de la plaque de couche, *B. G.*, p. 1741.

5 déc. 1904 Circ. Prix de remboursement des armes des modèles réglementaires. *B. G.*, r. s., p. 1038.

Armement (*suite*).

4 août 1905 Circ. Les officiers et assimilés de la réserve et de l'armée territoriale en résidence aux colonies ne doivent pas recevoir de sabre ou d'épée à titre de prêt, *B. G.*, p. 1180.

19 sept. 1905 Circ. Réparation en manufacture des lames faussantes des sabres de cavalerie de tous modèles, *B. G.*, p. 1441.

29 oct. 1905 Circ. Réparation des fûts de fusils mod. 86 M. 93, fendus à l'extrémité antérieure dans l'encastrement du canon, *B. G.*, p. 1717.

29 oct. 1905 Inst. sur les armes et les munitions en service.

2° *Dispositions particulières aux troupes coloniales en France.*

3 févr. 1899 Armement et désarmement des militaires détachés à Paris comme secrétaires, plantons et ordonnances, *B. M.*, p. 238.

25 mars 1901 Circ. Les versements d'armes aux directions d'artillerie de terre se font dans les mêmes conditions que pour les troupes métropolitaines, *B. G.*, vol. spl., T. C., p. 108.

14 oct. 1902 Inst. pour l'application aux troupes coloniales de l'inst. du 30 août 1884, *B. G.*, p. 2639; modif. 14 janvier 1903, *B. G.*, p. 26; erratum, *B. G.*, 1903, p. 1621.

3° *Dispositions particulières aux troupes coloniales aux colonies.*

(Voir : *Masse d'entretien de l'armement. — Compagnies de discipline.*)

26 oct. 1896 Délivrance de la carabine de gendarmerie et du revolver mod. 92 à la gendarmerie coloniale, *B. M.*, p. 560.

18 déc. 1897 Les cadres d'escorte des détachements de disciplinaires coloniaux ne seront plus armés du sabre-baïonnette Z, *B. M.*, p. 705.

19 oct. 1903 Allocations à payer aux armuriers des corps de troupe, *B. C.*, p. 885.

28 déc. 1905 Règl. sur le service de l'armement dans les corps de troupe aux colonies.

 Art. 15 à 18. Attributions et responsabilité des officiers.
   19 à 21. Personnel de surveillance et d'exécution.
   22 à 28. Armement des corps.
   29 à 42. Comptabilité-matières de l'armement des corps.
   43 à 49. Conservation des armes dans les corps de troupe.
   50 à 57. Entretien des armes dans les corps de troupe.
   58 à 81. Ateliers d'armurerie. Réparations des armes des corps.
   82 à 94. Munitions pour armes portatives.
   95 à 131. Visite annuelle des armes et des munitions.
   132. Temps de guerre.

Armes.

(Voir : *Armement.*)

14 août 1885 Loi sur la fabrication et le commerce des armes, *B. G.*, E. M., vol. 20, p. 35.

6 juin 1896 Décret réglementant l'importation et le commerce des armes à Madagascar, *B. C.*, p. 341; modif. art. 4, décret du 15 mars 1899, *B. C.*, p. 300.

4 mai 1903 Décret réglementant la vente des armes et des munitions dans les colonies de l'Afrique occidentale, *B. C.*, p. 388.

Armoires.

6 juill. 1899   { Armoire étagère pour sous-officier; armoire pour bibliothèque; armoire à médicaments, description, *B. G.*, E. R., vol. 51 *bis*, p. 38;
et   {
16 oct. 1903   { *B. C.*, vol. spl., p. 979.

Armuriers.

30 août 1881 — Règl. sur l'armement : art. 11-12, 25 à 32, chefs armuriers; art. 33 à 43, ouvriers armuriers, *B. G.*, *E. R.*, vol. 19.

20 oct. 1892 — Service intérieur : Inf., art. 209; Artil., art. 158, *B. G.*, *E. R.*, vol. 78.

11 déc. 1899 — Nombre d'ouvriers armuriers à employer dans les corps de troupe, *B. G.*, *E. R.*, vol. 19, p. 201.

1er oct. 1902 — Inst. pour l'application aux troupes coloniales en France du règl. du 30 août 1881, *B. G.*, p. 2039.

19 oct. 1903 — Circ. Allocations à payer aux armuriers des corps de troupe aux colonies, *B. C.*, p. 885.

28 déc. 1905 — Règl. sur l'armement aux colonies. Art. 21-58-59, armuriers et chef armurier.

Armuriers de la marine.

(Voir : *Armement.* -- *Délégations.* — *Prolongation de séjour colonial. Tour de service colonial.*)

28 oct. 1891 — Décr. Réorganisation du corps des armuriers de la marine, *B. M.*, p. 868; modif. : art. 17, 7 avril 1894, *B. M.*, p. 396; *B. C.*, p. 318; art. 15, 28 mai 1894, *B. M.*, p. 637; *B. C.*, p. 466; art. 16, 22 août 1896; *B. M.*, p. 312.

28 oct. 1891 — Arr. relatif à la réorganisation, *B. M.*, p. 877.

28 oct. 1891 — Décr. relatif aux engagements et rengagements, *B. M.*, p. 901.

4 avril 1892 — Circ. Solutions de diverses questions relatives à l'application du décret du 28 octobre 1891, réorganisant le corps des armuriers, *B. M.*, p. 351.

7 févr. 1893 — Concession de congés aux armuriers après rengagement, *B. M.*, p. 221; *B. C.*, p. 159.

30 juin 1897 — Déc. présidentielle accordant aux armuriers de la marine le bénéfice de la haute paie après vingt ans de services, *B. M.*, p. 58; *B. C.*, p. 650.

3 sept. 1897 — Circ. Les armuriers de toutes provenances, en position de convalescence, ont droit au minimum de la solde de travail. La même allocation doit être payée pendant les journées d'exercice, *B. M.*, p. 294.

19 févr. 1898 — Circ. Les armuriers titulaires de congés de fin de campagne ont droit au minimum de la solde de travail, *B. M.*, p. 200.

21 mai 1900 — Circ. Complément de solde journalière à allouer aux colonies aux chefs armuriers en service dans les corps de troupe de l'infanterie : 1re classe, 2 fr. 91; 2e classe, 2 fr. 65, *B. C.*, p. 436.

22 déc. 1900 — Circ. Les armuriers titulaires d'un congé de rengagement ont droit au minimum de la solde de travail, *B. M.*, p. 1039.

19 oct. 1903 — Circ. Allocations à payer aux armuriers des corps de troupe aux colonies, *B. C.*, p. 885.

28 nov. 1903 — Circ. Répartition des armuriers de la marine en service aux colonies, *B. C.*, 1904, p. 205.

Arrestation.

(Voir : *Justice militaire.*)

9 juin 1857 — Code de justice militaire, art. 87 à 89. Arrestation des militaires, *B. G.*, *E. R.*, vol. 56.

4 oct. 1891 — Service des places : art. 76, arrestation d'un homme de garde; art. 173, arrestation sur le terrain et dans les bâtiments ou établissements militaires, *B. G.*, *E. R.*, vol. 75.

20 mai 1903 — Règl. sur l'organisation et le service de la gendarmerie, art. 176 et 304, *B. G.*, *E. R.*, vol. 39, p. 57 et 90.

Arrêts.

20 nov. 1879 — Compte rendu à transmettre au Ministre avec le rapport mensuel, *B. G.*, *E. R.*, vol. 62, p. 103.

30 juin 1885 — Compte rendu à transmettre au Ministre avec le rapport mensuel, *B. G.*, *E. R.*, vol. 62, p. 109.

21 janv. 1889 — Modèle des comptes rendus, *B. G.*, *E. R.*, vol. 62, p. 110.

20 oct. 1892 — Service intérieur : Inf., art. 305 à 311; Artil., art. 323 à 329, *B. G.*, *E. R.*, vol. 78.

21 août 1905 — Circ. La limite des arrêts de rigueur est 30 jours, *B. G.*, p. 1253.

Arrosoirs.

6 déc. 1903 Achat au compte de la masse générale d'entretien, *B. G.*, vol. spl., T. C., p. 226.

Arsenaux de chirurgie.

13 févr. 1889 Entretien dans les hôpitaux coloniaux, *B. C.*, p. 117.

Artifices.

(Voir : *Munitions.*)

Artificiers.

11 févr. 1891 Programme des cours d'artifice à faire chaque années aux artificiers et aux candidats à ce grade, *B. G.*, 1902, p. 155.
20 oct. 1892 Service intérieur : Artil, art. 244, *B. G.*, E. R., vol. 78.
10 janv. 1902 Circ. Mode de recrutement et d'instruction des artificiers des régiments d'artillerie coloniale, *B. G.*, p. 155.
31 mai 1904 Circ. Conditions d'application aux colonies de la circ. du 10 janvier 1902, *B. G.*, p. 813.

Artillerie coloniale.

(Voir : *Directions d'artillerie.*)

7 juill. 1900 Loi organisant les troupes coloniales, art. 5, *B. C.*, p. 591.
26 janv. 1901 Circ. Les officiers d'administration et stagiaires d'artillerie coloniale (conducteurs de travaux) sont mis à la disposition des directions du génie pendant leur séjour en France, *B. G.*, p. 204.
19 sept. 1903 Décr. réorganisant l'artillerie coloniale : composition, attributions, effectifs, *B. C.*, p. 842; *B. G.*, p. 1443; modif. 29 mai 1906, *B. C.*, p. 510; *B. G.*, p. 782.
16 nov. 1903 Circ. Personnel à placer hors cadres en exécution du décret du 19 septembre 1903, *B. C.*, p. 975.
23 nov. 1903 Inst. pour la mise en application du décret du 19 septembre 1903, *B. C.*, p. 984.
28 nov. 1903 Circ. Répartition du personnel de l'état-major particulier, des compagnies d'ouvriers et d'artificiers et du personnel de l'artillerie navale, *B. C.*, 1904, p. 295.
25 déc. 1903 Circ. Répartition de l'état-major particulier aux colonies, *B. C.*, p. 1239.
4 janv. 1904 Circ. Numérotage des régiments stationnés aux colonies, *B. G.*, p. 61.
14 janv. 1904 Inst. Application au Congo du décret du 19 septembre 1903, *B. C.*, p. 29.
9 sept. 1905 Décr. Création de 4 batteries montées en Indo-Chine, *B. C.*, p. 988; *B. G.*, p. 1417; erratum, *B. G.*, p. 1817.
21 juin 1906 Décr. sur l'administration des T. C., art. 2, 3, 5, service de l'artillerie et du génie, *B. C.*, p. 577; *B. G.*, p. 803.
25 août 1906 Décr. Attributions du titre de maréchal des logis fourrier à certains maréchaux des logis secrétaires, *B. G.*, p. 1227.

Personnel détaché à la marine.

7 juill. 1900 Loi organisant les troupes coloniales, art. 22, *B. C.*, p. 591.
28 déc. 1900 Décr. Organisation du personnel de l'artillerie coloniale détaché au département de la marine pour assurer les services en France, *B. M.*, 1901, 2e vol., p. 499; *B. C.*, p. 1145; *B. G.*, p. 2087; modifié art. 5, décret du 25 septembre 1904, *B. C.*, p. 982; *B. G.*, p. 1524; modifié art. 9, décret du 3 décembre 1901, *B. C.*, p. 1235; *B. G.*, p. 1871; modifié art. 9, décret du 26 juillet 1905, *B. G.*, p. 1179.

Asiles de Vincennes et du Vésinet.

8 mars 1855 Décr., art. 5. Prélèvement de 1 p. 100 sur les travaux publics adjugés dans la ville de Paris et sa banlieue, *B. G.*, E. M., vol. 25, p. 170.
30 juill. 1905 Inst. pour l'application du règlement financier du 3 avril 1869, art. 93, *B. G.*, E. M., vol. 24, p. 135.

Assainissement des casernes.

(Voir : *Hygiène. — Désinfections.*)

20 oct. 1892 Service intérieur : Inf., art. 355-356; Artil., art. 373-374, *B. G.*, E. R., vol. 78.

Assauts d'escrime.

12 avril 1906 Inst. Participation des militaires. Interdiction de recevoir des prix en nature, *B. G.*, p. 524.

Assiette du casernement

3 mars 1899 Règl. sur le casernement en France, art. 17 à 24, *B. G.*, E. R., vol. 51.
16 oct. 1903 Règl. sur le casernement aux colonies, art 17 à 24, *B. C.*, vol. spl., p. 891.

Assimilation des grades.

(Voir : *Officiers d'administration.*)

Assistance judiciaire.

22 janv. 1851 Loi sur l'assistance judiciaire, *B. lois;* modif. loi du 11 juillet 1901, *B. lois*, p. 3; modif. loi du 31 mars 1903, *B. lois.*

Associations.

(Voir : *Sociétés.*)

Associations des Dames françaises.

(Voir : *Sociétés d'assistance aux blessés et malades.*)

23 oct. 1891 Circ. Propagation aux colonies, *B. C.*, p. 784.

Ateliers régimentaires.

15 sept. 1901 Service courant, art. 24. Suspension du travail le dimanche à moins de nécessité absolue, *B. G.*, E. R., vol. 74.
6 déc. 1903 Annexe A. Organisation des ateliers régimentaires des troupes coloniales, *B. G.*, vol. spl., p. 127.
28 déc. 1905 Règl., art. 58 à 60. Organisation des ateliers d'armurerie dans les corps aux colonies.

Atlas des constructions militaires.

16 oct. 1903 Règl. sur les directions d'artillerie aux colonies, art. 41, *B. C.*, vol. spl., p. 62.

Attaches militaires à l'étranger.

17 nov. 1885 Recrutement, *B. G.*, E. R., vol. 61, p. 42.

Atténuation et aggravation des peines.

(Voir : *Justice militaire*.)

26 mars 1891 Loi sur l'atténuation et l'aggravation des peines, *B. C.*, p. 261 ; modif.
loi du 28 juin 1904, *B. C.*, p. 671 ; *B. G.*, p. 956 ; *B. G.*, E. M., vol.
56 *bis*, p. 103.

Attestation de repentir.

(Voir : *Rengagements*, 4 mai 1903.)

Audiences du ministre.

13 sept. 1893 Les demandes doivent être motivées et adressées par la voie hiérarchique, *B. G.*, E. R., vol. 22, p. 85.

Autopsies.

31 mars 1875 Circ. Pratique des autopsies dans les hôpitaux maritimes, *B. M.*,
p. 610 ; *B. M.*, R., p. 611 ; *B. C.*, 1893, p. 425.
13 juin 1893 Circ. Pratique des autopsies dans les hôpitaux coloniaux, *B. C.*, p. 421.

Autorisation de loger en ville.

(Voir : *Indemnité de logement*.)

Autorisation d'emmener un cheval.

(Voir : *Remonte*.)

Autorisation maritale.

23 juill. 1894 Inst. pour l'exécution des dispositions du code civil aux armées, *B.
G.*, E. R., vol. 28, p. 73.
26 juill. 1894 Inst. pour l'exécution des dispositions du code civil aux armées aux
colonies, *B .C.*, p. 718.

Auxiliaires indigènes.

(Voir : *Gendarmerie*.)

Avancement.

1° *Dispositions générales*.

14 avril 1832 Loi sur l'avancement dans l'armée, *A. M.*, p. 274 ; *B. M.*, R., p. 103 ;
B. G., E. R., vol. 22, p. 3 ; modifiée 8 avril 1903 ; modif. art. 2,
16 juillet 1900, *B. G.*, p. 1161.
16 mars 1838 Ord. portant règlement pour l'application de la loi du 14 avril 1832,
B. G., E. R., vol. 22, p. 10 ; modif. 22 novembre 1904, *B. G.*, p. 1745.

Art. 1 à 9. De la hiérarchie militaire
10. Avancement. Dispositions générales.

Avancement (*suite*).

31 août 1810 Déc. roy. relative aux sous-officiers, caporaux et brigadiers qui feront l'abandon de leurs galons pour passer dans un corps sur le pied de guerre, *B. G., E. R.*, vol. 22, p. 88.

23 juill. 1847 Loi relative à l'avancement des officiers nommés à des fonctions spéciales dans les corps de troupe (adjudant-major, trésorier, officier d'habillement, officier instructeur), à défaut de capitaines, *B. M., R.*, p. 693; *B. G., E. R.*, vol. 22, p. 6.

30 juill. 1888 Déc. Nomination au grade de sous-lieutenant des sous-officiers qui ont déjà été officiers sans qu'ils soient astreints à suivre les cours d'une école militaire, *B. G., E. R.*, vol. 22, p. 85.

14 janv. 1889 Arr. relatif aux nominations de soldats de 1re classe dans les corps de troupes de toutes armes, *B. G., E. R.*, vol. 22, p. 86.

27 avril 1889 Note. Port du galon de soldat de 1re classe par les soldats musiciens, *B. G., E. R.*, vol. 22, p. 87.

26 mars 1891 Loi relative à l'avancement des sous-lieutenants dans l'infanterie, la cavalerie et le train des équipages, *B. C.*, p. 340; *B. M.*, p. 503; *B. G., E. R.*, vol. 22, p. 8.

28 déc. 1895 Art. 135 et suiv. Avancement des hommes des cadres inférieurs des réserves, *B. G., E. R.*, vol. 71.

29 sept. 1899 Déc. Etablissement des propositions pour l'avancement concernant les officiers généraux, colonels et assimilés, *B. G., E. R.*, vol. 22, p. 182.

9 janv. 1900 Déc. relatif à l'établissement annuel des tableaux d'avancement, *B. G.*, p. 12; modif. 3 octobre 1900, *B. G.*, p. 1585.

15 mars 1901 Déc. relatif à l'établissement annuel des tableaux d'avancement, *B. G.*, p. 376.

1er juil. 1901 Inst. relative à l'établissement des tableaux d'avancement, à jour au 28 juillet 1906, *B. G.*, 1906, p. 953; modif. 9 août 1906, *B. G.*, p. 1100, et inst. complémentaire du 17 septembre 1906, *B. G.*, p. 1221.

8 avril 1903 Loi modifiant celle du 14 avril 1832, art. 1er, en ce qui concerne la nomination au grade de caporal ou de brigadier après quatre mois de service, des militaires ayant justifié avant leur incorporation de certaines aptitudes, *B. G.*, p. 1201, et inst. du 17 août 1903, *B. G.*, p. 1202.

18 juin 1904 Déc. Nomination au grade de sous-lieutenant dans l'armée active des adjudants ayant au moins dix ans de services effectifs, *B. G.*, p. 903, et inst. du 16 août 1904, *B. G.*, p. 1322, complétée 9 décembre 1904, *B. G.*, p. 1810.

9 nov. 1905 Circ. Propositions pour l'avancement concernant les officiers généraux, colonels et lieutenants-colonels, *B. G.*, p. 1089.

10 juill. 1906 Circ. Les militaires en instance d'emplois civils maintenus au corps par application des art. 72 et 74 de la loi du 21 mars 1905 ne peuvent pas obtenir d'avancement, *B. G.*, p. 907.

Avancement (*suite*).

17 avril 1906 Loi de finances, art. 41. Avancement des chefs de bataillon ou d'esca·
drons, capitaines, lieutenants; doivent figurer dans la 1re moitié de
la liste d'ancienneté au 1er janvier de l'année de la proposition
pour être inscrits au tableau d'avancement. Temps de commandement des capitaines, commandants et colonels brevetés, *B. C.*, p.
317; *B. G.*, p. 583.

2° *Dispositions spéciales aux troupes coloniales.*

(Voir : *Commis et ouvriers militaires d'administration. — Enfants de
troupe. — Infirmiers militaires. — Mutations. — Secrétaires d'état-
major. — Télégraphistes coloniaux.*)

A. — Dispositions générales.

7 juin 1900 Circ. Communications télégraphiques à adresser aux colonies pour
les promotions intéressant les officiers généraux, les colonels promus généraux et les militaires de tous grades promus ou décorés.
Possibilité pour les familles de faire insérer ces nouvelles dans les
télégramme du ministère des colonies contre remboursement, *B. M.*,
2e sem., p. 708.

20 juin 1900 Circ. Communications télégraphiques à adresser aux colonies pour
les promotions intéressant les officiers généraux, les colonels promus
généraux et les militaires de tous grades promus ou décorés à titre
exceptionnel pour faits de guerre, *B. C.*, p. 509.

11 oct. 1900 Circ. Instructions concernant l'établissement et la transmission des
mémoires de proposition pour l'avancement et les distinctions honorifiques en faveur du personnel militaire des missions, *B. M.*,
p. 726; *B. C.*, p. 947.

28 mai 1901 Circ. Dispositions nouvelles concernant les nominations au grade de
sous-officier et aux emplois de ce grade, *B. G.*, p. 887; modif. 3 mai
1902, *B. G.*, p. 897.

19 juin 1902 Circ. Application aux sous-officiers des T. C. provenant des agents et
agents comptables du service de santé du décret du 30 juillet 1889
relatif à la nomination au grade de sous-lieutenant des sous-officiers
qui ont déjà été officiers, *B. G.*, p. 1290.

23 juill. 1902 Circ. Avancement des hommes de troupe dans les T. C., *B. G.*, p. 1627.

1er mai 1903 Circ. Temps de commandement à accomplir par les officiers non brevetés des T. C. pour pouvoir être promus au choix, *B. G.*, p. 645;
complétée 3 avril 1905, *B. G.*, p. 435; 31 août 1905, *B. G.*, p. 1366;
et inst. du 12 juin 1903, *B. G.*, p. 924.

8 juin 1903 Inst. relative à l'établissement des tableaux d'avancement pour l'emploi d'adjudant dans l'infanterie et l'artillerie coloniale, et aux nominations à cet emploi, *B. G.*, p. 917; modif. 4 mars 1904, *B. G.*,
p. 269; 27 juin 1904, *B. G.*, p. 953; 25 mai 1905, *B. G.*, p. 689;
22 juin 1906, *B. G.*, p. 852.

14 sept. 1903 Circ. Gradés qui remettent leurs galons pour servir dans une colonie
en guerre, *B. G.*, p. 1397.

8 déc. 1903 Circ. Nomination des clairons et trompettes aux colonies, *B. G.*,
p. 1827.

9 nov. 1904 Circ. Avancement des hommes de troupe placés hors cadres aux colonies, *B. C.*, p. 1088.

19 déc. 1904 Circ. Mesures à prendre pour sauvegarder les intérêts des militaires
proposés pour l'avancement ou des décorations et qui changent de
corps, *B. G.*, p. 1873.

18 avril 1905 Inst. relative à l'établissement des tableaux d'avancement pour les
emplois de sous-officiers, autres que celui d'adjudant dans l'infanterie et l'artillerie coloniale et aux nominations à ces emplois, *B.
G.*, p. 541; err. *B. G.*, 1905, p. 1096; modif. 26 juillet 1906, *B. G.*,
p. 1084.

29 avril 1905 Circ. Avancement aux divers grades de clairon et de trompette, *B. G.*,
p. 583; addition 25 avril 1906, *B. G.*, p. 517.

26 mai 1905 Inst. relative à l'avancement au grade de caporal, caporal fourrier,
brigadier et brigadier fourrier, dans l'infanterie et l'artillerie coloniale, *B. G.*, p. 691; modif. 26 juillet 1906, *B. G.*, p. 1084.

8 déc. 1905 Circ. Les dispositions de la circ. du 25 mai 1905 relative à l'établissement des tableaux d'avancement pour l'emploi d'adjudant ne sont
pas applicables aux sous-officiers employés comme secrétaires du
trésorier ou du major ou détachés comme comptables dans les services administratifs, *B. G.*, p. 1814; err., *B. G.*, 1906, p. 519.

Avancement (*suite*).

B. — Infanterie coloniale (dispositions particulières).

22 juill. 1870   Décr. rendant applicable aux régiments d'infanterie de marine la loi du 14 avril 1832, avancement en campagne, *B. M.*, p. 85 ; *B. M., R.*, p. 650.

22 avril 1891   Circ. Mesures relatives à l'application de la loi du 26 mars 1891, *B. C.*, p. 315.

1er déc. 1897   Décr. prés. Application à l'infanterie de marine des règles en usage dans l'armée de terre pour les nominations aux emplois de major, *B. C.*, p. 1135 ; *B. M.*, p. 657.

21 févr. 1901   Décr. supprimant la division en 2 classes des capitaines d'infanterie coloniale, *B. G.*, p. 225.

9 juin 1901   Circ. Les dispositions de l'art. 83, alinéa 7 de l'inst. du 21 octobre 1901, relatives à la nomination des anciens enfants de troupe au grade de caporal ne sont pas applicables aux T. C., *B. G.*, p. 819.

C. — Artillerie coloniale.

(Voir : *Officiers d'administration. — Ouvriers d'état. — Stagiaires officiers d'administration.*)

5 févr. 1902   Inst. sur le fonctionnement des pelotons d'instruction et l'établissement des tableaux d'avancement aux grades de sous-officier et de brigadier dans les troupes d'artillerie coloniale, *B. G.*, p. 171 ; modif. 5 septembre 1902, *B. G.*, p. 1841 ; 11 mars 1903, *B. G.*, p. 356 ; 1er juillet 1903, *B. G.*, p. 1015 ; err., *B. G.*, 1905, p. 1056.

5 août 1902   Circ. Propositions pour l'avancement des hommes de troupe des compagnies d'ouvriers et d'artificiers, *B. G.*, p. 1658 ; modif. 3 septembre 1903, *B. G.*, p. 1308.

D. — Corps de santé des troupes coloniales.

(Voir : *Campagnes*, 23 *juillet* 1902. — *Officiers d'administration.*)

Décr. du 21 juin 1906, art. 3-4, 11-12, *B. C.*, p. 593 ; *B. G.*, p. 820.

E. — Intendance des troupes coloniales.

(Voir : *Campagnes*, 23 *juillet* 1902. — *Officiers d'administration.*)

Décr. du 21 juin 1906, art. 13, 19, 20, *B. C.*, p. 583 ; *B. G.*, p. 810.

F. — Agents civils du commissariat.

Décr. du 28 janvier 1903, *B. C.*, p. 107 ; *B. G.*, p. 117.

G. — Cavalerie coloniale.

8 mai 1901   Décr. étendant le bénéfice des dispositions du décret du 23 novembre 1899 aux sous-officiers français des escadrons de spahis sénégalais et soudanais et aux sous-officiers de cavalerie en service dans l'Afrique occidentale (nomination au grade d'adjudant), *B. G.*, p. 721.

3° *Officiers de réserve et de l'armée territoriale.*

16 juin 1897   Décr. sur l'avancement, *B. G.*, E. R., vol. 72, p. 43 ; modif. 23 avril 1901, *B. G.*, p. 627.

16 juin 1897   Inst. Établissement des propositions. Programme des connaissances exigées, *B. G.*, E. R., vol. 72, p. 69 ; circ. du 27 octobre 1902, *B. G.*, p. 2078.

Avances.

(Voir : *Pensions.*)

1° *Dispositions générales.*

31 mai 1862 Décr. sur la comptabilité publique, art. 10, 50, 91, *B. G., E. M.,* vol. 23.

2 déc. 1901 Décr. modif. l'art. 50 du décret du 31 mai 1862. Avances entre les divers ministères. Provisions, *B. G., E. M.,* vol. 23, p. 11.

2° *Guerre.*

3 avril 1869 Règl. financier, art. 112, 169 à 178, 185, et instruction du 30 juillet 1903, *B. G., E. M.,* vol. 21.

15 avril 1901 Circ. Tenue du compte des avances de fonds reçues par les gestionnaires des établissements régis par économie, *B. G.,* p. 601.

14 mai 1902 Mesures à observer en ce qui concerne les avances faites aux militaires de la marine et des colonies, *B. G.,* p. 991.

31 déc. 1902 Circ. Distinctions à observer dans l'établissement des pièces justificatives des avances faites par le ministère de la guerre aux diverses catégories de personnel ressortissant soit au département de la marine, soit à celui des colonies. Imputation des allocations du personnel des troupes métropolitaines et coloniales rapatriées des colonies, *B. G.,* p. 2354.

23 oct. 1903 Circ. Les sommes dues au personnel de l'armée métropolitaine partant aux colonies ou rapatriés d'outre-mer, pour solde, indemnités, frais de route, etc., et imputables au budget colonial, doivent toujours être ordonnancées par les fonctionnaires de l'intendance à titre d'avances remboursables, *B. G.,* p. 1524.

11 nov. 1903 Circ. Mode de justification des avances faites sur les crédits de la solde des troupes métropolitaines en ce qui concerne les subsistants des troupes coloniales, *B. G.,* p. 1589.

6 déc. 1903 Décr., art. 15. Avances aux corps de troupe en cas de déplacement. Maximum : 20.000 francs.
Art. 102 à 107. Avances faites par les corps pour l'exécution de divers services.
Annexe E. Instruction pour le remboursement des avances faites par les corps de troupe pour l'exécution des différents services du matériel, *B. G.,* vol. spl., T. C.

3° *Colonies.*

(Voir : *Caisses de menues dépenses.*)

14 janv. 1869 Règl. financier, art. 23, 21, 62, 120, 133, 148 à 151, vol. spl.

28 févr. 1902 Circ. Retards apportés à la production des justifications d'avances faites aux colonies à des officiers ou fonctionnaires chargés de missions, *B. C.,* p. 179.

16 oct. 1903 Règl. sur les directions d'artillerie coloniales, art. 162 à 170, *B. C.,* vol. spl., p. 134; modif. 2 octobre 1905, *B. C.,* p. 1056.

14 avril 1904 Décr. Maximum des avances à faire à l'agent spécial de Fort-Lamy-Tchad, 100.000 francs; délai de justification : neuf mois, *B. C.,* p. 337.

18 déc. 1904 Décr. autorisant sur les fonds du budget colonial la concession d'une avance de 35.000 francs au 4° régiment de tirailleurs tonkinois pour le paiement de la solde des détachements éloignés; délai de justification : quarante-cinq jours, *B. C.,* 1905, p. 3.

Avances à régulariser pour le compte des divers ministères.

20 nov. 1882 Régime financier des colonies, art. 36, *B. M.,* p. 866.

31 oct. 1901 Circ. Les dépenses faites aux colonies pour le compte du budget de la guerre doivent être acquittées en vertu d'ordres de paiement délivrés par les ordonnateurs secondaires de la colonie à titre d'avances à régulariser, *B. C.,* p. 983.

10 oct. 1901 Circ. Toutes les dépenses faites aux colonies pour le compte du budget de la guerre (solde de congé, cessions d'armes, etc.), doivent être acquittées sur place à titre d'avances à régulariser, *B. C.,* p. 1021.

Avances de solde.

(Voir : *Gendarmerie*, 6 mars 1905.)

18 févr. 1805   Règl. sur les manœuvres, art. 65.
Avances de solde aux officiers et assimilés prenant part aux manœuvres d'automne, *B. G.*, E. M., vol. 55-3; et décret du 3 avril 1869, art. 169-5, *B. G.*, E. M., vol. 21, p. 71.

29 déc. 1903   Décr. sur la solde, art. 12. Tout paiement à titre d'avance de solde est formellement interdit. *B. C.*, 1901, p. 372, et circulaire du 21 avril 1901, *B. C.*, p. 350.

Avis à donner en cas d'événements graves.

(Voir : *Décès. — Événements graves.*)

Avis de décès.

(Voir : *Décès.*)

Avis de mutation.

(Voir : *Mutations.*)

Avis de vacances.

(Voir : *Bulletin des emplois vacants.*)

2 juill. 1839   Avis à donner des vacances qui surviennent parmi les officiers des corps de troupe, *B. G.*, E. R., vol. 22, p. 63.

B

Bagages.

(Voir : *Transports maritimes.*)

1° *Guerre.*

15 juill. 1891   Traité avec les compagnies de chemins de fer pour l'exécution des transports ordinaires, art. 2, *B. G., E. M.*, vol. 100-1, p. 31.

28 mai 1895   Inst. pour l'application du traité du 15 juillet 1891, *B. G., E. M.*, vol. 100-1, p. 105.

18 mars 1901   Règl. sur le service des frais de route, *B. G., E. R.*, vol. 37.

11 déc. 1903   Inst. Transport par chemin de fer, *B. G., E. M.*, vol. 100-3, p. 113.

2° *Colonies.*

4 août 1894   Circ. Payement des excédents de bagages, *B. C.*, p. 607.

25 juin 1895   Allocation de 150 kilogr. de bagages aux militaires de la gendarmerie mariés et voyageant par ordre, *B. C.*, p. 516.

1er oct. 1902   Circ. Contrôle des bagages des passagers réquisitionnaires avant l'embarquement, *B. C.*, p. 1042.

6 juill. 1904   Décr., art. 5. Quotité des bagages transportés au compte de l'Etat, *B. C.*, p. 773.

Bains.

25 mai 1830   Mesures de précaution à prendre au sujet des militaires qui se baignent, *B. G., E. R.*, vol. 78, p. 686.

25 nov. 1889   Règl. sur le service de santé, art. 114. Notice 26, bains pris dans les hôpitaux à charge de remboursement, *B. G., E. M.*, vol. 80.

17 juill. 1890   Nouvelles recommandations au sujet des militaires qui se baignent, *B. G., E. R.*, vol. 78, p. 791.

5 févr. 1894   Inst. sur la tenue et l'hygiène des casernements. Installation des bains-douches, *B. G., E. R.*, vol. 62, p. 137.

11 août 1902   Circ. rappelant l'interdiction faite aux militaires de se baigner isolément, *B. G.*, p. 1719.

6 déc. 1903   Annexe F. Achat et entretien au compte de la masse générale d'entretien des appareils et du matériel des bains de propreté, *B. G.*, vol. spl., T. C., p. 220.

Bains de mer.

25 nov. 1889   Règl. sur le service de santé, art. 354. Notice 18, *B. G., E. M.*, vol. 80.

18 mars 1901   Règl. sur le service des frais de route, position 78, *B. G., E. R.*, vol. 37.

Balai. — Balai-brosse.

6 déc. 1903   Annexe F. Achat au compte de la masse générale d'entretien, *B. G.*, vol. spl., T. C., p. 226 et 229.

Balayage.

6 août 1903 Interdiction du balayage à sec sur les surfaces imperméables, *B. G.*,
p. 1151.

Ballots.

11 avril 1883 Circ. Confection des ballots contenant les effets que les militaires des
corps de troupe ne doivent pas emporter en campagne, *B. M.*, p. 607.
8 déc. 1899 Inst. relative à la fixation et à l'emploi des effets d'habillement, art.
10 et annexe 3.
6 déc. 1903 Annexe F. Achat au compte de la masse générale des objets pour la
confection des ballots, *B. G.*, vol. spl., T. C., p. 229.

Bancs de caserne.

6 juill. 1899 Description, *B. G.*, E. R., vol. 51 *bis*, p. 41.
16 oct. 1903 Description, *B. C.*, vol. spl., p. 980.

Bancs de réfectoire.

6 juill. 1899 Description, *B. G.*, E. R., vol. 51 *bis*, p. 41.
16 oct. 1903 Description, *B. C.*, vol. spl., p. 980.

Banderoles de drapeaux et étendards.

(Voir : *Drapeaux et étendards*.)

Bandes molletières.

30 sept. 1903 Description des uniformes, art. 21, *B. G.*, vol. spl., T. C., p. 26.

Banquets.

(Voir : *Discipline générale*.)

Baquets de propreté.

6 juill. 1899 Description, *B. G.*, E. R., vol. 51 *bis*, p. 42.
16 oct. 1903 Description, *B. C.*, vol. spl., p. 981.

Baraquements.

(Voir : *Camps provisoires*.)

Barêmes.

18 mars 1901 Règl. sur le service des frais de route, art. 38, *B. G.*, E. R., vol. 37.

Barre d'appui.

20 févr. 1901 Circ. Installation d'une barre d'appui aux fenêtres des étages des
casernes, *B. G.*, p. 217.

Barres doubles.

22 déc. 1902   Description, *B. G.*, E. M., vol. 55 2, p. 131.

Basoules et accessoires.

6 déc. 1903   Annexe F. Achat au compte de la masse générale d'entretien, *B. G.*, vol. spl., T. C., p. 226.

Bataillons d'infanterie légère d'Afrique.

13 mars 1875   Loi des cadres, art. 3, *B. G.*, E. R., vol. 63, p. 5.
27 févr. 1889   Loi. Création de 2 bataillons, *B. G.*, E. R., vol. 63, p. 141.
1er mars 1889   Décr. relatif à la création de 2 bataillons, *B. G.*, E. R., vol. 63, p. 141.
8 sept. 1899   Décr. Recrutement des bataillons d'infanterie légère d'Afrique, *B. M.*, 1er sem. 1900, p. 68; *B. G.*, p. 1223; *B. G.*, E. R., vol. 63, p. 350; modif. 2 novembre 1902, *B. G.*, p. 2259; *B. C.*, p. 1136.
19 déc. 1899   Inst. relative aux bataillons d'infanterie légère d'Afrique, *B. M.*, 1er sem. 1900, p. 70; *B. G.*, E. R., vol. 63, p. 352; err., *B. G.*, p. 1450 et *B. G.*, 1900, 2e sem., p. 1588; modif. 21 mai 1901, *B. G.*, p. 834; modif. 12 novembre 1902, *B. G.*, p. 2264; modif. 2 mars 1904, *B. G.*, p. 244.
29 janv. 1900   Circ. Application aux troupes de la marine du décret du 8 septembre 1899 et de l'inst. du 19 décembre 1899, *B. M.*, p. 67.
12 nov. 1902   Circ. Répartition des hommes des bataillons d'Afrique à réintégrer dans les corps de troupe, *B. G.*, p. 2290.
21 mars 1905   Loi sur le recrutement, art. 5, 6 et 66, *B. G.*, p. 263; *B. C.*, p. 359.

Bat-flanc.

6 juill. 1899   Description, *B. G.*, E. R., vol. 51 *bis*, p. 42.
16 oct. 1903   Description, *B. C.*, vol. spl., p. 931.

Baux.

(Voir : Enregistrement.)

1° *Guerre.*

3 mars 1899   Règl. sur le casernement, art. 79 à 90. Locations, dispositions relatives à la passation des baux, *B. G.*, E. R., vol. 51, p. 35.
29 mai 1899   Circ. Renseignements que doivent fournir les procès-verbaux de convenance précédant la passation des baux, *B. G.*, E. R., vol. 51, p. 177.

2° *Colonies.*

16 oct. 1903   Règl. sur le casernement, art. 78 à 88. Locations, dispositions relatives à la passation des baux, *B. C.*, vol. spl., p. 913.
4 juill. 1905   Inst., art. 2. Autorisation du Ministre, *B. C.*, p. 764.

Bêches.

(Voir : Outillage.)

Belligérants.

29 juill. 1899   Convention de La Haye, art. 1 à 3. Promulguée par décret du 28 novembre 1900, *B. G.*, E. R., vol. 59 *bis*, p. 11.

Béret.

30 sept. 1903 Description des uniformes, art. 20, *B. G.*, vol. spl., T. C., p. 23.

Bibliothèques militaires.

(Voir : Cercles et bibliothèques militaires.)

13 déc. 1875 Dépenses des bibliothèques régimentaires, *B. M.*, p. 635.

25 avril 1885 Arr. Composition des bibliothèques des hôpitaux militaires aux colonies, *B. M.*, p. 824; *B. C.*, 1887, p. 553.

9 déc. 1885 Catalogue général des ouvrages de lecture susceptibles d'être admis dans les bibliothèques des corps de troupe de la marine et des hôpitaux aux colonies, *B. M.*, p. 1142; *B. C.*, 1887, p. 554.

30 juin 1887 1ᵉʳ supplément, *B. M.*, p. 849; *B. C.*, 1888, p. 598.
2 août 1888 2ᵉ Id. *B. M.*, p. 122; *B. C.*, p. 617.
18 oct. 1889 3ᵉ Id. *B. M.*, p. 671; *B. C.*, p. 1553.
6 oct. 1890 4ᵉ Id. *B. M.*, p. 508; *B. C.*, p. 1165.
3 janv. 1892 5ᵉ Id. *B. M.*, p. 107; *B. C.*, p. 250.
31 janv. 1893 6ᵉ Id. *B. M.*, p. 371; *B. C.*, p. 317.
24 févr. 1894 7ᵉ Id. *B. M.*, p. 209
19 sept. 1895 8ᵉ Id. *B. M.*, p. 543.
26 févr 1897 9ᵉ Id. *B. M.*, p. 226.
25 janv. 1899 10ᵉ Id. *B. M.*, p. 170.
12 nov. 1900 11ᵉ Id. *B. M.*, p. 870.

22 févr. 1886 Circ. Prescriptions relatives à la composition des bibliothèques des hôpitaux militaires aux colonies, *B. C.*, 1888, p. 598.

7 août 1902 Circ. Suppression de l'envoi des rapports trimestriels sur le fonctionnement des bibliothèques militaires prescrit par la circ. du 6 novembre 1886, qui est abrogée.

Bibliothèques municipales.

(Voir : Cours du soir.)

Bicyclettes.

(Voir : Service vélocipédique.)

24 mai 1895 Circ. Conditions dans lesquelles les officiers peuvent monter à bicyclette, *B. G.*, p. 612; appliquée aux troupes de la marine par circ. du 13 juillet 1895, *B. M.*, p. 64; *B. C.*, p. 638.

24 févr. 1897 Circ. Adoption d'une plaque indicatrice du corps détenteur pour les bicyclettes en service dans les corps de troupe de la marine. Application de la décision (guerre) du 6 août 1896, *B. M.*, p. 223.

9 déc. 1901 Décr., art. 1ᵉʳ. Aux colonies la masse de harnachement pourvoit aux dépenses d'entretien et de renouvellement des bicyclettes, et inst. du même jour, art. 1ᵉʳ, § 7 et art. 62, *B. C.*, p. 1250.

16 janv. 1905 Circ. Taux des abonnements à la masse de ferrage pour l'entretien des bicyclettes aux colonies, *B. C.*, p. 13.

Bidon.

8 oct. 1901 Prix de revient des couvertures de petits bidons confectionnées dans les troupes coloniales avec du drap neuf, *B. G.*, vol. spl., T. C., p. 237.

15 janv. 1905 Description : petit bidon de 1 litre, art. 33, *B. G.*, E. M., vol. 53, p. 47; petit bidon de 2 litres, art. 34, *B. G.*, E. M., vol. 53, p. 49; petit bidon de cavalerie avec quart adhérent, art. 35, *B. G.*, E. M., vol. 53, p. 51.
Réparations à faire, *B. G.*, E. M., vol. 53, p. 178.
Nettoyage, *B. G.*, E. M., vol. 53, p. 187.
Prix des réparations, *B. G.*, E. M., vol. 53, p. 195.

Bière.

14 juin 1900 Art. 238. Substitution au vin, *B. G., E. R.,* vol. 91.

Bivouacs.

18 févr. 1895 Inst. sur les manœuvres. Allocations aux troupes bivouaquées, *B. G., E. M.,* 53-3, p. 70.

Blanc de zinc.

21 oct. 1901 Circ. Substitution du blanc de zinc au blanc de céruse, *B. G.,* p. 990; *B. G., E. M.,* vol. 83, p. 263.
26 avril 1902 Inst. technique sur l'emploi des peintures à base de blanc de zinc. *B. G.,* p. 1129.

Blanchissage des chambres.

20 oct. 1892 Service intérieur : Inf., art. 355; Artil., art. 373, *B. G., E. R.,* vol. 78.
3 mars 1899 Règl. sur le casernement en France, art. 93, *B. G., E. R.,* vol. 51.
16 oct. 1903 Règl. sur le casernement aux colonies, art. 94, *B. C.,* vol. spl., p. 918.

Blanchissage du linge.

17 oct. 1894 Circ. Le blanchissage du linge de la troupe s'effectuera au compte des ordinaires et par les moyens que les corps jugeront le plus convenable, *B. M.,* p. 506.
6 déc. 1903 Annexe F, modif. 11 juin 1905. Blanchissage du linge de corps et des effets de cuisine au compte de la masse générale, *B. G.,* vol. spl.; T. C., et *B. G.,* 1905, p. 744.
31 mai 1906 Notification relative aux mesures à prendre pour assurer l'exécution du blanchissage du linge des corps de troupe, *B. G.,* p. 698.

Blessures ou infirmités.

(Voir : *Certificat d'origine de blessure ou de maladie. — Certificats médicaux. — Pensions.*)

23 juill. 1887 Classification des blessures ou infirmités ouvrant des droits à pension, *B. G., E. R.,* vol. 66, p. 194.
6 déc. 1903 Annexe D. Inscription sur les registres matricules, vol. spl., T. C., p. 158.
23 déc. 1903 Inscription sur les états de services, matricules, etc., *B. G.,* p. 1960.

Bois.

6 juill. 1899 Qualités et défauts, classification, essences, bois débités, *B. G., E. R.,* vol. 51 *bis,* p. 33.
16 oct. 1903 Qualités et défauts, classification, essences, bois débités, *B. C.,* vol. spl., p. 974.

Boissons.

23 avril 1877 Circ. Défense de distribuer des boissons aux détachements, *B. M.,* p. 438; *B. M., R.,* p. 201.

Boissons alcooliques.

21 mars 1901 Circ. Interdiction de vendre des boissons alcooliques dans les cantines des casernes et établissements militaires des troupes coloniales,
B. G., p. 189.

Boissons hygiéniques.

9 juin 1891 Note. Cession à titre remboursable des quantités de glyzine nécessaires aux corps de troupe pour préparer une boisson hygiénique
pendant les chaleurs, B. G., E. M., vol. 83, p. 64.

Boîte à livrets matricules.

6 déc. 1903 Achat au compte de la masse générale d'entretien, B. G., vol. spl.,
T. C., p. 226.
15 janv. 1905 Description, art. 66, boîte; art. 67, demi-boîte, B. G., E. M., vol. 53,
p. 125.

Boîte à imprimés et à cartes.

15 janv. 1905 Art. 69. Description, boîte pour officier d'approvisionnements, B. G.,
E. M., vol. 53, p. 128.

Boîte à marques.

6 déc. 1903 Description, B. G., vol. spl., T. C., p. 137.
Achat au compte de la masse générale d'entretien, B. G., vol. spl.,
T. C., p. 226.

Boîte à plaques d'identité.

6 déc. 1903 Achat au compte de la masse générale d'entretien, B. G., vol. spl.,
T. C., p. 227.
15 janv. 1905 Art. 68. Description, B. G., E. M., vol. 53, p. 127.

Boîte aux lettres.

6 juill. 1899 Description, B. G., E. R., vol. 51 *bis*, p. 42.
16 oct. 1903 Description, B. C., vol. spl., p. 981.

Boîte double à graisse et à cirage.

30 sept. 1903 Description des uniformes, art. 456. B. G., vol. spl., T. C., p. 279.

Boni.

(Voir : *Masse de ravitaillement. — Ordinaires.*)

8 juill. 1905 Inst. sur le fonctionnement administratif du service de santé colonial, art. 40, bonis de l'ordinaire des infirmeries-ambulances et am-
bulances soumises au régime de l'ordinaire, B. C., p. 1356.

Bonnet de police.

23 avril 1901   Circ. Le bonnet de police doit entrer dans la composition du stock de mobilisation en remplacement de la calotte de coton, *P. G.*, vol. spl., T. C., p. 112.

30 sept. 1903   Description des uniformes, art. 19, 211, 292, *B. G.*, vol. spl, T. C.

6 nov. 1905   Circ. Port et confection, *B. G.*, p. 1680.

Bons de chemin de fer.

4 juin 1902   Art. 20. Etablissement, *B. G.*, E. M., vol. 100-3, p. 22.

11 déc. 1903   Inst. pour l'application du règl. du 4 juin 1902, *B. G.*, E. M., vol 100-3, p. 117.

Bons de distribution.

20 oct. 1892   Service intérieur : Inf., art. 57; Artil., art. 52, *B. G.*, E. R., vol. 78.

14 juin 1900   Art. 81 à 91, *B. G.*, E. R., vol. 91.

Bons de poste.

29 nov. 1880   Circ. Paiement des bons de poste aux militaires, marins et assimilés aux colonies et dans les pays de protectorat par les agents des finances, *B. C.*, p. 1498; *B. M.*, p. 908, et circulaires finances, 18 février 1890, *B. C.*, p. 516; colonies, 26 mars 1890, *B. C.*, p. 515; marine, 27 mars 1890, *B. M.*, p. 321.

Bons de tabac.

29 juin 1853   Décr. portant qu'il sera livré aux troupes du tabac de cantine à fumer au prix de 1 fr. 50 le kilogr., *B. G.*, E. M., vol. 86, p. 141.

10 août 1853   Décr. relatif à la vente du tabac aux militaires de la marine, *B. M.*, p. 521; *B. M.*, R., p. 1081.

21 janv. 1854   Inst. (douanes et contributions). Exécution des décrets relatifs à la livraison aux troupes de terre et de mer du tabac *dit* de cantine, *B. M.*, p. 291; *B. M.*, R. p. 26.

16 juin 1854   Circ. Approvisionnement du tabac de cantine à délivrer aux troupes et détachements appelés à faire mouvement, *B. G.*, E. M., vol. 86, p. 143.

9 janv. 1862   Circ. relative aux plaintes contre la qualité du tabac de cantine et aux abus révélés sur son emploi, *B. G.*, E. M., vol. 86, p. 144.

1er juil. 1867   Déc. Les militaires admis dans les hôpitaux jouiront du bénéfice du décret du 29 juin 1853, *B. G.*, E. M., vol. 86, p. 142.

29 sept. 1879   Circ. Etablissement des demandes de bons de tabac et perception de ces bons, *B. M.*, p. 507; *B. M*, R., p. 679.

26 avril 1883   Notification d'une circulaire du Ministre des finances du 13 février 1883 relative à la délivrance des bons de tabac aux militaires en traitement dans les hôpitaux militaires ou dans les hospices civils, *B. G.*, E. M., vol. 86, p. 148; appliquée aux troupes de la marine, circ. du 30 avril 1900, *B. C.*, p. 393; *B. M.*, p. 755.

21 oct. 1898   Note. Délivrance de tabac de troupe aux réservistes et aux hommes de l'armée territoriale, *B. G.*, E. M., vol. 86, p. 145.

31 juill. 1899   Circ. Distribution des paquets de tabac à la troupe, *B. G.*, E. M., vol. 86, p. 149.

12 mars 1900   Circ. de la direction générale des contributions indirectes. Extension aux troupes de la marine des dispositions relatives à la délivrance du tabac de cantine aux troupes et réservistes de la guerre, *B. M.*, p. 612, et circ. marine du 29 mars 1900, *B. M.*, p. 612.

Bordereaux.

(Voir : *Comptabilité-finances.*)

17 mars 1904   Art. 4. Bordereaux trimestriels, *B. G.*, E. M., vol. 26 *bis*, p. 12.

Bottes.

30 sept. 1903 Art. 25. Description, *B. G.*, vol. spl., T. C., p. 26.

Bottines.

30 sept. 1903 Art. 26, 113, 121. Description. *B. G.*, vol. spl., T. C.

Boulots pour exercices physiques.

23 déc. 1902 Description, *B. G.*, E. M., vol. 55-2, p. 134.

Bourgeron.

30 sept. 1903 Art. 213. Description, *B. G.*, vol. spl., T. C., p. 95.

Bourgeron-blouse.

30 sept. 1903 Art. 265. Description, *B. G.*, vol. spl., T. C., p. 131.

Bourreliers.

(Voir : *Habillement.* - - *Instruction.*)

20 oct. 1892 Service intérieur : Artil., art. 247, service des bourreliers, *B. G.*, E. R., vol. 78.

Boussole directrice.

29 mars 1894 Circ. Emploi, *B. G.*, E. M., vol. 55-1, p. 142; appliquée aux troupes de la marine, circ. du 27 avril 1894, *B. M.*, p. 496.

Boutons d'uniforme.

30 sept. 1903 Description, art. 214; infanterie coloniale, art. 266; artillerie coloniale, art. 8. 176, 185; commissariat, art. 197-207; corps de santé, *B. G.*, vol. spl., T. C.

Brancardiers.

25 nov. 1889 Service de santé à l'intérieur. Notice 6. Recrutement et instruction des brancardiers régimentaires et d'ambulance, *B. G.*, E. M., vol. 80.
27 sept. 1895 Circ. Application des règlements de la guerre en ce qui concerne les infirmiers et brancardiers régimentaires de l'infanterie de marine, *B. M.*, p. 556; *B. C.*, p. 773.

Brassards.

18 févr. 1895 Inst. sur les manœuvres, art. 67. Brassards des arbitres, *B. G.*, E. M., vol. 55-3.
30 sept. 1903 Description des uniformes, *B. G.*, vol. spl., T. C.

Art. 53. Brassard des officiers d'état-major.
372.   —   des vélocipédistes.

Brassards (*suite*).

406. Brassard des conducteurs de caissons à munitions, de voitures régimentaires, de voitures de compagnie, de bataillon, de chevaux haut le pied et de mulets.
407. Brassard de brancardier régimentaire.
408.   — des conducteurs d'animaux réquisitionnés et des hommes du service d'alimentation.
409. Brassard des hommes préposés au service des voies et communications.

Bretelles de pantalon.

30 sept. 1903 Description, art. 422, bretelle pour homme à pied; art. 423, bretelle pour homme à cheval, *B. G.*, vol. spl., T. O.

Brevet d'état-major.

(Voir : *Etat-major*.)

Brevet de maître maréchal ferrant.

(Voir : *Maréchaux ferrants*.)

Brevets d'invention.

(Voir : *Inventions*.)

5 juill. 1844 Loi sur les brevets d'invention, *B. M.*, R., p. 104; modif. loi du 7 avril 1902, *J. O.*, du 9 avril 1902.

Brigadiers.

20 oct. 1892 Service intérieur. Artillerie, *B. G.*, E. R., vol. 78.
     Art. 156.   Trompette.
         219. Brigadiers. Fonctions.
     220 à 224. Brigadier de pièce.
     225 à 231.   — de chambrée.
     232 à 239.   — de semaine.
     240 à 243.   — d'ordinaire.
     Brigadier maréchal ferrant. Voir maréchaux ferrants.
22 avril 1905 Règl. sur les ordinaires.
     Art. 8. Brigadier d'ordinaire.
        9.   — de planton aux cuisines, *B. G.*, E. M., vol. 7, p. 12.

Brimades.

4 sept. 1888 Circ. Interdiction d'une façon absolue dans l'armée, *B. G.*, E. R., vol. 31, p. 33.
14 juill. 1899 Circ. Rappel de l'interdiction. Responsabilité des chefs de corps, *B. G.*, E. R., vol. 31, p. 62.

Brodequins.

(Voir : *Chaussures. — Remontage des brodequins*.)

30 sept. 1903 Description.
     Art. 79, 110, 301, brodequins des officiers et adjudants; art. 424, brodequins des troupes à pied; art. 425, brodequins des troupes à cheval, *B. G.*, vol. spl., T. O.

Brosses.

30 sept. 1903 Description.
Art. 456, brosse à boutons, à reluire, pour armes, à dents, à tête, à habits, à laver, double à chaussures, *B. G.*, vol. spl., T. O., p. 279

Brouettes.

6 juill. 1899 Description, *B. G.*, E. R., vol. 51 *bis*, p. 43.
16 oct. 1903 Description, *B. C.*, vol. spl., p. 982.
11 juin 1905 Circ. Les corps de troupe de toutes armes sont autorisés à acheter au compte de la masse de harnachement des brouettes pour le transport des fumiers, *B. G.*, p. 810.

Budget.

(Voir : Comptabilité finances.)

7 juill. 1900 Loi organisant les troupes coloniales, art. 2. Budget des troupes coloniales. Guerre et colonies, *B. C.*, p. 594.
15 févr. 1902 Circ. Envoi à la direction de la comptabilité, 1er bureau, d'une expédition de tous les documents relatifs au budget, *B. C.*, p. 137.

Budgets locaux.

20 nov. 1882 Régime financier des colonies, art. 37 à 113, *B. M.*, p. 866; modif. loi de finances du 13 avril 1900, art. 33, *B. C.*, p. 315; modif. loi de finances du 30 décembre 1903, art. 23, *B. C.*, p. 1261.
31 janv. 1898 Circ. Délai pour le mandatement et le paiement des dépenses faites en France pour le compte des services locaux des colonies et pays de protectorat. Le mandatement cesse le 15 mars de la deuxième année de l'exercice, le paiement le 31 du même mois, *B. C.*, p. 30.
21 mars 1898 Circ. Transmission au département des colonies d'un bordereau journalier des ordres de paiement délivrés sur les budgets locaux par les ordonnateurs des ports de commerce, *B. C.*, p. 164.
22 févr. 1900 Le timbre de quittance de 0 fr. 10 apposé sur les ordres de paiement émis au titre des budgets locaux est à la charge de ces budgets. *B. C.*, p. 131.
21 juin 1900 Circ. Versement aux produits divers du budget local des retenues à exercer sur le montant des travaux ou des fournitures, *B. C.*, p. 510.
31 mai 1902 Arr. Payement des dépenses à effectuer en France et aux colonies pour le compte des budgets de l'Indo-Chine, *B. C.*, p. 517.
14 mai 1903 Arr. Payements à effectuer en France, en Algérie et aux colonies, pour le compte des services locaux des colonies, *B. C.*, p. 453.
30 déc. 1903 Loi de finances, art. 23. Mise à la charge des budgets locaux des dépenses des missions mobiles de l'inspection des colonies, *B. C.*, p. 1261.

Bulletin des emplois vacants.

2 juill. 1839 Avis à donner des vacances qui surviennent parmi les officiers des corps de troupe, *B. G.*, E. R., vol. 22, p. 63.
20 oct. 1892 Service intérieur : Inf. et Artil., art. 2; avis à donner au Ministre et modèle 2, *B. G.*, E. R., vol. 78.
28 déc. 1898 Inst. sur l'administration des officiers de réserve et de l'armée territoriale, art. 33 et modèle 6, *B. G.*, E. R., vol. 72.

Bulletin des lois.

6 janv. 1842 Arr. Répartition des exemplaires et conservation, *B. G.*, E. R., vol. 10, p. 13.
4 déc. 1849 Loi. Insertion des nominations et promotions dans la Légion d'honneur, *J. M.*, p. 51.

Bulletin individuel d'embarquement et de débarquement.

6 janv. 1906 Envoi à l'administration centrale de la guerre en ce qui concerne les officiers et assimilés et les sous-officiers stagiaires du génie, *B. G.*, p. 6.

Bulletin officiel du ministère de la guerre.

7 août 1873 Division du Journal militaire en deux parties, *B. G.*, E. R., vol. 10, p. 18.

20 nov. 1886 Décr. créant le *Bulletin officiel* du ministère de la guerre, *B. G.*, E. R., vol. 10, p. 16.

11 juin 1887 Suppression de l'insertion des promotions d'officiers, *B. G.*, E. R., vol. 10, p. 19.

16 juin 1896 Note. Répartition entre les parties prenantes du *B. O.*, des volumes formant la collection nouvelle par service de ce recueil, *B. G.*, E. R., vol. 10, p. 21.

5 juin 1899 Avis relatif à la publication du *B. O.* Titre des documents, *B. G.*, p. 325; *B. G.*, E. R., vol. 10, p. 20; modif. 26 novembre 1900, *B. G.*, p. 1896.

10 août 1899 Circ. Mode de conservation. Substitution du brochage à la reliure pour les volumes de l'édition chronologique courante, *B. G.*, E. R., vol. 10, p. 22.

19 janv. 1901 Circ. Interdiction des parties prenantes du *B. O.*, *B. G.*, p. 103; err. 1er sem. 1902, p. 100.

31 déc. 1901 Circ. Mesures à prendre comme suite à la publication de l'édition refondue, *B. G.*, p. 1678; err., *B. G.*, 1er sem. 1902, p. 124.

23 janv. 1903 Circ. Suppression, avant le brochage, des doubles feuillets contenant les sommaires du *B. O.*, édition chronologique, *B. G.*, p. 21.

20 juin 1904 Circ. Durée de la conservation de la partie supplémentaire, *B. G.*, p. 907.

Bulletin officiel du ministère des colonies.

30 nov. 1886 Création, *B. C.*, 1887, p. 3.
9 avril 1894 Arr. Cette publication portera le titre de *Bulletin officiel* du ministère des colonies, *B. O.*, p. 340.

Bureaux de comptabilité.

(Voir : *Décès*.)

10 juin 1889 Décr. sur la comptabilité des corps de troupe en temps de guerre. Art. 7. à 10. Organisation, fonctionnement et instruction du 10 juin 1889, *B. G.*, E. M., vol. 8.

15 sept. 1901 Service courant, art. 64.

Attributions de l'inspecteur en ce qui concerne l'instruction et les dispositions prises pour la constitution des bureaux, *B. G.*, E. R., vol. 74.

Bureaux de mobilisation.

6 déc. 1903 Imputation à la masse générale des dépenses occasionnées par le fonctionnement des bureaux de mobilisation, *B. G.*, vol. spl., T. O., p. 229.

Bureaux de recrutement.

24 sept. 1895 Décr. Organisation du service du recrutement à La Réunion, *B. C.*, p. 753.

Bureaux de recrutement (*suite*).

3 févr. 1899 Décr. Organisation du service du recrutement à La Martinique et à La Guadeloupe, *B. G.*, E. R., vol. 68.

8 mars 1901 Circ. Organisation des bureaux de recrutement aux colonies, *B. C.*, p. 202.

15 sept. 1901 Service courant.

Art. 140. Propositions pour le service du recrutement, *B. G.*, E. R., vol. 74; modif. 10 juin 1902, *B. G.*, p. 1224; modif. 4 juin 1903, *B. G.*, p. 850.

Bureaux des états-majors.

(Voir : *Ameublement. — Casernement. — État-major.*)

C

Cablogrammes.

(Voir : *Avancement. — Décès.*)

30 mars 1891 Dép. min. colonies. Le prix d'un câblogramme entre la France et les colonies doit, lorsqu'il est relatif à ces colonies, être imputé au budget colonial pour ceux envoyés de France, aux budgets locaux pour ceux envoyés des colonies en France.

Cachets.

(Voir : *Timbres et cachets.*)

Cadre de réserve.

(Voir : *Inspection des colonies.*)

13 mars 1875 Loi, art. 8 et 37. Cadre de réserve de l'état-major général de l'armée, *B. G., E. R.*, vol. 63, p. 20.
20 avril 1875 Décr. concernant les constatations à faire pour l'admission anticipée des généraux et fonctionnaires assimilés dans la section de réserve, *B. G., E. R.*, vol. 63, p. 290.

. Cadres et effectifs.

(Voir : *Artillerie coloniale. — Corps de santé des troupes coloniales. Infanterie coloniale. — Intendance. — Officiers d'administration.*)

13 mars 1875 Loi sur la constitution des cadres et des effectifs de l'armée active et de l'armée territoriale, *B. M.*, p. 870; *B. M., R.*, p. 575; *B. G., E. R.*, vol. 63.

.Café.

20 oct. 1892 Service intérieur : Inf., art. 386; Artil., art. 401, Caractère distinctif des denrées, *B. G., E. R.*, vol. 78.
18 août 1902 Annexe 3. Mode de préparation du café dans le percolateur, *B. G., L. M.*, vol. 97, p. 67.

Cafetière filtre.

15 janv. 1905 Description, *B. G., E. M.*, vol. 53, p. 87.

Caisse à archives.

15 janv. 1905 Description. Caisse pour le transport des archives des états-majors et des services administratifs, art. 53, *B. G.*, E. M., vol. 53, p. 114.

Caisse à bagages.

(Voir : *Equipages régimentaires.*)

23 févr. 1886 Note. Les sous-officiers rengagés sont autorisés à se procurer à leurs frais une caisse à bagages, *B. G.*, E. R., vol. 78, p. 653.
15 janv. 1905 Art. 48. Description, *B. G.*, E. M., vol. 53, p. 62.

Caisse à charbon.

6 juill. 1899 Description, *B. G.*, E. R., vol. 51 *bis*, p. 41.
16 oct. 1903 Description, *B. G.*, vol. spl., p. 083.

Caisse à outils et matières pour ouvriers des corps en campagne.

(Voir : *Equipages régimentaires.*)

8 janv. 1902 Notice 2. Composition, *B. G.*, E. M., vol. 8, p. 123.
15 janv. 1905 Description, *B. G.*, E. M., vol. 53, p. 120.

Caisse à outils pour maréchaux ferrants.

6 déc. 1903 Art. 169. Constitution de l'outillage nécessaire à la mobilisation, *B. G.*, vol. spl., T. C., p. 09.

Caisse à poudre et à munitions.

(Voir : *Munitions.*)

12 déc. 1901 Règl. sur le service des munitions aux colonies, art. 41 à 50, *B. G.*, pagin. spéc.

Caisse d'armes.

30 août 1884 Art. 73 à 75 et 80, *B. G.*, E. R., vol. 10.

Caisse de fonds.

15 janv. 1905 Description : art. 52, petit modèle; art. 53, grand modèle, *B. G.*, E. M., vol. 53, p. 80.

Caisse de médicaments vétérinaires.

13 janv. 1900 Circ. Application aux troupes d'infanterie de marine de la circ. (guerre) du 25 mai 1898, *B. G.*, E. R., vol. 81, dotant les corps d'infanterie en campagne d'une caisse de médicaments vétérinaires, *B. M.*, p. 53.

Caisse pour approvisionnements do réservo.

15 janv. 1905   Description, art. 57. Caisso pour les approvisionnements do réservo des quartiers généraux. Art. 58 et 59. Oaisso pour les approvisionnements de réservo des corps do troupe, n°⁰ 1 et 2, *B. G.*, E. M., vol. 53, p. 117.

Caisses do menues dépenses.

(Voir : *Avances.*)

1ᵉʳ févr. 1904   Décret. Le maximum des avances à fairo au gérant do la caisse centrale de Cao-Bang (Tonkin) est fixé à 50.000 francs, délai de justification, 60 jours, *B. C.*, p. 114.

8 juill. 1903   Inst. sur lo fonctionnement administratif du service do santé coloniale, art. 26, *B. C.*, p. 1356.

Caisses d'épargno.

20 févr. 1836   Avis relatif aux fonds déposés dans les caisses d'épargno par les militaires qui changent de garnison ou de résidence. Transferts, et circulairo du 28 juillet 1828, intérêts, *B. G.*, E. M., vol. 85, p. 16.

25 févr. 1884   Note. Remboursement dans les bureaux de posto aux intéressés des fonds déposés à la Caisso nationalo d'épargno par des militaires en activité de service, *B. G.*, E. M., vol. 85, p. 21.

12 sept. 1883   Note. Versements ou retraits do fonds à la Caisse d'épargno postalo par des militaires en traitement dans les hôpitaux ou en détention, par l'intermédiaire des vaguemestres, *B. G.*, E. M., vol. 85, p. 21.

19 juill. 1895   Note. Destination à donner aux livrets de Caisse d'épargno laissés par des militaires dont les héritiers sont inconnus ou refusent d'appréhender la succession, *B. G.*, E. M., vol. 85, p. 22.

6 avril 1905   Décret instituant des succursales régimentaires de la Caisse nationalo d'épargno dans les corps des troupes coloniales stationnés aux colonies, *B. G.*, p. 575, *B. C.*, p. 481.

1ᵉʳ mai 1905   Inst. pour l'application du décret du 6 avril 1905, fonctionnement, comptabilité.

1ᵉʳ juin 1906   Circ. Inscription des fonds de la Caisso d'épargno dans les écritures des corps, *B. C.*, p. 526.

5 juill. 1906   Circ. Dépenses concernant lo fonctionnement do la Caisse d'épargno. L'administration fournit seulement les imprimés et carnets réglementaires. La masse généralo (fonds éventuels) supporto les autres dépenses, *B. C.*, p. 632.

Caisse des dépôts et consignations.

(Voir : *Cautionnements.* — *Comptabilité publique.* — *Oppositions.*
Successions.)

28 nivôse an III
(18 janvier 1805)   Loi relative aux consignations, *B. M.*, 2ᵉ sem. 1863, p. 225.

28 avril 1816   Loi. Art. 110-111. Création de la Caisse des dépôts et consignations, *B. M.*, 2ᵉ sem. 1863, p. 229.

3 juill. 1816   Ord. relative aux attributions de la Caisse des dépôts et consignations, *B. des Lois*, p. 0; *B. M.*, 2ᵉ sem. 1863, p. 230.

10 sept. 1837   Ord. qui détermino les cas et les formes dans lesquels les payeurs ou préposés chargés d'effectuer des paiements à la décharge de l'Etat peuvent se libérer en versant à la Caisse des dépôts les sommes saisies et arrêtées entre leurs mains, *B. M. R.*, p. 319.

31 mai 1862   Décret sur la comptabilité publique, art. 823 à 860, *B. G.*, E. M., vol. 23.

6 août 1863   Décret promulguant aux colonies divers actes métropolitains concernant lo service de la Caisso des dépôts et consignations, *B. M.*, p. 223.

14 janv. 1869   Décret, art. 167. Versement à la Caisso des dépôts et consignations des créances frappées d'opposition, *B. M.*, vol. spécial.

3 avril 1869   Décret, art. 193. Versement à la Caisse des dépôts et consignations des créances frappées d'opposition et des produits des successions des militaires décédés, *B. G.*, E. M., vol. 21.

Caisse des dépôts et consignations (suite).

16 avril 1895 Loi de finances, art. 43. Prescription trentenaire, *B. C.*, p. 360.
6 déc. 1903 Décret, art. 101. Versement de fonds à la Caisse des dépôts et consignations, *B. O.*, vol. spécial, T. C., p. 36.
5 juin 1906 Circ. relative aux versements à effectuer à la Caisse des dépôts et consignations, *B. C.*, p. 553.

Caisse des offrandes nationales.

9 janv. 1873 Décret. Réorganisation, *B. O.*, E. M., vol. 85, p. 63.
3 avril 1873 Déc. présid. approuvant les résolutions adoptées par le comité supérieur de la Caisse des offrandes, *B. O.*, E. M., vol. 85, p. 70.
5 sept. 1883 Inst. pour le paiement des compléments de pension sur la Caisse des offrandes, *B. M.*, p. 311.
2 mars 1889 Inst. pour l'établissement des propositions de secours, *B. M.*, p. 405.
23 janv. 1891 Circ. relative aux propositions de secours à présenter, *B. M.*, p. 77.
3 juin 1892 Circ. Propositions de secours à établir en faveur des frères et sœurs de marins et de militaires tués à l'ennemi, *B. M.*, p. 725, *B. O.*, p. 455.
30 nov. 1899 Circ. Renseignements à produire à l'appui des propositions de renouvellement de secours, *B. M.*, p. 793.

Caisse nationale des retraites pour la vieillesse.

20 juill. 1886 Loi relative à la Caisse nationale des retraites pour la vieillesse, *B. des Lois*.
9 juin 1901 Décret rendant applicable aux colonies soumises au régime monétaire métropolitain la loi du 20 juillet 1886, *B. C.*, p. 503.
27 nov. 1903 Circ. Vulgarisation dans l'armée des avantages offerts par la Caisse nationale des retraites pour la vieillesse, *B. O.*, p. 1755; *B. O.*, E. M., vol. 85, p. 281.

Caleçon.

30 sept. 1903 Description des uniformes, art. 426, *B. O.*, vol. spéc., T. C., p. 254.

Caleçon de bains.

30 sept. 1903 Art. 378. Description, *B. O.*, vol. spéc., T. C., p. 211.
6 déc. 1903 Achat au compte de la masse générale d'entretien, *B. O.*, vol. spéc., T. C., p. 226.

Calotte de coton.

30 sept. 1903 Art. 427. Description, *B. O.*, vol. spéc., T. C., p. 255.

Campagnes.

11 avril 1831 Loi sur les pensions de l'armée de terre, art. 7 et 8, *B. O.*, E. R., vol. 66, *B. M. R.*, p. 45; modifié 15 mars 1901, ci-après.
18 avril 1831 Loi sur les pensions de l'armée de mer, art. 7 et 8, *B. O.*, E. R., vol. 66, *B. M. R.*, p. 71; modifiée 23 février 1901 ci-après.
5 déc. 1851 Décret. Lorsqu'une troupe organisée aura contribué par des combats à rétablir l'ordre sur un point du territoire, ce service sera compté comme campagne, *B. M.*, p. 925; *B. M. R.*, p. 727; *B. O.*, E. R., vol. 66, p. 48.
3 juin 1891 Les services des troupes de la garnison de Cochinchine compteront désormais comme services coloniaux, *B. M.*, p. 373; *B. M. R.*, p. 521.

Campagnes (*suite*).

29 mai 1866	Bénéfice de campagne de guerre : Nouvelle-Calédonie, 1863-1864, *B. M.*, p. 360.
23 oct. 1866	Bénéfice de campagne de guerre : garnison du Sénégal, *B. M.*, p. 312, *B. M. R.*, p. 102.
11 mai 1867	Bénéfice de campagne de guerre et de service colonial : Cochinchine, 25 juin 1862 - 1er juillet 1867, *B. M.*, p. 431, *B. M., R.*, p. 186.
18 mai 1867	Le bénéfice de campagne de guerre a cessé au Sénégal le 6 novembre 1866, *B. M.*, p. 438, *B. M. R.*, p. 190.
12 oct. 1869	Bénéfice de campagne de guerre : Cochinchine, insurrection de 1868, *B. M.*, p. 258.
14 avril 1871	Arr. Toute opération militaire ayant pour objet le rétablissement de l'ordre et la défense de la société sera décomptée comme campagne de guerre, *B. M.*, 1er sem. 1873, p. 366; *B. M. R.*, p. 665.
17 juill. 1871	Bénéfice de campagne de guerre : Opérations contre la Prusse et répression de l'insurrection de Paris, *B. M.*, p. 42; *B. M. R.*, p. 672.
8 sept. 1871	Indications à porter sur les matricules en ce qui concerne la campagne contre l'Allemagne et l'insurrection de Paris, *B. M.*, p. 157; *B. M. R.*, p. 701.
5 janv. 1872	Circ. (guerre). Dispositions relatives à l'application du bénéfice de campagne contre l'Allemagne aux militaires et assimilés, *B. M.*, p. 367, 1er sem. 1873.
20 avril 1872	Note (guerre). Application de la circ. du 5 janvier 1872, *B. M.*, 1er sem. 1873, p. 368.
5 sept. 1873	Supputation des bénéfices de campagne pour la guerre de 1870-71 et pour la campagne de 1871 à l'intérieur, *B. M.*, p. 289; *B. M. R.*, p. 358.
16 mai 1874	Catégories de personnel qui ont droit au bénéfice de la campagne de 1871 à l'intérieur, *B. M.*, p. 650; *B. M. R.*, p. 470.
20 oct. 1875	Bénéfice de campagne de guerre : Sénégal, du 4 au 27 février 1875, *B. M.*, p. 322.
31 janv. 1876	Bénéfice de campagne de guerre : Sénégal, 1869-1870, *B. M.*, p. 118.
29 août 1878	Bénéfice de campagne de guerre : Tonkin, 20 novembre au 29 décembre 1873, *B. M.*, p. 375; *B. M. R.*, p. 477.
3 févr. 1879	Bénéfice de campagne de guerre : Sénégal, 10 septembre au 6 octobre 1878, *B. M.*, p. 91; *B. M. R.*, p. 523.
9 juin 1879	Bénéfice de campagne de guerre : Nouvelle-Calédonie, 25 juin 1878 au 12 mars 1879, *B. M.*, p. 1133; *B. M. R.*, p. 620.
22 nov. 1880	Dates d'après lesquelles doit être décompté le temps de service de guerre pour les bénéfices de campagne résultant des événements militaires de 1870-1871, 19 juillet 1870 - 7 mars 1871; *B. M.*, p. 776; erratum, 30 décembre 1880, *B. M.*, p. 943.
20 août 1881	Note (guerre). Nouveau mode de supputation des campagnes hors d'Europe, *B. M.*, p. 1076; *B. G., E. R.*, vol. 66, p. 159.
17 nov. 1881	Bénéfice de campagne de guerre : Sénégal, expédition du Haut-Fleuve et du Fouta, 11 octobre 1880 au 1er juillet 1881, *B. M.*, p. 1031.
29 juin 1882	Bénéfice de campagne de guerre : Reconnaissance du Niger, 17 février au 11 mars 1882, *B. M.*, p. 838.
15 juill. 1882	Bénéfice de campagne de guerre : Expédition de la Haute-Casamance, 8 février au 20 avril 1882, *B. M.*, p. 76.
18 mai 1883	Bénéfice de campagne de guerre : Expédition du Cayor (Sénégal), 21 décembre 1882 au 16 février 1883, *B. M.*, p. 729.
23 mai 1883	Bénéfice de campagne de guerre : Tonkin, à partir du 1er mars 1883, *B. M.*, p. 730.
6 août 1883	Décret (guerre), admettant les militaires indigènes à compter comme campagne leur temps de présence sous les drapeaux en Afrique, *B. M.*, 1er sem. 1884, p. 374, *B. G., E. R.*, vol. 66, p. 178.
12 sept. 1883	Bénéfice de campagne de guerre accordé aux militaires, marins, fonctionnaires et agents, Madagascar, à compter du 8 mai 1883, *B. M.*, p. 336.
5 déc. 1883	Bénéfice de campagne de guerre : Haut-Sénégal et Niger, 1er décembre 1882 au 25 mai 1883, *B. M.*, p. 805.
6 mars 1884	Circ. Application aux militaires indigènes employés dans les possessions africaines dépendant du département de la marine et des colonies du décret du 6 août 1883 ci-dessus, *B. M.*, p. 373.
26 mars 1884	Bénéfice de campagne de guerre au personnel servant au Tonkin et à Madagascar, *B. M.*, p. 486.
16 sept. 1884	Bénéfice de campagne de guerre : Tonkin, personnel de l'armée de terre, *B. M.*, p. 688.

Campagnes (*suite*).

25 juin 1885   Notification de l'avis du Conseil d'Etat du 10 juin 1885, *B. M.*, p. 1209. Supputation des services accomplis au Tonkin et à Formose. Le Tonkin compte comme service aux colonies, mais non Formose, *B. M.*, p. 1208.

11 sept. 1885   Bénéfice de campagne de guerre accordé au personnel qui a servi dans les mers de Chine et du Japon, du 1er juillet 1884 au 25 juillet 1885, *B. M.*, p. 595.

9 déc. 1885   Bénéfice de campagne de guerre accordé aux militaires, marins, fonctionnaires et agents : Cambodge à compter du 8 janvier 1885, *B. M.*, p. 1082.

27 déc. 1885   Circ. Le droit au bénéfice de campagne de guerre au titre du Tonkin compte du 1er janvier 1883 au lieu du 1er mars, *B. M.*, p. 1228.

15 mai 1886   Le bénéfice de campagne de guerre cesse à Madagascar le 13 mars 1886, *B. M.*, p. 870.

23 sept. 1886   Bénéfice de campagne de guerre : Cochinchine et Cambodge à compter du 8 janvier 1885, *B. M.*, p. 379.

18 nov. 1886   Le bénéfice de campagne de guerre au titre du Cambodge cesse le 3 août 1886, *B. M.*, p. 716.

18 janv. 1887   Bénéfice de campagne de guerre : Colonnes expéditionnaires qui ont opéré de 1883 à 1886 dans la région du Haut-Sénégal et du Niger, *B. M.*, p. 49; *B. O.*, 1888, p. 182.

30 mars 1887   La décision du 12 juillet 1886 faisant cesser le bénéfice de campagne de guerre pour l'expédition du Tonkin est rapportée, *B. M.*, p. 410; *B. O.*, 1888, p. 490.

23 sept. 1887   Dates auxquelles doit commencer et prendre fin le bénéfice de campagne de guerre accordé aux colonnes expéditionnaires qui ont opéré de 1883 à 1886 dans la région du Haut-Sénégal et du Niger, *B. M.*, p. 278; *B. C.*, p. 752.

29 mai 1888   Bénéfice de campagne de guerre : colonne expéditionnaire du Soudan français, 12 décembre 1886 au 6 mai 1887, *B. M.*, p. 854; *B. C.*, p. 337.

21 juin 1888   Bénéfice de campagne de guerre : Soudan, 15 décembre 1887 - 27 avril 1888, *B. M.*, p. 1072; *B. C.*, p. 392.

5 juill. 1888   Bénéfice de campagne de guerre : Colonne expéditionnaire du Saloum (Sénégal), 4 avril au 30 mai 1887, *B. M.*, p. 4; *B. O.*, p. 412.

30 sept. 1889   Bénéfice de campagne de guerre : Soudan, 10 février au 12 juin 1889, *B. M.*, p. 510; *B. O.*, p. 913.

28 nov. 1890   Bénéfice de campagne de guerre : Soudan, 15 février au 2 juillet 1890, *B. M.*, p. 686; *B. C.*, p. 1225.

13 déc. 1890   Circ. Le bénéfice de la circulaire du 28 novembre 1890 est accordé au personnel colonial de tous grades détaché au Dahomey, du 21 février au 3 octobre 1890, *B. C.*, p. 1224.

31 mars 1891   Bénéfice de campagne de guerre : Soudan, 15 février au 2 juillet 1890, *B. M.*, p. 462; *B. C.*, p. 211.

16 janv. 1892   Bénéfice de campagne de guerre : Expédition des Comores, 23 avril au 16 juillet 1891, *B. M.*, p. 25; *B. C.*, p. 40.

9 avril 1892   Bénéfice de campagne de guerre : Soudan, 10 décembre 1890 au 26 juin 1891, *B. M.*, p. 359; *B. C.*, p. 307.

1er juin 1892   Bénéfice de campagne de guerre : Grande-Comore, 16 août au 19 novembre 1891, *B. M.*, p. 724; *B. C.*, p. 451.

3 sept. 1892   Bénéfice de campagne de guerre : Soudan, 21 novembre 1891 au 22 mai 1892, *B. M.*, p. 262; *B. C.*, p. 631.

28 déc. 1892   Bénéfice de campagne de guerre : Dahomey, à compter du 27 mars 1892, *B. M.*, p. 734; *B. C.*, p. 808.

28 janv. 1891   Bénéfice de campagne de guerre : Haut-Mékong et Siam, 1893, *B. M.*, p. 61; *B. C.*, p. 49.

25 mai   Bénéfice de campagne de guerre : Dahomey, jusqu'au 1er mars 1894, *B. M.*, p. 585; *B. C.*, p. 417.

22 juin 1894   Bénéfice de campagne de guerre : Soudan, du 11 novembre 1892 au 11 juillet 1893, *B. M.*, p. 688; *B. C.*, p. 483.

28 juill. 1894   Bénéfice de campagne de guerre : Expédition Monteil, du Soudan à la Tripolitaine par le Tchad, *B. M.*, p. 185; *B. C.*, p. 600.

20 févr. 1895   Bénéfice de campagne de guerre : Soudan, 1er novembre 1893 au 1er juin 1894, *B. M.*, p. 307; *B. C.*, p. 151.

27 févr. 1895   Bénéfice de campagne de guerre : Madagascar, à compter du 12 décembre 1894, *B. M.*, p. 320; *B. C.*, p. 227.

27 mars 1895   Bénéfice de campagne de guerre : Détachement de Tananarive du 26 octobre au 21 novembre 1894, *B. M.*, p. 460; *B. C.*, p. 858.

Campagnes (*suite*).

23 août 1895 — Tout le personnel en service à Madagascar, y compris Diégo-Suarez, a droit au bénéfice de campagne accordé par la circulaire du 27 février 1895, *B. M.*, p. 450; *B. C.*, p. 719.

4 oct. 1895 — Bénéfice de campagne de guerre : Guyane-Mapa (territoire contesté), 11 au 17 mai 1895; Soudan, 1er juin au 21 novembre 1894; Sénégal (Casamance), 3 janvier au 7 mars 1895; Côte d'Ivoire (colonne de Kong), 9 novembre 1894 au 28 mars 1895; *B. M.*, p. 575; *B. C.*, p. 780.

21 oct. 1895 — Bénéfice de campagne de guerre : Haut-Mékong, à compter du 5 octobre 1893, *B. M.*, p. 625; *B. C.*, p. 790.

20 déc. 1895 — Bénéfice de campagne de guerre accordé à la 1re compagnie de tirailleurs auxiliaires détachés du Soudan dans la Haute-Guinée, du 1er novembre 1893 au 1er juin 1894; *B. M.*, p. 1149; *B. C.*, 1896, p. 4.

12 févr. 1896 — Bénéfice de campagne de guerre : Mission Baud, Côte d'Ivoire, 20 mars au 15 juin 1895; Haut-Oubanghi, 1er janvier 1894 au 1er juin 1895, *B. M.*, p. 288; *B. C.*, p. 102.

4 mars 1896 — Bénéfice de campagne de guerre : Mission Toutée, Moyen-Niger, 23 janvier au 2 août 1895, *B. M.*, p. 499; *B. C.*, p. 151.

25 avril 1896 — Bénéfice de campagne de guerre : Soudan, 21 novembre 1894 au 31 décembre 1895, *B. M.*, p. 799; *B. C.*, p. 233.

19 févr. 1897 — Bénéfice de campagne de guerre : Mission Hourst, Soudan et territoires du Niger, 6 octobre 1895 au 23 octobre 1896; *B. M.*, p. 217; *B. C.*, p. 157.

23 mars 1897 — Bénéfice de campagne de guerre : Guinée, opérations du 1er mars au 31 décembre 1896, *B. C.*, p. 298.

5 avril 1897 — Bénéfice de campagne de guerre : Haut-Oubanghi, 1er juin 1895 au 31 décembre 1896, *B. M.*, p. 417; *B. C.*, p. 311.

5 juin 1897 — Bénéfice de campagne de guerre : Iles-sous-le-Vent, opérations effectuées à Raïatea-Tahaa, du 1er janvier au 18 février 1897, *B. M.*, p. 750; *B. C.*, p. 554.

24 juin 1897 — Bénéfice de campagne de guerre : Soudan, année 1896, *B. M.*, p. 836; *B. C.*, p. 602.

15 févr. 1898 — Bénéfice de campagne de guerre : Soudan, année 1897, *B. C.*, p. 80.

4 mars 1898 — Bénéfice de campagne de guerre : Haut-Oubanghi, année 1897, *B. C.*, p. 143.

18 nov. 1898 — Bénéfice de campagne de guerre : Au titre du Tonkin, Quang-Tchéou-Wan, à compter du 22 avril 1898; *B. M.*, p. 690; *B. C.*, p. 853.

17 févr. 1899 — Bénéfice de campagne de guerre : Opérations dirigées par le capitaine Baud et le lieutenant de vaisseau Bretonnet dans le Haut-Dahomey, du 1er décembre 1896 au 1er janvier 1898, *B. M.*, p. 317; *B. C.*, p. 413.

4 mai 1899 — Bénéfice de campagne de guerre : Soudan, année 1898, *B. C.*, p. 531.

23 juin 1899 — Bénéfice de campagne de guerre : Haut-Oubanghi, année 1898, *B. C.*, p. 694.

30 août 1899 — Bénéfice de campagne de guerre : Côte d'Ivoire, opérations du 1er mai au 25 septembre 1898, *B. C.*, p. 1189.

10 févr. 1900 — Bénéfice de campagne de guerre : Personnel européen et indigène ayant pris part aux opérations effectuées sous la direction du commandant Ricour, dans le Haut-Dahomey, du 8 novembre 1897 au 5 février 1899; *B. C.*, p. 109.

23 juill. 1900 — Bénéfice de campagne de guerre : Territoires de l'ancien Soudan, année 1899, *B. C.*, p. 715.

10 août 1900 — Bénéfice de campagne de guerre : Mission Marchand (Congo-Nil), 23 mai 1896, 19 mai 1899, *B. C.*, p. 790.

25 févr. 1901 — Loi de finances, art. 47. Modifiant l'article 7 de la loi du 18 avril 1831, *B. C.*, p. 177.

4 mai 1901 — Circ. relative au bénéfice de campagne de guerre accordé pour les opérations de Chine à compter du 30 mai 1900. Inscription de cette campagne sur les registres, livrets, etc., *B. G.*, p. 704.

10 mai 1901 — Bénéfice de campagne de guerre : Chine, à compter du 30 mai 1900, *B. M.*, p. 670.

15 mai 1901 — Bénéfice de campagne de guerre : Haut-Oubanghi, années 1899 à 1900, *B. G.*, p. 704.

10 juin 1901 — Circ. Décompte des campagnes des militaires rapatriés des colonies par un itinéraire anormal, *B. G.*, p. 1019; modifiée circ. 15 septembre 1902, *B. G.*, p. 1370; complétée circ. 9 décembre 1902 ci-après.

4 août 1901 — Bénéfice de campagne de guerre : Afrique occidentale, 1900; opérations contre les Tomas (Haute-Guinée), en 1900, *B. G.*, p. 597.

Campagnes (*suite*).

5 mars 1902 — Bénéfice de campagne de guerre : Opérations dans le bassin du Chari en 1899, 1900, 1901, *B. G.*, p. 217.

30 avril 1902 — Bénéfice de campagne de guerre : Mission franco-marocaine de délimitation en 1902, *B. G.*, p. 763.

23 juill. 1902 — Décompte des campagnes du personnel du commissariat et du corps de santé des T. C., *B. G.*, v. s., p. 786.

12 sept. 1902 — Bénéfice de campagne de guerre : Côte d'Ivoire, 1900 et 1901. — Territoires militaires de l'Afrique occidentale, en 1901, *B. G.*, p. 1861.

27 sept. 1902 — Circ. relative au bénéfice de campagne de guerre accordé aux militaires qui ont participé à la mission de délimitation du golfe de Guinée en 1901, *B. G.*, p. 1906.

9 déc. 1902 — Circ. Compte rendu à envoyer au département de la guerre en ce qui concerne les officiers et assimilés rapatriés des colonies et autorisés à modifier l'itinéraire réglementaire, *B. G.*, p. 2126.

13 févr. 1903 — Bénéfice de campagne de guerre : Troupes ayant opéré sur la frontière du Siam, à partir de 1902, *B. G.*, p. 106.

10 mars 1903 — Bénéfice de campagne de guerre : Afrique occidentale (Haut-Dahomey et Côte d'Ivoire), 1902, et territoire militaire de la Haute-Guinée, *B. G.*, p. 322.

13 mars 1903 — Bénéfice de campagne de guerre : Territoires du Haut-Oubanghi, du Tchad, de la Sangha, de l'Ogoué et région nord de Libreville, 1902, *B. G.*, p. 483.

25 sept. 1903 — Bénéfice de campagne de guerre : Médecins et personnel de l'ambulance de Khong (Siam), à partir de 1902, *B. G.*, p. 1412.

24 nov. 1903 — Bénéfice de campagne de guerre : Militaires de la gendarmerie qui ont opéré à partir de 1902 sur la frontière du Siam, *B. G.*, p. 1753.

6 déc. 1903 — Règl. sur l'administration des troupes coloniales, annexe D. Inscription sur les matricules, *B. G.*, vol. spéc., T. C., p. 155.

15 déc. 1903 — Bénéfice de campagne de guerre : Régions de Gaya (Niger oriental), en 1899, 1900, 1901, *B. G.*, p. 1818.

23 déc. 1903 — Arr. Inscription sur les matricules, certificats et relevés de services, *B. G.*, p. 1958.

15 mars 1904 — Loi modifiant l'art. 8 de la loi du 11 avril 1831. Supputation des bénéfices de campagne, *B. G.*, p. 387; *B. C.*, p. 314.

21 avril 1904 — Bénéfice de campagne de guerre : Haut-Dahomey, Haute-Guinée, Côte d'Ivoire, pays Trarzas, territoires militaires de l'Afrique occidentale, année 1903, *B. G.*, p. 406.

6 juin 1904 — Bénéfice de campagne de guerre : Territoire de la Haute-Mana (Guyane), 6 novembre 1903 au 9 janvier 1904, *B. G.*, p. 794.

4 août 1904 — Bénéfice de campagne de guerre. Territoire et pays de protectorat du Tchad, 1903, *B. G.*, p. 131.

30 août 1904 — Bénéfice de campagne de guerre. Médecin chef et personnel de l'ambulance de Pak-Hin-Boun, à partir du 25 avril 1902, *B. G.*, p. 1374.

22 sept. 1904 — Bénéfice de campagne de guerre. Pays Trarza (Mauritanie), année 1902, *B. G.*, p. 1483.

31 oct. 1904 — Bénéfice de campagne de guerre. Pays Brakna et le Tagant (Mauritanie), année 1903, *B. G.*, p. 1581.

11 nov. 1904 — Bénéfice de campagne de guerre. Militaires de la gendarmerie qui ont fait partie d'une mission sur le territoire de la Haute-Mana (Guyane), du 20 août au 20 octobre 1903, *B. G.*, p. 1605.

25 nov. 1904 — Bénéfice de campagne de guerre. Opérations contre les Coniaguis (Guinée), du 21 mars au 25 avril 1904, *B. G.*, p. 1757.

11 févr. 1905 — Circ. fixant la dénomination des campagnes faites hors d'Europe en temps de guerre, *B. G.*, p. 167.

21 févr. 1905 — Circ. Interruption dans les campagnes par suite de rentrée en France ou de congé. Mentions sur les états de services pour pensions, *B. G.*, p. 133.

Addition 11 avril 1906, *B. G.*, p. 507.

9 juin 1905 — Bénéfice de campagne de guerre accordé aux militaires européens et indigènes en 1904 : pays Trarza, Mauritanie, territoires militaires de l'Afrique occidentale, Haut-Dahomey, Côte d'Ivoire, Haute-Guinée (frontière libérienne), Congo français dans toute son étendue, *B. G.*, p. 832.

25 sept. 1905 — Décr. sur les pensions des militaires indigènes, art. 3, *B. G.*, p. 1510; *B. C.*, p. 1028.

Campagnes (*suite*).

21 déc. 1905   Bénéfice de campagne de guerre : Colonnes du Djoloff, du 7 mai au 11 juin 1890, et du Fouta, du 2 janvier au 29 mars 1891, *B. G.*, p. 1811.

17 août 1906   Bénéfice de la campagne double aux troupes qui ont servi au Cambodge à partir de 1902, circ., *B. G.*, p. 1139.

Campement.

(Voir : Approvisionnements de guerre. — Couvertures de campement Etamage.)

1° *Guerre.*

14 avril 1902   Nomenclature des matières et effets du service du campement, vol. spl.

6 déc. 1903   Règl. sur l'administration et la comptabilité des troupes coloniales, art. 250 à 252, dispositions spéciales au matériel de campement et annexe 1, *B. G.*, vol. spl., T. C.

15 janv. 1905   Description du matériel de campement en usage dans l'armée, *B. G.*, E. M., vol. 53.

  Notice 1. Bases d'allocation des effets de campement, *B. G.*, E. M., vol. 53, p. 137.

    5. Instruction sur le lavage et les réparations des effets de campement, *B. G.*, E. M., vol. 53, p. 174.

  Tarif des réparations, *B. G.*, E. M., vol. 53, p. 189.

    6. Emballage des principaux effets, *B. G.*, E. M., vol. 53, p. 203.

    7. Chargement des voitures du train, *B. G.*, E. M., vol. 53, p. 208.

    8. Données sur le mode de pliage et d'arrimage de chacun des principaux effets de campement, *B. G.*, E. M., vol. 53, p. 209.

    9. Instruction pour la vérification de l'étanchéité des ustensiles de campement, *B. G.*, E. M., vol. 53, p. 220.

2° *Colonies.*

14 sept. 1880   Nouveau modèle de l'état de situation des objets de campement, *B. M.*, p. 450.

20 févr. 1901   Circ. Approvisionnement des corps de troupe aux colonies, *B. C.*, p. 130.

29 avril 1901   Circ. Les demandes semestrielles de matériel doivent parvenir au département des colonies le 15 avril et le 15 octobre, *B. C.*, p. 437.

28 sept. 1901   Circ. Renseignements à porter sur les demandes de matériel. Référence à la nomenclature (guerre) II I, *B. C.*, p. 983.

Camphre.

6 déc. 1903   Annexe F. Achat au compte de la masse générale d'entretien, *B. G.*, vol. spl., T. C., p. 225.

Camps provisoires.

10 oct. 1903   Inst. sur l'installation et l'entretien des camps provisoires aux colonies, *B. C.*, vol. spl., p. 1243.

Canonniers de 1ᵉ classe.

20 oct. 1892 Service intérieur : Artil, art. 250; admission, service, *B. O.*, E. R,
vol. 78.

Cantines.

(Voir : *Boissons alcooliques. —Vin.*)

29 juin 1906 Circ. relative à la réduction des cantines, *B. O.*, p. 857.

Cantines à vivres.

(Voir: *Équipages régimentaires.*)

15 janv. 1905 Art. 49. Nomenclature des ustensiles qu'elles doivent contenir. Description des ustensiles, *B. O.*, E. M., vol. 53, p. 65 et 78.

Cantiniers. — Cantinières.

(Voir : *Cantines.*)

22 juill. 1875 Arr. relatif aux cantinières-vivandières des corps de troupe, *B. O*,
E. R., vol. 61, p. 315.
3 août 1890 Tenue des cantiniers commissionnés non militaires et des cantinières-
vivandières, note *B. O.*, p. 167; *B. C.*, p. 1209; *B. M.*, p. 676; *B.
O.*, E. R., vol. 61, p. 349.
20 nov. 1890 Application aux troupes de la marine de la note du 3 août 1890 ci-
dessus, *B. C.*, p. 1209; *B. M.*, p. 676.
20 oct. 1892 Service intérieur : Inf., art. 215; Artil., art. 172. Devoirs généraux.
B. O., E. R., vol. 78.
23 févr. 1905 Circ. Il est interdit aux cantiniers de prendre part aux adjudications,
B. O., p. 142.

Capitaine.

(Voir: *Masse de ra itillement.*)

22 juin 1817 Ord., art. 632 à 657. Commandants de compagnie ou de batterie, attributions administratives (colonies), vol. spl.
20 oct. 1892 Service intérieur.
Inf., art. 80 à 96; Artil., art. 92 à 111, fonctions et attributions des
capitaines commandants de compagnie ou de batterie.
Artil., art. 112, capitaine en second, fonctions.
Inf., art. 97; Artil., art. 110, service de semaine, *B. O.*, E. R., vol. 78.
6 déc. 1903 Décr., art. 71 à 79. Attributions des commandants d'unités administratives (métropole), *B. O.*, vol. spl., T. C., p. 26.
22 avril 1905 Règl. sur les ordinaires, art. 5. Gestion par le capitaine, *B. O.*, E.
M., vol. 7, p. 10.
28 déc. 1905 Règl. sur l'armement aux colonies, art. 17. Attributions et responsabilité des commandants d'unités.

Capitaine adjudant-major.

(Voir: *Adjudants-majors.*)

Capitaine de tir.

(Voir : *Indemnités.*)

30 août 1884 Règl. sur l'armement, art. 10. Attributions, *B. O.*, E. R., vol. 19.
28 déc. 1905 Règl. sur l'armement aux colonies, art. 18. Attributions.

Capitaine directeur du parc.

20 oct. 1892   Service intérieur : Artill., art. 120. Fonctions, attributions, *B. G.*, E. R., vol. 78.

4 nov. 1902   Inst. relative au fonctionnement et à l'organisation du service régimentaire du parc dans les corps d'artillerie coloniale de la métropole, art. 5, *B. G.*, p. 2124.

6 déc. 1903   Règl. sur l'administration et la comptabilité, art. 71 et 72, *B. G.*, vol. spl., T. C., p. 25.

Capitaine inspecteur d'armes.

30 août 1884   Inst. sur l'armement (métropole), art. 271 à 331. Attributions, *B. G.*, E. R., vol. 19.

8 févr. 1899   Inst. sur le service des capitaines inspecteurs d'armes, feuille rectif. du 3 juillet 1901.

Appliquée aux troupes de la marine, circ. du 24 avril 1900, *B. M.*, p. 1215.

28 déc. 1905   Inst. sur l'armement aux colonies, art. 95 à 131.

Capitaine instructeur.

20 oct. 1892   Service intérieur : Artil., art. 41 à 49. Fonctions, attributions, *B. G.*, E. R., vol. 78.

Capitaine trésorier.

(Voir : *Trésorier*.)

Capitulations.

4 oct. 1891   Service des places, art. 106, *B. G.*, E. R., vol. 75.

20 juill. 1899   Convention de la Haye, art. 35, *B. G.*, E. R., vol. 59 *bis*, p. 17.

Caporal.

20 oct. 1892   Service intérieur : Inf.

    Art.   169.   Fonction.
        170 à 176. Caporal d'escouade.
        177 à 183.   —   de chambrée.
        184 à 186.   - - de semaine.
        187 à 190.   - - d'ordinaire.
          201   - - sapeur.
          212.   - - chargé des détails de l'infirmerie.
          213.   - - conducteur des équipages régimentaires.
          214.   Caporaux premiers ouvriers, *B. G.*, E. R., vol. 78.

22 avril 1905   Règl. sur les ordinaires.

    Art. 8. Caporal d'ordinaire.
    — 9. Caporal de planton aux cuisines, *B. G.*, E. M., vol. 7.

Capote.

30 sept. 1903   Description des uniformes, *B. G.*, vol. spl. T. C.

    Art.   2. Capote en drap avec pèlerine mobile à capuchon pour officier.
        3. Capote en caoutchouc pour officier.
    215.   —   de troupe, infanterie.
    216.   —   des adjudants et chefs de fanfare d'artillerie coloniale.
    267.   —   de troupe, artillerie.

Captivité.

6 déc. 1903 Annexe D. Inscription sur les matricules, *B. G.*, vol. spl., T. C., p. 155.
23 déc. 1903 Arr. Inscription sur les matricules, relevés et certificats de service,
B. G., p. 1960.

Carabines.

(Voir : *Armement*.)

Carnet de comptabilité de campagne.

10 juin 1889 Décr. et inst. sur la comptabilité des corps de troupe en campagne,
art. 4 et 5, modèle I, *B. G.*, E. M., vol. 8; modèle modif. 9 février
1903, *B. G.*, p. 99.

Carnet de mobilisation.

6 déc. 1903 Achat au compte de la masse générale d'entretien, *B. G.*, vol. spl.,
T. C.

Carnet de munitions.

30 août 1881 Règl. sur l'armement, art. 209, *B. G.*, E. R., vol. 19.

Carnet de notes.

20 juin 1903 Tenue d'un carnet de notes pour les sous-officiers, caporaux, brigadiers ou soldats des troupes coloniales, *B. G.*, p. 996.
6 déc. 1903 Achat au compte de la masse générale d'entretien, *B. G*, vol. spl,
T. C., p. 227.

Carnet des échantillons et modèles types.

6 déc. 1903 Annexe D. Tenue, *B. G.*, vol. spl., T. C., p. 207.

Carnet d'ordinaire.

(Voir : *Ordinaires*.)

Carreaux.

6 juil. 1899 Description, *B. G.*, E. R., vol. 51 *bis*, p. 7.
16 oct. 1903 Description, *B. C.*, vol. spl., p. 952.

Cartes de circulation sur les voies ferrées.

8 févr. 1894 Emploi des cartes de circulation gratuites délivrées par une compagnie de chemin de fer, *B. M.*, p. 200; *B. G.*, E. R., vol. 62, p. 112;
appliquée aux troupes de la marine, circ. du 9 mars 1894, *B. M.*,
p. 200.

Cartes d'identité.

(Voir : *Congés* (4 novembre 1902).

11 déc. 1903 Inst. annexe 3. Délivrance et retrait, *B. G.*, p. 1927; *B. G.*, E. M., vol. 100-3; modif. 26 et 31 janvier 1905, *B. G.*, p. 72 et 75.

Cartes géographiques.

7 mars 1832 Cartes des environs de la garnison à affecter aux écoles régimentaires, *B. G.*, E. M., vol. 55-2, p. 5.

18 févr. 1895 Inst. sur les manœuvres, art. 19, titre 1er; art. 65, titre 3; annexes 6 et 7, *B. G.*, E. M., vol. 55-3.

20 févr. 1895 Inst. sur les travaux et exercices des officiers d'état-major, art. 60, *B. G.*, E. M., vol. 55-1, p. 196.

30 avril 1900 Circ. Exercices sur la carte à exécuter dans les garnisons et à l'intérieur des corps de troupe par les officiers de toutes armes, *B. G.*, E. M., vol. 55-3, p. 14.

13 juin 1901 Circ. Envoi du catalogue des publications du service géographique. Conditions de vente, *B. G.*, E. M., vol. 55-2, p. 195.

Cartouches.

(Voir : *Munitions.*)

30 août 1884 Règl. sur l'armement, art. 219. Délivrance de cartouches de revolver aux officiers — 30 à 0 fr. 01 l'une — 00 au prix d'inventaire de l'artillerie.
Art. 204. Cartouches de sûreté, *B. G.*, E. R., vol. 10.

16 oct. 1903 Règl. sur les directions d'artillerie coloniales, art. 66. Cession aux officiers et assimilés de 120 cartouches par an au prix réel du magasin sans majoration, *B. C.*, vol. spl., p. 84, et règl. du 28 décembre 1905, art. 90.

28 déc. 1905 Règl. sur l'armement aux colonies, art. 82 à 94.

Cartouchières.

28 sept. 1897 Description des uniformes. Infanterie, art. 66, *B. G.*, E. R., vol. 105; modif. 20 octobre 1899, *B. G.*, p. 881, et 31 octobre 1901.

1er sept. 1899 Description des uniformes. Artillerie, art. 65, *B. G.*, E. R., vol 107.

30 sept. 1903 Description des uniformes. Troupes coloniales, art. 129 et 173; application des dispositions ci-dessus, *B. G.*, vol. spl., T. C.

3 oct. 1903 Port et chargement des cartouchières et du havresac (infanterie), *B. G.*, E. M., 55-1, p. 230.

Casernement.

(Voir : *Hygiène.*)

1° *Guerre.*

10 juill. 1791 Loi sur la conservation et le classement des places de guerre et postes militaires, sur les rapports du pouvoir civil avec l'autorité militaire dans les places, sur la conservation et la manutention des établissements et bâtiments, sur le logement des troupes et l'administration des travaux et la police des fortifications (extrait), *B. G.*, E. R., vol. 48, p. 129.

7 mars 1874 Note relative au collage des placards sur les murs dans l'intérieur des casernes, *B. G.*, E. R., vol. 78, p. 659.

31 janv. 1887 Note relative à l'emploi dans les régiments d'infanterie des sapeurs ouvriers d'art pour l'exécution de certains travaux, *B. G.*, E. R., vol. 63, p. 100.

4 oct. 1891 Service des places, art. 21, 34, 38, 129 à 131. Attributions des commandants d'armes; art. 161. Visite des casernes après le départ d'une troupe, *B. G.*, E. R., vol. 75.

Casernement (*suite*).

20 janv. 1892 — Mode d'achat par les corps de troupe des matériaux et fournitures nécessaires à l'exécution des travaux confiés aux sapeurs ouvriers d'art, *B. G., E. R.*, vol. 63, p. 110.

20 oct. 1892 — Service intérieur, inf., art. 363 à 312. Artil., art. 351 à 360. Dispositions relatives au casernement, *B. G., E. R.*, vol. 78.

5 févr. 1894 — Circ. Tenue et hygiène des casernements, *B. G., E. R.*, vol. 62, p. 137.

11 août 1895 — Note. Appareils à employer pour l'aération des chambres, *B. G., E. R.*, vol. 48, p. 23.

20 juin 1898 — Inst. Tenue par les médecins chefs des hôpitaux et des corps de troupe d'un registre médical du casernement, *B. G., E. M.*, vol. 83, p. 246.

3 mars 1899 — Décret portant règlement sur le service du casernement, *B. G., E. R.*, vol. 51; modifié décret du 12 février 1900, *B. G.*, p. 201; modifié décret du 21 mars 1901, *B. G.*, p. 880; modifié décret du 12 janvier 1902, *B. G.*, p. 35; circ. d'envoi du règl. du 3 mars 1899, *B. G., E. R.*, vol. 51, p. 3.

 Art. 1. Objet du service.
  2. Établissements affectés au service du casernement.
  3. Établissements non compris dans le service du casernement.
  4. Bâtiments et terrains pris à loyer ou mis à la disposition du service militaire.
  5. Exécution du service du casernement.
  6. Attributions réservées au Ministre.
  7. Attributions des commandants de corps d'armée.
  8. Attributions des généraux de division, de brigade et des directeurs de service.
  9. Attributions des généraux commandant le territoire.
  10. Attributions des commandants d'armes.
  11. Attributions des chefs de corps ou de service.
  12. Attributions du chef du génie et du personnel en sous-ordre.
  13. Attributions des fonctionnaires de l'intendance.
  14. Attributions des médecins militaires.
  15. Commission de casernement.
  16. Garde et conservation des établissements du casernement.
 17 à 24. Assiette du casernement.
 25 à 33. Organisation et ameublement des logements et accessoires de casernement.
 34 à 41. Alimentation en eau; éclairage et chauffage.
 42 à 56. Occupation et évacuation du casernement.
 57 à 65. Police des bâtiments militaires occupés par les troupes.
 66 à 71. Pertes et dégradations.
 72 à 78. Établissements des services administratifs, de santé, de la remonte, de la justice militaire, bureaux divers.
 79 à 90. Locations.
 91 à 93. Bâtiments et terrains mis temporairement à la disposition du service du casernement par les administrations publiques et les particuliers.
 94 à 101. Travaux concernant les établissements du casernement.
 102 à 122. Entretien du casernement par les corps occupants. Masse de casernement.

 Annexe 1. Organisation des logements et accessoires du casernement.
  — 2. Ameublement des pavillons, casernes et quartiers; modif. 28 mai 1901, *B. G.*, p. 898.
  — 3. Nomenclature des travaux de réparation et d'entretien qui sont exécutés par les corps occupants dans les casernes, quartiers et accessoires du casernement.
  — 4. Tarif des primes trimestrielles à la masse de casernement.
  — 5. Écritures à tenir pour l'exécution du service d'entretien et la comptabilité de la masse et du matériel de casernement.

6 juill. 1899 — Inst. technique sur l'exécution des travaux de réparation et d'entretien du casernement par les corps occupants, *B. G., E. R.*, vol. 51 *bis;* modif. 30 novembre 1900, *B. G.*, p. 1909.

9 janv. 1900 — Achat de l'instruction du 6 juillet 1899 au compte de la masse de casernement, *B. G.*, p. 26.

Casernement (*suit*).

2° *Colonies.*

Art. 1. Objet du service.

2. Etablissements affectés au service du casernement.

3. Etablissements militaires non compris dans le service du casernement.

4. Bâtiments et terrains pris à loyer par l'autorité militaire ou mis à sa disposition.

5. Exécution du service.

6 à 14. Attributions des différentes autorités.

15. Commission de casernement.

16. Garde et conservation des établissements du casernement.

17 à 24. Assiette du casernement.

25 à 33. Organisation et ameublement des logements et des accessoires de casernement.

34 à 41. Alimentation en eau. Eclairage et chauffage.

42 à 56. Occupation et évacuation du casernement.

57 à 64. Police des bâtiments militaires occupés par les troupes.

65 à 70. Dégradations et pertes.

71 à 77. Etablissements des services du commissariat, de santé, de la remonte, de la justice militaire et bureaux (autres que ceux des corps de troupe).

78 à 89. Locations.

90 à 92. Bâtiments et terrains mis temporairement à la disposition du service du casernement par les administrations publiques et les particuliers.

93 à 97. Travaux concernant les établissements du casernement.

98 à 110. Entretien du casernement par les corps ou services occupants.

Casernement (suite).

Notice 1. Organisation des logements et accessoires du casernement, *B. C.*, vol. spl., p. 927.

2. Ameublement des pavillons, casernes et quartiers, objets d'ameublement fournis par le service de l'artillerie, *B. C.*, vol. spl., p. 935.

3. Nomenclature des travaux de réparation et d'entretien qui sont exécutés par les corps occupants dans les casernes, quartiers et accessoires du casernement, sur l'allocation pour réparations locatives et entretien du mobilier de casernement, *B. C.*, vol. spl., p. 945.

4. Ecritures à tenir pour l'exécution du service et la comptabilité de l'allocation pour réparations locatives et entretien du mobilier de casernement, *B. C.*, vol. spl., p. 947.

5. Inst. technique pour l'exécution des travaux de réparation et d'entretien du casernement par les corps ou services occupants, *B. C.*, vol. spl., p. 949.

8 juill. 1905   Inst. sur le fonctionnement administratif du service de santé colonial, art. 49, *B. C.*, p. 1350.

Casernets des ouvriers.

16 oct. 1903   Règl. sur les directions d'artillerie coloniales, art. 112, *B. C.*, vol. spl., p. 105.

16 janv. 1905   Inst. sur la comptabilité-matières (colonies), art. 334-335, *B. C.*, p. 217.

Casier électoral.

(Voir : *Incapacité électorale*.)

Casier judiciaire.

5 août 1899   Loi sur le casier judiciaire et la réhabilitation de droit, *B. M.*, p. 7; *B. G.*, E. M., vol. 59-2, p. 6; modifiée loi du 11 juillet 1900, *B. M.*, p. 60; *B. G.*, E. M., vol. 59-2.

12 déc. 1899   Décret pour l'application de la loi du 5 août 1899, *B. M.*, p. 11; *B. G.*, E. M., vol. 59-2, p. 14; modif. 7 juin 1900, *B. G.*, E. M., vol. 59-2, p. 40; modif. 13 novembre 1900, *B. M.*, p. 1091; *B. G.*, É. M., vol. 59-2, p. 46.

15 déc. 1899   Circ. du Ministre de la justice, *B. M.*, p. 16; *B. G.*, E. M., vol. 59-2, p. 24.

30 nov. 1900   Circ. du Ministre de la justice, *B. M.*, p. 1093; *B. G.*, E. M., vol. 59-2, p. 49.

22 déc. 1900   Circ. Application à l'armée de la circulaire du 30 novembre 1900 ci-dessus, *B. G.*, E. M., vol. 59-2, p. 68.

20 mars 1903   Décret. Application, aux colonies et pays de protectorat autres que la Tunisie, des dispositions législatives et réglementaires sur le casier judiciaire et la réhabilitation de droit; dispositions spéciales; *B. C.*, p. 236.

16 juin 1903   Arr. fixant : 1° le mode de délivrance des bulletins n° 2 (extrait du casier judiciaire) aux autorités militaires; 2° paiement de ces bulletins, *B. G.*, p. 937; erratum, *B. G.*, p. 1039; et circ. du 4 septembre 1903, *B. G.*, p. 1318.

18 nov. 1904   Production du bulletin n° 2 pour les hommes de la disponibilité et de la réserve qui demandent à contracter un rengagement dans les troupes coloniales, circ., *B. G.*, p. 1263.

Casiers à serviettes.

6 juill. 1899   Description, *B. G.*, E. R., vol. 51 *bis*, p. 45.

16 oct. 1903   Description, *B. C.*, vol. spl., p. 983.

Casiers pour ferrures.

6 juill. 1899   Description, *B. G.*, E. R., vol. 51 *bis*, p. 45.
16 oct. 1903   Description, *B. C.*, vol. spl., p. 983.

Casiers pour registres.

6 juill. 1899   Description, *B. G.*, E. R., vol. 51 *bis*, p. 44.
16 oct. 1903   Description, *B. C.*, vol. spl., p. 983.

Casque colonial.

30 sept. 1903   Description des uniformes, art. 242, *B. G.*, vol. spl., T. C., p. 119.
 6 déc. 1904   Circ. Remplacement des casques perdus en cours de traversée; approvisionnement à embarquer, *B. C.*, p. 1238.
30 déc. 1904   Circ. Délivrance de casques hors de service aux hommes de troupe voyageant à bord des paquebots, *B. G.*, p. 1921.

Cassation.

(Voir : *Conseils d'enquête. — Mutations.*)

25 mars 1838   La cassation des sous-officiers, caporaux ou brigadiers prévenus de crimes ou de délits ne doit pas avoir lieu préalablement à leur mise en jugement, *B. G.*, E. M., vol. 59-4, p. 51; et circ. 25 mai 1838, *B. G.*, E. R., vol. 78, p. 671.
18 nov. 1890   Circ. Tout gradé ou assimilé (clairons) qui s'est mis dans le cas de se voir refuser le certificat de bonne conduite doit être préalablement puni par la cassation, *B. C.*, p. 1204.
20 oct. 1892   Service intérieur. Inf., art. 318 à 322. Artill., art. 336 à 340. Cassation des militaires gradés, *B. G.*, E. R., vol. 78; complété par le décret du 26 novembre 1898, en ce qui concerne Madagascar et l'Indo-Chine, *B. M.*, p. 786; *B. C.*, p. 777; *B. G.*, E. R., vol. 78, p. 764.
 9 oct. 1893   Renvoi à la 2ᵉ classe des soldats de 1ʳᵉ classe jugés indignes de conserver leurs galons, *B. G.*, E. R., vol. 78, p. 684.
28 déc. 1895   Art. 143 à 149. Cassation des gradés de la réserve et de l'armée territoriale, *B. G.*, E. R., vol. 71; et inst. du 7 avril 1906, art. 24.
26 avril 1898   Circ. Renvoi en France des sous-officiers en service aux colonies susceptibles d'être cassés ou rétrogradés par décision spéciale du Ministre, *B. M.*, p. 613; *B. C.*, p. 335.
15 sept. 1901   Service courant, art. 129 à 131. Cassation et rétrogradation, *B. G.*, E. R., vol. 74; et art. 6, modif. 12 décembre 1903, *B. G.*, p. 1814.
12 mai 1902   Circ. Changement de corps des sous-officiers, caporaux ou brigadiers cassés étant en service à la Martinique, à la Guadeloupe ou à la Guyane, *B. G.*, p. 1002.
30 nov. 1903   Décret. Pouvoirs disciplinaires du commandant supérieur des troupes du groupe du Pacifique pour la cassation des caporaux ou brigadiers rengagés, *B. G.*, p. 1769; *B. C.*, p. 1153.
19 févr. 1904   Décret. Cassation et rétrogradation des militaires indigènes des troupes coloniales, *B. G.*, p. 223; *B. C.*, p. 176.
28 mars 1904   Circ. relative à la notification des décisions prononçant la cassation ou la rétrogradation des sous-officiers rengagés ou commissionnés; *B. G.*, p. 308.
 4 oct. 1904   Circ. Mention à porter sur le livret individuel des hommes de troupe en ce qui concerne la cassation, *B. G.*, p. 1515.
21 mars 1905   Loi sur le recrutement, art. 68, cassation des sous-officiers, brigadiers ou caporaux rengagés, *B. G.*, p. 263; *B. C.*, p. 359; *B. G.*, E. M., vol. 68-1, p. 37.
 5 juill. 1905   Circ. déterminant les formes à employer pour la cassation des caporaux ou brigadiers rengagés, *B. G.*, p. 1035.

Catalogue des publications du service géographique.

(Voir : *Cartes géographiques.*)

Cautionnements.

(Voir : *Marchés.*)

1° *Dispositions générales.*

24 août 1808 — Décret qui prescrit les formalités pour l'acquisition d'un privilège de la part des bailleurs de fonds pour cautionnements, *B. G.*, E. M., vol. 23, p. 3.

22 déc. 1812 — Décret relatif aux déclarations à faire par les titulaires de cautionnements en faveur de leurs bailleurs de fonds pour leur faire acquérir le privilège de second ordre, *B. G.*, E. M., vol. 23, p. 3.

9 juill. 1836 — Loi de règlement de l'exercice 1833. Art. 16. Versement à la Caisse des dépôts et consignations des cautionnements non remboursés un an après la cessation des fonctions ou la réception des fournitures et travaux, *B. M.*, p. 701; *B. M. R.*, p. 311.

18 nov. 1882 — Décret relatif aux adjudications et marchés passés au nom de l'Etat, *B. C.*, 1890, p. 1119; *B. G.*, E. M., vol. 25; art. 5 à 12.

21 déc. 1882 — Circ. du directeur général de la Caisse des dépôts et consignations aux trésoriers-payeurs; fonctionnement du service des cautionnements; *B. C.*, 1889, p. 1018; *B. M.*, 1er sem. 1883, p. 214.

13 avril 1898 — Loi de finances. Art. 56. Constitution des cautionnements des comptables de deniers publics et autres fonctionnaires, en rentes sur l'Etat, *B. C.*, p. 212.

2 juill. 1898 — Décret pour l'application de l'art. 56 de la loi du 13 avril 1898, *B. G.*, E. M., vol. 23, p. 117; et circ. (finances), du 15 juillet 1898.

2° *Guerre.*

3 avril 1860 — Règl. sur la comptabilité des dépenses, art. 37 et 181, et inst. d'application du 30 juillet 1903, *B. G.*, E. M., vol. 24.

25 févr. 1886 — Circ. (finances). Certificats de réalisation de cautionnement à mettre à l'appui du premier mandat délivré aux entrepreneurs et fournisseurs, *B. G.*, E. M., vol. 25, p. 217; et circ. (guerre), du 25 décembre 1886, *B. G.*, E. M., vol. 25, p. 218.

20 août 1893 — Circ. Fixation du taux de l'intérêt à servir aux ayants-droit des sommes déposées à la Caisse des dépôts et consignations, *B. G.*, E. M., vol. 25, p. 216.

16 juin 1903 — Inst. relative aux cautionnements et aux garanties exigées des soumissionnaires aux adjudications et des titulaires des marchés du département de la guerre, *B. G.*, E. M., vol. 25, p. 195.

6 déc. 1903 — Annexe G. Cautionnement des adjudicataires des fumiers, *B. G.*, vol. spl., T. C., p. 237.

3° *Colonies.*

11 janv. 1869 — Règlement financier, vol. spl.

    Art. 33. Cautionnements pour la garantie des fonctions publiques.
       57. Dépôts de garantie des soumissionnaires.
     153. Réalisation du cautionnement des fournisseurs.

1er mai 1888 — Circ. Les cautionnements du personnel, inscrits au Trésor, ne peuvent être remboursés que sur l'ordre du Ministre des finances, *B. C.*, p. 350.

27 avril 1896 — Circ. Service des cautionnements du personnel employé aux colonies, *B. C.*, p. 234.

7 juill. 1899 — Conditions générales des marchés, art. 6, 21, 33, 52, 71, 74, *B. C.*, p. 1113.

21 avril 1906 — Inst. relative aux marchés passés par les corps de troupe aux colonies, *B. C.*, p. 384.

Cavalerie.

(Voir : *Spahis sénégalais.*)

6 déc. 1903 — Décret réorganisant l'escadron de cavalerie indigène du Congo, cadres et effectifs. *B. G.*, p. 1807; *B. C.*, p. 1158.

10 déc. 1903 — Décret. Création de l'escadron de cavalerie indigène de l'Indo-Chine, *B. G.*, p. 1841; *B. C.*, p. 1203.

Cavalerie (suite).

23 nov. 1901 Inst. fixant les conditions des propositions et des désignations du personnel de la cavalerie appelé à servir dans les colonies et protectorats (Algérie et Tunisie exceptées) et les dispositions à prendre pour la relève de ce personnel, *B. G.*, p. 1701; *B. G.*, E. M., vol. 85, p. 31.

Cavaliers de remonte.

10 déc. 1903 Décret. Création d'un peloton de cavaliers de remonte en Indo-Chine; effectifs, *B. G.*, p. 1815; *B. C.*, p. 1206.

Ceinture de flanelle.

30 sept. 1903 Art. 217. Description, *B. G.*, vol. spl., T. C., p. 101.

Ceinture de gymnastique.

30 sept. 1903 Art. 375. Description, *B. G.*, vol. spl., T. C., p. 210.
6 déc. 1903 Achat au compte de la masse générale. *B. G.*, vol. spl., T. C., p. 226.

Ceinture de laine.

6 févr. 1900 La ceinture de laine ne devra être retirée aux militaires rapatriés des colonies qu'après avis du directeur du service de santé, *B. G.*, E. M., vol. 83, p. 260.

Ceinture de natation.

30 sept. 1903 Art. 379. Description, *B. G.*, vol. spl., T. C., p. 211.
6 déc. 1903 Achat au compte de la masse générale d'entretien, *B. G.*, vol. spl. T. C., p. 226.

Ceinture des officiers généraux et assimilés.

12 avril 1892 Art. 4 et 31. Description. *B. G.*, E. R., vol. 104.

Ceinturon.

30 sept. 1903 Description des uniformes.

Art. 28. Ceinturon de sabre ou d'épée des officiers de tous grades.
Art. 250. Ceinturon de l'infanterie coloniale.
(Artillerie coloniale, voir descriptif de l'artillerie métropolitaine, *B. G.*, E. R., vol. 107.)
Art. 345. Ceinturon de sous-officier rengagé (infanterie), *B. G.*, vol spl., T. C.

6 déc. 1903 Achat au compte de la masse générale d'entretien, *B. G.*, vol. spl., T. C., p. 224.

Centimes.

11 déc. 1857 Recommandation de forcer d'un centime lorsque, dans les opérations d'évaluation, le calcul donne 5 millimes et au-dessus, *B. M.*, p. 1815; *B. M.*, R., p. 186.

Centralisation des corps de troupe.

(Voir : Registres.)

21 mai 1897   Circ. Envoi au département des colonies d'une copie du relevé sommaire du registre de centralisation des recettes et des dépenses de chaque corps de troupe stationné aux colonies, *B. C.*, p. 521.

Cercles et bibliothèques militaires.

(Voir : Bibliothèques militaires.)

12 juill. 1886   Décr. Organisation des cercles et bibliothèques militaires, *B. G.*, E. R., vol. 75, p. 251.

12 juill. 1886   Décr. Retenue à exercer sur la solde des officiers, *B. G.*, E. R., vol. 75, p. 252.

5 févr. 1887   Décr. Organisation du cercle national des armées de terre et de mer, *B. G.*, E. R., vol. 75, p. 251.

21 juin 1889   Admission des officiers de réserve et de l'armée territoriale dans les cercles militaires, *B. G.*, E. R., vol. 31, p. 25.

17 mars 1891   Décr. qui reconnaît comme établissements d'utilité publique l'œuvre des cercles-bibliothèques des sous-officiers et soldats, *B. G.*, E. M., vol. 85, p. 280.

7 mars 1899   Inst. sur l'organisation des bibliothèques militaires, *B. G.*, E. M., vol. 55-2, p. 163.

30 janv. 1903   Circ. Perception à titre remboursable du café destiné à la consommation des cercles de sous-officiers, *B. G.*, p. 73.

21 févr. 1903   Circ. relative à la création dans les corps de troupe de mess et de cercles pour les sous-officiers, *B. G.*, p. 131.

29 janv. 1903   Circ. Fonctionnement aux colonies des cercles et bibliothèques d'officiers, *B. C.*, p. 38.

4 juill. 1893   Circ. Organisation de mess et de cercles pour les sous-officiers, *B. G.*, p. 872.

Certificats.

20 oct. 1892   Service intérieur : Inf., art. 327; Artil., art. 315. Interdiction de délivrer aucune autre attestation de bons services ou de moralité que le certificat de bonne conduite, *B. G.*, E. R., vol. 78.

31 déc. 1904   Circ. Interdiction de délivrer aux entrepreneurs, fournisseurs, etc., des certificats de bon service, *B. G.*, p. 1910.

Certificat de bien vivre.

4 oct. 1891   Service des places, art. 162, *B. G.*, E. R., vol. 75.

Certificat de bonne conduite.

20 oct. 1892   Service intérieur : Inf., art. 327; Artil., art. 315, *B. G.*, E. R., vol. 78; modif. 26 juin 1901, *B. G.*, p. 141, 2ᵉ sem.; modif. 20 février 1903 (suppression de l'inscription des punitions), *B. G.*, p. 173.

23 déc. 1897   Circ. Délivrance, aux militaires libérables rentrant des colonies, d'une attestation qu'ils n'ont pu être mis en possession de leur livret et d'un certificat de bonne conduite, *B. M.*, p. 711.

4 août 1903   Application, sur leur demande, aux hommes libérés du service actif, du décret du 20 février 1903 relatif à la suppression de l'indication des punitions de prison et de cellule encourues, sur le certificat de bonne conduite, *B. G.*, p. 1150.

Certificat de bonne vie et mœurs.

(Voir : Engagements volontaires.)

Certificat de cessation de paiement.

(Voir : *Légion d'honneur* (24 octobre 1872).

22 juin 1847   Art. 707. vol. spl.
29 mai 1889   Indications à porter sur les certificats de cessation de paiement délivrés par les fonctionnaires de l'intendance aux militaires admis à la retraite, *B. G.*, E. R., vol. 66, p. 209.
24 juin 1902   Certificats de cessation de paiement à délivrer pour les premiers arrérages des pensions des troupes coloniales, *B. G.*, p. 1881.
6 déc. 1903   Art. 128, *B. G.*, vol. spl., T. C., p. 50.

Certificat de mariage.

(Voir : *Mariage*.)

Certificat de position militaire.

23 déc. 1903   Arr. Délivrance dans certains cas d'un certificat de position militaire en remplacement de l'état signalétique des services, *B. G.*, p. 1958.

Certificat de services.

23 déc. 1903   Arr. Certificats de services délivrés par le Ministre de la guerre, *B. G.*, p. 1956; modif. 13 février 1905, *B. G.*, p. 114.

Certificat de vie.

15 mai 1861   Certificats de vie établis par les fonctionnaires de l'intendance pour le paiement des traitements de la Légion d'honneur et de la médaille militaire aux officiers sans troupe, aux militaires de tous grades détachés des corps, aux fonctionnaires et employés militaires, *B. G.*, E. R., vol. 30, p. 27.
28 mai 1861   Transmission en franchise, *B. G.*, E. R., vol. 38, p. 25.
25 mars 1880   Circ. Les certificats de vie des pensionnaires doivent être datés en toutes lettres, *B. M.*, p. 110.
23 mars 1891   Circ. Date des certificats de vie, *B. M.*, p. 415; *B. C.*, p. 241.

Certificat d'origine de blessure ou de maladie.

(Voir : *Blessures ou infirmités. — Certificats médicaux*.)

2 juill. 1831   Ord. sur les justifications à faire en matière de pensions, art. 5 et 6, *B. G.*, E. R., vol. 60, p. 30.
19 mars 1902   Circ. Tenue d'un registre des certificats d'origine de blessure ou de maladie, *B. G.*, E. M., vol. 83, p. 50.
8 sept. 1902   Application aux colonies de la circ. du 19 mars 1902, *B. G.*, p. 1909.
9 sept. 1903   Etablissement des certificats d'origine de blessure ou de maladie pour les militaires isolés, *B. G.*, p. 1320; complétée 16 avril 1904, *B. G.*, p. 464.
10 nov. 1904   Circ. Les militaires dirigés sur les hôpitaux de la métropole doivent toujours être porteurs des pièces prévues par les art. 204 et 209 du règl. sur le service de santé à l'intérieur et du certificat d'origine de maladie, *B. C.*, p. 1089.

Certificats médicaux.

(Voir : *Blessures ou infirmités. — Certificat d'origine de blessure ou de maladie. — Pensions*.)

8 avril 1864   Les certificats de genre de mort des militaires de la marine décédés au service doivent être transmis sans retard, *B. M.*, p. 279; *B. M.*, R., p. 517.

Certificats médicaux (*suite*).

Cessions.

Cessions (*suite*).

6 nov. 1901 Circ. Remboursement des cessions de vivres, fourrages et médicaments. Versement préalable au Trésor. Transmission des récépissés,
B. C., p. 1621.

17 déc. 1902 Circ. Les cessions d'effets d'habillement et de petit équipement faites
aux corps de troupe européens et indigènes par la métropole doi-
vent être remboursées dès la réception des états de cession, *B. C.*,
p. 1280.

10 oct. 1903 Règl. sur les directions d'artillerie, art. 65 et 66, *B. C.*, vol. spl., p.
83; modif. 2 ocobre 1905, *B. C.*, p. 1056.

10 janv. 1905 Inst. sur la comptabilité matières, art. 58 à 62, 155 à 163, 275, 297,
B. C., p. 154 et suiv.

Chaines d'attache.

6 juill. 1899 Description, *B. G.*, E. R., vol 51 *bis*, p. 45.
10 oct. 1903 Description, *B. C.*, vol. spl., 983.

Chaises de caserne.

6 juill. 1899 Achat dans le commerce, *B. G.*, E. R., vol. 51 *bis*, p. 46.
10 oct. 1903 Achat dans le commerce, *B. C.*, vol. spl., p. 984.

Championnat du cheval d'armes.

4 juill. 1903 Circ. fixant les conditions d'un concours annuel pour le championnat
du cheval d'armes, *B. G.*, E. M., vol. 55-1, p. 60; modif. 24 février
1905, *B. G.*, p. 156.

Changement de corps et d'arme.

(Voir : *Gendarmerie. — Permutations.*)

21 nov. 1891 Envoi d'un extrait du registre médical d'incorporation pour chaque
homme changeant de corps, *B. G.*, E. M., vol. 83, p. 383.

10 nov. 1894 Circ. Demandes de passage des hommes de l'armée de terre dans
l'armée de mer et *vice versa*. Autorités chargées de statuer, *B. M.*,
p. 620.

17 janv. 1895 Circ. Les demandes de passage des militaires rengagés des troupes
métropolitaines pour les escadrons de spahis ne doivent être accep-
tées que dans la dernière année de rengagement, *B. M.*, p. 25; *B.
C.*, p. 69.

29 oct. 1896 Circ. Les demandes de passage dans l'armée de terre formulées par
les militaires des troupes de la marine ne sont susceptibles d'être
accueillies que dans la dernière année de rengagement sauf permutation, *B. M.*, p. 562; *B. C.*, p. 649.

15 sept. 1901 Service courant, *B. G.*, E. R., vol. 74.

A) Changement de corps des officiers et employés militaires.

Art. 227. Transmission des lettres de service, Sursis, modif. 10 juil.
1902, *B. G.*, p. 1518.

228. Mutations. Gouvernements militaires et corps d'armée.

229. Mutations. Tunisie et colonies.

232. Changement de corps ou de résidence des officiers pour convenances personnelles; modif. 1er février 1903, *B. G.*, p. 45.

233. Changement de corps ou de résidence des sous-officiers rengagés, pour convenances personnelles; modif. 12 octobre
1903, *B. G.*, p. 1504.

239. Dispositions spéciales aux troupes coloniales.

242. Officiers et sous-officiers qui demandent à servir aux colonies et dans les pays de protectorat; modif. 11 mai 1903,
B. G., p. 695, et 24 décembre 1903, *B. G.*, p. 1837.

Changements de corps et d'arme (suite).

B) Changement de corps et d'arme des hommes de troupe.

Changement de domicile et de résidence.

(Voir: *Changements de corps et d'arme. — Congés* (4 novembre 1902). *Non-activité.*)

Chant.

Chantiers pour magasins aux munitions.

6 juill. 1899 Description, *B. G.*, E. R., vol. 51 *bis*, p. 46.
16 oct. 1903 Description, *B. C.*, vol. spl., p. 985.

Chapeau des officiers généraux.

12 avril 1892 Description des uniformes, art. 16 et 42, *B. G.*, E. R., vol. 101.

Charte partie.

(Voir : *Transports maritimes.*)

Chasse.

28 mai 1895 Service en campagne, art. 127. Interdiction de la chasse en campagne.
Surveillance de la gendarmerie, *B. G.*, E. R., vol. 76.

Chauffage.

(Voir : *Eclairage.*)

1° *Guerre.*

15 janv. 1890 Règl. sur le service du chauffage et de l'éclairage dans les corps de
troupe, *B. G.*, E. R., vol. 5; erratum, *B. G.*, 2° sém. 1899, p. 876;
modif. 21 juillet 1900, *B. G.*, p. 1143; 29 mai 1902, *B. G.*, p. 1293 et
1301 ; 23 août 1902, *B. G.*, p. 1787 et 1796; erratum, *B. G.*, 1902,
p. 2312; modif. 22 avril 1905, *B. G.*, p. 449.

    Art. 1 à 4. Masse de chauffage et d'éclairage.
          5. Gestion de la masse.
      6 à 20. Règles d'allocation.
    21 et 22. Règles de paiement et de régularisation.
         23. Bibliothèques et salles de conférence des réunions d'offi-
ciers.
    24 à 26. Corps de garde.
  27 et 27 *bis*. Ateliers régimentaires et magasins d'habillement et
d'armement.
         28. Approvisionnement de réserve en combustible entretenu
par l'Etat.
    31 et 32. Mobilisation.

    Tarif 1. Rations de combustible pour la cuisson des aliments et la
préparation du café.
    — 2. Rations fixes annuelles pour les besoins généraux des corps.
    — 3. Taux des rations pour le chauffage des chambres.
    — 4. Durée du chauffage d'hiver (intérieur).
    — 7. Durée du chauffage des corps de garde.

    Annexe 1. Voir ci-après, 21 novembre 1902.
    — 2. Dispositions à prendre en cas de mobilisation pour l'exécu-
tion du service du chauffage et de l'éclairage des troupes.

7 mars 1899 Inst. sur l'organisation des bibliothèques militaires, titre III, art. 2.
Chauffage et éclairage, *B. G.*, E. M., vol. 55-2, p. 170.
24 févr. 1900 Production du compte général des recettes et des dépenses de la
masse, *B. G.*, p. 258.
22 avril 1901 Achat du charbon de terre dans les corps de troupe, circ., *B. G*,
p. 615.
29 mai 1902 Adoption d'un modèle de procès-verbal pour déterminer les droits des
corps aux rations de poêle. Nouveau modèle de compte annuel de
la masse, *B. G.*, p. 1301; errata, *B. G.*, p. 1796 et 2312.

Chauffage (*suite*).

19 nov. 1902 Circ. Interdiction aux officiers de participer aux fournitures faites à la troupe par la masse de chauffage et d'éclairage, *B. G.*, p. 2305.

21 nov. 1902 Inst. déterminant les règles d'application de certaines dispositions du régl. du 15 janvier 1890, *B. G.*, p. 2324.

19 déc. 1902 Établissement des procès-verbaux fixant les allocations de combustibles nécessaires pour le chauffage des chambres, *B. G.*, p. 2451.

9 mars 1903 Circ. interdisant les cessions de combustible par la masse de chauffage et d'éclairage aux sous-officiers, brigadiers, caporaux et maîtres ouvriers rengagés ou commissionnés et mariés, *B. G.*, p. 313; erratum, *B. G.*, p. 399.

10 juill. 1903 Déc. appliquant avec quelques modifications aux troupes coloniales les dispositions du régl. du 15 janvier 1890 ci-dessus, *B. G.*, p. 1003.

10 oct. 1903 Circ. Chauffage et éclairage du bureau de mobilisation dans les corps de troupe lorsque ce bureau comporte plusieurs pièces dont deux déjà sont chauffées et éclairées au compte du major, *B. G.*, p. 1501.

17 févr. 1904 Application du tarif des allocations annuelles pour le service secondaire de l'éclairage. Établissement des procès-verbaux de chauffage et d'éclairage, *B. G.*, p. 137.

26 avril 1904 Production des pièces à mettre à l'appui de la feuille de journée spéciale destinée à établir les droits des corps de troupe en ce qui concerne le service du chauffage et de l'éclairage, *B. G.*, p. 552.

20 févr. 1905 Circ. Interprétation des art. 7 et 18 du régl. du 15 janvier 1890, en ce qui concerne les allocations de chauffage à percevoir par les sous-officiers rengagés ou commissionnés et mariés autorisés à vivre individuellement, *B. G.*, p. 131.

12 mars 1905 Inst. sur les mesures à prendre pour assurer les fournitures de charbon de terre (houille à l'état naturel et briquettes) et du coke nécessaires aux corps de troupe et aux établissements militaires spécialement désignés, *B. G.*, p. 195; cahier des charges générales pour ces fournitures, *B. G.*, p. 215; erratum, *B. G.*, p. 433.

16 mars 1905 Circ. Imputation à la masse de chauffage et d'éclairage des dépenses occasionnées par l'achat, l'entretien et le fonctionnement des lanternes pour cantonnements et marches de nuit, *B. G.*, p. 253.

13 avril 1905 Circ. Imputation à compter du 1er janvier 1905 à la masse d'éclairage et de chauffage des dépenses occasionnées par l'éclairage des chambres, réfectoires, cuisines, infirmeries et locaux divers, *B. G.*, p. 418.

14 avril 1905 Circ. Allocations de chauffage à attribuer en cas d'absence momentanée pour le service aux sous-officiers mariés, rengagés ou commissionnés autorisés à vivre individuellement, *B. G.*, p. 415.

2° *Colonies.*

8 nov. 1847 Inst., titro II, § 1 à 68, 69, 71. Chauffage des troupes aux colonies, *B. M., R.*, p. 737; complétée 18 novembre 1847, *B. M., R.*, p. 789.

Chaussons.

6 déc. 1903 Frais de confection au compte de la masse générale d'entretien, *B. G.*, vol. spl., T. C., p. 225.

Chaussures.

(Voir : *Bottines. — Brodequins. — Souliers.*)

21 déc. 1885 Inst. relative au nettoyage des chaussures ayant servi et réintégrées en magasin, *B. G.*, E. M., vol. 4, p. 15.

21 juill. 1893 Circ. Port des brodequins et de la chaussure de repos, *B. G.*, E. M., vol. 4, p. 46.

30 sept. 1903 Description des uniformes, art. 425. Inst. pour le clouage des chaussures dans les corps de troupe, *B. G.*, vol. spl., T. C.

Chaux.

6 juill. 1899 Qualité de la chaux à employer, *B. G.*, E. R., vol. 51 *bis*, p. 4.
16 oct. 1903 Qualité de la chaux à employer, *B. C.*, vol. spl., p. 949.

Chefs armuriers.

(Voir : *Armuriers.*)

Chef de corps.

(Voir : *Différentes masses.*)

ATTRIBUTIONS ET RESPONSABILITÉ.

Administration et comptabilité en France, 6 décembre 1903, art. 37, 38, 87, 88, *B. G.*, vol. spl., T. C., p. 15 et 31; aux colonies, ord. du 22 juin 1847, art. 609, 614, 650, vol. spl. — Armement, 30 août 1881 (France), *B. G.*, E. R., vol. 19; (colonies), 28 décembre 1903, art. 15. — Casernement (France), 3 mars 1899, *B. G.*, E. R., vol. 51; (colonies), 16 octobre 1903, art. 11 et 58, *B. C.*, vol. spl., p. 887 et 906. — Ordinaires, 22 avril 1903, *B. G.*, E. M., vol. 7. — Service intérieur, *B. G.*, E. R., vol. 78.

Chevalet de pointage.

29 oct. 1897   Note. Emploi du chevalet de pointage Benuraud. Achat au compte de la masse des écoles, *B. G.*, E. M., vol. 55-2, p. 101.

Chevalet pour scier le bois.

6 juill. 1899   Description, *B. G.*, E. R., vol. 51 *bis*, p. 47.
16 oct. 1903   Description, *B. C.*, vol. spl., p. 985.

Chevalet pour tableau noir.

6 juill. 1899   Description, *B. G.*, E. R., vol. 51 *bis*, p. 46.
16 oct. 1903   Description, *B. C.*, vol. spl., p. 984.

Chevaux.

(Voir: *Abatage des chevaux. — Abreuvage des chevaux. — Accidents. Age des chevaux. — Remonte.*)

20 oct. 1892   Service intérieur : Inf., art. 265. Promenade des chevaux, *B. G.*, E. R., vol. 78, p. 108.
25 mai 1898   Circ. Promenades isolées des chevaux d'officiers montés, *B. G.*, E. R., vol. 75, p. 201.
31 mai 1899   Inst. Noms à conserver aux chevaux achetés par la remonte. Papiers d'origine à faire suivre en cas de mutations, *B. G.*, E. M., vol. 69, p. 238.

Chiens.

16 avril 1883   Circ. interdisant de tolérer ou de laisser pénétrer des chiens dans les casernes et autres établissements militaires, *B. G.*, E. R., vol. 78, p. 658.
20 oct. 1892   Service intérieur : Inf., art. 243; Artil., art. 278. Les sentinelles ne laissent entrer aucun chien dans les casernes, *B. G.*, E. R., vol. 78.

Chine.

Ciments.

Cipahis de l'Inde.

Circonstances atténuantes.

(Voir: *Justice militaire*.)

Cisaille portative à main.

Ciseaux.

Citations.

Citations (*suite*).

15 sept. 1901 Service courant, art. 280. Mode d'accorder les citations, *B. G.*, E. R., vol. 74.
6 déc. 1903 Annexe D. Inscription sur les matricules et les livrets, *B. G.*, vol. spl., T. C., p. 155.
23 déc. 1903 Arr. Inscription sur les matricules, livrets, certificats et relevés de services, *B. G.*, p. 1918.

Citations devant les tribunaux.

9 juin 1857 Code de justice militaire, art. 103, *B. G.*, E. R., vol. 56.
23 janv. 1901 Notification aux militaires présents sous les drapeaux des citations à comparaitre, *B. G.*, p. 282.

Civière pour magasin à munitions.

6 juill. 1899 Description, *B. G.*, E. R., vol. 51 *bis*, p. 47.
16 oct. 1903 Description, *B. C.*, vol. spl., p. 985.

Clairons.

(Voir : *Avancement.*)

20 oct. 1892 Service intérieur : Inf., art. 193 à 196. Instruction. Nominations. Service, *B. G.*, E. R., vol. 78.
16 mars 1898 Circ. Clairons faisant partie des détachements de relève allant aux colonies ou en revenant, instruments à délivrer, un par 30 hommes, *B. M.*, p. 400; *B. C.*, p. 204.
6 déc. 1903 Achat au compte de la masse générale d'entretien dans la métropole, *B. G.*, vol. spl., T. C., p. 226.

Classement des passagers.

(Voir : *Commandant des troupes passagères. — Passages.*)

Classement des tireurs.

(Voir : *Tir.*)

Classification des blessures ou infirmités.

(Voir : *Blessures ou infirmités.*)

Clichés photographiques.

(Voir : *Franchises postales, etc.*)

Clientèle civile.

(Voir : *Exercice de la médecine.*)

13 sept. 1886 Interdiction aux maitres ouvriers d'avoir une clientèle civile, *B. G.*, E. M., vol. 4, p. 17.
30 mars 1893 Circ. relative à l'exercice de la médecine civile par les médecins militaires, *B. G.*, E. M., vol. 83, p. 351.

Clientèle civile (*suite*).

14 mars 1896 Décr., art. 8. La clientèle civile est interdite à tous les vétérinaires
de l'armée, *B. O., E. R.*, vol. 81, p. 6.
12 avril 1906 Inst. Exercice de la clientèle civile par les médecins et vétérinaires
B. O., p. 524.

Clouage des chaussures.

(Voir: *Chaussures.*)

Coaltarisation.

(Voir : *Casernement.*)

Code de justice militaire.

(Voir : *Justice militaire.*)

Coffre à avoine.

6 juill. 1899 Description, *B. O., E. R.*, vol. 51 *bis*, p. 47.
10 oct. 1903 Description, *B. C.*, vol. spl., p. 983.

Coffre-fort.

6 déc. 1903 Achat au compte de la masse générale d'entretien, *B. O.*, vol. spl..
T. O., p. 228.

Col.

30 sept. 1903 Art. 430. Description, *B. O.*, vol. spl., T. O., p. 257.

Colis postaux.

27 juin 1892 Décr. fixant les taxes et conditions d'envoi, *B. O., E. M.*, vol. 100-4,
p. 90.
5 sept. 1897 Décr. relatif au service des colis postaux de 5 à 10 kilos, *B. O., E. M.*,
vol. 100-4, p. 159.

Collections officielles.

(Voir : *Archives.*)

Collet à capuchon.

30 sept. 1903 Description des uniformes, art. 218. Collet à capuchon pour le service
des plantons et des vélocipédistes, *B. O.* vol. spl., T. O., p. 107.
6 déc. 1903 Achat au compte de la masse générale d'entretien, *B. O.*, vol. spl.,
T. C., p. 220.

Colonel,

(Voir : *Chef de corps.*)

Comité consultatif de défense des colonies.

20 juill. 1902   Décret. Création, composition, attributions, section d'études, *B. C.*, p. 674.
3 nov. 1902   Arr. Fonctionnement, *B. C.*, p. 1151.
7 avril 1903   Décret. L'inspecteur général des travaux publics des colonies prend part aux réunions du comité, avec voix délibérative pour les questions intéressant son service, *B. C.*, p. 318.

Comités d'achat de la remonte.

3 août 1904   Inst. sur le service de la remonte aux colonies, art. 21 à 35, *B. C.*, p. 936.

Comités techniques.

31 juill. 1888   Décret réglant la composition et les attributions des comités et sections techniques, *B. O., E. R.*, vol. 61, p. 93.
21 janv. 1901   Décret, art. 3. Création du comité et de la section technique des troupes coloniales, *B. C.*, p. 41.
22 mars 1901   Décret modifiant celui du 31 juillet 1888 et relatif à la création du comité et de la section techniques des troupes coloniales, et à l'admission des officiers des troupes coloniales dans les comités des troupes métropolitaines, *B. O.*, p. 523.
25 janv. 1902   Décret modifiant l'article 2 du décret du 31 juillet 1888; représentant de l'artillerie de la marine au comité de l'artillerie, *B. O.*, p. 73.

Commandant d'armes.

4 oct. 1891   Service des places, art. 16 à 23. Attributions dans les places, art. 164 à 174. Rapports avec l'autorité civile, *B. O., E. R.*, vol. 75.
3 mars 1890   Règl. sur le casernement en France, art. 10. Attribution des commandants d'armes. Art. 57. Surveillance, *B. O., E. R.*, vol. 61.
16 oct. 1903   Règl. sur le casernement aux colonies, art. 10. Attributions des commandants d'armes. Art. 57. Surveillance, *B. C.*, vol. spl., p. 886 et 907.
5 juin 1905   Circ. Imputation au chapitre Loyers et ameublement des salaires des manœuvres mis à la disposition des commandants d'armes pour les corvées trop pénibles, *B. C.*, p. 664.

Commandant de la marine.

3 nov. 1905   Décret relatif aux attributions des commandants de la marine aux colonies, *B. C.*, p. 1146.
3 nov. 1905   Décret relatif aux points d'appui de la flotte, *B. C.*, p. 1141.
3 nov. 1905   Circ. marine et colonies notifiant les décrets ci-dessus, *B. C.*, p. 1141 et 1140.

Commandants des détachements.

23 févr. 1895   Circ. Le commandement des détachements venant d'outre-mer et la gestion des fonds destinés au paiement de la solde de traversée doivent être confiés à des officiers passagers, ils ne seront confiés à des sous-officiers que quand il n'y aura pas d'officiers à bord, *B. M.*, p. 318.
31 juill. 1899   Circ. Pouvoirs disciplinaires du commandant des troupes à Tahiti, *B. O.*, p. 808; *B. M.*, p. 204.
5 août 1899   Circ. Pouvoirs disciplinaires du commandant des troupes à la Réunion, *B. C.*, p. 811; *B. M.*, p. 157.
30 mai 1903   Décret, art. 7. Commandement des détachements dans les colonies secondaires, *B. O.*, p. 784.

Commandants des troupes passagères.

8 juin 1905   Inst. pour les commandants des troupes passagères de toutes armes et les chefs de détachement à bord des navires de commerce, *B. G.*, p. 721; *B. C.*, p. 676; errata, *B. G.*, p. 965; modif. 28 décembre 1905, *B. G.*, p. 1055; tableau annexe, *B. G.*, p. 1059; modif. 1er mars 1906, *B. C.*, p. 215; *B. G.*, p. 325.

Commandants supérieurs des troupes aux colonies.

(Voir : Groupement des forces militaires aux colonies.)

21 avril 1896   Circ. Pouvoirs des commandants des troupes aux colonies en matière de punitions et de concession de permission, *B. M.*, p. 795; *B. C.*, p. 220.

7 juill. 1900   Loi, art. 3. Sous la haute autorité du gouverneur et vis-à-vis de lui, le commandant supérieur des troupes est responsable de la préparation des opérations militaires, de leur conduite et de tout ce qui est relatif à la défense de la colonie, *B. C.*, p. 594.

28 mars 1901   Circ. Dénomination unique des commandants supérieurs des troupes, *B. G.*, p. 886.

9 nov. 1901   Décret réglant les relations entre les gouverneurs et les commandants supérieurs des troupes aux colonies, *B. G.*, p. 1111; *B. C.*, p. 1026.

    Attributions des commandants supérieurs.
    Conseils dont ils font partie; rang.
    Entrée des directeurs des services militaires dans ces conseils.
    Conduite et exécution des opérations militaires.
    Création ou suppression de postes militaires.
    Correspondance.
    Répartition du personnel.
    Notes du commandant supérieur.

10 nov. 1901   Circ. Application du décret du 9 novembre 1901, *B. C.*, 1902, p. 213.

30 nov. 1903   Décret. Pouvoirs disciplinaires du commandant supérieur des troupes du groupe du Pacifique, *B. G.*, p. 1769.

21 juin 1906   Décret sur l'administration des troupes coloniales, art. 6 à 8. Attributions, responsabilité, *B. C.*, p. 577; *B. G.*, p. 803.

8 juill. 1905   Inst. sur le fonctionnement administratif du service de santé colonial, art. 48. Attributions au point de vue administratif, *B. C.*, p. 1356.

Commandement.

(Voir : Casernement. — Commandants des détachements. — Commandants des troupes passagères. — Commandants supérieurs des troupes. — Groupement des forces militaires. — Points d'appui de la flotte. — Préfets maritimes.)

18 févr. 1844   Ord. Droit au commandement des officiers étrangers, *B. G.*, E. R., vol. 76, p. 93.

15 mai 1885   Arr. Rapports de service entre le commandant des troupes et les chefs d'arrondissements ou de pénitenciers en Nouvelle-Calédonie, *B. M.*, p. 879.

1er avril 1880   Décret relatif à l'exécution du commandement provisoire et du commandement par intérim, *B. G.*, E. R., vol. 62, p. 90.

21 oct. 1889   Note. La notification des décisions administratives est faite aux corps de troupe par le commandement, *B. G.*, E. R., vol. 62, p. 135.

4 oct. 1891   Service des places, art. 2, 7, 8, 10 à 12, 191, 195. Commandement dans les places de guerre et villes ouvertes. Art. 219. Commandement dans les ports militaires, *B. G.*, E. R., vol. 75.

20 oct. 1892   Service intérieur, chapitre préliminaire, *B. G.*, E. R., vol. 78.

28 mai 1895   Service en campagne, art. 2 et 4, *B. G.*, E. R., vol. 76.

22 avril 1898   Décret relatif aux attributions des commandants supérieurs de la défense, *B. G.*, E. R., vol. 62, p. 287; modif. 31 juillet 1902, *B. G.*, p. 1611; 12 septembre 1902, *B. G.*, p. 1850.

4 mai 1898   Inst. pour l'application du décret du 22 avril 1898, *B. G.*, E. R., vol. 62, p. 290; modif. 9 octobre 1902, *B. G.*, p. 1981.

Commandement (*suite*).

28 déc. 1898   Inst., art. 8. Droit au commandement des officiers de la réserve et de l'armée territoriale, *B. G.*, E. R., vol. 72.

12 sept. 1900   Circ. Les actes du commandement doivent être strictement limités à l'exercice du devoir professionnel, *B. M.*, p. 601; *B. U.*, p. 923.

11 juin 1901   Décret constituant un corps d'armée des troupes coloniales, *B. G.*, p. 1023; *B. G.*, vol. spl., T. C., p. 142.

3 août 1901   Inst. provisoire réglant les rapports de service et de commandement des troupes coloniales avec le commandant du corps d'armée des troupes coloniales et avec les gouverneurs militaires ou commandants de corps d'armée sur le territoire desquels elles sont stationnées, *B. G.*, v. s., p. 82; complétée 17 octobre 1901, *B. G.*, v. s., p. 398; modif. 20 décembre 1905, *B. G.*, v. s., p. 927.

15 sept. 1901   Service courant, chapitre préliminaire. Devoirs et rapports du commandement, *B. G.*, E. R., vol. 74.

20 mars 1902   Circ. Les batteries stationnées à Toulon relèvent du général commandant la brigade d'artillerie coloniale, *B. G.*, p. 312.

27 mars 1902   Circ. réglant le droit au commandement des officiers servant au titre étranger, admis dans le cadre français, *B. G.*, p. 536; erratum, *B. G.*, 1er sem. 1902, p. 770.

14 oct. 1902   Circ. relative au commandement des troupes de l'artillerie et au commandement de l'artillerie aux colonies, *B. G.*, p. 2007.

26 mai 1904   Décret sur la solde en France, art. 127. Responsabilité pécuniaire des généraux, directeurs et chefs de service, *B. G.*, vol. spl., T. C., p. 136.

13 janv. 1905   Circ. Attributions des autorités civiles en vue de l'emploi des forces militaires aux colonies, *B. U.*, p. 10.

1er avril 1905   Circ. Répartition des troupes et rôle des postes militaires aux colonies, *B. U.*, p. 472.

Commerce.

(Voir : *Congés et permissions* (4 novembre 1902). — *Gendarmerie*.)

4 mai 1897   Circ. Les fonctionnaires ne peuvent se livrer à des opérations commerciales soit ouvertement, soit sous le couvert de prête-noms, *B. C.*, p. 463.

Commis et ouvriers militaires d'administration.

17 févr. 1903   Inst. Organisation, *B. C.*, p. 201; *B. G.*, p. 227; attributions; cadre métropolitain; cadre colonial; cadre indigène; recrutement, première formation; administration; commandement, discipline, instruction; avancement; relève; uniforme et tenue, et circ. (colonies) du 31 mars 1903, *B. C.*, p. 200; modif. art. 9, §§ 9 et 10, 27 juillet 1904, *B. G.*, p. 1279; art. 5, § 3 (rengagements), 22 février 1905, *B. G.*, p. 149.

19 sept. 1903   Décret réorganisant l'infanterie coloniale, art. 4. Effectifs, tableau 6, *B. C.*, p. 820.

26 sept. 1903   Circ. Rattachement de la section au 4e régiment d'infanterie coloniale, *B. G.*, p. 1399.

21 juin 1906   Décret organisant l'intendance militaire des T. C., art. 16 et 17, *B. C.*, p. 583; *B. G.*, p. 810.

Commission centrale des bibliothèques.

7 mars 1899   Inst. sur l'organisation des bibliothèques militaires, art. 5, *B. G.*, E. M., vol. 55-2, p. 166.

Commission centrale des travaux géographiques.

10 juin 1891   Décret constituant au ministère de la guerre une commission centrale des travaux géographiques, *B. G.*, E. R., vol. 61, p. 109.

3 juill. 1891   Circ. (colonies), relative à la commission créée par le décret du 10 juin 1891, *B. C.*, p. 497.

Commission d'adjudication.

15 juin 1903   Inst. sur la passation des marchés, art. 3. Composition, *B. G.*, E. M., vol. 25, p. 93.

Commission d'admission aux adjudications de la guerre.

15 juin 1903   Inst. sur la passation des marchés, art. 25 et 26. Composition, fonctionnement, *B. G.*, E. M., vol. 25, p. 113.

Commission d'ameublement.

4 janv. 1892   Décret relatif à l'ameublement des hôtels affectés aux officiers généraux, art. 3, *B. G.*, E. R., vol. 9, p. 4.

4 janv. 1892   Inst. pour l'exécution du décret du 4 janvier 1892, art. 3 et 4, *B. G.*, E .R., vol. 9, p. 6.

Commission d'appel.

27 avril 1891   Inst. sur la vérification des matières et effets du service de l'habillement, art. 51; *B. G.*, E. R., vol. 52.

4 juill. 1903   Inst. sur l'organisation et le fonctionnement des commissions d'appel, *B. G.*, E. M., vol. 25, p. 252.; modif. 17 mars 1906, *B. G.*, p. 381.

Commission de casernement.

3 mars 1899   Art. 15. Composition, attributions en France, *B. G.*, E. R., vol. 51; modif. 24 mai 1901, *B. G.*, p. 880.

10 oct. 1903   Art. 15. Composition, attributions aux colonies, *B. C.*, vol. spl., p. 889. p. 889.

Commission de classement des militaires proposés
pour des emplois civils.

21 mars 1905   Loi sur le recrutement, art. 70, 72, 76, *B. G.*, p. 263; *B. C.*, p. 301; *B. G.*, E. M., vol. 68-1, p. 39.

20 août 1905   Décret, *J. O.* du 2 septembre 1905.

Commission de défense.

4 oct. 1891   Service des places. Art. 13. Commission de défense dans les places. Art. 221. Commission de défense dans les ports militaires, *B. G.*, E. R., vol. 75.

Commission d'enquête.

(Voir : *Agents civils du commissariat.*)

Commission de rapatriement.

(Voir : *Conseils de santé aux colonies.*)

Commission de réception des denrées.

20 oct. 1892 Service intérieur. Inf., art. 383-384. Artil., art. 401-402. Commission dans les places où il est fourni des approvisionnements ou fait des distributions, *B. G.*, E. R., vol. 78.

20 déc. 1899 Décret sur les mouvements de troupe à l'intérieur, art. 32, *B. G.*, E. M., vol. 100-1, p. 29.

Commission de recette d'effets.

27 avril 1894 Inst. sur la vérification des matières et effets du service de l'habillement, art. 40 à 50, *B. G.*, E. R., vol. 52.

18 févr. 1901 Circ. Substitution des commissions spéciales de la guerre à celles de la marine pour la réception des matières nécessaires aux confections des effets des troupes coloniales, *B. G.*, vol. spl., T. C., p. 95.

6 déc. 1903 Annexe B. Inst. sur la réception des matières et objets.
Annexe F. Achat au compte de la masse générale d'entretien des objets divers nécessaires aux commissions, *B. G.*, vol. spl., T. C., p. 134 et 226.

Commission de remonte.

20 oct. 1892 Service intérieur artil., art. 425, *B. G.*, E. R., vol. 78; modif. 20 avril 1900, *B. G.*, p. 560.

3 août 1904 Inst. sur le service de la remonte aux colonies: art. 4 à 7. Corps de troupe; art. 21. Dépôts de remonte, *B. C.*, p. 936.

Commission des bibliothèques.

7 mars 1899 Inst. sur l'organisation des bibliothèques militaires, art. 2, *B. G.*, E. M., vol. 55-2, p. 165.

Commission des ordinaires.

28 mai 1890 } Création de commissions d'ordinaires dans les corps de troupe sta-
5 juin 1890 } tionnés aux colonies, *B. C.*, p. 701.

22 avril 1903 Règl. sur les ordinaires, art. 15 à 23. Composition, attributions, fonctionnement, *B. G.*, E. M., vol. 7, p. 20.

11 juin 1903 Dépenses à la charge de la masse générale, *B. G.*, p. 744.

Commission d'études pratiques de tir.

(Voir : *Cours pratique de tir.*)

30 déc. 1900 Inst. sur la composition et le fonctionnement des commissions d'études pratiques et des cours pratiques de tir de l'artillerie, *B. G.*, E. M., vol. 55-1, p. 101.

Commission d'examen des inventions.

7 juin 1894 Décret instituant à Paris une commission d'examen des inventions intéressant les armées de terre et de mer, *B. M.*, p. 663; *B. G.*, E. R., vol. 61, p. 113; règlement relatif au fonctionnement, *B. G.*, E. R., vol. 61, p. 115.

Commission d'expériences.

21 févr. 1902 Décret organisant des commissions d'expériences d'artillerie à Bourges, Calais et Gavres. *B. O.*, E. M., vol. 20, p. 13.

Commission de vaguemestre.

20 oct. 1892 Service intérieur, inf., art. 203; artil., art. 160. Modèle X, *B. O.*, E. R., vol. 78.

Commission mixte des travaux publics.

(Voir : *Conseils de défense aux colonies.*)

16 août 1853 Décret. Attributions, *B. M.*, p. 655; *B. M. R.*, p. 1101; *B. O.*, E. R., vol. 48, p. 228.

Commirsion permanente des marchés pour les approvisionnements des colonies.

8 nov. 1887 Arr. Constitution, *B. C.*, p. 949; *B. M.*, p. 593.
16 mai 1889 Arr. modifiant la composition, *B. C.*, p. 634.

Commission rogatoire.

9 juin 1857 Code de justice militaire, art. 102, *B. O.*, E. R., vol. 56.
6 nov. 1868 Les commissions rogatoires concernant des officiers doivent être autant que possible exécutées par des militaires du même grade, *B. O.*, E. M., vol. 59-1, p. 60.

Commissions spéciales de réforme.

6 juill. 1901 Inst. relative à la réforme des militaires des troupes coloniales. Fonctionnement, composition, attributions, tableau des commissions, *B. O.*, vol. spl., T. C., p. 178; modif. 5 janvier 1904, *B. O.*, p. 61.
23 nov. 1901 Création d'une commission à Fianarantsoa (Madagascar), *B. O.*, vol. spl., T. C., p. 253; *B. O.*, p. 1225.
22 janv. 1903 Création d'une commission à Libreville (Congo), *B. O.*, p. 73.
13 oct. 1903 Création d'une commission à Bac-Ninh et à Haïphong (Tonkin), *B. O.*, p. 1547.
5 janv. 1904 Création de quatre commissions pour l'Afrique occidentale à Dakar, Kati, Grand-Lahou, Niamey, *B. O.*, p. 61.
19 févr. 1906 Inst. sur la réforme des hommes de troupe, art. 5 à 27, *B. O.*, p. 219.

Commissionnés.

(Voir : *Avancement. — Livret individuel. — Révocation. — Tour de service colonial (26 mars 1904).*)

13 sept. 1876 Note. Réadmission des militaires commissionnés démissionnaires, *B. O.*, E. R., vol. 68, p. 374.
19 déc. 1882 Note relative aux militaires titulaires d'une pension proportionnelle ou pour ancienneté réadmis dans l'armée en qualité de commissionnés, *B. O.*, E. R., vol. 68, p. 375; complétée 4 août 1903, *B. O.*, p. 1171.
29 sept. 1902 Circ. Limite d'âge des militaires commissionnés, *B. O.*, p. 1021.
9 juin 1904 Circ. Modèle du titre à délivrer aux militaires des T. C., maintenus ou réadmis sous les drapeaux en qualité de commissionnés, *B. O.*, p. 892; err. *B. O.*, p. 1528.

Commissionnés (*suite*).

14 nov. 1901 Décret. Organisation du recrutement indigène en Afrique occidentale, art. 3. *B. C.*, p. 1092.

21 mars 1905 Loi sur le recrutement, art. 58, 67, 72, 74, *B. C.*, p. 359; *B. G.*, p. 263; *B. G.*, E. M., vol. 68-1, p. 32 et suiv.

25 août 1905 Décret sur les rengagements dans les T. C., art. 28, *B. C.*, p. 916; *B. G.*, p. 1395.

10 oct. 1905 Circ. Application des art. 58, 67, 72, 74, de la loi du 21 mars 1905, relatifs aux militaires commissionnés, *B. G.*, p. 1528; err., *B. G.*, 1906, p. 190, modif. 31 juillet 1906, *B. G.*, p. 1035.

29 nov. 1905 Circ. Délivrance des titres de commission. Titres qui doivent être signés par le Ministre, *B. G.*, p. 1736.

Commutation de peine.

14 juin 1813 Décret. Mode d'exécution des décisions portant grâce ou commutation de peine en faveur des condamnés pour crime de désertion ou pour tout autre délit militaire, *B. M. R.*, p. 308; *B. G.*, E. M., vol. 59-2, p. 59.

10 juill. 1852 Décret. Mode de présentation des rapports sur les commutations de peines par suite de condamnations prononcées par les juridictions militaires ou maritimes, *B. G.*, E. M., vol. 59-2, p. 61.

7 juin 1893 Mode de transmission des recours à la clémence du chef de l'Etat formés par les membres des conseils de guerre, *B. G.*, E. M., vol. 59-2, p. 62.

Compagnies d'artificiers.

15 août 1902 Décret. Organisation de la compagnie mixte d'ouvriers et d'artificiers d'artillerie coloniale au Tonkin, *B. G.*, p. 1768; *B. C.*, p. 705.

24 août 1902 Inst. pour l'application du décret du 15 août 1902, *B. G.*, p. 1772.

19 sept. 1903 Décret, art. 4. Tableau 4, effectifs, *B. C.*, p. 842.

28 nov. 1903 Circ. Répartition du personnel en service aux colonies, *B. C.*, 1904, p. 295.

Compagnies de disciplinaires des colonies.

26 sept. 1902 Décret. Suppression, *B. G.*, p. 1035; *B. C.*, p. 954.

Compagnies de discipline.

(Voir : *Hautes payes.*)

12 mai 1896 Circ. Armement des compagnies de discipline. Cadres fusiliers et pionniers, *B. M.*, p. 846.

19 mai 1896 Décret. Création d'une compagnie de discipline indigène en Indo-Chine rattachée au 3ᵉ tonkinois, *B. M.*, p. 1041; *B. C.*, p. 320.

20 mai 1896 Circ. Application du décret du 19 mai 1896, *B. M.*, p. 1040; *B. C.*, p. 328.

22 déc. 1897 Décret autorisant l'envoi à la compagnie indigène de discipline de l'Indo-Chine des tirailleurs tonkinois et annamites ayant encouru des condamnations, *B. M.*, p. 709; *B. C.*, p. 1223.

18 mai 1899 Décret. Création à Madagascar d'une compagnie de discipline indigène; mode d'envoi des militaires indigènes à cette compagnie, *B. M.*, p. 1874; *B. C.*, p. 617; modifié 24 mars 1902, ci-après.

24 mars 1902 Décret. Transformation en section de la compagnie indigène de Madagascar (rattachée au 1ᵉʳ malgaches). Création d'une section indigène de discipline au 3ᵉ sénégalais à Madagascar, *B. G.*, p. 331; *B. C.*, p. 267.

7 avril 1902 Inst. relative au service, au régime disciplinaire, au service intérieur, à l'armement, à l'équipement et à l'habillement des sections de discipline prévues par le décret du 24 mars 1902, *B. G.*, p. 485.

Compagnies de discipline (*suite*).

Compagnies d'Instruction.

Compagnies d'ouvriers.

Compagnie d'ouvriers (*suite*).

19 sept. 1903 Décret réorganisant l'artillerie coloniale, art. 4 et 5. Tableau 3, effectifs, *B. C.*, p. 812; modif. 29 mai 1906; *B. C.*, p. 510; *B. C.*, p. 782.

28 nov. 1903 Circ. Répartition du personnel en service aux colonies; *B. C.*, 1904, p. 295.

Compagnie générale transatlantique.

3 juill. 1901 Convention pour le transport des passagers et du matériel à bord des paquebots des lignes des Antilles et de la Guyane, *B. M.*, p. 371; *B. C.*, 1902, p. 120.

Comptabilité des corps de troupe en campagne.

(Voir : *Habillement. — Harnachement.*)

10 juin 1889 Décret sur la comptabilité des corps de troupe en campagne, *B. O.*, E. M., vol. 8; et instruction pour l'application de ce décret; modifié décret 14 fév. 1905, *B. O.*, p. 44; circ. du 6 août 1906, *B. O.*, p. 1097.

15 mars 1895 Circ. Interprétation à donner à la circulaire du 30 novembre 1891, relative à l'application dans les corps de troupe aux colonies d'une comptabilité simplifiée pour le cas de guerre (décret, guerre, du 10 juin 1889), *B. C.*, p. 254.

Comptabilité des dépenses engagées.

(Voir : *Dépenses engagées.*)

Comptabilité intérieure des corps de troupe.

(Voir : *Administration et comptabilité des corps de troupe.*)

Comptabilité publique.

31 mai 1862 Décret portant règlement général sur la comptabilité publique, *B. O.*, E. M., vol. 23, p. 5.

Art.   1. Définition des deniers publics.
  2 à 29. Dispositions générales applicables aux divers services.
  30 à 33. Budget général de l'Etat.
  34 à 38. Budget des recettes.
  39 à 61. Budget des dépenses.
  62 à 67. Liquidation des dépenses.
  82 à 89. Ordonnancement des dépenses.
  90 à 106. Paiement des dépenses.
107 à 151. Règlement définitif du budget.
152 à 160. Comptes des Ministres.
172 à 188. Documents spéciaux à publier par les Ministres.
189 - 190. Services spéciaux rattachés pour ordre au budget de l'Etat.
191 à 195. Examen et contrôle administratif des comptes ministériels.
196 à 295. Dette inscrite et dette flottante.
296 à 305. Comptabilité des ordonnateurs.
306 à 371. Comptabilité des préposés comptables de la recette et de la dépense et du service de trésorerie.
372 à 374. Comptabilité générale des finances.
375 à 426. Cour des Comptes.
  427. Conseils de préfecture.

Comptabilité publique (*suite*).

435 à 447. Contrôle public des comptes des Ministres.
716. Comptabilité de la Légion d'honneur.
823 à 836. Caisse des dépôts et consignations.
861 à 880. Comptabilité des matières.

9 juin 1836 Loi de règlement de l'exercice 1833.

Art. 11. Comptes définitifs.
— 12. Versement à la Caisse des dépôts des créances portant intérêts.
Art. 13 à 15. Oppositions et saisies-arrêts sur les sommes dues par l'Etat, *A. M.*, p. 701; *B. M. R.*, p. 311.

16 sept. 1871 Loi. Art. 30. Vote du budget par chapitre; interdiction des virements.
Art. 31 et 32. Crédits supplémentaires, *B. M. R.*, p. 714; *B. des lois*, p. 265.

14 déc. 1870 Loi sur les crédits supplémentaires et extraordinaires à ouvrir par décret pendant la prorogation des Chambres, *B. des lois*, p. 907; *B. G.*, E. M., vol. 23, p. 103.

29 avril 1884 Décret (finances), concernant les dépenses d'exercices clos et périmés en matière de budget extraordinaire, *B. M.*, p. 948.

25 janv. 1889 Loi relative à l'exercice financier, *B. M.*, p. 611; *B. G.*, E. M., vol. 23, p. 107.

28 déc. 1895 Loi de finances, art. 53. Le budget des dépenses est présenté à la Chambre des députés avec ses divisions par chapitre, par articles et s'il y a lieu par paragraphe. Les comptes définitifs des dépenses de chaque ministère doivent être établis dans la même forme, *B. C.*, p. 921.

30 mars 1902 Loi de finances, art. 77. Les demandes de crédits spéciaux sur exercices clos ou périmés doivent faire l'objet de projets de loi distincts, *B. C.*, p. 305.

.4). Comptabilité finances.

1° *Guerre.*

(Voir : *Dépenses engagées. — Liquidation des dépenses. — Ordonnateurs secondaires.*)

3 avril 1869 Règl. sur la comptabilité des dépenses du département de la guerre, *B. G.*, E. M., vol. 24; erratum *B. G.*, 1903, p. 1382.

Art. 1 à 33. Des crédits du budget.
34 à 69. De l'exécution des services.
70 à 95. De la liquidation des dépenses.
96 à 157. De l'ordonnancement des dépenses.
158 à 204. Du paiement des dépenses.
205 à 218. Dépenses des exercices clos et périmés.
210 à 231 *bis*. Des écritures de l'administration centrale et des ordonnateurs secondaires.
232 à 238. Des comptes.
239 à 267. Dispositions spéciales.

Modèles, *B. G.*, E. M., vol. 24 *bis*; erratum *B. G.*, 1903, p. 1823; modif. 27 mai 1905, *B. G.*, p. 671; 20 juin 1905, *B. G.*, p. 1882.
Nomenclature des pièces à joindre à l'appui des ordonnances ou mandats, *B. G.*, E. M., vol. 24 *ter*.

23 janv. 1899 Circ. Les dépenses ne doivent jamais dépasser les crédits budgétaires et elles ne doivent jamais être engagées avant le vote des crédits par le Parlement, *B. G.*, E. M., vol. 20, p. 7.

24 janv. 1899 Note. Circ. même sujet que ci-dessus, *B. G.*, E. M., vol. 20, p. 9.

2 févr. 1901 Circ. Application aux troupes coloniales du régl. du 3 avril 1869, *B. G.*, p. 300.

27 juill. 1901 Circ. Paiement des différentes masses (habillement, harnachement, etc.), le dernier jour du mois, en même temps que la solde. Les versements et retraits de fonds devront être opérés par les trésoriers le 16 et le dernier jour du mois, jours où ils se déplacent obligatoirement pour percevoir la solde, *B. G.*, p. 420.

A). **Comptabilité finances** (*suite*).

30 août 1901	Circ. Réordonnancement au titre des exercices clos des créances ayant déjà fait l'objet de mandats restés impayés, *B. G.*, p. 749.
18 oct. 1901	Circ. Apposition d'un timbre sec sur les déclarations d'émission de mandats sur le Trésor, *B. G.*, p. 981.
15 avril 1902	Décret autorisant les conseils d'administration des corps de troupe à recevoir en cas de déplacement des avances proportionnelles à leurs besoins, mais ne pouvant dépasser 20.000 francs, *B. G.*, p. 779.
3 juin 1902	Convention ayant pour objet : de fixer les dépenses incombant pour l'entretien des troupes coloniales, ou métropolitaines, au budget de la guerre, au budget des colonies ou au budget de la marine; de préciser les bases devant servir à la préparation de ces budgets; de définir le mode de règlement de ces dépenses au cours de l'exercice, *B. O.*, p. 579; *B. G.*, p. 1191.
20 août 1902	Circ. Ordonnancement des dépenses de la 2ᵉ section du budget de la guerre; attributions du directeur du commissariat et des chefs de service, *B. G.*, p. 1778.
30 juill. 1903	Inst. pour l'application du règlement du 3 avril 1869, *B. G.*, E. M., vol. 24, p. 123; addition, 27 mai 1905, *B. G.*, p. 670; modif., art. 23, 25 juillet 1906, *B. G.*, p. 951.
27 mai 1905	Circ. Tenue d'un carnet des ordonnancements (avances, acomptes, etc.), et des droits constatés, *B. G.*, p. 671.
21 mai 1906	Circ. relative à l'envoi des récépissés concernant les reversements effectués aux colonies au profit du département de la guerre, *B. O.*, p. 499.

2° Colonies.

(Voir : *Avances à régulariser. — Dépenses engagées. — Ordonnateurs secondaires. — Payements sur revues. — Pièces périodiques. — Régime financier des colonies. — Relevés de mandats.*)

21 mai 1845	Circ. relative aux virements, *A. M.*, p. 281; *B. M. R.*, p. 186.
26 avril 1847	Les ordonnateurs secondaires de la marine doivent notifier aux payeurs pendant la durée de l'exercice toutes les modifications que subiront les crédits et même les dépenses payables dans les ports par l'effet de virements ou d'annulations, *A. M.*, p. 452; *B. M. R.*, p. 363.
18 nov. 1847	Arr. prescrivant d'établir dans les directions administratives du département de la marine et des colonies une comptabilité spéciale des droits constatés qui doit être tenue par chapitres et par articles du budget, *A. M.*, p. 1716; *B. M. R.*, p. 788.
31 déc. 1847	Inst. relative à l'acquittement des créances portant sur les exercices clos dans les colonies, *A. M.*, p. 1692; *B. M. R.*, p. 824.
31 déc. 1847	Inst. pour la tenue des écritures de la comptabilité des droits constatés, *B. M. R.*, p. 829 et 835.
25 juin 1850	Dép. Marche à suivre en matière de restitution de sommes indûment reversées, *B. M.*, p. 533; *B. M. R.*, p. 361.
12 janv. 1853	Modif. aux documents composant la comptabilité des droits constatés (relevés de mandats et certificats comptables), *B. M.*, p. 34; *B. M. R.*, p. 461.
6 oct. 1854	Les parties appelées à se libérer de dettes envers la marine ne produiront qu'exceptionnellement la déclaration de versement aux lieu et place des récépissés à talon délivrés par les comptables des finances. Les comptables ne sauraient refuser la délivrance, quel qu'en soit le nombre, de déclarations de versement, *B. M.*, p. 617; *B. M. R.*, p. 509.
23 juin 1863	La liquidation et le paiement des dépenses résultant de transports et de cessions de matériel effectués par la Compagnie des services maritimes des messageries impériales et la Compagnie générale transatlantique auront lieu à Paris, *B. M.*, 2ᵉ sem., p. 2; *B. M. R.*, p. 423.
12 oct. 1864	Les certificats comptables relatifs aux fournitures faites par des sociétés ou compagnies doivent être établis au nom même de ces sociétés ou compagnies et non à celui de leurs directeurs, gérants ou représentants, *B. M.*, p. 293; *B. M. R.*, p. 561.
25 avril 1865	Les bordereaux de reversement dans les caisses du Trésor doivent être établis par exercice, par chapitre et par gestion, *B. M.*, p. 212; *B. M. R.*, p. 647.

A). **Comptabilité finances** (*suite*).

28 juin 1865   Modif. des états et bordereaux de reversements de fonds, *B. M.*, p. 394; *B. M. R.*, p. 675.

6 sept. 1865   Modif. des documents composant la comptabilité des droits constatés, *B. M.*, p. 145; *B. M. R.*, p. 722.

20 juill. 1866   Explications sur les modifications apportées dans les documents de la comptabilité des droits constatés, *B. M.*, p. 46; *B. M. R.*, p. 76.

14 janv. 1869   Règl. sur la comptabilité des dépenses du département de la marine et des colonies, vol. spl.; modif. art. 246 (paiement en monnaies étrangères); décret du 11 août 1886, *B. M.*, p. 244; modif. art. 101 et 111. Décret du 7 janvier 1887, *B. M.*, p. 11.

     Circulaire d'application, 25 février 1869; vol. spl.

     Art.   1 à 29. Des crédits du budget.
        30 à 65. De l'exécution des services.
        66 à 83. De la liquidation des dépenses.
        84 à 137. De l'ordonnancement des dépenses.
        138 à 173. Du payement des dépenses.
        174 à 187. Des dépenses des exercices clos et périmés.
        188 à 203. Ecritures de l'administration centrale et des ordonnateurs secondaires.
        204 à 210. Des comptes.
        211 à 221. Dispositions spéciales. (Ventes, échanges, cessions, état des logements concédés; inventaire du mobilier fourni aux fonctionnaires; fonds de masse.)
        222 à 255. Comptabilité des bâtiments armés. Service des traites de la marine.
        256 à 312. Voir: Régime financier des colonies (20 novembre 1882).
        313 à 353. Comptabilité de l'établissement des invalides de la marine.

1er oct. 1873   Reversements de fonds faits au Trésor pour le compte du département de la marine et des colonies, *B. M.*, p. 353; *B. M. R.*, p. 373.

15 févr. 1877   Interprétation de l'art. 11 du règl. du 14 janvier 1869, *B. M.*, p. 209; *B. M. R.*, p. 142.

9 mai 1882   Circ. Adoption d'une formule unique comprenant la liquidation, la prise en charge et l'ordonnancement des dépenses de matériel (mandat de paiement sur liquidation de fourniture), *B. M.*, p. 610.

17 janv. 1887   Circ. Application aux colonies de la circ. du 9 mai 1882 ci-dessus, *B. C.*, p. 53.

20 févr. 1889   Circ. Exécution de la loi du 25 janvier 1889 relative à l'exercice financier, *B. C.*, p. 151.

17 août 1892   Circ. Retards et irrégularités dans la production des documents financiers concernant le budget colonial, *B. O.*, p. 594.

11 janv. 1893   Circ. Responsabilités et obligations respectives des trésoriers payeurs et des ordonnateurs dans l'exécution des ordres de recette et de reversement, mentions à porter en conséquence par l'ordonnateur sur les ordres de paiement, *B. C.*, p. 30.

21 févr. 1895   Circ. Disposition concernant la transmission par les ports à l'administration centrale des pièces nécessaires pour la liquidation des marchés dont le montant est payable à Paris, *B. C.*, p. 153.

2 juill. 1895   Circ. Production des documents financiers des colonies : Bordereau des opérations financières. Bordereau des paiements effectués. Bordereau par subdivision d'articles. Etat des restes à payer. Etat de développement des dépenses, *B. O.*, p. 600.

11 juill. 1895   Circ. Engagement des dépenses aux colonies, mesures à prendre pour éviter les dépassements de crédits, *B. C.*, p. 635.

30 déc. 1895   Circ. Emploi des crédits; diminution des dépenses, *B. C.*, p. 946.

31 janv. 1897   Circ. notifiant la décision du Ministre des finances du 31 décembre 1896, relative au paiement des sommes inférieures à 150 francs, dues aux héritiers des créanciers de l'Etat, des départements, des communes et des établissements publics, *B. M.*, p. 63.

20 juill. 1897   Déc. Versement aux produits divers du budget du montant des retenues à exercer envers les entrepreneurs pour retards dans l'exécution des travaux ou dans la livraison des fournitures, *B. C.*, 1900, p. 512.

31 janv. 1898   Circ. Interprétation du décret du 16 mai 1891, en ce qui concerne certaines dépenses urgentes; paiements sur réquisitions, *B. C.*, p. 30.

21 mai 1898   Décret. Paiements par anticipation sur les crédits de l'exercice suivant de tout ou partie des achats effectués pour les services des subsistances militaires des colonies, *B. C.*, p. 383.

— 85 —

A). Comptabilité finances (suite).

27 juill. 1898 Circ. Enregistrement des droits constatés au profit des créanciers de l'Etat. Demandes de délégations de crédits sur le budget colonial (ports), *B. O.*, p. 519.

27 juill. 1898 Circ. Enregistrement des droits constatés au profit des créanciers de l'Etat. Demandes de délégations de crédits en fin d'exercice (colonies), *B. O.*, p. 527.

20 oct. 1898 Circ. Justifications à fournir à l'appui des marchés de fournitures transmis au département en vue de paiements à effectuer en France. Indications que doivent porter les exemplaires des marchés, *B. O.*, p. 713.

27 mars 1899 Circ. Demandes de délégations de crédits en fin d'exercice, *B. O.*, p. 335.

16 oct. 1903 Règl. sur les directions d'artillerie coloniales, *B. O.*, vol. spl., p. 67 et suiv.; modif. 2 octobre 1905, *B. O.*, p. 1056.

 Art. 46. Budget de la direction.
  47 - 48. Plan de campagne.
  56 à 58. Emploi des crédits.
  59 à 73. Gestion des crédits. Comptabilité-financière.

19 oct. 1903 Décret modifiant le décret du 20 novembre 1882, art. 160, paiements à faire aux illettrés, *B. O.*, p. 879.

3 nov. 1903 Inst. pour l'application du décret du 26 mai 1903 (groupement des forces militaires aux colonies), ordonnancement des dépenses dans les colonies autres que la colonie principale, *B. O.*, p. 923.

19 nov. 1903 Circ. Les câblogrammes annonçant l'envoi de délégations de crédits doivent être considérés comme des autorisations d'ouvrir des crédits provisoires.

28 nov. 1903 Circ. Unité d'ordonnancement des dépenses militaires dans les colonies faisant partie d'un même groupe, *B. O.*, p. 1006.

3 févr. 1904 Circ. Envoi au Bureau militaire d'un extrait du bordereau des opérations financières.

12 déc. 1904 Circ. Envoi aux chefs des services coloniaux en France d'un état des paiements qu'ils auront à faire pour des dépenses engagées dans les colonies (transports et fournitures), *B. O.*, p. 1304.

8 juill. 1905 Inst. sur le fonctionnement administratif du service de santé colonial, *B. O.*, p. 1356.

 Art. 4 - 5. Projet de budget.
  6 à 9. Plan de campagne.
  15 - 16. Emploi des crédits.
  17 - 18. Surveillance du directeur du service.
  19 - 21. Comptes rendus au Ministre.
   22. Décompte du prix de revient de la journée de traitement.
  25 - 26. Comptabilité des crédits.
  43 à 47. Remboursement des frais de traitement des malades traités à charge de remboursement.

13 avril 1906 Circ. La possibilité de proroger l'exercice pour l'exécution des services du matériel s'applique à tous les services militaires aux colonies, *B. O.*, p. 332.

B). Comptabilité matières.

1° *Dispositions générales.*

24 avril 1833 Loi, art. 10. Les comptes des matières appartenant à l'Etat sont chaque année imprimés et soumis au Sénat et au Corps législatif, *B. G.*, E. M., vol. 27, p. 3.

6 juin 1843 Loi, art. 14. Les comptes matières sont soumis au contrôle de la Cour des comptes, *B. G.*, E. M., vol. 27, p. 3; *B. M.*, R., p. 609.

26 août 1844 Ord. sur la comptabilité des matières appartenant à l'Etat, *A. M.*, p. 929; *B. M. R.*, p. 121.

31 mai 1862 Décr. sur la comptabilité publique, art. 801 à 880, *B. G.*, E. M., vol. 23.

23 août 1876 Loi, art. 6. Vérification sur place et sur pièces de l'état du matériel par deux membres des commissions des finances des deux Chambres, *B. G.*, E. M., vol. 27, p. 3.

B). Comptabilité matières (*suite*).

2° *Guerre*.

26 juin 1888 Loi, art. 8 et 9. Réserve de guerre. Contrôle, *B. G.*, E. M., vol. 27, p. 3.
2 févr. 1901 Cir. Application aux troupes coloniales en France des règlements en vigueur au Département de la guerre pour la comptabilité matières, *B. G.*, p. 390.
9 déc. 1902 Loi relative à la comptabilité du matériel classé à la réserve de guerre, *B. G.*, p. 2424; *B. G.*, E. M., vol. 27, p. 3.
26 déc. 1902 Décr. sur la comptabilité des matières appartenant au Département de la guerre, *B. G.*, E. M., vol. 27, p. 5.

Nomenclature des pièces à produire à l'appui des comptes de gestion pour la justification des opérations à charge et à décharge. Modèles, *B. G.*, E. M., vol. 27 *bis*.

30 déc. 1902 Inst. pour l'application du décret du 26 décembre 1902, *B. G.*, E. M., vol. 27, p. 40; erratum, *B. G.*, 1903, p. 1779; modif. 2 octobre 1905, *B. G.*, p. 1122 et 1125.
6 déc. 1903 Règl. sur l'administration et la comptabilité des troupes coloniales dans la métropole, art. 210 à 215. Comptabilité du matériel, *B. G.*, vol. spl., T. C., p. 103.
15 déc. 1903 Etablissement des états descriptifs des locaux, *B. G.*, p. 1810.
2 août 1905 Circ. sur l'application de l'inst. du 30 décembre 1902. Commentaire général, *B. G.*, p 1127.

3° *Colonies*.

1er févr. 1896 Inst. pour la suite à donner aux notes d'observations sur la comptabilité matières, *B. C.*, p. 79.
6 oct. 1898 Décr. modif. l'art. 579 du décret du 31 mai 1862. Les comptes matières du Département des colonies sont soumis au contrôle de la Cour des comptes, *B. C.*, p. 691.
22 déc. 1904 Décret sur la comptabilité des matières appartenant à l'Etat au compte du Département des colonies, *B. C.*, 1905, p. 130.

Principes généraux.

Responsabilité des agents ayant charge de matériel.

B). **Comptabilité matières** (*suite*).

Surveillance et contrôle.
Art. 24.   Autorités chargées de la surveillance et du contrôle.
25 à 27. Surveillance des directeurs de service. Ordonnateurs en
matières.
28.   Contrôle du corps de l'inspection des colonies.
29 - 30. Contrôle de l'administration centrale.
31 à 36. Contrôle de la Cour des comptes (en ce qui concerne les
approvisionnements en magasin).
37 à 40. Application et mise en vigueur du décret.

16 janv. 1905 Inst. générale sur la comptabilité des matières appartenant à l'Etat
au compte du département des colonies, *B. C.*, p. 141.

Annexe 1. Nomenclature sommaire du matériel.
—   2. Matières et objets consommables nécessaires à la propreté
et à l'entretien du matériel en service.

16 janv. 1905 Circ. Commentaires du décret du 22 décembre 1904 et de l'inst. du
16 janvier 1905, *B. C.*, p. 114.
3 juill. 1905 Circ. relative aux déclarations de versement au Trésor à joindre aux
ordres de sortie à titre de cession, *B. C.*, p. 761.
8 juill. 1905 Inst. sur le fonctionnement administratif du service de santé colonial,
art. 27 à 32, *B. C.*, p. 1356.
4 déc. 1905 Inst. pour la tenue de la comptabilité du matériel du service local
des colonies dans les ports de la métropole, *B. C.*, p. 1226.
4 déc. 1905 Circ. Les certificats de réception établis au titre du service local seront transmis au port qui aura effectué l'envoi du matériel, *B. C.*,
p. 1241.
7 déc. 1905 Circ. Renseignements à fournir au département sur le nombre de
comptables gestionnaires et sur celui des comptabilités à établir par
direction au titre des chapitres du budget colonial, *B. C.*, p. 1262.
28 déc. 1905 Règl. sur l'armement aux colonies, art. 29 à 42. Comptabilité matières de l'armement des corps, art. 87. Comptabilité matières des munitions délivrées aux corps de troupe.

Comptables.

(Voir : *Dépositaires comptables*.)

5 sept. 1807 Loi relative aux droits du Trésor sur les biens des comptables, *B. lois.*
31 mai 1862 Décr. sur la comptabilité publique, *B. G., E. M.*, vol. 23.

Art. 14, 17 à 29. Comptables de deniers publics.
94.   Agents spéciaux des services régis par économie.
366.   Comptable des virements de comptes.
861 à 870. Comptables du matériel.

14 janv. 1869 Règl. sur la comptabilité des dépenses (marine et colonies), vol. spl.

Art. 139. Agents du service des paiements. Incompatibilité des fonctions de comptable et d'ordonnateur.
141. Comptables chargés du paiement des dépenses du Trésor.
142. Comptables chargés du paiement des dépenses pour le compte
des trésoriers payeurs.
143. Agent comptable des virements de comptes.

3 avril 1869 Règl. sur la comptabilité des dépenses (guerre), *B. G., E. M.*, vol. 24.

Art. 161. Payeurs du Trésor.
162. Comptables chargés du paiement des dépenses pour le compte
des trésoriers-payeurs généraux.
162 bis. Agents du Trésor chargés du paiement des dépenses pour le
compte des payeurs généraux aux armées.
163. Agent spécial des virements de comptes.

4 avril 1882 Circ. notifiant l'arrêt du conseil d'Etat du 31 mars 1882 relatif aux
dettes des comptables envers l'Etat, *B. M.*, p. 486.
20 nov. 1882 Régime financier des colonies.
Art. 154 à 218. Service des comptables de deniers publics aux colonies,
B. M., p. 856.
15 mai 1897 Décr. Promulgation aux colonies de la loi du 5 septembre 1807 ci-dessus, *B. C.*, p. 473.
16 janv. 1905 Inst. sur la comptabilité matières (colonies), art. 10 à 24, *B. C.*, p. 143.

Comptables des matières des colonies.

(Voir : *Agents civils du commissariat.*)

18 janv. 1905 Arr. Cadres pour 1905 : sous-agents, 7 ; magasiniers de 1re classe, 29 ; de 2e classe, 48 ; de 3e classe, 69, *B. C.*, p. 68 ; *B. G.*, v. s., p. 179.

Comptes de fabrication.

16 oct. 1903 Règl. sur les directions d'artillerie coloniales, art. 96, *B. C.*, vol. spl., p. 97

16 janv. 1905 Inst. sur la comptabilité matières (colonies), art 333, *B. C.*, p. 217.

Concessions de terre aux colonies.

21 mars 1905 Loi sur le recrutement, art. 77. Concessions de terre aux colonies et en Algérie aux sous-officiers qui se retirent après huit ans de services aux caporaux et soldats après quinze ans de service dont dix aux colonies (mariés ou veufs avec enfants), *B. C.*, p. 359 ; *B. G.*, p. 263 ; *B. G.*, E. M., vol. 68-1, p. 41.

5 mars 1906 Circ. Conditions d'application de la loi du 21 mars 1905, art. 77, *B. G.*, p. 221

Concours de tir.

12 avril 1906 Inst. Participation des militaires, *B. G.*, p. 524.

Concours hippiques.

12 nov. 1903 Inst. sur la participation des officiers aux concours hippiques, *B. G.*, E. M., vol. 55-1, p. 31.

21 juin 1906 Circ. Participation des officiers à des concours hippiques militaires à l'étranger, *B. G.*, p. 833.

Condamnations.

(Voir : *Atténuation et aggravation des peines. — Réhabilitation.*)

28 déc. 1893 Inst. sur l'administration des hommes des réserves, *B. G.*, E. R., vol. 71.

Art. 34 et 35. Inscription sur les pièces matriculaires, modif. 30 janvier 1900, *B. G.*, p. 115.

13 mars 1900 Tenue des matricules et livrets des militaires ayant subi des condamnations effacées par la réhabilitation de droit, *B. G.*, E. M., vol. 69-2, p. 37.

2 mai 1902 Circ. Notification par les corps ou services au ministère de la guerre des condamnations prononcées par les conseils de guerre à l'égard des officiers, *B. G.*, p. 768 ; *B. G.*, E. M., vol. 56 bis, p. 32.

6 déc. 1903 Annexe D. Inscription sur les feuillets ou livrets matricules, *B. G.*, vol. spl., T. C., p. 171.

23 déc. 1903 Arr. Inscription sur les matricules, certificats et relevés de services, *B. G.*, p. 1033.

7 avril 1906 Inst., art. 18. Réduction à opérer sur la durée du service militaire par suite de condamnations.

— 89 —

Condamnés.

(Voir : Commandant des troupes passagères. — Exécution des peines.)

30 avril 1895   Circ. Escorte des condamnés militaires voyageant par paquebots ou bâtiments de commerce, *B. O.*, p. 420; *B. G.*, 1905, p. 1812.

6 janv. 1898   Sursis à l'exécution par les condamnés présents sous les drapeaux des jugements ou arrêts prononcés avant leur incorporation, *B. G., E. M.*, 59-4, p. 40, et circ. du 31 mai 1900, *B. G.*, p. 809; *B. G., E. M.*, vol. 59-4, p. 41.

26 juill. 1901   Circ. Mode de transport des condamnés devant subir la peine d'emprisonnement dans les établissements pénitentiaires de la métropole, *B. G.*, p. 424; modif. 21 septembre 1903, *B. G.*, p. 1387.

7 déc. 1905   Inst. relative à la conduite et au transfèrement des prévenus ou condamnés militaires entre les colonies (Algérie et Tunisie exceptés) et la France, *B. G.*, p. 1810.

Condition civile et politique des militaires.

(Voir : B. G., E. R., vol. 28.)

Conducteurs de voitures, de caissons et de mulets.

18 mai 1897   Circ. Stage des soldats conducteurs au train des équipages, désignation de 18 soldats par régiment d'infanterie coloniale, *B. M.*, p. 636.

22 juill. 1905   Circ. Désignation et instruction : 1° des conducteurs de voitures régimentaires, de voitures de compagnie, de caissons à munitions, de mulets; 2° des soldats ordonnances des officiers montés d'infanterie, stages à accomplir, *B. G.*, p. 1112.

Conférence de La Haye.

29 juill. 1899   Conventions et déclarations, *B. G., E. R.*, vol. 59 *bis*, p. 9 et 11.

28 nov. 1900   Décr. Promulgation des actes internationaux du 29 juillet 1899, *B. G., E. R.*, vol. 59 *bis*, p. 7.

16 juill. 1901   Notif. relative à l'exécution des actes internationaux du 29 juillet 1899, *B. G., E. R.*, vol. 59 *bis*, p. 10.

Conférences.

20 oct. 1892   Service intérieur : Inf., art. 268. Conférences dans les corps, *B. G., E. R.*, vol. 78.

15 janv. 1901   Circ. prescrivant de faire dans les corps de troupe des conférences sur les dangers de l'alcoolisme. Programme des conférences, *B. G.*, p. 99; *B. G., E. M.*, vol. 83, p. 141.

18 juin 1901   Circ. Envoi aux corps de troupe de collections de vues pour illustrer les conférences, *B. G.*, 2ᵉ sem., p. 54.

3 févr. 1902   Circ. Conférences que les médecins sont autorisés à faire aux membres des sociétés d'assistance aux malades et blessés de l'armée de terre et de mer, *B. G.*, p. 95; *B. G., E. M.*, vol. 83, p. 357.

19 avril 1902   Circ. Conférences agricoles à faire dans les casernes, *B. G.*, p. 608.

13 nov. 1902   Circ. Conférences de garnison, *B. G.*, p. 2157; *B. G., E. M.*, vol. 55-1, p. 26.

13 août 1904   Thèmes à développer dans les conférences régimentaires, *B. G.*, r. s., p. 733.

22 oct. 1904   Conditions dans lesquelles la Ligue française de l'enseignement peut prêter son concours aux conférences régimentaires, *B. G.*, p. 1550.

27 déc. 1904   Circ. Cours et conférences organisés dans les corps de troupe par la Société républicaine des conférences populaires, *B. G.*, p. 1886, et circ. du 22 mars 1905, *B. G.*, p. 350.

31 déc. 1904   Les officiers sont autorisés à recevoir de la Société de propagande coloniale des textes de conférences sur des questions coloniales et géographiques, *B. G.*, p. 1908.

Conférences (*suite*).

Congés et permissions.

(Voir: *Armuriers de la marine. — Permissions.*)

A) Dispositions générales.

Congés et permissions (*suite*).

Art.   61.   Attribution des préfets maritimes à l'égard du personnel de l'artillerie coloniale mis à la disposition de la
marine.

     62.   Concession aux officiers des troupes coloniales de la fa-
culté de choisir le lieu de leur résidence temporaire.

63 à 65. Résidence libre.

25 avril 1891   Circ. Port de l'uniforme à l'étranger, *B. G.*, E. R., vol. 31, p. 23.

2 juin 1891   Circ. Les militaires envoyés en congé de convalescence signalés comme
ayant une inconduite caractérisée doivent être rappelés sous les
drapeaux avant l'expiration de ce congé, *B. G.*, E. M., vol. 86, p. 36.

20 oct. 1892   Service intérieur : Inf., art. 290 à 300; Artil., art. 308 à 318. Permissions, *B. G.*, E. R., vol. 78.

23 févr. 1893   Note. Les officiers ou assimilés qui demandent des congés pour l'étranger doivent, autant que possible, faire connaître dans leur demande
les itinéraires qu'ils ont l'intention de suivre à l'étranger, *B. G.*,
E. M., vol. 86, p. 51; appliqué aux troupes de la marine par circ.
du 25 mars 1893, *B. M.*, p. 414.

30 mars 1893   Mesures à prendre pour prévenir les abus de la permission permanente de 1 heure du matin, *B. G.*, E. R., vol. 78, p. 668; complétée
26 décembre 1905, *B. G.*, p. 1851.

7 mars 1895   Décr. Avis à donner par les officiers et militaires en congé ou en
permission à leur arrivée dans les places où ils doivent passer ces
congés ou permissions, *B. G.*, E. R., vol. 60, p. 111.

15 janv. 1901   Circ. relative aux officiers qui se rendent en Allemagne, formalités à
remplir à leur arrivée, *B. G.*, p. 540; *B. G.*, E. M., vol. 86, p. 51.

24 avril 1901   Inst. sur l'application aux troupes coloniales du règl. du 25 novembre 1889 (service de santé) en ce qui concerne la délivrance de congés de convalescence ou de fin de campagne aux militaires rentrant
des colonies, *B. G.*, p. 629.

2 juill. 1901   Circ. Mention à porter sur les titres de congé délivrés aux officiers se
rendant à l'étranger. Visite aux attachés militaires, *B. G.*, p. 209;
B. G., E. M., vol. 86, p. 26.

15 sept. 1901   Service courant, *B. G.*, E. R., vol. 74.

Art. 264. Congés aux officiers proposés pour quitter leur corps.

    265.   -- aux sous-officiers, caporaux ou brigadiers et soldats
en instance pour la retraite ou la pension proportionnelle,
modif. 27 mars 1903, *B. G.*, p. 381; 19 novembre 1903,
B. G., p. 1640; 4 décembre 1903, *B. G.*, p. 1800.

    270. Congés à destination de l'étranger.

    271.   -- à titre de soutien de famille.

24 oct. 1901   Circ. Permission de la nuit pour la troupe, *B. G.*, p. 1008.

30 mars 1902   Loi de finances, art. 64. Congés de longue durée sans solde aux officiers, *B. C.*, p. 802.

11 avril 1902   Décr. modifiant le modèle du titre de congé ou de permission pour
les hommes de troupe, *B. G.*, p. 590; *B. G.*, E. M., vol. 86, p. 27.

26 juin 1902   Circ. réglant les détails d'application aux troupes coloniales des art.
39 à 41 du décret du 1er mars 1890, modif. le 9 février 1902 (congés
à titre de soutien de famille), *B. G.*, p. 1510.

2 août 1902   Les prolongations de congé demandées par les officiers, assimilés et
les hommes de troupe des troupes coloniales ne doivent être accordées qu'avec la plus extrême réserve et seulement lorsque l'état de
santé des intéressés rend cette mesure indispensable. *B. G.*, p. 1657.

22 oct. 1902   Circ. relative aux officiers voyageant en Alsace-Lorraine et en Allemagne.

3 nov. 1902   Circ. relative aux congés pour voyager à l'étranger.

4 nov. 1902   Circ. relative aux dispositions applicables aux titulaires des congés
de longue durée sans solde, interrupteurs de l'ancienneté, institués
par l'art. 64 de la loi du 30 mars 1902, *B. G.*, p. 2108; complétée
17 juin 1903, *B. G.*, p. 943; modif. 31 janvier 1905, *B. G.*, p. 75;
17 juin 1905, *B. G.*, p. 846; *B. G.*, E. M., vol. 86, p. 41.

    1. Dispositions maintenues de la circ. du 5 mai 1902.
    2. Dénomination : congés de trois ans.
    3. Officiers et assimilés en non-activité, § 2, modif. 17 juin 1905,
        B. G., p. 846.
    4. Tableaux d'avancement et de concours pour la Légion d'honneur.
    5. Propositions.
    6. Changement de corps ou de service.
    7. Demandes, avis ou réclamations.
    8. Port de l'uniforme, a/d. 17 février 1906, *B. G.*, p. 180.

Congés et permissions (*suite*).

9. Qualité d'officier.
10. Chevaux et fourrages.
11. Changement de résidence.
12. Inspection annuelle.
12 *bis*. Transport sur les voies ferrées. Cartes d'identité. Modification du 31 janvier 1905, *B. G.*, p. 75.
13. Frais de route.
14. Demandes de réintégration dans les cadres.
15. Dossier général de l'officier.
16. Mariage.
17. Commerce.
18. Marchés.
19. Inventions.
20. Associations. Sociétés.
21. Droit d'écrire.
22. Souscriptions.
23. Contributions.
24. Procès engagés.
25. Juridictions.
26. Dispositions générales.

6 févr. 1903 Circ. Reprise de l'ancienneté et rentrée en solde des officiers titulaires d'un congé de trois ans, *B. G.*, p. 69; *B. G.*, E. M., vol. 86, p. 48.

27 avril 1903 Circ. Prescriptions à observer par les militaires qui désirent se rendre en Alsace-Lorraine, *B. G.*, p. 613; *B. G.*, E. M., vol. 86, p. 52.

30 déc. 1903 Décr., art. 8 et 17. Congés de six mois à solde d'Europe au personnel ayant prolongé d'un an son séjour aux colonies, *B. C.*, p. 1284.

11 mars 1904 Circ. Concession de congés de convalescence aux militaires de l'armée métropolitaine à la disposition du Ministre des colonies et rentrant des colonies, *B. G.*, p. 276.

30 mai 1904 Inst., art. 13 et 22. Application du décret du 30 décembre 1903, *B. C.*, p. 611.

30 mai 1905 Circ. Prolongation de congé ou permissions pour raisons de santé, *B. G.*, p. 707.

6 juin 1905 Circ. Concession aux militaires des troupes coloniales de congés pour affaires personnelles d'une durée de trois à six mois, *B. G.*, p. 1051.

20 juill. 1905 Echelonnement des permissions des officiers, *B. G.*, p. 1078; *B. G.*, E. M., vol. 86, p. 57.

19 oct. 1905 Circ. Le séjour à l'hôpital au cours d'un congé ou d'une permission n'a pas pour effet de prolonger de plein droit la période d'absence, *B. G.*, p. 1561; *B. G.*, E. M., vol. 86, p. 4.

25 juin 1906 Circ. étendant aux militaires des régiments étrangers les dispositions de la circ. du 6 juin 1905 ci-dessus, *B. G.*, p. 838.

B) Dispositions particulières aux troupes coloniales en France.

23 déc. 1904 Circ. Fourniture gratuite sur les fonds de la masse des écoles des titres de permission de courte durée, *B. G.*, p. 1523.

30 mai 1904 Décret sur la solde des troupes coloniales. Art. 10, positions 18 et 45, droits à la solde, *B. G.*, vol. spl., T. O.

15 déc. 1905 Circ. Les demandes de prolongation de congés de convalescence faites par les officiers, assimilés, agents et hommes de troupe des troupes coloniales doivent être accompagnées de l'autorisation de leur chef de corps ou de service, *B. G.*, v. s., p. 915.

C) Dispositions particulières aux troupes coloniales aux colonies et aux fonctionnaires coloniaux.

11 févr. 1880 Circ. Les conseils de santé ne peuvent refuser un congé de convalescence par mesure disciplinaire, *B. C.*, p. 177.

11 mai 1895 Circ. Règles à suivre pour l'envoi en congé de convalescence. Intervention du chef de corps ou de service, *B. C.*, p. 440.

23 déc. 1897 Décret sur la solde du personnel colonial, *B. C.*, 1898, p. 17.

Art. 23 à 28. Permissions.
 29 à 31. Congés. Dispositions générales.
 32 à 33.   —   pour affaires personnelles.
 35 à 40.   —   administratifs.
 41 - 42.   —   pour examens.
 43 à 64.   —   de convalescence.

Congés et permissions (*suite*).

Art. 65 à 67. Congés pour faire usage des eaux.
    68 - 69. — pour servir au commerce, à l'industrie ou au-
        près d'une puissance étrangère.
    71 à 81. Dispositions communes.

7 févr. 1898   Circ. Notification du décret du 23 décembre 1897. Commentaires, *B. C.*, p. 3.

13 oct. 1898   Déc. Époque à laquelle doivent prendre date les congés de convales-cence à passer en France, accordés au personnel colonial : lendemain du jour du débarquement, *B. C.*, p. 698.

2 sept. 1899   Circ. Application des articles 35 et 36 du décret du 23 décembre 1897, *B. C.*, p. 1214.

20 sept. 1899   Circ. Les employés auxiliaires des services administratifs et de santé n'ont pas droit aux congés, *B. C.*, p. 1260.

1er nov. 1899   Décr. Mode de délivrance des congés aux fonctionnaires coloniaux, *B. C.*, p. 1480.

12 janv. 1900   Circ. Les prolongations de congé aux militaires de l'armée de terre se rendant aux colonies pour affaires personnelles sont accordées par le Ministre de la guerre, *B. C.*, p. 19.

1er mars 1900   Décr. modifiant la réglementation des congés administratifs au personnel créole ou indigène, *B. C.*, p. 205; interprétation, circ. du 7 février 1906, *B. C.*, p. 128.

25 juill. 1902   Déc. prés. Les décrets des 23 décembre 1897, 1er novembre 1899, 1er mars 1900 pour les congés sont applicables aux gardes auxiliaires d'artillerie, *B. C.*, p. 671.

22 déc. 1902   Circ. relative à la réglementation des congés administratifs. Le séjour consécutif doit s'entendre : présence effective à son poste, *B. C.*, p. 1202.

21 oct. 1903   Décr. modif. celui du 1er novembre 1899. Art. 2, congés dont la con-cession est réservée au Ministre, *B. C.*, p. 1221.

6 déc. 1903   Décr. Concession de congés sans solde aux colonies aux militaires dé-sirant s'établir colons ou qui sont demandés comme employés par des chefs d'établissements, *B. C.*, p. 1160; *B. G.*, p. 1801, et inst. du 6 décembre 1903, *B. C.*, p. 1162; *B. G.*, p. 1803; *B. G., E. M.*, vol. 86, p. 32.

29 déc. 1903   Décr. sur la solde des troupes coloniales, art. 12, positions 21 et 47, *B. C.*, 1904, p. 372.

23 févr. 1905   Décr. Concession des congés administratifs. Durée du séjour exigé, *B. C.*, p. 273.

30 oct. 1905   Circ. Visite médicale des fonctionnaires et agents qui demandent un congé de convalescence. Visite au départ de la colonie, *B. C.*, p. 1103.

D) Dispositions spéciales à la gendarmerie coloniale.

10 mars 1899   Décr. Règlement sur la concession des congés au personnel de la gen-darmerie coloniale, *B. C.*, p. 380; *B. G., E. M.*, vol. 86, p. 57.

20 mars 1899   Circ. Application du décret ci-dessus, *B. C.*, p. 379.

1er août 1900   Déc. prés. Les blessures reçues en service commandé donnent droit à la solde entière après six mois de congé, *B. C.*, p. 750.

23 juill. 1901   Circ. Congés des officiers et militaires de la gendarmerie coloniale replacés dans la métropole, *B. C.*, p. 734, et circ. du 3 septembre 1901, *B. G.*, p. 775; *B. G., E. M.*, vol. 86, p. 64.

Congo.

6 oct. 1902   Décr. Organisation des troupes du Congo, *B. G.*, p. 963; modif. dé-cret du 6 décembre 1903, voir Cavalerie.

24 janv. 1904   Inst. pour l'application au Congo du décret du 26 mai 1903 relatif au groupement des forces militaires et des décrets du 19 septembre 1903 réorganisant l'infanterie et l'artillerie coloniale, *B. C.*, p. 29.

11 févr. 1906   Décr. réorganisant le Congo français, *B. C.*, p. 133.

3 mars 1906   Décr. Organisation du conseil du gouvernement et des conseils d'ad-ministration du Congo français, *B. C.*, p. 217.

Connaissement.

(Voir : *Transports maritimes.*)

16 janv. 1905 Inst. sur la comptabilité matières, art. 185 et mod. 27, *B. C.*, p. 182.

Conseils d'administration.

1° *Guerre.*

6 déc. 1903 Décr. sur l'administration des corps de troupe en France. Art. 1 à 36. Composition, attributions, séances, responsabilité, *B. G.*, vol. spl., T. C.

2ᵈ *Colonies.*

22 juin 1847 Ord., art. 562 à 569. Administration des corps.
570 à 576. Conseils d'administration.
577 à 579. Installation
580 à 592. Attributions.
593 à 610. Séances.
611 à 614. Responsabilité.
615 à 657. Agents des consuls, vol. spl.

18 mars 1848 Circ. Réunion des conseils. Avis à donner aux officiers du commissariat, *B. M.*, R., p. 35.

23 janv. 1888 Décr. Groupement des bataillons de marche d'infanterie de marine en Indo-Chine en 3 régiments ayant chacun un conseil d'administration central, *B. C.*, p. 313; *B. M.*, p. 254.

22 oct. 1889 Décr. Création de conseils d'administration spéciaux pour les corps de troupe stationnés aux colonies, *B. C.*, p. 974; *B. M.*, p. 770.

27 févr. 1892 Déc. prés. Modification à la composition du conseil d'administration du détachement d'infanterie de marine de la Martinique, *B. C.*, p. 199; *B. M.*, p. 250.

10 janv. 1899 Circ. Constitution du conseil d'administration des batteries de la Martinique, *B. C.*, p. 97; *B. M.*, p. 14.

Conseils d'administration des compagnies financières.

9 déc. 1878 Interdiction aux officiers de l'armée active d'en faire partie. Les officiers de réserve ou de l'armée territoriale peuvent en faire partie, mais sans faire usage de leur titre militaire. Les officiers retraités ou réformés peuvent faire usage de leur titre accompagné des mots en retraite ou réformé, *B. G.*, E. R., vol. 31, p. 8.

26 déc. 1905 Circ. Les officiers généraux du cadre de réserve sont autorisés à faire partie des conseils d'administration des sociétés financières, *B. G.*, p. 1852.

Conseils de défense aux colonies.

(Voir : *Groupement des forces militaires aux colonies.*)

31 oct. 1903 Décr. Réorganisation, composition, attributions, *B. C.*, p. 1094.
3 nov. 1902 Arr. réglant leur fonctionnement, *B. C.*, p. 1154.
6 avril 1903 Arr. modif. celui du 3 novembre 1902. Fonctionnement comme commission mixte des travaux publics. Composition, *B. C.*, p. 345.
4 avril 1905 Circ. Etude des projets de travaux publics intéressant la défense, *B. C.*, p. 470.

Conseils de défense dans les places fortes.

4 oct. 1891 Service des places, art. 198, 199. Composition. Réunion, *B. G.*, E. R., vol. 75.

Conseils de discipline.

20 oct. 1892 Service intérieur : Inf., art. 325; Artil., art. 313. Conseil de discipline pour les soldats, *B. O., E. R.*, vol. 78; modif. 2 novembre 1902, *B. O.*, p. 2269; *B. C.*, p. 1140; err., *B. O.*, 1903, p. 1760; modif. 13 août 1904, *B. O.*, p. 1319.

25 janv. 1896 Arr. relatif au conseil de discipline pour les caporaux ou brigadiers et soldats commissionnés et pour les militaires susceptibles d'être maintenus sous les drapeaux en vertu de certaines dispositions de la loi sur le recrutement, *B. O., E. R.*, vol. 78, p. 685.

Conseils de guerre.

(Voir : *Justice militaire*.)

23 oct. 1903 Décr. Tableau des conseils de guerre et de revision permanents établis dans les colonies, *B. C.*, p. 1172; *B. O.*, p. 1601; *B. O., E. M.*, vol. 56 *bis*, p. 65.

Conseils d'enquête.

(Voir : *Agents civils du commissariat*.)

19 mai 1834 Loi sur l'état des officiers, art. 13. Conseils d'enquête pour la mise en réforme par mesure de discipline, *B. O., E. R.*, vol. 22.

8 nov. 1903 Décr. sur les conseils d'enquête d'officiers, *B. O.*, p. 1651; *B. C.*, p. 1060.

Constitution des conseils. Formes de l'enquête. Dispositions spéciales aux corps d'opérations. Dispositions spéciales aux colonies. Tableau A. B. C. Composition des conseils, et inst. du 8 novembre 1903, *B. C.*, p. 1083; *B. O.*, p. 1674; erratum, *B. O.*, p. 1805.

8 nov. 1903 Décr. relatif aux conseils d'enquête des officiers de réserve et de l'armée territoriale, *B. O.*, p. 1701; *B. C.*, p. 1108, et inst. du 8 novembre 1903, *B. C.*, p. 1110; *B. O.*, p. 1703.

8 nov. 1903 Décr. sur les conseils d'enquête des sous-officiers rengagés ou commissionnés, *B. C.*, p. 1705; *B. C.*, p. 1112.

Constitution des conseils. Formes de l'enquête. Dispositions spéciales aux corps d'opérations. Dispositions spéciales aux colonies. Composition des conseils, et inst. du 8 novembre 1903, *B. O.*, p. 1718; *B. C.*, p. 1124.

26 janv. 1904 Inst. pour l'application aux colonies des décrets du 8 novembre 1903 sur les conseils d'enquête, *B. O.*, p. 99; *B. C.*, p. 108.

28 mars 1904 Notification des décisions prononçant la cassation et la rétrogradation des sous-officiers rengagés ou commissionnés. Mention du délai de pourvoi de deux mois, *B. O.*, p. 398.

2 juin 1904 Circ. Présidence des conseils d'enquête de sous-officiers, *B. O.*, p. 666; *B. C.*, p. 541.

30 janv. 1906 Circ. Les sous-officiers, caporaux, brigadiers rengagés ou commissionnés en instance de comparution devant un conseil d'enquête seront laissés libres pendant les délais de procédure, *B. O.*, p. 128.

10 mars 1906 Circ. relative aux conseils d'enquête d'officiers et de militaires rengagés. Situation des officiers en instance de conseil d'enquête. Formes de l'enquête. Vote du conseil d'enquête et rédaction du procès-verbal, *B. O.*, p. 381.

Conseils de régiment.

21 janv. 1893 Circ. Les caporaux rengagés devenus sous-officiers ne sont pas présentés au conseil de régiment s'ils sont nommés un an avant l'expiration de leur rengagement, *B. M.*, p. 112.

18 févr. 1898 Circ. Institution de conseils de régiment dans les corps ou bataillons coloniaux pour examiner les demandes de rengagement des sous-officiers, *B. M.*, p. 274; *B. C.*, p. 136.

11 mai 1898 Circ. Les conseils de régiment prévus par la circ. du 18 février 1898 doivent être constitués dans tous les corps européens et indigènes aux colonies, *B. C.*, p. 356; *B. M.*, p. 693.

Conseils de régiment (*suite*).

30 juin 1903   Circ. Conseils de régiment des troupes d'artillerie aux colonies, *B. O.*, p. 1014.

21 mars 1905   Loi sur le recrutement, art. 51. Consentement du conseil de régiment pour les rengagements, *B. C.*, p. 359; *B. O.*, p. 263; *B. O., E. M.*, vol. 68-1, p. 30.

14 avril 1906   Loi fixant la composition des conseils de régiment, *J. O.* du 15 avril.

Conseils de revision.

(Voir: *Conseils de guerre. — Cour de cassation*, 17 avril 1900.
Justice militaire.)

Conseils de revision pour la formation des classes.

21 mars 1905   Loi sur le recrutement, art. 16 à 30, *B. C.*, p. 361; *B. O.*, p. 263; *B. O., E. M.*, vol. 68-1, p. 9.

29 déc. 1905   Inst. relative aux opérations des conseils de revision pour la formation des classes, *B. O.*, p. 1851; *B. O., E. M.*, vol. 68-1, p. 133; modif. 6 juin 1906, *B. O.*, p. 700.

Conseils de santé aux colonies.

4 nov. 1903   Décr. organisant le service de santé colonial, art. 8. Fonctionnement. Composition. Attributions des conseils de santé des colonies et des commissions de rapatriement, *B. C.*, p. 927; *B. C.*, p. 1627.

Conseil d'Etat.

(Voir : *Pensions.*)

22 juill. 1806   Décr. Règlement sur les affaires contentieuses portées au Conseil d'E-tat, *B. lois*, p. 337; *B. O., E. R.*, vol. 66, p. 3.

30 janv. 1852   Décr. portant règlement intérieur pour le Conseil d'Etat en ce qui concerne la revision des liquidations de pensions, *B. O., E. R.*, vol. 66, p. 49.

8 juin 1852   Décr. Revision des pensions liquidées par les Ministres de la guerre et de la marine, *B. O., E. R.*, vol. 66, p. 51.

21 mai 1872   Loi. Réorganisation du Conseil d'Etat, *B. lois*, p. 505.

2 août 1879   Décr. sur le fonctionnement du Conseil d'Etat, *B. lois*.

19 oct. 1898   Procédure des pourvois au Conseil d'Etat, *B. C.*, p. 712.

13 avril 1900   Loi de finances, art. 24. Le délai de recours au Conseil d'Etat est réduit à deux mois, *B. C.*, p. 313.

20 mai 1903   Mention sur les décisions contentieuses du délai de pourvoi de deux mois, *B. O.*, p. 710.

17 avril 1906   Loi de finances, art. 4. Enregistrement en débet des pourvois et jugements sans autres frais de timbre; des recours contre les autorités administratives pour incompétence ou abus de pouvoir et des recours contre les décisions relatives aux pensions, *B. C.*, p. 339; *B. O*, p. 683.

Conseils du contentieux administratif aux colonies.

(Voir : *Contentieux administratif.*)

Conseils privés.

25 août 1901   Inst. Mode de participation aux travaux du conseil privé d'une colonie, autre que la colonie principale d'un groupe, du commandant des détachements et des représentants des services administratifs (artillerie, commissariat, service de santé) de cette colonie, *B. O.*, p. 811.

Conseil supérieur de la défense nationale.

3 avril 1906 Décr. Création, *B. C.*, p. 319.

Conseil supérieur de la guerre.

23 mars 1899 Décr. Intervention du conseil supérieur de la guerre pour la mise en disponibilité des officiers généraux, *B. G.*, E. R., vol. 63, p. 398.
15 févr. 1903 Décr. réorganisant le conseil supérieur de la guerre, *B. G.*, p. 161.

Conseil supérieur de santé du département des colonies.

(Voir : *Pensions*.)

7 janv. 1890 Décr., art. 15 à 17. Attributions, *B. C.*, p. 90.
16 nov. 1894 Décr. Composition, *B. C.*, p. 852.
4 nov. 1903 Décr. organisant le service de santé colonial, art. 5, *B. C.*, p. 927; *B. G.*, p. 1627.

Conseil supérieur des colonies.

10 oct. 1883 Décret. Création, *B. M.*, p. 493; art. 4, modif. 3 février 1906, *B. C.*, p. 90.
20 mai 1890 Décret. Réorganisation, *B. C.*, p. 771; modif. 10 septembre 1890, *B. C.*, p. 608; 17 octobre 1890, *B. C.*, p. 608.
10 sept. 1890 Décret instituant une commission permanente, *B. C.*, p. 610; complété 1er juin 1890, *B. C.*, p. 689.

Conserves.

11 juill. 1906 Loi relative à la protection des conserves de sardines, de légumes et de prunes contre la fraude étrangère, *B. C.*, p. 655.

Conserves de viande.

22 avril 1903 Inst. sur la distribution, la préparation et la consommation des conserves de viande, *B. G.*, E. M., vol. 7, p. 93.
17 juill. 1906 Circ. relative aux approvisionnements de conserve de viande, *B. C.*, p. 605.

Consoles en fonte pour planches à bagages et râteliers d'armes.

6 juill. 1899 Description, *B. G.*, E. R., vol. 51 *bis*, p. 40.
16 oct. 1903 Description, *B. C.*, vol. spl., p. 980.

Constitution.

25 févr. 1875 Loi relative à l'organisation des pouvoirs publics, *B. M.*, p. 262; *B. M. R.*, p. 568.
16 juill. 1875 Loi constitutionnelle sur les rapports des pouvoirs publics, *B. M.*, p. 53, *B. M. R.*, p. 632.
22 juill. 1879 Loi. Le siège du pouvoir exécutif et des Chambres est à Paris, *J. M.*, p. 17.
14 août 1884 Loi. Révision partielle des lois constitutionnelles, *J. M.*, p. 135.
20 déc. 1887 Loi sur les incompatibilités parlementair *B. G.*, p. 1122.

Constructions militaires.

19 sept. 1901 Décret réorganisant l'artillerie coloniale, art. 1, § 3, B. C., p. 812.
16 oct. 1901 Régl. sur le service des directions d'artillerie aux colonies, art. 1, 8,
19, 29 à 30, B. C., vol. spl.

Contentieux administratif.

(Voir : Conseil d'Etat. — Décisions judiciaires.)

11 janv. 1869 Art. 82. Décisions ministérielles en matière contentieuse, vol. spl.
3 avril 1869 Art. 181. Refus de reversement, constatation et poursuite du débet,
B. G., E. M., vol. 21.
5 août 1881 Décret. Organisation et compétence des conseils du contentieux administratif à La Martinique, à La Guadeloupe et à La Réunion, B. M.,
p. 431.
7 sept. 1881 Décret. Application à toutes les colonies du décret du 5 août 1881,
B. M., p. 704.
28 oct. 1881 Inst. pour l'application du décret du 5 août 1881, B. M., p. 885.
25 janv. 1890 Décret relatif aux délais d'opposition et d'appel en matière de contentieux administratif, B. C., p. 103.
21 févr. 1890 Circ. Notification de deux arrêts du Conseil d'Etat des 17 mai et 27
décembre 1889. Incompétence des conseils du contentieux administratif des colonies pour déclarer l'Etat pécuniairement responsable
des fautes de ses agents et connaître des difficultés relatives à l'exécution de certains contrats, B. M., p. 191; B. C., p. 429.

Contrainte par corps.

22 juill. 1867 Loi relative à la contrainte par corps, B. lois.
19 déc. 1871 Loi. Contrainte par corps en matière de frais de justice criminelle,
B. lois.
27 juin 1891 Décret. Application à La Guadeloupe, La Martinique et La Réunion,
des deux lois ci-dessus, B. C., p. 439.
12 août 1891 Décret. Application aux autres colonies, B. C., p. 515.

Contributions.

(Voir : Congés et permissions, 4 novembre 1902, art. 23.)

21 avril 1832 Extrait de la loi relative aux contributions (personnelle et mobilière)
en ce qui concerne l'armée, B. G., E. R., vol. 28, p. 136.
26 nov. 1901 Circ. Détermination des bases de la contribution mobilière des officiers
avec troupe et des sous-officiers de troupe non casernés par application du décret du 3 mars 1899 sur le casernement, B. G., p. 1341.
7 déc. 1901 Circ. Contributions des sous-officiers mariés des troupes coloniales en
service outre-mer, B. G., p. 1821; et circ. (colonies). du 21 décembre 1901, B. C., p. 1314.

Contrôle de l'administration de l'armée.

20 oct. 1892 Service intérieur. Inf., art. 287. Artill., art. 304, revue d'effectif des
fonctionnaires du contrôle, B. G., E. R., vol. 78.
29 avril 1901 Inst. réglant les conditions du concours à subir par les officiers ou fonctionnaires candidats au grade de contrôleur adjoint, B. G., p. 650;
modif. 28 juillet 1902, B. G., p. 1611.
17 juin 1901 Circ. Admission des officiers des troupes coloniales dans le corps du contrôle au même titre que les officiers de toutes armes des troupes métropolitaines, B. G., 2e sem., p. 47; B. G., vol. spéc., T. C., p. 162.
15 sept. 1901 Service courant. Art. 137 et 138, propositions pour le contrôle, B. G.,
E. R., vol. 74; modif. 28 juillet 1902; B. G., p. 1610; 1er février 1903,
B. G., p. 45.
11 déc. 1901 Envoi à la direction du contrôle des états indiquant l'emplacement des
divers établissements militaires ainsi que les adresses des trésoriers,
officiers payeurs, etc. (T. M. et T. C.), B. G., p. 1439.

Contrôle do l'administration do l'armée (suite).

20 avril 1906   Décret relatif aux nominations dans le corps du contrôle, B. G., p. 568.

21 juin 1906   Décret sur l'administration des troupes coloniales, art. 1er. Contrôle en France, B. C., p. 577; B. G., p. 803.

Contrôle des travaux de défense et des services techniques do l'artillerie aux colonies.

31 oct. 1902   Décret. Création d'un service du contrôle des travaux de défense, etc. Attributions de l'inspecteur général permanent, B. C., p. 1097.

19 déc. 1903   Arr. Fonctionnement du service, B. C., p. 1230.

Contrôles.

22 juin 1847   Ordonnance, vol. spl.

      Art. 403 à 409. Contrôles des officiers sans troupe et employés militaires.
      410 à 431. Contrôles des corps de troupe à tenir dans les corps.
      432 à 411.   ---   —   par les commissaires aux revues.
      692. Contrôle général des effets de la 1re catégorie.
      693 - 694.   —   --   2e catégorie (supprimé 23 août 1883, B. M., p. 280), des effets de harnachement, des armes, des instruments de musique et des outils portatifs.

15 mars 1862   Contrôle signalétique et ... matricule des chevaux, B. M., p. 272; B. M. R., p. 252.

23 déc. 1898   Inst. sur l'administration des officiers de réserve et de l'armée territoriale, B. G., E. R., vol. 72.

      Art. 19. Contrôle général.
      20. Contrôle spécial des officiers retraités.

6 déc. 1903   Décret sur l'administration des T. C. en France, B. G., vol. spl., T. C., p. 206.

      Annexe D. § 28. Contrôle des instruments de musique.
      § 29.   —   des effets de harnachement.
      § 30.   --   général des armes.
      § 31.   ---   --   des outils portatifs.
      § 32.   ---   des équipages régimentaires et d'état-major.

26 mai 1904   Décret sur la solde des T. C. en France, B. G., vol. spl., T. C.

      Art. 87. Contrôles des officiers sans troupe et employés militaires.
      88.   --   des corps de troupe et établissements considérés comme tels.
      89. Inscription sur les contrôles des subsistants du corps.
      90.   —   —   ---   d'autres corps et de réservistes.
      91. Inscription des chevaux sur les contrôles.
      92. Contrôles des fractions d'unités administratives détachées.
      93.   —   tenus dans les dépôts d'isolés, de convalescents, de prisonniers de guerre et de déserteurs.
      94. Militaires rayés des contrôles et militaires réadmis.

9 déc. 1904   Inst. sur la masse de ferrage et de harnachement aux colonies. Art. 17. Contrôle des effets de harnachement, B. C., p. 1259.

23 déc. 1905   Règl. sur l'armement aux colonies. Art. 41. Contrôle général de répartition de l'armement du corps.

7 avril 1906   Inst. Art. 20. Contrôle spécial des hommes des réserves.

Contumace.

9 juin 1857 Code de justice militaire, art. 175 à 178, *B. G., E. R.*, vol. 56.

Convalescents.

(Voir : Casernement. — Congés et permissions. — Couvertures.)

25 nov. 1889 Service de santé à l'intérieur.

Art. 35. Admission dans les infirmeries régimentaires. Art. 272 à 274. Sortie des hôpitaux par convalescence, *B. G., E. M.*, vol. 80.

Convention de Genève.

22 août 1864 Convention, *B. G., E. R.*, vol. 59 *bis*, p. 3, et notice 1, annexée au règl. du 31 octobre 1892 sur le service de santé en campagne.

Convention de La Haye.

(Voir : Conférence de La Haye.)

Convois.

27 févr. 1891 Règl. sur le service des convois militaires à l'intérieur, *B. G., E. M.*, vol. 100-1, p. 3; appliqué aux troupes de la marine, circ. du 22 janvier 1898, *B. M.*, p. 74.

Corde à fourrages.

30 sept. 1903 Description des uniformes, art. 431, *B. G.*, vol. spl., T. C., p. 258.

Corde de natation.

30 sept. 1903 Description des uniformes, art. 380, *B. G.*, vol. spl., T. C., p. 212.

Cordon de clairon et de trompette.

6 déc. 1903 Achat au compte de la masse générale d'entretien, *B. G.*, vol. spl., T. C., p. 226.

Cordon de sifflet de signal.

6 déc. 1903 Achat au compte de la masse générale d'entretien, *B. G.*, vol. spl., T. C., p. 227.

Cordon pour plaque d'identité.

6 déc. 1903 Achat au compte de la masse générale d'entretien, *B. G.*, vol. spl., T. C., p. 226.

15 janv. 1905 Description, art. 45, *B. G., E. M.*, vol. 53, p. 125.

Corps de garde.

(Voir : Hygiène.)

4 oct. 1891   Service des places, art. 132-133. Surveillance du commandant d'armes, *B. G., E. R.*, vol. 75.

3 mars 1899   Règl. sur le casernement en France.

Art. 50. Réception des corps de garde. Responsabilité des chefs de poste, *B. G., E. R.*, vol. 51.

16 oct. 1903   Règl. sur le casernement aux colonies.

Art. 50. Réception des corps de garde. Responsabilité des chefs de poste, *B. C.*, vol. spl., p. 906.

Corps d'occupation de Chine.

(Voir : Chine.)

Corps de santé des troupes coloniales.

(Voir : Casernement. — Clientèle civile. — École d'application du service de santé des troupes coloniales.)

7 juill. 1900   Loi sur l'organisation des troupes coloniales, art. 11, *B. C.*, p. 591.

30 mai 1902   Circ. Fusion des deux classes de médecin inspecteur prévue par l'ancienne organisation, *B. G.*, p. 1231.

21 juin 1906   Décret organisant le corps de santé des troupes coloniales, *B. C.*, p. 593; *B. G.*, p. 820.

Art. 1. Attributions.
    2. Hiérarchie.
    3-4. Recrutement et avancement.
    5-6. Officiers d'administration.
    7. Médecins auxiliaires indigènes.
    8-9. Section d'infirmiers militaires.
    10. Répartition du personnel.
    11. Propositions pour l'avancement et la Légion d'honneur.
    12. Etablissement des tableaux d'avancement et de concours pour la Légion d'honneur et la médaille militaire.
    13. Discipline.
    14. Rang.
    15. Personnel mis hors cadres.

3 juill. 1906   Inst. relative aux concours pour les emplois de médecin et de pharmacien aides-majors.

Composition des jurys. Opérations du jury, *B. G.*, p. 863.

8 sept. 1906   Décret fixant les effectifs : médecins principaux : 1re classe, 12; 2e classe, 18; médecins-majors, 1re classe, 88; 2e classe, 175; médecins aides-majors :1re classe et 2e classe, 141; pharmaciens principaux : 1re classe, 1; 2e classe, 2; pharmaciens-majors : 1re classe, 5; 2e classe, 19; pharmaciens aides-majors : 1re et 2e classe, 19, *B. G.*, p. 1233.

Correspondance.

1° Correspondance officielle.

(Voir : Archives. Franchises postales et télégraphiques.)

27 oct. 1836   Note. Marche à suivre par les généraux commandant les divisions lorsqu'ils reçoivent des dépêches ministérielles concernant des officiers qui ne sont plus dans leur division, *B. G., E. R.*, vol. 38, p. 225.

23 déc. 1840   Invitation de ne pas confondre dans la correspondance des objets ressortissant à plusieurs bureaux, *A. M.*, p. 1325; *B. M. R.*, p. 528.

Correspondance (*suite*).

Correspondance (*suite*).

19 déc. 1903   Circ. Les autorités militaires ne doivent poser au Ministre de la guerre que des questions qui ne peuvent être résolues à l'aide des textes réglementaires en vigueur ou de leur propre initiative, *B. G.*, p. 1830.

11 avril 1906   Circ. relative à l'affranchissement de la correspondance commerciale des services et établissements militaires, *B. G.*, p. 511.

21 juin 1906   Circ. Interdiction de la voie télégraphique pour des communications non urgentes. (Levées d'interdictions de permissions), *B. G.*, p. 835.

21 juin 1906   Décret sur l'administratio des troupes coloniales, art. 6. Correspondance des commandants supérieurs, Directeurs et chefs de service, *B. C.*, p. 577; *B. G.*, p. 803.

2° *Correspondance privée.*

(Voir : *Franchises postales et télégraphiques* (2°).

5 mars 1885   Circ. Mode de renvoi en cas de décès des lettres adressées aux militaires des troupes de la marine, *B. M.*, p. 579.

20 oct. 1892   Service intérieur : Inf., art. 207; Artil. art. 161. Destination à donner à la correspondance des militaires décédés, *B. G.*, E. R., vol. 78.

20 juill. 1893   Circ. Mode de renvoi à l'expéditeur des lettres adressées à des militaires décédés aux colonies, *B. C.*, p. 696; *B. M.*, p. 617.

2 févr. 1894   Circ. Les correspondances chargées et les colis postaux destinés à des militaires décédés aux colonies doivent être remis au commissaire aux revues chargé d'en faire retour à l'expéditeur, *B. C.*, p. 169.

28 oct. 1898   Note. Distribution postale par exprès des correspondances dans les casernes, *B. G.*, p. 215; *B. G.*, E. R., vol. 78, p. 792; appliquée aux troupes de la marine, circ. du 23 novembre 1899, *B. M.*, p. 725.

11 avril 1900   Décr. relatif à la taxe des lettres adressées aux militaires et marins à l'étranger, *B. C.*, p. 384; et circ. (marine), du 22 mai 1900, *B. M.*, p. 881.

19 sept. 1903   Circ. Réexpédition des lettres arrivant dans une colonie après le rapatriement des destinataires, *B. G.*, p. 1399.

23 avril 1906   Décr. fixant la taxe des correspondances dans les relations inter-coloniales, *B. C.*, p. 391.

21 juill. 1906   Décr. Réduction du minimum de taxe applicable aux papiers d'affaires dans les relations de la France avec ses colonies et *vice versa*, *B. C.*, p. 725.

Cosmétique du marcheur.

20 avril 1883   Les corps de troupe de la marine sont autorisés à faire usage du cosmétique du marcheur. Dépense imputable à la masse générale, *B. M.*, p. 639.

Couchage.

(Voir : *Approvisionnements de guerre. — Lits militaires. — Masse de couchage et d'ameublement.*)

20 oct. 1892   Service intérieur : Inf., art. 343 à 352; Artil., art. 361 à 370, *B. G.*, E. R., vol. 78.

5 oct. 1904   Cahier des charges relatif aux entreprises du blanchissage, des confections, démolitions, réfection et réparation des divers objets de couchage à l'usage des T. C.; modif. 16 avril 1905, *B. G.*, r. s., p. 473, et 1er novembre 1905.

5 nov. 1904   Inst. prov. sur le service du couchage et de l'ameublement dans les troupes coloniales en France; art. 1 à 3, et 16 à 31; *B. G.*, vol. spl., T. C.; errata, *B. G.*, 1905, p. 817; *B. G.*, r. s., 1904, p. 1121.

   Tarif 2. Imputations et réparations à la charge du corps. Tarif des réparations aux couchettes en usage dans les T. C.

Couchage (*suite*).

Notice J. Description de la fourniture de lit d'officier.
     M.   de soldat et d'infirmerie.
     N.   de salle de discipline.
     O.   de lit de détenu.
     P.   auxiliaire de couchage de ré-
serviste.
     Q. Forme des marques et nature des encres qui doivent être
employées pour le marquage des effets et objets du service
du couchage.

15 janv. 1905 Notice 3. Dispositions relatives aux fournitures de couchage auxiliaire, *B. G.*, E. M., vol. 53, p. 111.

Cour de cassation.

1er avril 1837 Loi relative à l'autorité des arrêts rendus après deux pourvois, *B. lois*, p. 323.

17 avril 1906 Loi de finances, art. 41. La Cour de cassation prononcera au lieu et place des conseils de revision sur les recours formés contre les jugements des tribunaux maritimes et des conseils de guerre siégeant à l'intérieur, en Algérie et en Tunisie, *B. C.*, p. 318; *B. G.*, p. 580.

Cour des comptes.

(Voir : *Comptabilité matières*.)

31 mai 1862 Décr., art. 375 à 417. Attributions, *B. G.*, E. M., vol. 23.

20 nov. 1882 Décr. sur le régime financier des colonies, art. 143 à 147. Contrôle judiciaire de la Cour des comptes, *B. M.*, p. 856.

Courroie de capote ou de sautoir.

30 sept. 1903 Description des uniformes, art. 433, *B. G.*, vol. spl., T. C., p. 258.

Courroie de manteau.

30 sept. 1903 Description des uniformes, art. 432, *B. G*, vol. spl., T. C., p. 258.

Courroies d'ustensiles de campement.

15 janv. 1905 Description : art. 37 à 39, courroie de petit bidon; art. 40, courroie de peau de bouc; art. 41, courroie d'ustensiles, *B. G.*, E. M., vol. 53, p. 54.

Cours abrégé d'hippologie.

30 avril 1906 Cours abrégé d'hippologie à l'usage des sous-officiers, des brigadiers et élèves brigadiers des corps de troupe à cheval.

Cours de l'école d'administration militaire.

20 mai 1905 Cession aux officiers et assimilés, *B. G.*, p. 703.

Cours de l'école d'application de l'artillerie et du génie.

30 avril 1897   Cession aux officiers et assimilés, *B. G.*, E. M., vol. 32-1, p. 137.

Cours de l'école supérieure de guerre.

20 juin 1904   Cession aux officiers et assimilés, *B. G.*, p. 907.

Cours des facultés.

10 juill. 1906   Circ. relative aux cours créés à la faculté des lettres de Nancy pour
les officiers, *B. G.*, p. 900.

Cours du soir.

30 avril 1906   Circ. relative à la fréquentation par les jeunes soldats des cours du
soir et des bibliothèques municipales, *B. G.*, p. 565.

Courses militaires.

12 nov. 1903   Inst. sur les courses militaires, *B. G.*, E. M., vol. 55-1, p. 33.

Cours pratique de tir.

1er juin 1906   Circ. Chevaux mis à la disposition des officiers généraux désignés pour
assister au cours, *B. G.*, p. 700.
11 juin 1906   Circ. relative à la désignation des officiers généraux et supérieurs
pour le cours pratique de tir de l'artillerie de campagne de Poitiers,
B. G., p. 762.

Couvertures de campement.

(Voir : *Marquage.*)

6 déc. 1903   Annexe M, art. 38. Délivrance par les dépôts des isolés d'une couverture de campement aux militaires dirigés sur les colonnes ou rapatriés, *B. G.*, vol. spl., T. C., p. 289.
5 nov. 1904   Inst. sur le service du couchage dans les T. C., art. 28 et 47. Couvertures remises aux hommes voyageant en chemin de fer, *B. G.*, vol.
spl., T. C., p. 12 et 18.
15 janv. 1905   Description : art. 1, grande couverture en laine; art. 2, petite couverture en laine, *B. G.*, E. M., vol. 53, p. 3.

Couvertures de livrets.

(Voir : *Livrets matricules et individuels.*)

Crachoirs.

6 déc. 1903   Achat au compte de la masse générale d'entretien, *B. G.*, vol. spl.,
T. C., p. 229.

Cravate.

30 sept. 1903 Description des uniformes, art. 431, cravate bleue; art. 435, cravate noire, *B. G.*, vol. spl., T. C., p. 259.

Crêpes et serges.

6 déc. 1903 Achat au compte de la masse générale d'entretien, *B. G.*, vol. spl. T. C., p. 228.

Cruches à eau.

6 déc. 1903 Achat au compte de la masse générale d'entretien, *B. G.*, vol. spl., T. C., p. 228.

Cuiller.

30 sept. 1903 Art. 156. Description, *B. G.*, vol. spl., T. C., p. 282.

Cuirs.

(Voir : *Harnachement.*)

10 mai 1880 Inst. sur le mode d'emploi de l'huile Bourgeois pour la conservation et l'entretien des chaussures et effets en cuir noir, *B. M.*, p. 961.

31 mai 1882 L'huile pénétrante Thésée est substituée à la nourriture Mirondo pour l'entretien des objets en cuir. Inst. sur la manière de s'en servir, *B. M.*, p. 720.

27 avril 1894 Inst. sur la fabrication des cuirs, *B. G.*, E. R., vol. 52.

Cuisines.

20 oct. 1892 Service intérieur : Inf., art. 189; Artil., art. 242. Surveillance par le caporal ou brigadier d'ordinaire, *B. G.*, E. R., vol. 78.

22 avril 1905 Règl. sur les ordinaires, art. 4, 6, 9, 10, 50, *B. G.*, E. M., vol. 7.

11 juin 1905 Dépenses à la charge de la masse générale, *B. G.*, p. 741.

Cuisiniers.

10 oct. 1900 Circ. Formation dans les régiments de soldats cuisiniers destinés au service colonial, *B. M.*, p. 725.

6 déc. 1903 Achat et entretien des effets des cuisiniers et aides cuisiniers au compte de la masse générale, *B. G.*, vol. spl., T. C., p. 229.

22 avril 1905 Règl. sur les ordinaires, art. 10, *B. G.*, E. M., vol. 7.

Culotte.

30 sept. 1903 Description des uniformes.

    Art. 4 Culotte dite hongroise.
       5.   " en toile blanche ou kaki.
     269.   " des hommes de troupe d'artillerie coloniale, *B G.*, vol. spl., T. C., p. 5, 6, 139.

Cumul.

(Voir : *Pensions.*)

D

Dame ronde.

6 juill. 1899 Description, *B. G.*, E. R., vol. 51 *bis*, p. 50.
16 oct. 1903 Description, *B. C.*, vol. spl., p. 987.

Débets.

(Voir : *Dettes*. — *Retenues* (1°).

11 janv. 1869 Règl. sur la comptabilité des dépenses de la marine, art. 156 et 157, vol. spl.
3 avril 1869 Règl. sur la comptabilité des dépenses de la guerre, art. 262 à 260, et inst. du 30 juillet 1903, *B. G.*, E. M., vol. 21.

Décès.

(Voir : *Correspondance*. — *Etat civil*. — *Livret individuel*. — *Malades*. *Successions*. — *Transports des restes mortels*.)

24 juin 1811 Recommandations pour les soins à apporter dans l'annonce des décès des officiers et militaires, *B. M.*, p. 881 ; *B. M.*, R., p. 117.
23 nov. 1878 Circ. Envoi en France des actes de décès des militaires et autres décédés aux colonies. Etat à faire parvenir au Ministre, *B. M.*, p. 838, rappelée par circ. du 27 octobre 1887, *B. M.*, p. 891.
5 déc. 1881 Circ. Déclaration judiciaire du décès des hommes disparus. Pièces à fournir. Application de ces règles aux corps expéditionnaires, *B. M.*, p. 953.
18 mars 1887 Circ. Transmission au département des colonies des actes de décès et certificats de genre de mort concernant les officiers, fonctionnaires et agents décédés aux colonies, *B. C.*, p. 140.
25 nov. 1889 Service de santé à l'intérieur, *B. G.*, E. M., vol. 80.

Art. 66. Décès au corps.
201. Dépôt et inhumation des corps des militaires décédés hors des hôpitaux.

31 oct. 1892 Service de santé en campagne, notice 13. Formalités à remplir en cas de décès.
23 juill. 1894 Inst. (guerre) pour l'application de la loi du 8 juin 1893, titre IV, *B. G.*, E. R., vol. 28, p. 35.
26 juill. 1894 Inst. (marine) pour l'application de la loi du 8 juin 1893, titre IV, *B. C.*, p. 718.
2 oct. 1895 Circ. La notification des avis de décès des militaires en service aux colonies doit être faite au Ministre et aux familles par la voie la plus directe, *B. M.*, p. 573 ; *B. C.*, p. 777.
18 mars 1896 Circ. Notification télégraphique des décès des militaires aux colonies. Dépense imputable au chapitre « Troupes », *B. C.*, p. 163.
24 avril 1897 Avis de décès des militaires en campagne, à envoyer aux familles par le bureau de comptabilité, *B. G.*, E. R., vol. 28, p. 127 ; *B. G.*, E. M., vol. 8, p. 68.
10 avril 1899 Circ. Envoi en France des actes de décès, *B. C.*, p. 454.
20 déc. 1900 Inst. Notification des décès ou disparitions des officiers, fonctionnaires, agents divers, marins de l'Etat et militaires. Dispositions complémentaires concernant la rédaction et la transmission des actes de décès et certificats de cause de décès, *B. M.*, p. 1141.

Décès (*suite*).

26 déc. 1900	Circ. Frais d'avis télégraphiques des décès des militaires des troupes de la marine et des officiers placés hors cadres aux colonies, survenus en cours de route, *B. C.*, p. 1097.
10 mai 1902	Circ. Rapport à adresser au Ministre de la guerre lors du décès d'un militaire aux colonies, *B. G.*, p. 1001; modif. 15 octobre 1903, *B. G.*, p. 1317.
4 sept. 1903	Circ. Indications à donner dans les cablogrammes annonçant le décès des militaires ayant fait l'objet de mutations depuis moins de 3 mois. Indication du corps auquel ils comptaient précédemment, *B. G.*, p. 1309; erratum, *B. G.*, p. 1400.
8 juin 1905	Inst. pour les commandants des troupes passagères, art. 31, décès à bord, *B. G.*, p. 724; *B. C.*, p. 687; modif. 28 décembre 1905, *B. G.*, p. 1053.
23 mars 1906	Circ. Mesures à prendre pour le transport des corps des militaires décédés hors et à proximité des hôpitaux et reçus à titre de dépôt par ces établissements, *B. G.*, p. 438.

Décisions judiciaires.

21 janv. 1901	Circ. Notification à l'administration de la guerre des décisions judiciaires rendues par un tribunal quelconque ou un conseil de préfecture, *B. G.*, p. 40; *B. G.*, E. M., vol. 86, p. 154.

Déclaration de Saint-Pétersbourg.

11 déc. 1868	Déclaration à l'effet d'interdire l'usage de certains projectiles en temps de guerre, approuvée par décret du 30 décembre 1868, *B. G.*, E. R., 59 *bis*, p. 5.

Décorations.

(Voir: *Légion d'honneur et médaille militaire. — Médailles commémoratives. — Médaille coloniale. — Médailles d'honneur.*)

10 juin 1853	Décr. et déc. imp. relatifs aux ordres étrangers, *B. G.*, E. R., vol. 30, p. 95 et 98; *B. M.*, p. 431 et 434; *B. M.*, R., p. 612 et 615.
23 juin 1853	Inst. (Légion d'honneur). Demandes d'autorisation d'accepter et de porter des ordres ou décorations étrangères, *B. M.*, p. 436; *B. M.*, R., p. 623; *B. G.*, E. R., vol. 30, p. 99.
17 oct. 1853	Transmission des demandes d'autorisation formées par des militaires décorés d'ordres étrangers, *B. G.*, E. R., vol. 30, p. 100.
18 nov. 1853	Circ. Dispositions relatives aux décorations ou médailles militaires des hommes nouvellement décorés et décédés, *B. M.*, p. 833; *B. M.*, R., p. 1172.
16 janv. 1854	Les titulaires de décorations étrangères promus à un nouveau grade dans un ordre étranger doivent demander une nouvelle autorisation, *B. G.*, E. R., vol. 30, p. 101.
13 mars 1855	Circ. Les décorations ou médailles renvoyées à la grande Chancellerie doivent être placées dans des boîtes, *B. M.*, p. 153; *B. M.*, R., p. 636, et note (guerre) du 18 janvier 1858, *B. G.*, E. R., vol. 30, p. 13.
26 avril 1856	Décr. relatif au port de la médaille militaire instituée par la reine d'Angleterre en commémoration de la campagne de Crimée, *B. M.*, p. 556; *B. G.*, E. R., vol. 30, p. 60, et circ. (marine), du 24 juin 1856, *B. M.*, p. 549.
15 nov. 1856	Circ. Agrafes qui accompagnent, dans certains cas, la médaille d'Angleterre, *B. M.*, p. 1000.
9 juill. 1868	La médaille du Mérite militaire du Mexique ne pourra être portée qu'avec un ruban composé de 5 bandes, deux rouges sur les côtés, deux blanches de 6^{mm} chacune séparées par une bande rouge au fond, *B. M.*, R., p. 852; *B. M.*, p. 146.
14 avril 1869	Note relative aux décorations étrangères conférées à des militaires, *B. G.*, E. R., vol. 30, p. 102.

Décorations (*suite*).

Défense des colonies.

Défenseur.

(Voir : *Justice militaire*, 15 juin 1899-13 novembre 1902.)

Défilés.

Dégradation.

Dégradations au casernement.

3 mars 1899 Règl. sur le casernement en France, art. 66 à 71. Constatation. Imputation, *B. G., E. R.*, vol. 51.
16 oct. 1903 Règl. sur le casernement aux colonies, art. 65 à 70. Constatation. Imputation, *B. C.*, vol. spl., p. 908.

Délais de repentir.

(Voir : *Désertion.*)

Délégations.

29 oct. 1898 Décr. Mode de paiement des délégations souscrites par le personnel civil et militaire aux colonies, *B. G.*, p. 285; *B. C.*, p. 788; *B. M.*, p. 1000.
30 oct. 1898 Circ. Application du décret du 29 octobre 1898, *B. C.*, p. 736; *B. M.*, p. 1003.
5 janv. 1899 Circ. Transmission au département des colonies des mandats de délégations (ne concerne plus que les délégations d'office).
31 mai 1899 Circ. Application du décret du 29 octobre 1898, *B. C.*, p. 619.
20 juill. 1899 Circ. Mode d'encaissement des retenues pour délégations, *B. C.*, p. 737.
25 sept. 1900 Circ. Établissement des mandats de délégation. Adresse des délégataires. Période que le mandat concerne, *B. C.*, p. 900.
18 sept. 1902 Circ. Les mandats de délégations seront remis aux délégants qui les transmettront eux-mêmes à leurs délégataires, sauf pour les délégations d'office, *B. C.*, p. 926.
28 mai 1904 Décr. sur la solde des T. C. dans la métropole, art. 83 à 86, *B. G.*, vol. spl., T. C., p. 109.

Demandes.

(Voir : *Réclamations.*)

Demandes de matériel et d'approvisionnements.

(Voir : *Approvisionnements.*)

16 oct. 1903 Règl. sur les directions d'artillerie coloniales, art. 49 à 55, *B. C.*, vol. spl., p. 72; modif. 2 octobre 1905, *B. C.*, p. 1056.
8 juill. 1905 Inst. sur le fonctionnement administratif du service de santé colonial, art. 10 à 14, *B. C.*, p. 1356.

Démission.

(Voir : *Officiers de réserve. — Pensions, 28 décembre 1886.*)

23 mars 1872 Décr. portant rejet d'une requête présentée à la commission chargée de remplacer le Conseil d'Etat, tendant à faire décider que le Ministre à excédé ses pouvoirs en refusant d'accepter la démission d'un officier en service aux colonies, *B. M.*, p. 416; *B. M., R.*, p. 22.
28 déc. 1886 Circ. au sujet des offres de démission ou demandes de retraite par des officiers qui ont reçu un ordre de départ, *B. M.*, p. 963.
29 août 1889 Circ. Les officiers des troupes de la marine qui seront pourvus d'un emploi dans les services civils aux colonies devront immédiatement après leur nomination offrir la démission de leur grade, *B. C.*, p. 1423; *B. M.*, p. 435.
8 mai 1891 Circ. notifiant un arrêt du Conseil d'Etat en date du 20 février 1891 rejetant le recours d'un médecin militaire contre la décision par laquelle le Ministre de la guerre avait refusé d'accepter sa démission, *B. C.*, p. 378; *B. M.*, p. 731.
15 sept. 1901 Service courant, art. 255, *B. G., E. R.*, vol. 74.

Démission (suite).

5 oct. 1903 Circ. Situation des sous-lieutenants d'artillerie coloniale sortant de l'école polytechnique qui offrent leur démission après avoir accompli leur troisième année dans un corps de troupe, B. O., p. 1474; B. O., E. M., vol. 32, p. 136.

Demoiselle.

6 juill. 1899 Description, B. O., E. R., vol. 51 bis, p. 50.
16 oct. 1903 Description, B. C., vol. spl., p. 987.

Dépenses engagées.

1° Dispositions générales.

26 déc. 1890 Loi de finances, art. 59. Création de la comptabilité des dépenses engagées, B. O., E. M., vol. 26, p. 3; B. C., p. 1256.
14 mars 1893 Décr. Formes de la comptabilité des ministères pour les dépenses engagées, B. C., p. 469; B. M., p. 798; B. O., E. M., vol. 26, p. 4.
28 déc. 1895 Loi de finances, art. 52. L'état de situation des dépenses engagées de la dernière année expirée sera distribuée aux Chambres en même temps que le projet de loi de finances, B. C., p. 920.
31 mars 1903 Loi de finances, art. 53. Contrôleur des dépenses engagées dans chaque ministère. Nomination. Attributions, B. C., p. 258; B. O., E. M., vol. 26, p. 10.

2° Guerre.

2 févr. 1901 Circ. Application aux T. C. de la réglementation en vigueur au département de la guerre, B. O., p. 390.
10 mai 1902 Circ. relative à la comptabilité des dépenses engagées sur les crédits de la 2° section du budget (T. C.), B. O., p. 1002.
15 sept. 1901 Inst. sur la comptabilité des dépenses engagées, B. O., E. M., vol. 26, p. 10.

3° Colonies.

14 janv. 1898 Déc. Instructions relatives à la tenue de la comptabilité des dépenses engagées à l'administration centrale, B. C., p. 7.
14 janv. 1893 Circ. Tenue de la comptabilité dans les ports et aux colonies, B. C., p. 11.
19 avril 1893 Circ. Dép... sur les carnets tenus par les chefs de service, B. C., ...

Déportation.

25 mars 1873 Loi sur la déportation, B. lois, p. 213.

Dépositaires comptables.

... janv. IX Inst. sur la comptabilité matières (colonies), art. 258 à 262, B. O., p. 169.

Dépôts de remonte.

3 août 1904 Décr. organisant le service de la remonte aux colonies, art. 2, B. C., p. 936, et inst. du 3 août 1904, art. 18 à 20, B. C., p. 936.

Dépôts des isolés.

Dépouilles des chevaux et mulets.

Députés.

Déserteurs.

Désinfections.

10 mai 1883 Circ. Désinfection périodique des écuries et infirmeries des corps de
troupe. Application circ. (guerre), du 2 mars 1883 (*B. M.*, p. 704, et
B. G., E. R., vol. 84, p. 114), *B. M.*, p. 704.

30 janv. 1892 Inst. pour la désinfection et le nettoyage des instruments de musique
à vent, en cuivre et en bois, *B. G.*, E. M., vol. 4, p. 35, et 23 juillet 1890, *B. G.*, E. M., vol. 83, p. 151.

30 janv. 1892 Inst. sur les procédés à employer pour la désinfection des effets des
hommes atteints de pelade, *B. G.*, E. M., vol. 4, p. 45, et circ.
(marine), du 22 janvier 1898, *B. M.*, p. 74.

30 avril 1905 Circ. Désinfection par les vapeurs de formol des effets d'habillement
usagés avant leur réintégration en magasin, *B. G.*, p. 572.

Destitution.

9 juin 1857 Code de justice militaire, art. 192, *B. G.*, E. R., vol. 56.

Détachements.

(Voir : *Commandant des détachements.*)

20 oct. 1892 Service intérieur : Inf., art. 441 à 445; Artil., art. 469 à 478, *B. G.*,
E. R., vol. 78.

28 mai 1895 Service en campagne, art. 105 à 108. Constitution. Commandement.
Opérations. Conduite, *B. G.*, E. R., vol. 76.

Dettes.

28 sept. 1847 Circ. Dettes contractées par les officiers, *B. M.*, R., p. 716; *B. G.*,
E. R., vol. 31, p. 13, et circ. (marine), du 16 novembre 1847, *A. M.*,
p. 1529; *B. M.*, R., p. 788.

21 juill. 1880 Circ. relative aux officiers qui négligent d'acquitter leurs dettes, *B.
M.*, p. 117.

10 mars 1884 Circ. Mode de procéder en cas de réclamations pécuniaires formulées
contre les officiers et fonctionnaires, *B. M.*, p. 383.

4 oct. 1891 Service des places, art. 172. Dettes des sous-officiers et soldats, *B. G.*,
E. R., vol 75.

20 oct. 1892 Service intérieur, *B. G.*, E. R., vol. 78.

Inf., art. 401 et 402; Artil., art. 420 et 421. Dettes des officiers.
Inf., art. 403 et 404; Artil., art. 422 et 423. Dettes des sous-officiers
et soldats. Les créanciers sont sans recours sur leur solde.

20 déc. 1903 Décr. sur la solde des T. C. aux colonies, *B. C.*, 1904, p. 405.

Art. 24 et 25. Retenues pour dettes envers l'Etat.
26 et 27. Retenues au profit des tiers.

26 mai 1904 Décret sur la solde des T. C. en France, *B. G.*, vol. spl., T. C., p. 133.

Art. 133. Retenues pour dettes.

Deuil.

4 oct. 1891 Service des places, *B. G.*, E. R., vol. 75.

Art. 330. Deuil du drapeau ou de l'étendard.
331. Décès du chef de corps.
332. Port du deuil militaire et du deuil de famille.

Directions d'artillerie.

(Voir: *Adjudants gardiens de batterie aux colonies. — Approvisionnements. — Approvisionnements de guerre. — Archives. — Casernement. — Marchés. — Matériel d'artillerie. — Outillage. — Prêt de matériel. — Travail.*)

15 mars 1894 Circ. Concours prêté par la marine aux travaux de défense des colonies. Remboursement des frais, *B. C.*, p. 307; *B. M.*, p. 353.
19 sept. 1903 Décr. réorganisant l'artillerie coloniale, art. 1, § 3, *B. C.*, p. 812.
16 oct. 1903 Inst. sur le service et l'administration des directions et établissements d'artillerie aux colonies, *B. C.*, vol. spl., p. 39; modifié circ. du 2 octobre 1903, *B. C.*, p. 1056.

Art. 1 - 2. Organisation générale et attributions des directions.
     3. Contrôle.
    4 à 7. Organisation territoriale des directions.
    8 à 11. Répartition du service dans les directions.
   12 à 19. Attributions du personnel.
    20. Directions assurant le service d'un groupe de colonies.
  21 à 25. Service de l'artillerie. Organisation. Fonctionnement.
  26 à 30. Service des constructions. Organisation. Fonctionnement.
  31 à 34. Organisation des ateliers.
  35 à 41. Etablissement et transmission des projets.
  42 à 44. Organisation administrative des directions.
    45. Administration générale des crédits.
    46. Budget de la direction.
  47 - 48. Plan de campagne.
  49 à 54. Etats de demandes d'approvisionnements.
    55. Achats sur place.
  56 à 58. Emploi des crédits.
  59 à 73. Comptabilité financière.
  74 à 105. Comptabilité des travaux.
 106 à 118. Administration des salaires, art. 117, modif. par circ. du 8 février 1905, *B. C.*, p. 242.
 119 à 120. Transports.
   121. Personnel des bureaux ou services communs des directions.
 122 à 124. Situations techniques.
 125 à 154. Comptabilité du matériel en approvisionnements.
 155 à 160. Comptabilité du matériel en service.
   161. Immeubles et propriétés immobilières.
 162 à 170. Avances.
   171. Dépôts de la marine.
   172. Sous-directions temporaires.
   173. Etablissements de l'artillerie autres que les directions.

Tableau des pièces périodiques à établir par les directions.

16 oct. 1903 Circ. Commentaires de l'inst. du même jour, *B. C.*, vol. spl., p. 1.
16 oct. 1903 Inst. relative à la comptabilité des travaux des ateliers et chantiers éloignés du chef-lieu de la sous-direction, *B. C.*, vol. spl., p. 371; modif. 2 octobre 1905, *B. C.*, p. 1056.
16 oct. 1903 Inst. relative aux salaires des ouvriers malades, *B. C.*, vol. spl., p. 433.
16 oct. 1903 Inst. sur le fonctionnement des établissements temporaires, *B. C.*, vol. spl., p. 509.
16 oct. 1903 Tarif des indemnités et primes de travail du personnel militaire, *B. C.*, vol. spl., p. 493.
16 oct. 1903 Inst. sur la comptabilité des travaux à l'entreprise, *B. C.*, vol. spl., p. 637.
16 oct. 1903 Inst. sur le fonctionnement des équipes côtières et sur l'organisation du service photo-électrique dans les points d'appui de la flotte, *B. C.*, vol. spl., p. 1271.
3 nov. 1903 Inst. pour l'application du décret du 26 mai 1903 (groupement des forces militaires). Fonctionnement du service de l'artillerie dans les colonies autres que les colonies principales, *B. C.*, p. 923.
14 janv. 1904 Inst. pour l'application du décret du 26 mai 1903 au Congo, *B. C.*, p. 29.
6 févr. 1904 Circ. Suppression des allocations de vin aux ouvriers, *B. C.*, p. 148.
9 juin 1904 Services de l'artillerie navale assurés par les directions d'artillerie aux colonies.

Directions d'artillerio (*suite*).

17 déc. 1901 Tableau des directions et sous-directions d'artillerie dans les divers groupes de colonies

8 févr. 1905 Circ. Destination à donner au montant des salaires non réclamés, modif. art. 117, inst. du 16 octobre 1903, *B. C.*, p. 242.

13 févr. 1905 Circ. Le matériel déjà accordé par le département, mais non parvenu, ne doit pas être reproduit sur les demandes ultérieures, *B. C.*, p. 250.

Direction des troupes coloniales.

7 juill. 1900 Loi, art. 2. Création d'une direction chargée de ce qui concerne le personnel, l'instruction, le commandement des T. C. et de l'emploi de la partie de ces troupes entretenue sur le budget de la guerre, *B. O.*, p. 591.

21 janv. 1901 Décrets modifiant l'organisation de l'administration centrale de la guerre et la répartition du personnel supérieur, *B. C.*, p. 35 et 37; *B. G.*, p. 133 et 135.

21 janv. 1901 Décret. Attributions, *B. C.*, p. 41; *B. G.*, p. 138; *B. G.*, vol. spl, T. C., p. 87.

10 août 1901 Inst. pour l'application du décret du 21 janvier 1901. Relations avec les autres directions du département de la guerre, *B. G.*, p. 784; *B. G.*, vol. spl, T. C, p. 210.

5 mars 1903 Le 3e bureau de la direction des troupes coloniales sera dénommé 3e bureau, personnels de l'artillerie coloniale, du commissariat et du service de santé des T. C., *B. G.*, p. 333.

Discipline des membres de la Légion d'honneur.

(Voir : *Légion d'honneur.*)

Discipline des passagers.

(Voir : *Commandant des troupes passagères.*)

Discipline générale.

(Voir : *Congés et permissions. — Conseils d'administration des compagnies financières. — Essais. — Inventions. — Jury. — Publications. — Réclamations. — Service intérieur. — Sociétés. — Souscriptions.*)

10 juill. 1816 Ord. Aucun corps civil ou militaire ne pourra décerner, voter ou offrir comme témoignage de la reconnaissance publique, aucun don, hommage ou récompense sans l'autorisation préalable du roi, *B. lois*, p. 43; et circ. du 30 septembre 1839, *B. G.*, E. R., vol 31, p. 16.

17 jvill. 1835 Il est interdit aux militaires de tous grades d'exposer leurs réclamations par la voie des journaux sans l'approbation de l'autorité supérieure, *B. G.*, E. R., vol. 31, p. 16.

19 avril 1853 Aucun don ou hommage ne peut être offert ou accepté dans l'armée sans l'autorisation du chef de l'Etat, *B. G.*, E. R., vol. 31, p. 46.

12 nov. 1882 Circ. Relative à la tenue et à la discipline, *B. M.*, p. 1010; *B. G.*, E. R., vol. 31, p. 5; et circ. (marine), du 18 décembre 1882, *B. M.*, p. 1010.

13 nov. 1871 Interdiction aux officiers de fournir en dehors de leurs chefs hiérarchiques des renseignements concernant l'armée, *B. G.*, E. R., vol. 31, p. 63.

30 déc. 1873 Les militaires doivent s'abstenir de toute démonstration politique, *B. M.*, p. 716; *B. M. R.*, p. 407.

20 nov. 1902 Circ. Les autorités militaires ne doivent en aucun cas accepter des punchs ou banquets de leurs subordonnés, *B. G.*, p. 2307.

11 mars 1903 Circ. Participation des officiers et hommes de troupe aux conférences, fêtes, concours, etc. Les intéressés doivent adresser une demande personnelle par la voie hiérarchique, *B. G.*, p. 340.

Discipline générale (*suite*).

27 déc. 1904 Circ. interdisant de faire emploi de certains procédés d'instruction pour obtenir des aveux ou des déclarations sur des sujets d'ordre privé et de faire dans ce but un usage abusif du drapeau, *B. G.*, p. 1017.

12 avril 1906 Inst. fixant les conditions dans lesquelles l'armée ou ses membres peuvent prêter un concours effectif à des œuvres ou entreprises civiles ou se livrer individuellement à des occupations non militaires, *B. G.*, p. 524; modif. 16 juillet 1906, *B. G.*, p. 893; addition, 24 juillet 1906, *B. G.*, p. 949; modif., 11 août 1906, *B. G.*, p. 1105; err., *B. G.*, p. 1150.

29 juin 1906 Circ. Destination à donner aux sommes d'argent offertes à la troupe, *B. G.*, p. 840; err., *B. G.*, p. 1225.

Disponibilité.

19 mai 1834 Loi, art. 3. Position de l'officier général ou d'état-major sans emploi, *B. G.*, E. R., vol. 22, p. 101.

23 mars 1899 Décret relatif à la mise en disponibilité des officiers généraux, *B. G.*, E. R., vol. 63, p. 398.

7 avril 1906 Inst. sur l'administration des réserves, art. 1er.

Dissolution des corps de troupe.

(Voir : *Formation et dissolution des corps de troupe.*)

Distributions.

4 oct. 1891 Service des places, art. 117. Tour de distribution réglé par le commandant d'armes, *B. G.*, E. R., vol. 75.

20 oct. 1892 Service intérieur, *B. G.*, E. R., vol. 78.

Vivres : Inf., art. 164; artill., art. 215. Attributions du fourrier. — Inf., art 377 à 386; artill., art. 396 à 404. Prescriptions relatives aux distributions. — Inf., art. 426; artill., art. 453. Distributions pendant les routes.

Effets et armes : Inf., art. 61-86; artill., art. 56-98. Distribution d'effets et d'armes. — Inf., art. 135; artill., art. 182. Surveillance du sergent-major et du maréchal des logis chef.

Fourrages : Inf., art. 54. Distribution en présence de l'adjudant-major de semaine. — Artill., art. 135. Surveillance des distributions par les lieutenants de grande semaine. — Artill., art. 206. Surveillance par les maréchaux des logis de semaine des distributions d'avoine. — Artill., art. 235. Distribution de l'avoine et du fourrage par le brigadier de semaine.

Inf., art. 344; artill., art 362. Distribution des effets de couchage.

14 juin 1900 Service des subsistances, art. 78 à 97, *B. G.*, E. R., vol. 91, p. 33.

Divertissements.

(Voir : *Salles de récréation, de lecture et de correspondance.*)

Divorce.

(Voir : *Pensions*, 10 août, 16 octobre 1893.)

27 juill. 1884 Loi sur le divorce, *B. des lois.*

23 août 1884 Décret. Application aux colonies de la loi du 27 juillet 1884, *B. M.*, p. 552.

17 avril 1886 Avis à donner au Ministre de la guerre des divorces prononcés à l'égard des officiers et assimilés, *B. G.*, E. R., vol. 28, p. 123.

27 avril 1893 Production des extraits des actes de l'état civil constatant les divorces prononcés à l'égard des officiers et assimilés, *B. G.*, E. R., vol. 28, p. 123; et circ. (marine), du 22 janvier 1893, *B. M.*, p. 74.

Documents confidentiels.

Dolman.

Domaine.

Domaine militaire.

Dons et legs.

(Voir : *Discipline générale.*)

Dossiers de mobilisation.

6 déc. 1903 Dépenses de réfection à la charge de la masse générale d'entretien, *B. G.*, vol. spl, T C., p. 227.

Dossiers du personnel.

(Voir: *Documents confidentiels. — Notes.*)

1er mai 1902 Inst. pour la tenue des dossiers du personnel des officiers et assimilés, *B G.*, p. 672; err., *B. G.*, p. 1018, 1047, 1618; modif. 18 novembre 1902, dossiers des officiers généraux et assimilés, *B. G.*, p. 2301; 8 mai, 4 juin, 16 juin, 1er juillet, 30 octobre 1903, *B. G.*, p. 663; 850, 936, 1017, 1545; 18 janvier 1904, *B. G.*, p. 33; 21 janvier, 1er juillet, 1er septembre, 28 septembre 1905, *B. G.*, p. 147, 1033, 1372, 1453.

21 avril 1905 Inscriptions à faire en ce qui concerne l'avancement et la Légion d'honneur, circ., *B. G.*, p. 557.

Douanes.

(Voir: *Dons et legs.*)

18 juill. 1843 Lettre (douanes). Facilités accordées pour les marchandises expédiées pour le compte des administrations publiques et particulièrement celles de la guerre et de la marine, *A. M.*, p. 691; *B. M. R.*, p. 700.

14 avril 1849 Lettre (finances). Effets destinés aux troupes de la marine aux colonies, dirigés d'un port de France sur un autre pour y être embarqués. Mode d'expédition par la douane dans l'un et l'autre port, *B. M.*, p. 264; *B. M. R.*, p. 196.

25 janv. 1851 Circ. (douanes). Facilités accordées à l'égard des denrées et autres objets d'approvisionnement expédiés pour le compte des administrations de la guerre et de la marine, *B. G.*, E. R., vol. 85, p. 151.

27 janv. 1851 Circ. (douanes). Dispositions spéciales aux opérations de cabotage et expéditions à destination des colonies, qui s'effectuent pour le compte du département de la marine. Plombage des colis par la douane, *B. G.*, E. R., vol. 85, p. 152.

Dragonne.

30 sept. 1903 Description.

    Art. 29. Dragonne des officiers.
        252. Dragonne de sabre des adjudants et chefs de fanfare.
        253. Dragonne de sergent-major, *B. G.*, vol. spl, T. C.

6 déc. 1903 Achat au compte de la masse générale d'entretien des dragonnes pour sergent-major, maréchal des logis chef et adjudant, *B. G.*, vol. spl, T. C., p. 224.

Drapeaux et étendards.

21 mars 1854 Circ. Le millésime 1853 sera inscrit sur le drapeau du 3e régiment d'infanterie de marine pour rappeler l'expédition de Grand-Bassam, *B. M.*, p. 337; *B. M. R.*, p. 74.

3 nov. 1854 Circ. Inscription du siège de Bomarsund et de la bataille de l'Ahma sur les drapeaux des régiments d'infanterie de marine, *B. M.*, p. 667; *B. M. R.*, p. 523.

28 nov. 1854 Circ. Inscription de la campagne de la Baltique et du siège de Bomarsund sur l'étendard du régiment d'artillerie de la marine, *B. M.*, p. 758; *B. M. R.*, p. 572.

1er avril 1865 Circ. Les drapeaux ne doivent être arborés sur les édifices militaires que les jours de fête publique, *J. M.* refondu, p. 37.

22 mai 1867 Déc. imp. Nouvelles inscriptions à porter sur les drapeaux des quatre régiments d'infanterie de marine, *B. M.*, p. 440; *B. M. R.*, p. 102.

Drapeaux et étendards (*suite*).

2 déc. 1881 Entretien et remplacement des banderoles et étuis, *B. G.*, E. R.,
vol. 19, p. 274.

17 avril 1887 Circ. Liste des nouveaux noms de batailles à inscrire sur l'étendard
et les drapeaux des corps de la marine, *B. M.*, p. 515.

4 oct. 1891 Service des places, art. 279. Honneurs à rendre aux drapeaux et étendards, *B. G.*, E. R., vol. 75.

5 mai 1898 Note relative à la garde des drapeaux et étendards, *B. G.*, E. M.,
vol. 85, p. 47.

10 juin 1898 Circ. Inscription à ajouter sur les étendards des régiments d'artillerie de marine : 1er régiment « Dahomey — Madagascar »; 2e régi-
ment « Madagascar », *B M.*, p. 840.

Draps de lit.

20 oct. 1892 Service intérieur. Inf., art. 347. Artill., art. 365. Echange, *B. G.*,
E. R., vol. 78.

Droit.

(Voir : *Etudes de droit.*)

Dynamite.

8 mars 1875 Loi sur la dynamite, *B. des lois*, p. 401.

E

Eau.

(Voir : *Casernement. — Filtres. — Hygiène.*)

3 mars 1899 Règl. sur le casernement en France, art. 34 à 36, 38 à 41. Alimentation en eau, *B. G.*, E. R., vol. 51.
14 juin 1900 Inst. sur le service des subsistances, art. 248 à 253. Fourniture de l'eau, *B. G.*, E. R., vol. 91, p. 76.
16 oct. 1903 Règl. sur le casernement aux colonies, art. 34 à 36. Alimentation en eau, *B. C.*, vol. spl, p. 897.

Eau-de vie.

13 nov. 1892 Les allocations extraordinaires à titre hygiénique, en raison d'épidémies, sont demandées au Ministre qui autorise seul, *B. G.*, E. M., vol. 83, p. 143.
11 juin 1900 Service des subsistances, art. 236 à 239, 242 à 247, *B. G.*, E. R., vol. 91.

Eaux minérales.

1° *Guerre.*

25 nov. 1889 Service de santé à l'intérieur, art. 332 à 351, *B. G.*, E. M., vol. 80; et notice 18, usage des eaux minérales, modif. 8 février 1900, *B. G.*, p. 146.
12 juill. 1873 Loi. Envoi et traitement aux frais de l'Etat dans les établissements d'eaux minérales des anciens militaires et marins blessés ou infirmes, *B. G.*, E. M., vol. 80, notice 20.
7 avril 1891 Note. Usage gratuit des eaux d'Aix-les-Bains accordé aux officiers subalternes et à leur famille, *B. G.*, p. 523.
11 oct. 1895 Circ. Pièces dont doivent être porteurs les militaires en activité ou en retraite envoyés aux eaux, *B. G.*, E. M., vol. 83, p. 82.
27 nov. 1897 Note. Demi-tarif accordé aux militaires de tous grades et à leur famille aux établissements d'Eaux-Bonnes et d'Eaux-Chaudes (Basses-Pyrénées), *B. G.*, p. 581.
20 déc. 1901 Circ. Envoi des malades dans les établissements d'eaux minérales. Visite rigoureuse, *B. G.*, p. 1506; *B. G.*, E. M., vol. 83, p. 84.
1er févr. 1904 Circ. Observation des prescriptions réglementaires pour le départ des malades à destination des établissements thermaux, *B. G.*, p. 71.
22 févr. 1904 Prescriptions réglementaires à observer pour l'envoi des malades aux hôpitaux d'eaux minérales, *B. G.*, p. 142.
19 août 1905 Demi-tarif accordé aux officiers subalternes dans les établissements de la société des eaux minérales de Châtel-Guyon, *B. G.*, v. s., p. 780.

2° *Colonies.*

10 oct. 1864 Circ. Les militaires se rendant aux eaux peuvent emporter le manteau ou la capote, suivant le corps auquel ils appartiennent, *B. M. R.*, p. 557.

Eaux minérales (*suite*).

1er sept. 1890   Circ. Remise de 50 p. 100 sur les boissons, bains et douches au personnel colonial appelé à suivre un traitement à Cauterets, *B. C.*, p. 978.

21 oct. 1890   Circ. Contrat pour l'admission du personnel colonial à l'établissement de la Preste, *B. C.*, p. 1174.

12 juin 1891   Notif. d'un règlement du Ministre de l'intérieur, du 15 juin 1890, relatif à l'établissement d'Aix-les-Bains. Gratuité pour les officiers, fonctionnaires et agents dont le traitement ou la pension est inférieur à 3.600 francs, *B. C.*, p. 418.

23 juin 1896   Circ. Conditions d'hospitalisation du personnel colonial à Vals-les-Bains et au Boulou, *B. C.*, p. 368.

22 juill. 1896   Notif. (guerre). Envoi aux eaux thermales des agents coloniaux, *B. G.*, E. M., vol 83, p. 82.

11 mai 1901   Circ. Hospitalisation dans les établissements thermaux militaires des fonctionnaires ou agents locaux, *B. C.*, p. 411.

11 nov. 1901   Décret modif. celui du 3 juillet 1897, art. 12, positions 5 et 6. Envoi aux eaux thermales ou minérales. Liste des stations. Durée du traitement, *B. C.*, p. 1036.

30 avril 1902   Déc. prés. Envoi à Bagnères-de-Bigorre, *B. C.*, p. 399.

12 mai 1902   Circ. Envoi des fonctionnaires coloniaux dans les établissements d'eaux minérales, *B. C.*, p. 187.

23 mai 1902   Circ. (guerre). Visite des fonctionnaires et agents coloniaux qui sollicitent l'usage des eaux thermales, *B. G.*, p. 1016; *B. G.*, E. M., vol. 83, p. 83.

5 sept. 1903   Déc. prés. Envoi à Pioule (Var), *B. C.*, p. 801.

10 mars 1905   Circ. Eaux minérales de Châtel-Guyon. Gratuité du traitement pour les soldats, sous-officiers et fonctionnaires assimilés en mai, juin, septembre et octobre. Demi-tarif pour les officiers subalternes et fonctionnaires assimilés du 1er mai au 31 octobre, *B. C.*, p. 315.

3 juill. 1906   Déc. prés. Durée du traitement à Amélie-les-Bains, *B. C.*, p. 625.

Echantillons.

(Voir : *Habillement*, 15 février 1902.)

22 mars 1897   Circ. L'expérimentation des appareils, produits, médicaments envoyés comme échantillons aux colonies doit être faite rapidement et avec soin. Rapports détaillés à transmettre au département, *B. C.*, p. 230.

Echelles.

6 juill. 1899   Description : échelles ordinaire, simple, double, *B. G.*, E. R., vol. 51 *bis*, p. 49.

16 oct. 1903   Description : échelles ordinaire, simple, double, *B. C.*, vol. spl, p. 987.

Eclairage.

1º *Guerre*.

(Voir : *Chauffage*.)

21 avril 1873   Interdiction de l'usage du pétrole pour l'éclairage des écuries, *B. G.*, E. R., vol. 5, p. 77.

15 janv. 1890   Décret sur le service du chauffage et de l'éclairage dans les corps de troupe, *B. G.*, E. R., vol. 5, p. 3.

     Tarif 8. Allocations d'éclairage pour les corps de garde.
     — 9. Heures d'éclairage des bâtiments militaires.
     — 10. Allocations annuelles pour le service secondaire de l'éclairage, y compris l'achat des mèches et des allumettes.

3 mars 1899   Règl. sur le casernement, art. 31, 35, 37 à 41, *B. G.*, E. R., vol 51.

Eclairage (*suite*).

4 mai 1901   Circ. Interdiction de l'emploi de lampes à essence dans les locaux du casernement, *B. G.*, p. 698.

23 août 1902   Eclairage des infirmeries régimentaires et des infirmeries-hôpitaux. Imputation des dépenses, *B. G.*, p. 1788; err., *B. G.*, p. 2185.

21 nov. 1902   Inst. déterminant les règles d'application de certaines dispositions du règl. du 15 janvier 1899, *B. G.*, p. 2234; modif. 5 mars 1903, *B. G.*, p. 301; 13 avril 1905, *B. G.*, p. 418. ,

21 nov. 1902   Inst. technique sur l'éclairage des casernes, *B. G.*, p. 2355; modif. 17 février 1903, *B. G.*, p. 184.

25 mars 1903   Circ. relative à l'éclairage au gaz des casernements à l'aide de becs à incandescence, *B. G.*, p. 374.

18 déc. 1903   Eclairage au gaz ou à l'électricité des locaux occupés dans les bâtiments militaires par les parties prenantes isolées, *B. G.*, p. 1822.

17 févr. 1904   Application du tarif des allocations annuelles pour le service secondaire de l'éclairage et établissement des procès-verbaux de chauffage et d'éclairage, *B. G.*, p. 137.

5 mai 1904   Substitution du pétrole à l'huile végétale pour l'éclairage des magasins d'habillement des corps de troupe, *B. G.*, p. 588; *B. G.*, E. M., vol. 4, p. 135.

22 juin 1904   Nouveau modèle de traité-type pour la fourniture du gaz destiné à l'éclairage des casernes, quartiers et autres bâtiments militaires, *B. G.*, p. 912; modif. 16 avril 1905, *B. G.*, p. 446.

17 mai 1905   Circ. relative à la substitution du pétrole à l'huile végétale pour l'éclairage extérieur et intérieur des casernements, *B. G.*, p. 652.

25 nov. 1905   Circ. relative à l'emploi exclusif de becs à incandescence pour l'éclairage au gaz des casernements, *B. G.*, p. 1720; modif. 18 avril 1906, *B. G.*, p. 515.

2° *Colonies.*

4 mars 1892   Circ. Eclairage au pétrole des bâtiments militaires, *B. C.*, p. 247.

16 oct. 1903   Règl. sur le casernement aux colonies, art. 34, 35, 37 à 41, *B. C.*, vol. spl, p. 897.

4 juill. 1905   Inst. sur le service des loyers de l'ameublement et de l'éclairage aux colonies, *B. C.*, p. 764.

       Art. 36 - 37.   Hôtels.
            38 à 41.   Dépenses d'installation.
            42 - 43.   Eclairage des casernements.
            44.   Illuminations.
            52.   Compte d'opérations.

Ecoles à feu.

11 juin 1906   Circ. relative aux écoles à feu. Désignation des officiers, généraux et supérieurs, qui doivent y assister, *B. G.*, p. 762.

Ecole coloniale.

17 juill. 1889   Loi de finances, art. 57. Droits d'examens et d'inscription, *B. C.*, p. 1404.

23 nov. 1889   Décret. Organisation, *B. C.*, p. 1254; modif., 4 août 1906, *J. O.* du 11 août.

26 janv. 1899   Décret. Création d'un conseil de perfectionnement.

22 févr. 1902   Décret relatif au fonctionnement de l'école coloniale; modif. 28 mai 1904, *B. C.*, p. 502.

Ecole d'administration militaire.

(Voir : *Cours de l'école d'administration militaire.*)

30 mars 1903   Décret. Règl. sur l'organisation de l'école d'administration militaire, *B. G.*, p. 486; *B. G.*, E. M., vol. 32-1, p. 334; modif. 2 novembre 1905, *B. G.*, p. 1699.

Ecole d'administration militaire (*suite*).

30 mars 1903 Inst. pour l'application du décret du même jour, *B. G.*, p. 491; *B. G.*, E. M., vol. 32-1, p. 312. Recrutement, personnel de l'école, enseignement, service intérieur, discipline, examen de sortie, classement, programme des connaissances exigées des candidats; art. 2 et 3 modif. 29 juin 1905, *B. G.*, p. 961.

Ecole d'application de cavalerie.

15 sept. 1901 Service courant, art. 203. Désignation des officiers de l'artillerie coloniale pour l'école d'application de cavalerie, *B. G.*, E. R., vol. 71; modif. 22 septembre 1902, *B. G.*, p. 1901.

7 août 1903 Inst. pour l'admission des sous-officiers comme élèves-officiers, art. 40 à 42. Dispositions spéciales aux colonies, *B. G.*, p. 1220.

Ecole d'application de l'artillerie du génie.

(Voir: *Cours de l'école d'application de l'artillerie et du génie.*)

25 sept. 1901 Service courant, art. 200. Propositions pour suivre les cours en faveur des lieutenants en second et des sous-lieutenants ne sortant pas de l'Ecole polytechnique, art. 201. Désignation pour la division d'instruction, *B. G.*, E. R., vol. 71; modif. 22 septembre 1902, *B. G.*, p. 1901.

13 juill. 1903 Décret. Réorganisation de l'école, *B. G.*, p. 1073, *B. G.*, E. M., vol. 32-1, p. 122.

8 août 1905 Circ. Les officiers élèves de l'artillerie coloniale ayant terminé leur 2e année de sous-lieutenant à l'école doivent prendre leur service dans les corps de troupe à la date du 5 octobre, *B. G.*, p. 1214.

Ecole d'application du service de santé des troupes coloniales.

3 oct. 1905 Décret. Création et organisation, *B. G.*, p. 1513.

12 janv. 1906 Programme des connaissances exigées pour les emplois de chef de clinique et de chef de travaux, *B. G.*, P. S., p. 23.

Ecoles d'artillerie.

(Voir: *Parcs d'artillerie.*)

8 nov. 1817 Administration et dépenses des écoles d'artillerie, *B. M. R.*, p. 760.

17 juill. 1880 Nouvelles constitution et dotations, *B. M.*, p. 64.

13 févr. 1885 Dotation des écoles d'artillerie aux colonies, *B. M.*, p. 200.

Ecoles de musique.

(Voir: *Fanfares.*)

12 avril 1861 Arr. créant des écoles de musique régimentaires, *B. G.*, E. R., vol. 64, p. 338.

6 déc. 1903 Dépenses à la charge de la masse générale d'entretien, *B. G.*, vol. spl, T. C., p. 224.

Ecoles de natation.

(Voir: *Gymnastique.*)

13 déc. 1875 Dépenses aux colonies, *B. M.*, p. 635.

30 mai 1903 Inst. relative aux dépenses des écoles de natation, *B. G.*, E. M., vol. 2, p. 27; modif. 13 juin 1905, *B. G.*, p. 838.

Ecole des sous-officiers de gendarmerie.

22 juin 1905 Inst. pour l'admission, art. 21. Dispositions spéciales à la gendarmerie coloniale, *B. G.*, p. 887.

Ecole des tambours, clairons et trompettes.

13 déc. 1875 Dépenses aux colonies, *B. M.*, p. 635.
29 mai 1903 Dépenses à la charge de la masse des écoles, *B. G.*, E. M., vol. 2, p. 5.

Ecole des travaux de campagne.

15 sept. 1901 Service courant, art. 216. Désignations, *B. G.*, E. R., vol. 74.
20 mai 1903 Dépenses à la charge de la masse des écoles, *B. G.*, E. M., vol. 2, p. 6.
24 juill. 1906 Circ. Organisation de l'école des travaux de campagne, *B. G.*, p. 1016; err., *B. G.*, p. 1225.

Ecoles de tir.

(Voir : *Ecoles régimentaires de tir.* — *Tir.*)

29 avril 1898 Décret. Réorganisation de l'école normale de tir et création de deux écoles d'application pour le tir de l'infanterie, *B. G.*, E. M., vol. 32-1, p. 394.
15 sept. 1901 Service courant, art. 210, 211. Désignations pour les écoles de tir, *B. G.*, E. R., vol. 74; modif. 26 juin 1902, *B. G.*, p. 1396; 25 septembre 1903, *B. G.*, p. 1391.
21 avril 1902 Inst. pour l'application du décret du 29 avril 1898, *B. G.*, p. 723; *B. G.*, E. M., vol. 32-1, p. 403; modif. 13 mars 1906, *B. G.*, p. 362.

Ecole militaire de l'artillerie et du génie.

(Voir : *Ecoles régimentaires.*)

4 nov. 1886 Décret. Réorganisation de l'école, *B. G.*, E. M., vol. 32-1, p. 447.
4 juill. 1901 Inst. pour l'admission à l'école, *B. G.*, E. M., vol. 32-1, p. 456; modif. 31 octobre 1904, *B. G.*, p. 1569.
20 avril 1903 Inst. relative aux conditions de préparation et d'admission des sous-officiers de l'artillerie coloniale, *B. G.*, p. 603; modif. 22 mai 1905, *B. G.*, p. 688; err., *B. G.*, 1905, p. 1818.
8 juin 1904 Circ. Préparation des sous-officiers candidats (division de l'artillerie), *B. G.*, p. 807.
8 juill. 1905 Circ. Il ne sera plus présenté dans l'artillerie coloniale comme candidats que des sous-officiers ayant déjà rempli les fonctions d'instructeur dans un des pelotons d'instruction de l'arme, *B. G.*, p. 1056.

Ecole militaire de l'infanterie.

(Voir : *Ecoles régimentaires.*)

22 mars 1883 Décret. Organisation de l'école, *B. G.*, E. M., vol. 32-1, p. 419; modif. 22 septembre 1904, *B. G.*, p. 1485; 21 mars 1905, *B. G.*, p. 340.
9 févr. 1901 Circ. Les sous-officiers d'infanterie coloniale admis à l'école de Saint-Maixent seront placés à la suite du 1er régiment, *B. G.*, p. 219; *B. G.*, vol. spl., T. C., p. 93.
9 juill. 1901 Circ. Admission des sous-officiers d'infanterie coloniale, *B. G.*, p. 204; modif., 1er novembre 1902, *B. G.*, p. 2150; 22 mai 1905, *B. G.*, p. 688.
20 juill. 1902 Inst. pour l'admission des sous-officiers à l'école militaire d'infanterie, *B. G.*, E. M., vol. 32-1, p. 427; modif., 2 mai 1906, *B. G.*, p. 612.

Ecoles militaires préparatoires.

(Voir : *Enfants de troupe. — Orphelinat Hériot.*)

19 juill. 1884 — Loi supprimant les enfants de troupe dans les régiments et créant six écoles militaires préparatoires, *B. M.*, p. 1010; *B. G.*, E. M., vol. 32-2, p. 3.

3 mars 1885 — Décret, Application de la loi du 19 juillet 1884, *B. M.*, p. 1002; *B. G.*, E. M., vol. 32-2, p. 6; art. 7 modif. 27 avril 1900, *B. G.*, p. 559.

5 mars 1899 — Inst. sur les soins que doivent apporter les médecins militaires dans l'examen des enfants de troupe candidats aux écoles militaires préparatoires, *B. G.*, 2ᵉ sem., 1901, p. 1026; *B. G.*, E. M., vol. 32-2, p. 396.

15 mars 1901 — Circ. Remboursement à effectuer par les parents dont les enfants quittent, avant de s'engager, les écoles militaires préparatoires ou refusent d'entrer dans ces écoles, *B. G.*, p. 425; *B. G.*, E. M., vol. 32-2, p. 58.

10 oct. 1901 — Inst., *B. G.*, p. 1011 et *B. G.*, E. M., vol. 32-2, p. 20; modif. le 26 décembre 1901, *B. G.*, p. 1557, pour son application aux troupes coloniales.

Admission dans les écoles militaires préparatoires et à l'orphelinat Hériot :

Art. 23 - 24. Enfants de troupe atteignant l'âge fixé pour entrer dans les écoles.
    25 à 28. Admission des fils de militaires, non enfants de troupe.
    29. Répartition des enfants de troupe entre les différentes écoles.
    30 à 32. Mise en route.

20 janv. 1901 — Renseignements à fournir par les corps sur les anciens élèves des écoles militaires préparatoires, *B. G.*, p. 35.

Ecole normale de gymnastique et d'escrime.

22 sept. 1901 — Inst. relative à la désignation et à l'envoi des officiers, sous-officiers, caporaux et soldats aux cours de l'école normale de gymnastique et d'escrime, *B. G.*, p. 1698; err., *B. G.*, p. 1866.

2 févr. 1906 — Circ. Conditions d'achat des cours professés à l'école, *B. G.*, P. S., p. 63.

Ecole polytechnique.

(Voir : *Instruction.*)

17 juin 1902 — Décret. Envoi pendant un an dans les corps de troupe des sous-lieutenants de l'artillerie coloniale à leur sortie de l'école, *B. G.*, p. 1275; *B. G.*, E. M., vol. 32-1, p. 120.

31 juill. 1902 — Circ. Application de l'art. 1ᵉʳ du décret du 17 juin 1902, *B. G.*, E. M., vol. 32-1, p. 122; modif. 8 août 1905, *B. G.*, p. 1214.

Ecoles régimentaires.

(Voir : *Cartes géographiques. — Masse des écoles.*)

13 déc. 1875 — Nomenclature des dépenses aux colonies, *B. M.*, p. 635.

1ᵉʳ sept. 1888 — Règl. sur le service des écoles régimentaires des corps de troupe de l'artillerie, *B. G.*, E. M., vol. 55-2, p. 73.

20 oct. 1892 — Service intérieur. Inf., art. 275. Artill., art. 292, *B. G.*, E. R., vol. 78.

6 août 1901 — Inst. sur le service des écoles régimentaires des corps de troupe d'infanterie et sur la préparation des candidats à l'école militaire d'infanterie, *B. G.*, p. 636; *B. G.*, E. M., vol. 55-2, p. 6.

Annexe 1. Programmes d'enseignement.
—   2. Matériel.

Ecoles régimentaires (*suite*).

6 août 1901 Circ. Achat des ouvrages nécessaires aux cours des écoles régimentaires des corps d'infanterie, *B. G.*, p. 819; *B. G.*, E. M., vol. 55-2, p. 41.
7 nov. 1901 Circ. Application aux troupes d'infanterie coloniale en France et aux colonies de l'inst. du 6 août 1901, *B. G.*, p. 1065; modif. 11 novembre 1902, *B. G.*, p. 2161.

Ecoles régimentaires de gymnastique.

(Voir : *Gymnastique*.)

13 déc. 1875 Dépenses aux colonies, *B. M.*, p. 635.
29 mai 1903 Les dépenses des gymnases sont à la charge de la masse des écoles, *B. G.*, E. M., vol. 2, p. 10.
30 mai 1903 Inst. concernant le remplacement du matériel fixe des gymnases régimentaires, *B. G.*, E. M., vol. 2, p. 23.

Ecoles régimentaires de tir.

(Voir : *Ecoles de tir. — Tir.*)

13 déc. 1875 Dépenses aux colonies, *B. M.*, p. 635.
29 mai 1903 Dépenses à la charge de la masse des écoles, *B. G.*, E. M., vol. 2, p. 5 et 11.

Ecole supérieure de guerre.

(Voir : *Cours de l'Ecole supérieure de guerre. — Stages*.)

31 mars 1898 Circ. Maintien en France des officiers des T. C. candidats, *B. M.*, p. 472.
15 sept. 1901 Service courant, art. 109. Admission à l'école. Officiers qui ne possèdent pas le brevet d'état-major, *B. G.*, E. R., vol. 74.
19 juill. 1906 Circ. Désignation de stagiaires à l'Ecole supérieure de guerre, *B. G.*, p. 902.

Ecuries.

(Voir : *Casernement. — Désinfections. — Eclairage*.)

Effets de pansage.

6 déc. 1903 Achat au compte de la masse de harnachement, *B. G.*, vol. spl., T. C., p. 231.

Emballages.

8 nov. 1847 Inst., titre V. Emballage des différents effets, *B. M. R.*, p. 771.
26 avril 1849 Plombage des caisses et colis employés au transport des effets nécessaires aux troupes de la marine, *B. M.*, p. 263; *B. M. R.*, p. 204.
16 nov. 1874 Inst. pour la mise en bottes des futailles vides à renvoyer en France, *B. M.*, p. 311.
31 oct. 1883 Circ. modif. inst. du 8 novembre 1847. Procès-verbaux de déballage dressés par les corps de troupe, *B. M.*, p. 549.
30 janv. 1893 Circ. Nouveau système de plombage des fûts d'habillement, *B. M.*, p. 175.
20 mai 1893 Circ. Renvoi en France des fûts et caisses métalliques ayant contenu des matières ou effets expédiés aux colonies, *B. M.*, p. 658.

Emballages (*suite*).

9 févr. 1895   Circ. Ne renvoyer en France que des fûts, caisses métalliques et futailles vides en bon état et susceptibles d'être réemployés, *B. C.*, p. 132; *B. M.*, p. 121.

1 mai 1900   Circ. Renvoi en France des fûts d'habillement, *B. C.*, p. 396.

11 juin 1901   Circ. Imputation des dépenses relatives aux emballages des effets d'habillement et d'équipement. La masse générale d'entretien supporte les frais d'achat d'instruments nécessaires au plombage des caisses et fûts, des outils d'emballage ainsi que les réparations de ce matériel. les autres dépenses incombent au budget, *B. C.*, p. 527.

6 déc. 1903   Annexe J. Dispositions relatives aux cessions au ministère des colonies. Art. 2 et 3. Dépenses d'emballage, conditionnement des colis. Transport, *B. G.*, vol. spl., T. O., p. 261.

20 juin 1906   Arr. art. 25 à 32. Emballage du matériel, des munitions et matières d'artillerie cédés par le département de la guerre à celui des colonies, *B. C.*, p. 611.

Embarquement.

(Voir : *Bulletin individuel d'embarquement et de débarquement. — Tour de service colonial. — Transports maritimes.*)

22 janv. 1892   Circ. Les officiers, employés militaires et hommes de troupe d'artillerie et d'infanterie de marine doivent se présenter la veille au chef du service colonial du port d'embarquement, *B. C.*, p. 43.

1er mai 1897   Inst. sur l'embarquement et le débarquement des troupes transportées par navires de commerce, *B. G.*, E. M., vol. 101, p. 99.

Emplois civils.

(Voir: *Avancement*, 10 juillet 1906. — *Démission*.)

16 juin 1880   Les officiers de tous grades ne peuvent solliciter des emplois civils en dehors de la voie hiérarchique, *B. G.*, E. R., vol. 31, p. 51.

6 juin 1903   Circ. déterminant, en ce qui concerne les emplois civils réservés aux sous-officiers rengagés, les relations qui doivent exister entre le corps d'armée des T. C. et les corps d'armée des T. M., *B. G.*, p. 854.

21 mars 1905   Loi sur le recrutement de l'armée, art. 69 à 78, *B. J.*, p. 263; *B. C.*, p. 359; *B. G.*, E. M., vol. 68-1, p. 37.

26 août 1905   Décret relatif aux emplois réservés aux sous-officiers, brigadiers, caporaux et soldats, *J. O.* du 2 septembre.

22 nov. 1905   Circ. relative aux emplois ressortissant au ministère de la guerre, *B. C.*, p. 1721.

29 nov. 1905   Inst. relative aux emplois civils et militaires réservés aux engagés et rengagés, *J. O.* du 10 décembre 1905; modif. 30 mars 1906, *B. G.*, p. 415, modif. 18 août 1906, *B. G.*, p. 1141.

12 avril 1906   Avis de délivrance d'un certificat d'aptitude professionnelle. Application de l'art. 16 du décret du 26 août 1905, *B. G.*, p. 490.

25 juill. 1906   Décisions prises par la commission de classement des candidats. Renonciation des candidats classés et concours pour un autre emploi. Classement des militaires de la gendarmerie. Classement des sous-officiers commissionnés, *B. G.*, p. 1049.

20 août 1906   Circ. Relevés de notes à joindre aux dossiers des caporaux, brigadiers et soldats des T. C., candidats à des emplois civils, *B. G.*, p. 1159.

22 août 1906   Circ. Examen médical des candidats aux emplois d'inspecteurs des pêches et de gardes-pêches maritimes, *B. G.*, p. 1163.

Emplois spéciaux.

15 sept. 1901   Service courant, *B. G.*, E. R., vol. 74.

Art. 230. Modif. 4 décembre 1905, *B. G.*, p. 1790. Les emplois spéciaux ne seront jamais confiés aux sous-lieutenants. Sauf à ceux provenant des adjudants et nommés par application du décret du 18 juin 1904.
Art. 146 à 156, 161 à 163. Propositions pour les emplois spéciaux.

Emporte-pièce.

0 déc. 1903 Achat au compte de la masse générale d'entretien des emporte-pièces pour attributs divers, *B. G.*, vol. spl., T. C., p. 226.

Encre pour le marquage des effets.

(Voir : *Marquage*.)

28 juill. 1886 Circ. Emploi de l'encre Dagron pour le marquage des effets, *B. M.*, p. 89.
10 août 1891 Circ. Emploi de l'encre Marrot pour le marquage des effets d'habillement, *B. C.*, p. 617; *B. M.*, p. 230.
13 févr. 1896 Notice pour l'emploi des encres Dagron et Marrot, *B. G.*, E. M., vol. 4, p. 31; modif. 20 juin 1906, *B. G.*, p. 832.
6 déc. 1903 Achat au compte de la masse générale d'entretien, *B. G.*, vol. spl., T. C., p. 225.
20 sept. 1901 Emploi de l'encre Moreau, *B. G.*, p. 1171; modif. 4 janvier 1905, *B. G.*, p. 3; devient encre J.-M. Paillard.

Enfants de troupe.

(Voir : *Gendarmerie*.)

19 juill. 1881 Loi supprimant les enfants de troupe dans les régiments, *B. M.*, p. 1010; *B. G.*, E. M., vol. 32-2, p. 6.
3 mars 1885 Décret. Application de la loi du 19 juillet 1881, *B. M.*, p. 1002; *B. G.*, E. M., vol. 32-2, p. 14; art. 7 modif. 27 avril 1906, *B. G.*, p. 559.
10 oct. 1901 Inst. pour les nominations aux places d'enfant de troupe et l'admission dans les écoles militaires préparatoires et à l'orphelinat Hériot, *B. G.*, p. 1014; *B. G.*, E. M., vol. 32-2, p. 20; modif. 26 décembre 1901, *B. G.*, p. 1557, pour son application aux T. C.

    Admission aux places d'enfants de troupe :

    Art.   2.   Conditions d'admissibilité.
          3 - 4. Transmission des demandes.
          5 - 6. Instruction des demandes.
          7 à 9. Classement des demandes par la commission régionale.
       10 à 12. Nominations.
    Administration des enfants de troupe laissés dans leur famille :
    Art. 13 à 15. Payement de l'indemnité.
         16. Voyage en chemin de fer.
         17. Hospitalisation des enfants de troupe.
       18 à 22. Mutations, radiations. Situations.

7 mars 1902 Circ. relative aux enfants de troupe à inscrire sur le carnet spécial prévu par la circ. du 21 septembre 1901, *B. G.*, p. 252.
26 mai 1904 Décret sur la solde des T. C. en France. Art. 14, position 15. Indemnités aux enfants de troupe laissés dans leur famille, *B. G.*, vol. spl., T. C., p. 54.

Engagements et rengagements pour une colonie ou un groupe de colonies déterminé.

7 juill. 1900 Loi organisant l'armée coloniale, art. 15, § 6, *B. C.*, p. 594; *B. G.*, vol. spl., T. C., p. 5.
1er mars 1904 Décret. Colonies et groupes de colonies pour lesquels peuvent être contractés les engagements et rengagements spéciaux prévus par la loi du 7 juillet 1900, *B. C.*, p. 252; *B. G.*, p. 267.
30 avril 1904 Inst. pour l'application du décret du 1er mars 1904. Engagements. Consentement du chef de corps. Rengagement. Commission. Libération. Perte des droits. Renonciation, *B. C.*, p. 532; *B. C.*, p. 581; err., *B. G.*, p. 653; modif. art. 11 (renonciation), 28 février 1905, *B. G.*, p. 353; art. 1er, 26 mai 1905, *B. G.*, p. 690; *B. C.*, p. 625.
18 mars 1905 Circ. relative aux rengagements pour une colonie déterminée, souscrits par les militaires du corps d'occupation de Chine, *B. G.*, p. 262.
27 avril 1906 Nombre d'engagements et de rengagements qui peuvent être reçus dans les corps des T. C., du 1er juillet 1906 au 1er juillet 1907, *B. G.*, v. s., p. 365.

Engagements volontaires.

(Voir : Aptitude physique. — Armuriers de la marine. — Hautes payes. Légion étrangère. — Primes d'engagement. — Tirailleurs malgaches.)

10 janv. 1899 — Inst. relative aux engagements volontaires (troupes métropolitaines), *B. O.*, E. R., vol. 68, p. 352; modif. 4 avril 1901, *B. O.*, p. 555; 27 juin 1905, *B. O.*, p. 911 ci-après.

18 nov. 1899 — Circ. Destination à donner aux engagés volontaires au titre de l'artillerie coloniale, *B. O.*, E. R., vol. 68, p. 574.

29 avril 1901 — Circ. Réception des engagements au titre des compagnies d'ouvriers d'artillerie coloniale, *B. O.*, p. 678.

28 nov. 1902 — Circ. Engagements contractés pour les régiments d'infanterie coloniale stationnés dans le gouvernement militaire de Paris, *B. O.*, p. 2318.

30 juill. 1904 — Circ. Tenue d'un registre à souche des autorisations d'engagement et de rengagements données par les chefs de corps des T. C., *B. O.*, p. 1257; modèle, *B. O.*, p. 1325.

1er nov. 1904 — Décret. Mode de recrutement des militaires indigènes de race annamite au Tonkin et en Annam, art. 11 à 13, *B. C.*, p. 1072.

11 nov. 1904 — Décret. Recrutement indigène en Afrique occidentale, art. 1 et 2, *B. C.*, p. 1092.

21 mars 1905 — Loi sur le recrutement, art. 23, 50 et 51. Art. 52. Engagements pour la durée de la guerre. Art. 53. Réception des engagements, *B. O.*, p. 263; *B. C.*, p. 359; *B. O.*, E. M., vol. 68-1.

27 juin 1905 — Décret relatif aux engagements volontaires dans les troupes métropolitaines, *B. O.*, p. 922; err., *B. O.*, 1906, p. 813.

27 juin 1905 — Arr. relatif à l'application du décret du 27 juin 1905, *B. O.*, p. 941.

25 août 1905 — Décret relatif aux engagements et rengagements dans les T. C., *B. O.*, p. 1395; *B. C.*, p. 910; modif. 21 juin 1906; *B. O.*, p. 815; *B. C.*, p. 508.

    Art. 1 à 5. Dispositions générales. Nature des engagements et rengagements, err. à l'art. 1er, *B. O.*, 1906, p. 520.
      6 à 13. Engagements volontaires.
        29. Avantages pécuniaires aux engagés.

Tableau indiquant la taille à exiger des engagés volontaires.
Modèles. Acte d'engagement, err. *B. O.*, 1906, p. 520.
    Certificat d'aptitude.
    Certificat de bonnes vie et mœurs.
    Attestation.
    Consentement du chef de corps.

13 sept. 1905 — Circ. Conditions dans lesquelles doivent être reçus les engagements pour les T. C., *B. O.*, p. 1509.

4 janv. 1906 — Arr. Mise en route des engagés. Application de l'art. 53 de la loi du 21 mars 1905, *B. O.*, p. 13.

13 août 1906 — Arr. Engagements spéciaux dits de devancement d'appel dans les colonies et pays de protectorat. Programme d'examen pour l'obtention du brevet spécial d'aptitude militaire, *B. O.*, p. 1154.

Enquêtes.

13 avril 1899 — Circ. Recommandation de faire parvenir sans retard le résultat des enquêtes prescrites par l'administration centrale, *B. O.*, E. R., vol. 31, p. 60.

Enregistrement.

(Voir : Marchés.)

13 frimaire an VII (12 déc. 1798) — Loi sur l'enregistrement, *B. M. R.*, p. 136.

3 mars 1890 — Règl. sur le casernement en France, art. 82. Enregistrement des baux, *B. O.*, E. R., vol. 51.

13 mars 1903 — Loi relative à l'enregistrement des marchés passés par le Ministère des colonies pour le compte des budgets locaux, *B. O.*, p. 191.

16 oct. 1903 — Règl. sur le casernement aux colonies, art. 81. Enregistrement des baux, *B. O.*, vol. spl., p. 915.

Enseignement professionnel à la caserne

28 juill. 1900 Circ. relative à l'organisation de l'enseignement professionnel à la caserne, *B. G.*, p. 1031.

Enveloppes.

(Voir : *Correspondance. — Bidon.*)

15 janv. 1905 Description. Art. 3. Enveloppe de paillasse. Art. 4. Enveloppe de traversin. Art. 42 et 43. Enveloppes mobiles de petit bidon de 1 et 2 litres. Art. 44. Enveloppe mobile de petit bidon de cavalerie, *B. G.*, E. M., vol. 53.

Envois de fonds.

22 juill. 1880 Dispositions relatives aux envois de fonds par les corps de troupe. Surveillance du commissaire aux revues. Paiement par le Trésor, *B. M.*, p. 120; rappelée circ. 11 décembre 1900, *B. C.*, p. 1068.

Epaulettes.

30 sept. 1903 Description des uniformes. Art. 59. Officiers d'infanterie coloniale. Art. 220. Adjudants et chefs de fanfare d'infanterie coloniale. Art. 311. Sous-officier rengagé d'infanterie coloniale. Art. 437. Hommes de troupe, *B. G.*, vol. spl., T. C.

 6 déc. 1903 Achat de jaune pour épaulettes au compte de la masse générale d'entretien, *B. G.*, vol. spl., T. C., p. 226.

Epée.

30 sept. 1903 Description des uniformes. Art. 37. Epée à ciselures. Art. 38. Epée sans ciselures. Art. 347. Epée de sous-officier rengagé, mod. 1887, *B. G.*, vol. spl., T. C.

Eperons.

27 déc. 1902 Description des éperons à la chevalière pour officiers généraux et assimilés, *B. G.*, p. 2382.

30 sept. 1903 Description des uniformes. Art. 30. Eperons à la chevalière. Art. 31. Eperons d'ordonnance. Art. 269. Eperons à la chevalière (troupes), *B. G.*, vol. spl., T. C.

Epidémies.

(Voir : *Médaille des épidémies.*)

 4 oct. 1895 Circ. Informations à fournir aux autorités civiles au sujet des militaires envoyés en congé et atteints de dysenterie, *B. M.*, p. 574.

 2 mars 1900 Circ. Destruction des effets d'habillement et de literie des militaires atteints du choléra ou de la peste, *B. C.*, p. 177.

 7 janv. 1902 Arr. Liste des maladies dont la déclaration est obligatoire aux colonies et mode de déclaration, *B. C.*, p. 17; et circ. d'application du même jour, *B. C.*, p. 16.

26 août 1902 Circ. Les déclarations seront faites par cartes-lettres, *B. C.*, p. 743.

12 avril 1904 Circ. Mesures prophylactiques contre le paludisme et la fièvre jaune, *B. C.*, p. 324.

Epinglettes de tir.

(Voir : *Tir.*)

27 déc. 1905 Circ. relative au marché passé pour la fourniture de 1906 à 1908 des cors de chasse, épinglettes, prix de tir, *B. G.*, v. s., p. 911.

Equipages régimentaires.

(Voir : *Trains régimentaires. — Voitures.*)

3 juill. 1883 Note relative au matériel des équipages des corps de troupe changeant de garnison, *B. G.*, E. M., vol. 86, p. 65.

29 juill. 1887 Déc. Mode de chargement des fourgons à bagages dans les régiments d'infanterie, modif. 25 septembre 1888; *B. G.*, E. M., vol. 86, p. 82.

1er fév. 1888 Matériel de corvée des corps de troupe d'infanterie, *B. G.*, E. M., vol. 86, p. 88.

21 juin 1890 Note. Place à assigner aux caisses des ouvriers tailleurs, cordonniers ou bourreliers sur les voitures régimentaires des corps d'infanterie, *B. G.*, E. M., vol. 86, p. 87.

18 juin 1901 Circ. Entretien et remplacement du matériel et du harnachement du service de l'artillerie entrant dans la composition des équipages régimentaires des corps de troupe ou formant la dotation en matériel de corvée desdits corps (infanterie, cavalerie, génie), *B. G.*, 2e sem., p. 56; *B. G.*, E. M., vol. 86, p. 73; complétée 20 février 1902, *B. G.*, p. 120; *B. G.*, E. M., vol. 86, p. 79; modif. 30 mai 1906, *B. G.*, p. 697.

6 déc. 1903 Les frais d'entretien et de réparation des voitures en service ou en dépôt dans les corps de troupes coloniales sont à la charge de la masse de harnachement, *B. G.*, vol. spl., T. C., p. 232.

Equipement.

(Voir : *Approvisionnements de guerre. — Cessions. — Emballages. — Habillement.*)

19 oct. 1899 Circ. Mesures à prendre lors du déballage des effets de petit équipement expédiés aux corps coloniaux par les régiments de la métropole, *B. C.*, p. 1307.

20 févr. 1901 Circ. Approvisionnement des corps de troupe aux colonies en effets de grand et de petit équipement, *B. C.*, p. 130.

13 avril 1904 Dép. Nomenclature des effets de petit équipement des troupes indigènes de l'Afrique occidentale, *B. C.*, p. 625; err., *B. C.*, 1906, p. 515.

28 sept. 1904 Circ. Renseignements à porter sur les demandes de matériel d'équipement, habillement, etc., référence à la nomenclature II I (guerre), *B. C.*, p. 983.

17 mars 1906 Dép. Nomenclature des effets de petit équipement des troupes de l'Afrique orientale, *B. C.*, p. 293.

Escabeaux.

6 juill. 1899 Description des escabeaux pour magasins d'habillement, *B. G.*, E. R., vol. 51 *bis*, p. 53.

16 oct. 1903 Description des escabeaux pour magasins d'habillement, *B. C.*, vol spl., p. 989.

Escortes de prévenus ou de prisonniers.

(Voir : *Condamnés.*)

4 oct. 1891 Service des places, art. 66 à 70, *B. G.*, E. R., vol. 75.

Escortes d'honneur.

(Voir : *Honneurs.*)

Escrime.

oct. 1892   Service intérieur. Inf., art. 210; artill., art. 210. Fonctions du maître d'escrime et du caporal ou brigadier moniteur, B. G., E. R., vol. 78.
janv. 1895   Inst. Organisation de l'enseignement de l'escrime dans les corps de troupe de la marine, B. O., p. 91; B. M., p. 62; modif. 7 septembre 1896, B. M., p. 885.
nov. 1902   Décret. Suppression de l'enseignement de l'escrime dans les troupes de l'infanterie coloniale, B. O., p. 1156; B. G., p. 2160.
août 1903   Circ. relative à l'enseignement de l'escrime. Groupement dans une même salle d'armes de troupes d'armes différentes, B. G., p. 1291; B. G., E. M., vol. 55-2, p. 122.

Espionnage.

avril 1886   Loi établissant des pénalités contre l'espionnage, B. C., 1891, p. 251; B. M., p. 815; B. G., E. M., vol. 59-4, p. 5.
oct. 1891   Service des places, art. 156, B. G., E. R., vol. 75.
févr. 1894   Décret rendant applicable aux colonies la loi du 18 avril 1886, B. C., p. 253; et circ. du 6 mars 1894, B. C., p. 252.
juill. 1899   Convention de La Haye. Annexe, art. 29 à 31, B. G., E. R., vol. 59 bis, p. 16.

Essais.

(Voir : *Echantillons*.)

juill. 1888   Aucun essai ne doit avoir lieu dans l'armée sans l'autorisation du Ministre, B. G., E. R., vol. 91, p. 39.

Essence de térébenthine.

déc. 1903   Achat au compte de la masse générale, B. G., vol. spl., T. C., p. 225.

Estrade pour salle d'école.

juill. 1899   Description, B. G., E. R., vol. 51 bis, p. 54.
oct. 1903   Description, B. C., vol. spl., p. 990.

Etablis d'armurier et de tailleur.

juill. 1899   Description, B. G., E. R., vol. 51 bis, p. 51.
oct. 1903   Description, B. C., vol. spl., p. 988.

Etablissements hospitaliers du service général.

(*Hôpitaux coloniaux*.)

nov. 1903   Décret organisant le service de santé colonial, art. 14. Fonctionnement et organisation, B. C., p. 927; B. G., p. 1627.

Etablissements militaires.

(Voir: *Travail*. — *Visite des établissements militaires*.)

mars 1899   Règl. sur le casernement en France, art. 60. Formalités exigées pour entrer dans les bâtiments militaires, B. G., E. R., vol. 51.
oct. 1903   Règl. sur le casernement aux colonies, art. 60. Formalités exigées pour entrer dans les bâtiments militaires, B. C., vol. spl., p. 907.

Etablissements pénitentiaires militaires.

(Voir : *Condamnés. — Prisons.*)

26 févr. 1900   Décret sur le régime et la police des établissements pénitentiaires militaires, B. G., E. R., vol. 57, p. 3; modif. 2 novembre 1902, B. G., p. 2279; B. C., p. 1118.

10 déc. 1900   Inst. sur les établissements pénitentiaires militaires, B. G., E. R., vol. 57; modif. 29 avril 1902, B. G., p. 877; 28 octobre 1902; B. G., p. 2598; 12 et 17 novembre 1902, B. G., p. 2180 et 2283; 18 décembre 1902; B. G., p. 2311; 29 et 31 août 1903, B. G., p. 1292 et 1301; 15 octobre 1903, B. G., p. 1506; 13 juillet 1904, B. G., p. 1070; 13 juin 1905, B. G., p. 834.

2 nov. 1902   Inst. morale pour les gradés des établissements pénitentiaires et circ. du même jour, B. G., p. 2296; B. C., p. 1151.

12 nov. 1902   Circ. Répartition des hommes des établissements pénitentiaires d'Algérie et de Tunisie à réintégrer dans les corps de troupe, B. G., p. 2290.

29 août 1903   Circ. Affectation à donner à leur sortie des établissements pénitentiaires aux militaires des T. C., condamnés qui ne sont pas dans le cas d'être dirigés sur les bataillons d'Afrique, B. G., p. 1292.

Etagères pour magasins.

6 juill. 1899   Description, B. G., E. R., vol. 51 *bis*, p. 52.
16 oct. 1903   Description, B. C., vol. spl., p. 989.

Etamage.

(Voir : *Campement.*)

21 août 1890   Les médecins militaires doivent vérifier l'étamage des ustensiles de cuisine, B. G., E. M., vol. 83, p. 255.

19 avril 1900   Circ. Prix d'étamage des ustensi... de campement. Application de la note (guerre), du 21 septer... 1899, B. G., r. s., p. 787; B. M., p. 672; B. C., p. 388.

15 janv. 1905   Etamage des ustensiles de c... et tarifs, B. G., E. M., vol 53, p. 179 et 192; modification au ... ri. ... juillet 1906, B. G., p. 852.

Etat civil.

(Voir : *Décès. — Divorce. — Mariage. — Scellés. — Successions.*)

19 mai 1865   Circ. Les prénoms des officiers doivent être mentionnés sur les états de mouvement, lettres et autres documents, B. M., p. 278; B. M. R., p. 630.

19 avril 1881   Circ. Interdiction de l'usage du K/ pour l'orthographe des noms propres dans la correspondance officielle, B. M., p. 580.

20 nov. 1884   Circ. Recommandations relatives aux actes de décès, B. M., p. 909.

18 mars 1887   Circ. Transmission au département des colonies des actes de décès et certificats de genre de mort concernant les officiers, fonctionnaires et agents décédés aux colonies, B. C., p. 140.

21 août 1889   Circ. Les actes et certificats de décès des marins morts aux colonies doivent être transmis à l'administration des colonies, B. C., p. 826.

31 oct. 1889   Circ. Régularisation de l'état civil des marins et militaires décédés à bord ou aux colonies, B. M., p. 699; B. C., p. 1453.

2 déc. 1889   Circ. Etablissement des actes de l'état civil aux colonies. Régularité de ces actes en vue d'éviter les jugements, B. C., p. 1500.

8 juin 1893   Loi modifiant les dispositions du code civil relatives à certains actes de l'état civil et aux testaments faits soit aux armées, soit au cours d'un voyage maritime, B. M., 2ᵉ sem., p. 7; B. C., p. 524; B. G., E. R., vol. 28, p. 14; complétée 17 mai 1900, B. G., p. 774.

8 juill. 1893   Circ. Notification des lois du 8 juin 1893. Mesures d'application, B. M., 2ᵉ sem., p. 4; B. C., p. 521.

Etat civil (*suite*).

Etat de siège.

Etat des officiers.

(Voir : *Conseils d'enquête. — Conseil supérieur de la guerre. — Officiers de réserve, etc. — Pensions de réforme.*)

Art.   1.   Du grade.
2.   Des positions de l'officier.
3.   De l'activité.
4 à 8.   De la non-activité.
9 à 13.   De la réforme.
14.   De la retraite.
15 à 21.   De la solde.
24 à 25.   Application à l'armée de mer.
26 à 28.   Dispositions générales.

Etat-major.

(Voir : *Ecole supérieure de guerre.*)

Etat-major (*suite*)

10 nov. 1888   Arr. fixant à deux années la durée maxima des fonctions des officiers des troupes de la marine détachés auprès des gouverneurs et autres hauts fonctionnaires civils des colonies, *B. C.*, p. 711; *B. M.*, p. 519.

3 janv. 1891   Décr. sur l'organisation du service dans les états-majors, *B. O.*, E. R., vol. 62, p. 209; modif. 15 février 1900, *B. G.*, p. 209; 21 juillet 1905, *B. G.*, p. 1115; 11 mai 1906, *B. G.*, p. 652.

17 oct. 1891   Circ. Désignation des officiers détachés auprès des gouverneurs ou mis momentanément à leur disposition, *B. C.*, p. 700, et circ. (marine), du 29 octobre 1891, *B. M.*, p. 737.

20 févr. 1895   Inst. concernant les travaux et exercices des officiers du service d'état-major, *B. G.*, E. M., vol. 55-1, p. 176.

20 févr. 1900   Inst. sur le service des états-majors en temps de paix et en temps de guerre, *B. G.*, p. 211; modif. 14 août 1903, *B. G.*, p. 1215.

7 juill. 1900   Loi sur l'armée coloniale, art. 9. Etat-major général. Composition. Emploi. Officiers généraux de l'armée de terre dans l'armée coloniale. Emploi des officiers généraux des T. C. dans l'armée de terre. Art. 10. Service d'état-major, *B. C.*, p. 594.

17 juill. 1901   Composition de l'état-major du corps d'armée des T. C. : 1 chef d'état-major (colonel, exceptionnellement général de brigade; 1 sous-chef d'état-major, lieutenant-colonel ou colonel; 3 capitaines, *B. G.*, p. 355; *B. G.*, vol. spl., T. C., p. 207.

15 sept. 1901   Service courant, art. 132 à 136. Propositions pour les états-majors, *B. G.*, E. R., vol. 74.

6 déc. 1902   Etablissement pour les officiers généraux et assimilés au moment de leur passage dans le cadre de réserve ou de leur admission à la retraite, d'un rapport analogue à celui prescrit par l'inst. du 28 décembre 1898, art. 2 et 5, pour les officiers retraités ou démissionnaires, *B. G.*, p. 2386.

Etat signalétique et des services.

(Voir : *Certificat de position militaire.*)

23 déc. 1903   Arr. Délivrance, *B. G.*, p. 1957.

Etiquettes pour planches à bagages et râteliers d'armes.

6 déc. 1903   Achat au compte de la masse générale d'entretien, *B. G.*, vol. spl., T. C., p. 227.

Etudes de droit.

26 déc. 1888   Circ. Les fonctionnaires des colonies candidats à la licence en droit sont autorisés à faire une déclaration d'études dans la colonie où ils sont en service, *B. C.*, p. 761.

27 mars 1890   Circ. Les candidats au doctorat en droit sont appelés à bénéficier des dispositions de la circulaire du 26 décembre 1888, *B. C.*, p. 530.

29 juin 1901   Circ. Rappel des prescriptions de la circ. du 26 décembre 1888. Dates des déclarations. Formes. Pièces à joindre. Déclarations de continuation d'études, *B. C.*, p. 565.

Etui de revolver.

30 sept. 1903   Description des uniformes, art. 32, *B. G.*, vol. spl., T. C., p. 35.

6 déc. 1903   Achat au compte de la masse générale d'entretien des étuis pour sergent-major, maréchal des logis chef et adjudant, *B. G.*, vol. spl., T. C., p. 224.

Etui-musette.

30 sept. 1903　Art. 430. Description, *B. G.*, vol. spl., T. O., p. 262.

Etuis des drapeaux et étendards.

(Voir : *Drapeaux et étendards.*)

Etuis d'ustensiles de campement.

15 janv. 1905　Description. Art. 45 à 47, étuis de gamelle et de marmite, *B. G.*, E. M., vol. 53, p. 60.

Evacuations.

20 mars 1897　Règl. sur le fonctionnement des hôpitaux coloniaux, art. 48, *B. C.*, p. 190.

Evénements graves.

(Voir : *Décès.*)

30 avril 1893　Avis officiel à donner par télégramme en cas d'événements graves ou de faits importants intéressant l'armée, *B. G.*, E. R., vol. 38, p. 205.

25 mai 1893　Avis à adresser en cas de décès, événements, accidents ou maladies graves concernant les officiers supérieurs et généraux et assimilés, *B. G.*, E. R., vol. 38, p. 206.

19 sept. 1899　Circ. prescrivant d'informer télégraphiquement le Ministre de tout événement ou incident de quelque importance intéressant l'armée, *B. G.*, E. R., vol. 38, p. 214, et circ. du 5 octobre 1905, *B. G.*, p. 1501.

5 oct. 1905　Circ. Avis télégraphiques à donner au Ministre des événements ou incidents importants intéressant l'armée, *B. G.*, p. 1501.

31 mars 1906　Circ. Avis télégraphiques à donner au Ministre des événements ou incidents importants intéressant l'armée.

30 mai 1906　Circ. relative aux informations de presse. Avis télégraphique au Ministre.

Exclus de l'armée.

7 juill. 1900　Loi, art. 21. Les exclus sont mis à la disposition des départements de la guerre et des colonies, *B. C.*, p. 594.

28 déc. 1900　Décr. relatif aux hommes exclus de l'armée, *B. C.*, p. 462; *B. G.*, E. M., vol. 57-4, p. 3.

21 mars 1905　Loi, art. 4, *B. C.*, p. 359; *B. G.*, p. 263; *B. G.*, E. M., vol. 68-1, p. 4.

10 juill. 1906　Décr. appliquant aux relégués individuels comme aux relégués collectifs le décret du 28 décembre 1900 ci-dessus, *B. G.*, p. 887.

Exécution capitale.

2 sept. 1831　Décr. roy. prescrivant de surseoir à l'exécution de tous les jugements portant condamnation à mort jusqu'à décision du Roi, *A. M.*, p. 568; *B. M.*, R., p. 89, et circ. (guerre), du 7 septembre 1831, *B. G.*, E. M., vol. 59-2, p. 60.

4 oct. 1891　Service des places, art. 127, *B. G.*, E. R., vol. 75.

Exécution des jugoments.

9 juin 1857 Code de justice militaire, art. 148, 150, 151, *B. G.*, E. R., vol. 56.
23 déc. 1877 Circ. Exécution d'un jugement à une peine afflictive et infamante prononcée contre un militaire par une Cour d'assises, *B. G.*, E. M., vol. 59-1, p. 21.
4 oct. 1891 Service des places, art. 126 à 128. Exécution des jugements prononcés par les conseils de guerre, *B. G.*, E. R., vol. 75.

Exécution des peines.

(Voir: *Justice militaire.*)

31 mai 1900 Mode d'exécution des peines d'emprisonnement prononcées dans certains cas par des tribunaux de droit commun contre des militaires, circ., *B. G.*, E. M., vol. 59-1, p. 41.
23 avril 1902 Circ. Les condamnés qui n'auront pas au jour où le transport devrait être effectué un mois d'emprisonnement à subir devront être maintenus à la prison du siège du conseil de guerre, *B. G.*, p. 653.
13 nov. 1903 Inst. sur le mode d'exécution des peines prononcées contre les militaires appartenant à des corps stationnés aux colonies, *B. C.*, 1901, p. 289; *B. G.*, p. 1702; *B. G.*, E. M., vol. 56 *bis*, p. 93.

Art. 1 - 2. Destination et répartition des condamnés.
    3 - 4. Transport.
      5. Pièces qui doivent accompagner les condamnés.
      6. Renseignements sur ceux détenus aux colonies.
      7. Propositions pour les mesures de clémence.
    8 - 9. Affectation des détenus libérés.

Addition à l'art. 2, § 4, 8 août 1905, *B. G.*, p. 1215; *B. G.*, E. M., vol. 56 *bis*, p. 112.
Addition à l'art. 7, 6 juin 1906, *B. G.*, p. 709.

Exercices clos et périmés.

(Voir : *Comptabilité finances.*)

6 juin 1839 Circ. Nouveaux modèles à transmettre pour les demandes d'ordonnancement sur exercices clos et périmés, *B. M.*, R., p. 488.
2 avril 1811 Circ. Les demandes relatives aux exercices clos et périmés seront établies sur des états distincts suivant que les décomptes dont on réclame le paiement auront été ou non compris dans les tableaux des restes à payer des exercices, *B. M.*, R., p. 539.

Exercice de la médecine.

(Voir : *Clientèle civile.*)

1er juin 1893 Circ. Réglementation de l'exercice de la médecine dans les possessions d'outre-mer par les officiers du corps de santé des colonies, *B. C.*, p. 412.

Exercices de nuit.

9 févr. 1906 Circ. relative aux exercices de nuit.

Expédition de Chine.

(Voir : *Chine.*)

Exploitations privées.

12 avril 1906 Inst. Emploi des militaires dans les exploitations privées, *B. G.*, p. 524.

Explosifs.

*(Voir : Dynamite. — Masse des écoles. — Munitions. — Transports
par chemin de fer.)*

Expropriation.

30 mars 1831 Loi relative à l'expropriation et à l'occupation temporaire, en cas
d'urgence, des propriétés privées nécessaires aux travaux des fortifications, *B. G.*, E. R., vol. 48, p. 231.

3 mai 1841 Loi sur l'expropriation pour cause d'utilité publique, *A. M.*, p. 814 ;
B. M., R., p. 534.

Extradition.

(Voir : Justice militaire.)

15 déc. 1877 Circ. Le mandat d'arrêt doit être accompagné de l'exposé des faits
incriminés, *B. G.*, E. M., vol. 59-4, p. 8.

21 mars 1906 Inst., art. 20. Extradition des déserteurs pour crime ou délit, *B. G.*,
E. M., vol. 59-1, p. 75.

F

Falots de ronde.

6 déc. 1903 Achat des falots de ronde pour les gardes d'écuries et les sous-officiers de ronde au compte de la masse de harnachement, *B. G.*, vol.
spl., T. C., p. 231.

Fanfares.

(Voir : *Musiciens. — Musiques militaires.*)

13 déc. 1875 Dépenses à la charge de la masse générale (1re portion), aux colonies,
B. M., p. 635.
4 juin 1901 Inst. relative aux fanfares de l'infanterie coloniale, *B. G.*, p. 816; addition 13 juillet 1906, *B. G.*, p. 1081.

Fanions et lanternes.

6 déc. 1903 Achat au compte de la masse générale des fanions d'alignement, *B.
G.*, vol. spl., T. C., p. 228.
15 janv. 1905 Description des fanions, lanternes et accessoires pour les quartiers
généraux, art. 70 et notice 10, *B. G.*, E. M., vol. 53, p. 128 et 222.
Fanions des arbitres. Fourniture des fanions et accessoires, *B. G.*,
E. M., vol. 53, p. 225 et 226.

Farines.

26 août 1817 Inst. sur la recherche des farines et du pain falsifiés, *B. M.*, R., p. 700.
10 juill. 1899 Circ. Procédé de recherche du gluten des farines délivrées au service
colonial. Etamage et soudure des caisses métalliques destinées au
logement desdites farines, *B. C.*, p. 717.

Ferrure.

(Voir : *Masse de ferrage et de harnachement.*)

20 oct. 1892 Service intérieur : Inf., art. 255, ferrure des animaux; Artil., art.
84, maréchalerie, *B. G.*, E. R., vol. 78.
27 sept. 1891 Circ. Adoption du crampon à vis pour la ferrure à glace des chevaux
et mulets des corps de troupe d'infanterie de marine : *B. M.*, p. 388.
Application de la décis. (guerre), du 11 août 1891, *B. G.*, E. R.,
vol. 84, p. 211; modifiée à 15 janvier 1903, *B. G.*, p. 13.
3 nov. 1891 Circ. Application à l'artillerie de marine de la circulaire du 27 septembre 1891, ci-dessus, *B. M.*, p. 546.
14 août 1896 Décr., art. 73, 74. Ferrure des chevaux des officiers, *B. G.*, E. R., vol.
69.
16 oct. 1903 Règl. sur les directions d'artillerie aux colonies, art. 66. Exonération
de la majoration pour le ferrage à titre de cession des chevaux
des officiers montés, *B. C.*, vol. spl., p. 83.

Ferrure (*suite*).

6 déc. 1903 Décr. Administration et comptabilité des T. C. en France, art. 168 à 170, *B. G.*, vol. spl, T. C., p. 68.

Dépenses à la charge de la masse de harnachement, *B. G.*, vol. spl., T. C., p. 230.
Tarif maximum d'abonnement pour l'entretien de la ferrure, *B. G.*, vol. spl., p. 242.
Modèle de marché d'abonnement pour la ferrure, *B. G.*, vol. spl., T. C., p. 243.

22 nov. 1904 Circ. Constitution de ferrures de réserve pour les chevaux d'officiers sans troupe, *B. G.*, 1905, p. 1617.
9 déc. 1904 Inst., art. 31. Entretien de la ferrure dans les corps de troupe et dépôts de remonte aux colonies, *B. C.*, p. 1253.

Fêtes et cérémonies.

(Voir : *Discipline générale. — Honneurs. — Monuments commémoratifs. — Tenue.*)

12 avril 1906 Inst. Conditions dans lesquelles l'armée et ses membres peuvent prêter un concours effectif à des œuvres ou entreprises civiles, ou se livrer individuellement à des occupations non militaires, *B. G.*, p. 524
Fêtes et cérémonies. Consultation des autorités civiles. Décision de l'autorité militaire. Officiers représentant le Ministre à une cérémonie. Discours. Assauts d'armes, courses vélocipédiques et à pied, fêtes ou réunions ayant pour objet la pratique d'exercices physiques.

Fêtes légales.

8 mars 1886 Loi déclarant jours fériés légaux le lundi de Pâques et le lundi de Pentecôte, *B. lois.*
10 sept. 1886 Décr. Application aux colonies de la loi du 8 mars 1886, *B. M.*, p. 503.

Fête nationale.

15 juin 1893 Inst. générales (marine), relatives aux honneurs à rendre dans les ports militaires et à la célébration de la Fête nationale, *B. M.*, p. 729.
5 juin 1895 Déc. relative à la célébration de la Fête nationale par l'armée, *B. G.*, E. R., vol. 62, p. 113.

Fêtes régimentaires.

16 juill. 1892 Règles à observer pour l'organisation et la célébration des fêtes régimentaires, *B. G.*, E. R., vol. 62, p. 114.
22 nov. 1904 Circ. Suppression de la célébration de la fête de la Sainte-Barbe dans les corps de troupe d'artillerie, *B. G.*, p. 1224.
12 sept. 1905 Circ. relative aux fêtes annuelles organisées dans les régiments, *B. G.*, p. 1390.

Feuilles de journées.

23 juin 1847 Ord., art. 473 à 490, et inst. du 14 janvier 1870, vol. spl.
6 déc. 1903 Décret sur la solde des T. C. en France, *B. G.*, vol. spl., T. C., p. 122.

Feuille de prêt.

(Voir : *Prêt.*)

Feuille de route.

4 mars 1892 Circ. formalités relatives au visa à apposer sur les feuilles ou ordres de route des officiers, *B. C.*, p. 218.

3 juill. 1897 Décret (colonies) sur les indemnités de route et de séjour en France, art. 19 à 23; aux colonies, art. 74 à 81, *B. C.*, p. 902 et 925.

18 mars 1901 Règl. (guerre) sur le service des frais de route, art. 26 à 31, *B. O.*, E. R., vol. 37.

Feuilles d'ouvrage.

16 oct. 1903 Règl. sur les directions d'artillerie coloniales, art. 67, 80, 85, 92, à 95, *B. C.*, vol. spl., p. 81, et suiv.; modif. 2 octobre 1903, *B. C.*, p. 1050.

16 janv. 1905 Inst. sur la comptabilité-matières (colonies), art. 332, *B. O.*, p. 217.

8 juill. 1905 Inst. sur le fonctionnement administratif du service de santé colonial, art. 28, 29, 30, 31, 32, 41, *B. C.*, p. 1356.

23 déc. 1905 Règl. sur l'armement aux colonies, art. 76. Feuilles d'ouvrages tenues par le chef armurier.

Feuilles de notes.

(Voir : *Agents civils du commissariat. — Notes.*)

21 août 1880 Arr. Tenue d'un feuillet de notes pour les sous-officiers d'infanterie de marine, *B. M.*, p. 402.

11 avril 1898 Arr. Tenue d'un feuillet de notes pour les sous-officiers d'artillerie de marine, *B. M.*, p. 422.

7 juill. 1902 Circ. Application aux employés militaires d'artillerie coloniale de l'arrêté du 14 avril 1898, *B. G.*, p. 1587.

Feuillets de punitions.

(Voir : *Documents confidentiels. — Punitions.*)

7 août 1900 Circ. Remplacement des livrets matricules et feuillets de punitions, portant trace d'une plainte en conseil de guerre qui a été suivie d'un acquittement ou d'une ordonnance de non-lieu, *B. G.*, p. 1153.

Feuillets du personnel.

(Voir : *Dossiers du personnel.*)

12 sept. 1894 Circ. Les imprimés de feuillet du personnel des officiers des troupes de la marine seront achetés au compte de la masse générale d'entretien, *B. C.*, p. 690.

23 mai 1903 Circ. Établissement du feuillet du personnel par le corps que l'officier quitte par mutation, *B. G.*, p. 742.

Fiches sanitaires.

31 oct. 1901 Inst. sur la pesée régulière et périodique des hommes de troupe; établissement de fiches sanitaires, *B. G.*, 1609.

Filtres.

30 mai 1892 Circ. Application aux colonies des instructions de la guerre relatives à l'installation des filtres à nettoyeur du système André, dans les établissements militaires, *B. O.*, p. 416.

28 avril 1893 Circ. Emploi des filtres Chamberland dans les casernements des troupes aux colonies, *B. O.*, p. 358.

4 janv. 1895 Circ. Application aux colonies des instructions de la guerre pour l'emploi du bisulfite de soude comme régénérateur du filtre Chamberland, muni du nettoyeur André, *B. O.*, p. 37.

12 janv. 1901 Inst. relative à l'installation et à l'entretien des filtres Chamberland, système Pasteur, dans les établissements militaires, *B. G.*, p. 71; *B. G., E. M.*, vol. 83, p. 173.

Notice à l'usage du personnel chargé de l'entretien des filtres Chamberland du modèle à nettoyeur André, *B. G.*, p. 94; *B. G., E. M.*, vol. 83, p. 193.

11 juin 1905 Modification à l'annexe F du décret du 6 décembre 1903. Les frais de remplacement du sable et des bougies destinés au filtre Chamberland, les frais d'emploi, de nettoyage et de stérilisation ds filtres à nettoyeur André sont à la charge de la masse générale en France, *B. G.*, p. 741.

Fonctionnaires.

19 sept. 1870 Décret qui abroge l'art. 75 de la constitution de l'an VIII, *B. M.*, p. 266; *B. M. R.*, p. 657; poursuites contre les fonctionnaires publics de tout ordre.

2 déc. 1880 Décret relatif aux poursuites à exercer contre les fonctionnaires dans les colonies de la Martinique, de la Guadeloupe et de la Réunion, *B. M.*, p. 1055.

10 déc. 1880 Décret. Poursuites à exercer contre les fonctionnaires à la Guyane, dans l'Inde, au Sénégal, à Saint-Pierre et Miquelon et à la Nouvelle-Calédonie, *B. M.*, p. 1058.

30 déc. 1880 Décret. Poursuites à exercer contre les fonctionnaires en Cochinchine, dans les établissements de l'Océanie, à Mayotte, à Nossi-Bé et au Gabon, *B. M.*, p. 1061.

4 juill. 1889 Loi complétant l'art. 177 du Code pénal relatif à la corruption des fonctionnaires publics, *B. des lois*.

18 mai 1897 Décret rendant applicable en Indo-Chine la loi du 4 juillet 1889, *B. O.*, p. 478.

25 févr. 1901 Loi de finances, art. 55. L'augmentation du nombre ou du traitement des fonctionnaires ou agents rémunérés sur le budget de l'État devra faire l'objet d'un décret contresigné par le Ministre des finances. Les conditions d'admission à la retraite et le taux des pensions ne peuvent être modifiés que par une loi, *B. O.*, p. 181.

10 oct. 1905 Décret rendant applicable aux colonies autres que les Antilles, la Réunion et l'Indo-Chine, la loi du 4 juillet 1889, *B. O.*, p. 1000.

Fonds.

(Voir : Comptabilité publique et comptabilité-finances.)

8 floréal an X (28 avril 1802) Arr. consulaire sur les précautions à prendre par les dépositaires de deniers publics pour la conservation de leurs fonds, *B. M. R.*, p. 191.

22 juin 1817 Ord., art. 658 à 677. Valeurs en caisse dans les corps de troupe. Dépôts au Trésor. Recouvrement des imputations. Pertes ou déficits, vol. spl.

22 juill. 1880 Circ. Ecritures à tenir en ce qui concerne les fonds mis à la disposition des corps de troupe de la marine, *B. M.*, p. 120.

23 févr. 1893 Circ. Le commandement des détachements de relève et la gestion des fonds destinés au paiement de la solde de traversée ne doivent être confiés à des sous-officiers que quand il n'y a pas d'officiers à bord, *B. O.*, p. 224; *B. M.*, p. 318.

21 déc. 1902 Circ. déterminant les conditions dans lesquelles les détenteurs de fonds du département de la guerre sont autorisés à conserver en caisse des fonds étrangers à l'administration des corps de troupe ou des établissements militaires, *B. G.*, p. 2173.

Fonds (*suite*).

6 déc. 1903 Décret. Administration et comptabilité des T. C. en France, art. 89 à 113. Valeurs en caisse. Dépôts au Trésor et versements à la Caisse des dépôts. Avances faites par les corps. Remboursement des cessions faites par les corps. Recouvrements et imputations. Pertes ou déficits, *B. G.*, vol. spl., T. C., p. 32.

23 févr. 1906 Circ. autorisant les trésoriers et officiers payeurs des corps de troupe à recevoir par versements mensuels de 1 franc le montant des cotisations annuelles des membres de l'association « la Saint-Cyrienne », *B. G.*, p. 307.

Fonds éventuels.

(Voir : *Caisse d'épargne*, 5 juillet 1906.)

6 déc. 1903 Décret. Administration des T. C. en France, art. 154 et tarif, *B. G.*, vol. spl., T. C., p. 61 et 224.

21 mars 1905 Circ. Fonds éventuels des chefs de corps aux colonies. Application, circ. (guerre), 1er juillet 1896, *B. G.*, p. 5, et 9 février 1897, *B. G.*, p. 207, *B. O.*, p. 432.

Formation et dissolution des corps de troupe.

6 déc. 1903 Décret, art. 281 et 285, et annexe K, *B. G.*, vol. spl., T. C., p. 121 et 267.

17 déc. 1903 Circ. Formalités à observer aux colonies, *B. O.*, p. 1228.

Formules de salutation.

(Voir : *Correspondance*.)

Fortifications.

19 sept. 1903 Décret réorganisant l'artillerie coloniale, art. 1er, *B. O.*, p. 842.

16 oct. 1903 Règl. sur les directions d'artillerie coloniales, art. 1, 26, 36 à 41, *B. O.*, vol. spl.

Fouet.

30 sept. 1903 Art. 410. Description, *B. G.*, vol. spl., T. C., p. 263.

Fourchette.

30 sept. 1903 Art. 450. Description, *B. G.*, vol. spl., T. C., p. 282.

Fournitures de bureau.

(Voir : *Frais de bureau*.)

Fourrages.

(Voir : Approvisionnements de guerre. — Gendarmerie. — Masse de ravitaillement. — Remonte.)

20 oct. 1892 Service intérieur. Inf., art. 361; artill., art. 379. Composition de la ration du cheval, *B. G.*, E. R., vol. 78.

14 juin 1900 Service des subsistances, art. 299 à 311, *B. G.*, E. R., vol. 91.

22 avril 1901 Mode de décompte de la valeur des denrées fourragères à rembourser par le Ministère des colonies pour la nourriture des animaux cédés par la guerre, *B. G.*, p. 617.

26 mai 1901 Décret sur la solde et les revues des T. C., en France, art. 18. Prestations 8 et 9. Droits aux fourrages. Pied de paix. Pied de guerre, *B. G.*, vol. spl., T. C., p. 73.

28 mai 1906 Circ. Les rations de fourrages accordées à titre gratuit aux généraux du cadre de réserve ou en retraite et aux colonels en retraite pourvus d'un commandement actif en cas de mobilisation ne sont attribuées que si ces officiers possèdent réellement une monture, *B. G.*, p. 703.

Frais de bureau.

1° *Ministère de la guerre.*

6 sept. 1901 Circ. rendant applicables aux T. C. les dispositions de l'article 11, tableau 2, du décret du 29 mai 1890, et les fixations du tarif 18 du décret du 27 décembre 1890. Frais de bureau aux commandants d'armes et aux majors de garnison, *B. G.*, p. 801.

26 mai 1901 Décret sur la solde, art. 14, indemnité 5, tarif 15 et nomenclature des dépenses à la charge des abonnements pour frais de bureau alloués dans les corps de troupe, *B. G.*, vol. spl., T. C.; modif. 11 juin 1903, *B. C.*, p. 711.

4 nov. 1903 Circ. La dépense résultant de la fourniture des imprimés du rapport modèle A visé par l'art. 75 du décret du 4 octobre 1891 (service des places), incombe aux majors de garnison ou, à défaut, aux commandants d'armes, *B. G.*, p. 1079.

2° *Ministère des colonies.*

29 déc. 1903 Décret sur la solde, art. 15, indemnité 5 et tarif 13, *B. C.*, 1901, p. 302 et 410; et circ. du 21 avril 1901, *B. C.*, p. 357.

29 déc. 1903 Déc. prés., tableau C. Répartition par catégories des divers commandements ou emplois au titre desquels il est prévu une indemnité pour frais de bureau, *B. C.*, 1904, p. 430.

17 mars 1901 Déc. prés. Frais de bureau du service de l'inscription maritime, *B. C.*, p. 435.

5 mai 1901 Déc. prés. Frais de bureau au compte du budget colonial aux chefs du service administratif des T. C. à Paris et dans les ports de guerre : Toulon, 270 fr.; Brest, Cherbourg, Rochefort, Paris, 180 fr.; Lorient 120 fr. par an, *B. C.*, p. 477.

30 sept. 1901 Circ. Les frais de bureau accordés par la décision du 5 mai 1901, incombent au chapitre « Personnel du commissariat », *B. C.*, p. 991.

8 sept. 1903 Inst. relative au mode d'allocation des fournitures de bureau, imprimés, publications dans les corps et services militaires aux colonies, *B. C.*, p. 982; modif., 23 août 1906.

Frais de justice.

22 janv. 1820 La grâce accordée à un condamné n'emporte jamais la remise des frais de procédure, *A. M.*, p. 314; *B. M. R.*, p. 421.

20 mars 1876 Circ. (justice). Recouvrement en cas de grâce, *B. M.*, p. 768; *B. M. R.*, p. 31.

25 sept. 1900 Circ. La solidarité s'étend aux frais occasionnés par l'établissement des bulletins n° 1 et duplicata de bulletins relatifs à tous les individus condamnés par un même jugement, *B. M.*, p. 611.

Frais d'escorte des hommes ramenés à leur corps.

20 juin 1906 Circ. Imputation à la masse individuelle (Européens et indigènes), à
défaut au fonds qui en tient lieu (généralement masse de petit équipement), *B. O.*, p. 573.

Frais de traitement dans les hôpitaux.

(Voir : *Service de santé à l'intérieur. — Service de santé colonial.
Retenues d'hôpital.*)

8 juill. 1905 Inst., art. 43 à 47. Remboursement des frais de traitement des malades traités à charge de remboursement dans les hôpitaux coloniaux,
B. C., p. 1356.

Franchises postales et télégraphiques.

1° Dispositions relatives aux divers corps et services.

17 nov. 1844 Ord. concernant les franchises, *B. G.*, E. R., vol. 38, p. 3.

27 nov. 1845 Ord. Ouverture et vérification des dépêches non contresignées qui auront été refusées par des fonctionnaires à cause de la taxe, *A. M.*,
p. 985; *B. M. R.*, p. 224; *B. G.*, E. R., vol. 38, p. 23.

17 janv. 1855 Circulation en franchise des brevets délivrés par le grand chancelier de
la Légion d'honneur, *B. G.*, E. R., vol. 38, p. 25.

23 mai 1861 Transmission en franchise des certificats de vie et d'inscription des membres de la Légion d'honneur et de la médaille militaire, *B. G.*, E. R.,
vol. 38, p. 25.

1er juill. 1875 Arr. (intérieur), concernant les franchises télégraphiques, *B. M.*, p.
303; *B. M. R.*, p. 621; *B. G.*, E. R., vol. 38, p. 147.

1er juill. 1875 Inst. sur les franchises télégraphiques, *B. M.*, p. 304; *B. M. R.*, p. 622;
B. G., E. R., vol. 38, p. 148.
Etat général des fonctionnaires ayant droit à la franchise télégraphique; *B. G.*, E. R., vol. 38; modif., 23 novembre 1896, 28 avril 1897;
B. G., E. R., vol. 38, p. 192 et 193; 3 juillet 1897, 14 décembre 1897, 8
septembre 1898, 24 novembre 1898, 3 janvier 1899, *B. G.*, E. R., vol.
38, p. 193, 199, 201, 202, 214; 10 septembre 1900, 12 et 30 octobre
1903, 18 mai 1904, *B. G.*, p. 1518, 1504, 1513, 655; 20 février 1906,
B. G., p. 350.

30 nov. 1877 Circulation en franchise de la correspondance de service aux armées
en campagne, *B. G.*, E. R., vol. 38, p. 26.

17 déc. 1877 Les lettres et dépêches contenant des documents importants et confidentiels de service doivent être chargées, *B. G.*, E. R., vol. 38, p.
116.

20 déc. 1878 Manuel des franchises postales du service militaire, *B. G.*, E. R., vol.
38, p. 32.

19 août 1879 Circ. Le poids des correspondances admises en franchise ne doit pas
excéder 5 kilos, *B. M.*, p. 167; *B. M. R.*, p. 670; et note (guerre),
du 20 août 1879, *B. G.*, E. R., vol. 38, p. 27.

10 janv. 1880 Arr. désignant les officiers et fonctionnaires autorisés à correspondre
en franchise par la voie des câbles transatlantiques français, *B. M.*,
p. 173.

7 août 1883 Expédition des dépêches officielles à destination de l'étranger, *B. G.*,
E. R., vol. 38, p. 28.

22 juill. 1885 Note relative à une décision du Ministre des postes et télégraphes, as-
similant à la correspondance de service les livrets individuels et matricules et les plaques d'identité jointes aux livrets, etc., *B. G.*, E. R.,
vol. 38, p. 29.

20 avril 1886 Note relative à l'envoi en franchise du *Bulletin officiel* de la guerre,
B. G., E. R., vol. 38, p. 30.

20 sept. 1888 Décret. Franchise postale entre les commandants des bureaux de recrutement et les gouverneurs des colonies, *B. O.*, p. 620; *B. M.*, p.
811.

18 juin 1889 Décrets. Droits de franchise postale du sous-secrétaire d'Etat des colonies, *B. C.*, p. 623.

8 juill. 1889 Décret. Franchise du sous-secrétaire d'Etat des colonies avec les chefs
des services coloniaux des ports de commerce, *B. C.*, p. 755.

Franchises postales et télégraphiques (*suite*).

10 juill. 1889 Décret. Franchise du sous-secrétaire d'Etat des colonies avec le chef du service colonial à Nantes, *B. O.*, p. 802.

24 oct. 1896 Note rappelant à la stricte observation des règlements en matière de franchises postales, *B. G.*, E. R., vol. 38, p. 186.

20 avril 1899 Décret. Franchise postale entre les commandants de recrutement et les maires, *B. G.*, E. R., vol. 38, p. 208.

19 mai 1899 Extension des franchises postales en ce qui concerne l'armée, *B. G.*, E. R., vol. 38, p. 209.

1er juill. 1899 Décret. Droits de franchise et de contreseing des commandants des bureaux de recrutement dans les colonies, *B. G.*, E. R., vol. 38, p. 213.

29 juill. 1899 Décret. Circulation en franchise de la correspondance relative au service militaire entre les commandants des bureaux de recrutement et de mobilisation et les agents diplomatiques et consulaires de France à l'étranger, *B. G.*, E. R., vol. 38, p. 211.

1er avril 1900 Décret. Correspondance en franchise entre les commandants de recrutement et les procureurs de la République, *B. G.*, p. 552.

19 févr. 1902 Décret. Franchise postale du directeur du commissariat du corps d'armée des troupes coloniales à Paris, des chefs de service dans les ports militaires et des chefs du service colonial dans les ports de commerce, *B. G.*, p. 337; *B. O.*, p. 226.

4 sept. 1902 Circ. concernant les abus qui se produisent en matière de franchises postales et télégraphiques, *B. G.*, p. 1820.

19 déc. 1902 Modif. à l'état des franchises télégraphiques en ce qui concerne le commissariat des troupes coloniales, *B. G.*, p. 2534.

11 févr. 1903 Suscription à porter sur les télégrammes adressés au Ministre de la guerre, *B. G.*, p. 101.

13 mai 1903 Décr. supprimant les franchises concédées au chef d'état-major général de l'armée, *B. G.*, p. 733.

15 mai 1903 Circ. interdisant l'usage de la franchise télégraphique pour la réclamation de documents non parvenus dans les délais réglementaires, *B. G.*, p. 682.

22 janv. 1904 Décr. relatif à l'envoi en franchise des clichés photographiques pour projections, destinés aux chefs de corps et de détachements, *B. G.*, p. 77; modifie le décret du 8 mars 1902, *B. G.*, p. 447.

3 nov. 1904 Echange en franchise des avis télégraphiques de mise en route et d'embarquement de troupes ainsi que des correspondances nécessités par le service des transports maritimes, *B. G.*, p. 1625.

22 juill. 1905 Circ. relative à l'abus des communications télégraphiques particulièrement pendant la nuit, *B. G.*, p. 1169.

2° *Dispositions particulières au personnel militaire.*

30 mai 1871 Loi relative à la franchise des lettres à destination des militaires faisant partie des corps des armées de terre et de mer en campagne.

11 avril 1900 Décr. Taxe des lettres adressées aux militaires et marins à l'étranger, *B. C.*, p. 384.

29 déc. 1900 Loi accordant aux sous-officiers et soldats en activité la franchise postale pour deux lettres simples par mois, *J. O.*, du 31 décembre 1900.

23 mars 1901 Décr. pour l'application de la loi du 29 décembre 1900, *B. G.*, p. 905; *B. M.*, p. 1007.

18 juin 1901 Circ. Inst. concernant le fonctionnement de la franchise postale accordée par la loi du 29 décembre 1900, *B. C.*, p. 848.

1er juill. 1901 Circ. Fourniture des registres et imprimés nécessaires pour le service de la franchise militaire. Imputation, *B. G.*, p. 170.

23 oct. 1901 Circ. Application de la loi du 29 décembre 1900. Fractions de mois. Militaires rentrant de congé. Réservistes. Territoriaux, *B. C.*, p. 982.

3 mai 1902 Inst. (guerre), pour l'application de la loi du 29 décembre 1900, et le décret du 23 mars 1901, *B. G.*, p. 932; art. 33, modif. 7 août 1902, *B. G.*, p. 1634; mod. 4, modif. 22 juin 1905, *B. G.*, p. 913; erratum, *B. G.*, p. 1118; addition, 23 avril 1906, *B. G.*, p. 546 (dispositions spéciales aux hommes embarqués).

25 oct. 1903 Décr. Suppression de la franchise aux troupes de Madagascar *B. G.*, p. 1565; *B. O.*, p. 880.

6 févr. 1904 Décr. Suppression des franchises du corps expéditionnaire du Tonkin, *B. G.*, p. 1308.

7 déc. 1904 Circ. Les timbres F. M. ne peuvent servir à affranchir les lettres destinées à l'étranger, *B. G.*, p. 1823.

Franchises postales et télégraphiques (*suite*).

23 déc. 1901 Décr. Suppression de la franchise postale dans les régions suivantes : pays et protectorats du lac Tchad (région du Chari); Haut-Oubanghi et pays de Kong; établissements du Bénin; Soudan français, *B. O.*, p. 1915.

Fraudes.

16 avril 1895 Loi de finances, art. 60. Insertion aux frais des condamnés au *Journal officiel*, des jugements condamnant à la prison pour fraudes dans les fournitures faites à l'Etat au compte des budgets de la guerre, de la marine et des colonies, *B. O.*, p. 366.

Fumiers.

6 déc. 1903 Art. 158. La vente des fumiers profite à la masse de harnachement. Modèle de cahier des charges pour la vente des fumiers, *B. O.*, vol. spl., T. C., p. 63 et 233.

9 déc. 1901 Décr. sur la masse de harnachement aux colonies, art. 3, et inst. du même jour, art. 2 et 4, *B. O.*, p. 1252 et suiv., modèle du cahier des charges, *B. O.*, p. 1283.

Funérailles.

(Voir : *Honneurs*.)

Fusil.

(Voir : *Armement. — Tir.*)

G

Galons.

30 sept. 1903 Description des uniformes, art. 410 et 411, *B .G.*, vol. spl., T. C., p. 220.

6 déc. 1903 Frais de pose à la charge de la masse générale d'entretien, *B. G.*, vol. spl., T. C., p. 225.

Gamelle de campement.

15 janv. 1905 Art. 28. Description : gamelle pour 4 hommes, *B. G.*, E. M., vol. 53, p. 35.

Gamelle individuelle.

30 sept. 1903 Art. 411. Description, *B. G.*, vol. spl., T. C., p. 263.

Gants.

30 sept. 1903 Description des uniformes.

Art. 33. Gants de France; art. 34, gants coloniaux, officiers; art. 86, gants des officiers d'infanterie coloniale, port; art. 412, gants de peau pour sous-officiers rengagés, *B. G.*, vol. spl., T. C.

Gardes auxiliaires d'artillerie.

(Voir : *Congés. — Passages.*)

26 juin 1880 Décr., art. 6. Création, *B. M.*, p. 129.

3 oct. 1883 Les gardes auxiliaires ont droit au salut de la part des militaires des corps de troupe; mais ils ne peuvent infliger directement des punitions, *B. M.*, p. 399.

21 déc. 1886 Arr., art. 16 à 44. Organisation, *B. M.*, p. 1000.

6 mars 1899 Circ. Situation au point de vue des honneurs et de la discipline, *B. C.*, p. 421; *B. M.*, p. 336.

19 sept. 1903 Décr., art. 7. Les gardes auxiliaires conserveront leurs fonctions actuelles et seront supprimés par voie d'extinction, *B. C.*, p. 812.

1er mai 1905 Décr. Le décret du 29 décembre 1903 sur la solde est rendu applicable aux gardes auxiliaires, *B. C.*, p. 684.

Gardes d'écurie.

20 oct. 1892 Service intérieur : Inf., art. 249; Artil., art. 283 à 288, *B. G.*, E. R., vol. 78.

Garde de police.

20 oct. 1892 Service intérieur Inf., art. 229 et 230; Artil., art. 264 et 265, *B. O.*,
 E. R., vol. 78.

Gardes d'honneur.

4 oct. 1891 Service des places, art. 263 à 268, gardes d'honneur; art. 288, consi-
 gnes des gardes d'honneur, *B. O.*, E. R., vol. 75.
27 oct. 1891 Diminution du nombre des hommes distraits du service régimentaire.
 Suppression de certaines gardes d'honneur, *B. O.*, E. R., vol. 62,
 p. 121, et circ. du 16 août 1891, *B. O.*, E. R., vol. 62, p. 131.

Garde indigène.

7 juill. 1900 Loi, art. 10. Emploi des milices indigènes, *B. C.*, p. 591.
31 déc. 1901 Décr. Organisation en Indo-Chine.
 Art. 1 à 9, organisation; art. 10 à 28, personnel européen; art. 29
 à 33, personnel indigène; art. 31 à 41, passage sous le commandement de l'autorité militaire, *B. C.*, p. 1335.
8 juill. 1906 Décr. Organisation de la garde indigène de Madagascar, *B. O.*, p.
 1064; *B. C.*, p. 638.

Gardes stagiaires d'artillerie.

(Voir : *Stagiaires officiers d'administration d'artillerie.*)

Gardiens concierges des bâtiments militaires aux colonies.

2 août 1884 Décr. Organisation, *B. M.*, p. 250.
9 févr. 1889 Déc. prés. allouant aux gardiens concierges, non titulaires d'une pension de retraite, l'intégralité de leur solde budgétaire pendant la
 durée des congés de convalescence qu'ils peuvent être appelés à passer en France, *B. C.*, p. 90.

Gardiens de batterie.

11 avril 1902 Circ. Nouvelles conditions exigées des sous-officiers d'artillerie coloniale candidats à l'emploi de gardien de batterie dans la métro-
 pole, *B. O.*, p. 615.

Gardiens de batterie coloniaux.

(Voir : *Adjudants gardiens de batterie aux colonies.*)

19 sept. 1903 Décr., art. 8. Les gardiens de batterie coloniaux conservent leurs
 fonctions actuelles et seront supprimés par voie d'extinction, *B. C.*,
 p. 842.

Gendarmerie.

(Voir : *Armement. — Congés. — Ecole des sous-officiers
de gendarmerie.*)

1° *Dispositions générales et diverses.*

23 mars 1883 Circ. Délivrance des autorisations de mariage aux gendarmes coloniaux
 présents en France, *B. M.*, p. 526.

Gendarmerie (*suite*).

2° Administration et comptabilité.

Gendarmerie (*suite*).

Gendarmorio (suite).

8° *Réserves.*

9° *Service intérieur.*

10° *Solde et indemnités. — Revues.*

Gendarmerie *(suite)*.

3 janv. 1903 Décret portant règlement sur la solde et les revues de la gendarmerie, *B. G.*, E. M., vol. 43; err., *B. G.*, 1903, p. 972; *B. G.*, 1904, p. 673 et 1173; modif. 26 janvier 1904, *B. G.*, p. 50; 26 mars 1904, *B. G.*, p. 397; 7 juin 1904, *B. G.*, p. 803; 27 août 1904, *B. G.*, p. 1387; modif. tarif 18, 2 mai 1906, *B. G.*, p. 580.

     Modèles, 20 novembre 1903, *B. G.*, E. M., vol. 44; err., *B. G.*, 1904, p. 818.

17 mai 1903 Circ. Remboursement des parts proportionnelles de premières mises d'équipement allouées aux militaires de la gendarmerie passant aux colonies avant de compter quatre ans de services; mentions à porter sur la matricule et le livret, *B. G.*, p. 709; *B. C.*, p. 461.

18 août 1903 Circ. Indemnité à allouer aux militaires de la gendarmerie coloniale chargés d'assurer à bord la surveillance des prisonniers provenant des colonies, *B. C.*, p. 735; *B. G.*, p. 1353.

23 oct. 1903 Circ. Indemnités de déplacement à payer aux militaires de la gendarmerie coloniale voyageant en France, *B. C.*, p. 1059.

6 mars 1906 Circ. Paiement par le service colonial des ports de commerce des avances de solde aux militaires de la gendarmerie partant pour les colonies, *B. G.*, p. 314.

11° *Dispositions spéciales à chaque colonie.*

A) Nouvelle-Calédonie.

7 juill. 1904 Décret. Réduction de l'effectif de la compagnie. Suppression de l'arrondissement de la Foa, *B. C.*, p. 663; *B. G.*, p. 968.

23 avril 1906 Décret. Nouveaux effectifs, *B. C.*, p. 390; *B. G.*, p. 517.

B) Guadeloupe.

5 avril 1900 Décret. Modification de l'organisation de la compagnie, *B. C.*, p. 382.

8 mai 1906 Décret. Réorganisation de la compagnie. Effectif, *B. C.*, p. 487; *B. G.*, p. 603.

C) Guyane.

23 mai 1897 Décret. Assiette des brigades de la compagnie, *B. C.*, p. 523; *B. G.*, p. 773.

13 févr. 1899 Dép. Composition du conseil de discipline du détachement de la Guyane, *B. C.*, p. 281.

11 août 1904 Décret. Réduction de l'effectif du détachement de la Guyane, *B. C.*, p. 800; *B. G.*, p. 1316.

D) Indo-Chine.

24 août 1899 Décret. Organisation en compagnie du détachement de l'Indo-Chine. Effectifs, *B. C.*, p. 856; *B. G.*, E. R., vol. 61, p. 438.

5 mai 1901 Décret attribuant aux sous-officiers et commandants de brigades et de postes de gendarmerie en Indo-Chine les fonctions d'officier de police judiciaire, *B. C.*, p. 436.

6 janv. 1902 Décret augmentant l'effectif de la compagnie, *B. C.*, p. 14; *B. G.*, p. 11.

18 sept. 1902 Décret augmentant le cadre et l'effectif de la compagnie, *B. C.*, p. 925; *B. G.*, p. 1000.

11 mai 1903 Décret. Création d'auxiliaires indigènes de la gendarmerie, *B. C.*, p. 441; *B. G.*, p. 724.

9 juin 1903 Décret. Dédoublement de l'arrondissement de gendarmerie du Tonkin et de l'Annam, *B. C.*, p. 548; *B. G.*, p. 873.

E) Madagascar.

13 janv. 1904 Décret. Suppression de la compagnie, *B. C.*, p. 28; *B. G.*, p. 23.

F) Martinique.

12 juill. 1903 Décret. Organisation de la compagnie, *B. C.*, p. 633; *B. G.*, p. 1072.

11 août 1904 Décret. Transformation en détachement, *B. C.*, p. 800; *B. G.*, p. 1316.

Gendarmerie (*suite*).

G) Réunion.

25 juin 1906 Décret. Transformation en détachement de la compagnie, *B. G.*, p. 855; *B. O.*, p. 601.

H) Saint-Pierre et Miquelon.

17 juin 1899 Décret. Réduction de l'effectif du détachement, *B. G.*, E. R., vol. 64, p. 437; *B. O.*, p. 651.

I) Sénégal.

10 juin 1899 Décret. Création d'un détachement, *B. O.*, p. 639; *B. G.*, E. R., vol. 64, p. 440.
5 mai 1901 Décret. Création d'auxiliaires indigènes, *B. O.*, p. 468; *B. G.*, p. 568.

J) Tahiti.

9 janv. 1901 Décret. Diminution de l'effectif du détachement, *B. O.*, p. 25; *B. G.*, p. 10.
7 févr. 1905 Décret. Nouvelle réduction de l'effectif, *B. O.*, p. 241; *B. G.*, p. 153.
5 avril 1906 Décret. Suppression de l'emploi de lieutenant ou sous-lieutenant commandant, *B. O.*, p. 329; *B. G.*, p. 523.

Génie.

20 avril 1899 Décret. Conditions dans lesquelles le personnel du génie sera mis à la disposition du département des colonies pour le service des travaux publics outre-mer, *B. O.*, p. 520; *B. G.*, E. R., vol. 48; p. 545.
30 juin 1901 Arr. Effectif du personnel du génie affecté au service des travaux militaires aux colonies, 1re formation, *B. C.*, p. 636; *B. G.*, 2e sem., p. 250.
3 août 1901 Circ. Mode de désignation des officiers d'administration et stagiaires du génie à mettre à la disposition du département des colonies pour le service des constructions militaires, *B. G.*, p. 440, modifiée et complétée, 6 janvier 1902, *B. G.*, p. 12.
23 sept. 1901 Arr. Effectif du personnel du génie affecté au service des travaux publics aux colonies, *B. O.*, p. 965; *B. G.*, p. 900; et circ. (colonies), du 8 octobre 1901, *B. O.*, p. 964.
5 nov. 1904 Décret créant en Indo-Chine des compagnies indigènes du génie, *B. O.*, p. 1083; *B. G.*, p. 1619.
11 avril 1906 Inst. pratique sur le service du génie dans la guerre de siège.
29 mai 1906 Décret créant une section indigène en Afrique occidentale, *B. O.*, p. 513; *B. G.*, p. 785.

Gens de service.

4 juill. 1905 Inst. sur le service des loyers, de l'ameublement, etc., aux colonies, *B. O.*, p. 764.
Art. 45 à 48. Jardiniers, concierges. Art. 49. Garçons de bureau et plantons. Art. 50. Coolies pankas et coolies pousse-pousse. Art. 52. Compte d'opérations.

Gilet de travail.

30 sept. 1903 Art. 7. Description, *B. G.*, vol. spl., T. O., p. 6.

Gouverneurs des colonies.

21 janv. 1884 Décret. Attributions militaires des gouverneurs des colonies, *B. M.*, p. 71.

26 mars 1896 Circ. Les gouverneurs ne peuvent donner à leurs décisions le titre d'ordre, *B. C.*, p. 174.

11 juill. 1896 Décret. Pouvoirs militaires du gouverneur général de Madagascar, *B. C.*, p. 427.

6 avril 1900 Décret. Réorganisation du personnel des gouverneurs des colonies, *B. C.*, p. 287.

7 juill. 1900 Loi, art. 3. Attributions militaires, *B. C.*, p. 591.

9 nov. 1901 Décret réglant les relations entre les gouverneurs et les commandants supérieurs des troupes aux colonies, *B. G.*, p. 1111; *B. C.*, p. 1026; et circ. du 19 novembre 1901, *B. C.*, 1902, p. 213.

6 sept. 1902 Circ. Rôle des gouverneurs vis-à-vis de l'administration centrale des colonies, *B. C.*, p. 1905.

10 oct. 1905 Arr. fixant le costume des gouverneurs généraux, *B. C.*, p. 1086.

21 juin 1906 Décret sur l'administration des troupes coloniales, art. 6 et 9. Autorité, *B. C.*, p. 577; *B. G.*, p. 803.

●

Grâces, réductions et commutations de peines.

(Voir : Déserteurs. — Frais de justice. — Justice militaire.)

11 juin 1813 Décret. Mode d'exécution des décisions portant commutation de peine en faveur de condamnés pour crime de désertion ou pour tout autre délit militaire, *B. M. R.*, p. 308; *B. G.*, E. M., vol. 59-2, p. 59.

10 juill. 1852 Décret relatif au mode de présentation des rapports sur les commutations de peine par suite de condamnations prononcées par les juridictions militaires, *B. M. R.*, p. 339; *B. G.*, E. M., vol. 59-2, p. 61.

8 août 1893 Circ. Notification d'une décision du Conseil d'Etat du 30 juin 1893, *B. M.*, p. 184; portant rejet d'une requête formulée par un transporté en vue d'obtenir l'annulation d'une décision présidentielle commuant en travaux forcés la peine capitale prononcée contre lui pour voie de fait envers un supérieur. Les actes du chef de l'Etat dans l'exécution du droit de grâce ne sont pas susceptibles d'être déférés au Conseil d'Etat par la voie contentieuse, *B. M.*, p. 183.

Graisses.

25 oct. 1899 Circ. Fourniture des huiles et graisses minérales destinées à l'entretien des armes portatives dans les corps de troupe et les établissements de l'artillerie, *B. G.*, E. R., vol. 19, p. 266; modif. *B. G.*, 2ᵉ sem., 1900, p. 2020.

Gratification annuelle aux rengagés.

(Voir : Rengagements.)

23 oct. 1891 Circ. Les gratifications sont payables par trimestre seulement, il ne doit pas être fait de paiements partiels, *B. C.*, p. 703.

21 sept. 1900 Circ. Après trois ans de service, les engagés volontaires provenant des écoles préparatoires, nommés sous-officiers, ont droit à la haute paye et à la gratification annuelle prévue par le décret du 4 août 1894, art. 23, pour les engagés volontaires de quatre et cinq ans, *B. C.*, p. 924; *B. M.*, p. 644.

29 déc. 1903 Décr. sur la solde (colonies), tarif 5 et 18, *B. C.*, 1904, p. 412 et 423.

26 mai 1904 Décr. sur la solde (France), art. 15, règles d'allocation, *B. G.*, vol. spl., T. C., p. 60 et 61.

Gratifications.

(Voir : Directions d'artillerie. — Prime de travail. — Secrétaires d'état-major.)

Gratifications de réforme.

(Voir : Certificats médicaux.)

Groupement des forces militaires aux colonies.

26 mai 1903   Décr. Organisation du groupement des forces militaires aux colonies, *B. C.*, p. 465; *B. G.*, p. 751.

   Répartition en cinq groupes : Indo-Chine, Afrique occidentale, Afrique orientale, Antilles, Pacifique.
   Conseil de défense dans chaque groupe.
   Organisation et composition des forces militaires des groupes.
   Attributions du commandant supérieur des troupes.
   Commandants de l'artillerie et directeurs des services militaires des groupes.
   Commandement des détachements dans les colonies autres que les colonies principales.
   Emploi des troupes en temps de guerre.

23 sept. 1903   Inst. Application du décret du 26 mai 1903 en ce qui concerne les questions relatives au commandement et à la discipline. Dispositions spéciales aux colonies autres que les colonies principales. Affectation du personnel militaire. Discipline. Instruction. Avancement. Mobilisation. Emploi des troupes, *B. C.*, p. 875.

3 nov. 1903   Inst. Application du décret du 26 mai 1903 en ce qui concerne l'administration des détachements et services dans les colonies autres que les colonies principales, *B. C.*, p. 923.

11 janv. 1904   Inst. Application au Congo du décret du 26 mai 1904 et des décrets du 19 septembre 1903 réorganisant l'artillerie et l'infanterie coloniale, *B. C.*, p. 29.

Guérite.

6 juill. 1899   Description, *B. G.*, E. R., vol. 51 *bis*, p. 54.
16 oct. 1903   Description, *B. C.*, vol. spl., p. 990.

Guêtres.

(Voir : *Jambières.*)

30 sept. 1903   Description des uniformes, art. 444. Guêtres de toile, *B. G.*, vol. spl., T. C., p. 265.

Gymnastique.

(Voir : *Ecoles régimentaires de gymnastique.*)

8 nov. 1847   Inst., titre 3, § 27 à 31. Dépenses des gymnases, *B. M.*, R., p. 737.
15 avril 1902   Circ. limitant les autorisations pour exercices volontaires d'entraînement, *B. G.*, E. M., vol. 55-2, p. 131.
22 oct. 1902   Règl. sur l'instruction de la gymnastique; modif, art. 210, 1er avril 1903, *B. G.*, p. 406; erratum, à l'annexe 3, *B. G.*, 1905, p. 434.
23 déc. 1902   Inst. pour l'application du règlement du 22 octobre 1902, *B. G.*, p. 2457; *B. G.*, E. M., vol. 55-2, p. 132.
29 nov. 1903   Circ. Pratique des exercices physiques dans les corps de troupe d'infanterie, *B. G.*, E. M., vol. 55-2, p. 143.
6 déc. 1903   Achat des effets de gymnase au compte de la masse générale d'entretien, *B. G.*, vol. spl., T. C., p. 226.

H

Habillement.

Habillement (*suite*).

27 mars 1902   Circ. Remboursement par le département de la guerre à celui des colonies, de la valeur des effets du service de l'habillement rapportés par les troupes métropolitaines rentrant des colonies, *B. G.*, p. 300; erratum, *B. G.*, p. 577; et circ. du 28 mars 1902, *B. G.*, p. 416.

11 avril 1902   Nomenclature des matières et effets du service de l'habillement, vol. spl.

8 nov. 1903   Inst. sur le service de l'habillement dans les corps de troupe de toutes armes en temps de guerre, *B. G.*, E. M., vol. 8; modif. 6 mars 1903, *B. G.*, p. 283; err., *B. G.*, 1904, p. 1552.

10 déc. 1903   Circ. Adoption d'une agrafe destinée à fixer exactement l'écusson au collet du paletot de toile en usage dans les T. C. aux colonies. Agrafe Duthoit, *B. G.*, p. 2436.

6 déc. 1903   Annexe B. Instruction sur la réception des matières et objets dans les T. C. en France.
Annexe H. Dispositions spéciales au service de l'habillement, *B. G.*, vol. spl., T. C., p. 132 et 251.

12 déc. 1903   Circ. Application aux troupes d'artillerie coloniale aux colonies de la circ. (guerre), du 5 mai 1903, relative au remplacement du pantalon de cheval par une culotte et des jambières dans les régiments de l'arme tenant garnison en France, *B. C.*, p. 1211.

13 avril 1904   Dép. Nomenclature des effets d'habillement et de petit équipement des troupes indigènes du groupe de l'Afrique occidentale, *B. C.*, p. 325.

20 avril 1904   Circ. Les demandes semestrielles d'effets et de matériel du service de l'habillement et du campement faites par les corps de troupe ou pour les magasins centraux doivent parvenir au département des colonies le 15 avril et le 15 octobre, *B. C.*, p. 437.

28 sept. 1904   Circ. Les demandes de matériel du service de l'habillement doivent porter les numéros de la nomenclature H 1 (guerre), *B. C.*, p. 983.

22 oct. 1904   Circ. Les situations périodiques de l'habillement ne seront plus fournies que semestriellement par les corps qui s'approvisionnent normalement auprès des magasins centraux installés dans certaines colonies, *B. C.*, p. 1048.

31 oct. 1904   Inst. pour l'application du règl. du 6 décembre 1903, *B. G.*, v. s., p. 986; modif. 11 juin 1905, *B. G.*, p. 741.

21 déc. 1904   Circ. Suppression d'un paletot de molleton aux militaires désignés pour servir dans les colonies du groupe des Antilles. Délivrance d'un deuxième paletot de toile blanche, *B. C.*, p. 1315; *B. G.*, p. 1870.

23 févr. 1905   Circ. Les tailles et pointures des effets d'habillement demandés en France seront fixées en conformité de l'annexe H (modèles) du règl. guerre, du 6 décembre 1903, *B. C.*, p. 277.

15 juin 1905   Nomenclature des effets à emporter par les troupes métropolitaines envoyées en Extrême-Orient et à Madagascar, *B. G.*, p. 841.

21 juin 1905   Circ. Application de la circ. du 23 février 1905. Indication des tailles des effets de toile, *B. C.*, p. 726.

6 juill. 1905   Inst. relative à l'achat, à la vérification et à la réception de divers accessoires d'effets d'habillement et de képis, *B. G.*, p. 1038; err., *B. G.*, p. 1375.

5 août 1905   Circ. relative aux commandes d'effets nécessaires aux T. C. à faire aux ateliers régimentaires des corps coloniaux en France, *B. C.*, p. 891.

18 oct. 1905   Circ. Adoption d'un emporte-pièce destiné à indiquer les tares des draps, *B. G.*, p. 1561.

17 mars 1906   Dép. Fixation de la nomenclature des effets d'habillement et de petit équipement des troupes indigènes du groupe de l'Afrique orientale, *B. C.*, p. 203.

31 mai 1906   Nomenclature des effets à emporter par les militaires des T. M. désignés pour servir à l'escadron de spahis du Tchad, *B. G.*, p. 707.

5 juin 1906   Circ. Délivrance aux corps de troupe par les magasins centraux de l'habillement d'effets et objets imputables à la masse individuelle, *B. C.*, p. 519.

Habits bourgeois.

20 oct. 1892   Service intérieur : Inf., art. 279; Artil., art. 296.
Port d'habits bourgeois par les officiers, les sous-officiers, les caporaux, brigadiers et soldats en permission ou en congé, les chefs ouvriers, *B. G.*, E. R., vol. 78.

Hachette de campement.

15 janv. 1905 Art. 27. Description, *B. O., E. M.*, vol. 53, p. 33.

Harnachement.

*(Voir : Approvisionnements de guerre. · Masse de ferrage
et de harnachement.)*

13 oct. 1886 Déc. qui fixe le harnachement des chevaux d'officiers montés de toutes armes et des différents services. Description, *B. O., E. R.*, vol.
86, p. 82; modif. 3 juillet 1900, *B. O.*, p. 950; appliquée aux troupes de la marine, circ. du 31 juillet 1890, *B. M.*, p. 131.
12 avril 1892 Art. 429 à 431. Harnachement des chevaux d'officiers généraux et assimilés, *B. O., E. R.*, vol. 104, p. 160.
21 sept. 1894 Circ. Adoption de la longe-poitrail pour le harnachement des chevaux d'officiers, *B. C.*, p. 704; *B. M.*, p. 339.
15 févr. 1895 Note. l'aquetage des chevaux des officiers montés de toutes armes,
B. O., E. R., vol. 86, p. 95; appliquée aux troupes de la marine,
circ. du 14 mai 1895, *B. M.*, p. 606.
28 oct. 1901 Inst. Marquage des effets de harnachement, *B. O.*, p. 1078.
15 févr. 1902 Circ. Répartition entre les officiers, la masse de harnachement et
l'Etat des dépenses de harnachement dans les corps d'infanterie coloniale, *B. C.*, p. 191.
8 nov. 1902 Inst. sur le service du harnachement dans les corps de troupe de
toutes armes en temps de guerre, *B. O., E. M.*, vol. 8; modif. 6 mars
1903, *B. O.*, p. 283; err., *B. O.*, 1904, p. 1552.
28 sept. 1904 Circ. Renseignements à porter sur les demandes de matériel de harnachement faites par les colonies. Référence à la nomenclature du
matériel d'artillerie (guerre), *B. C.*, p. 983.
9 déc. 1904 Inst., art. 11 à 35. Fonctionnement du service du harnachement et de
la ferrure dans les corps de troupe aux colonies.

Notice 4. Effets et objets que les corps doivent recevoir des établissements de l'Etat ou confectionner eux-mêmes, *B. C.*, p. 1253; et circ.
du 9 décembre 1904, *B. C.*, p. 1249.

31 juill. 1905 Circ. Mode d'entretien du matériel de harnachement aux colonies,
B. C., p. 864.
28 déc. 1905 Règl. sur l'armement aux colonies, art. 128. Visite du harnachement
des corps par l'inspecteur d'armes.

Hautes payes.

*(Voir : Armuriers de la marine. -- Gendarmerie. --- Infirmiers
militaires.)*

26 janv. 1877 Les réservistes appelés pour effectuer une période d'exercice n'ont pas
droit à la haute paye, *B. M.*, p. 114; *B. M., R.*, p. 136.
27 févr. 1899 Circ. Les engagés volontaires provenant des écoles préparatoires ont
droit aux hautes payes après 3 ans de service, *B. M.*, p. 276.
24 sept. 1900 Circ. Après 3 ans de service les engagés volontaires provenant des écoles militaires préparatoires, nommés sous-officiers, ont droit à la
haute paye et à la gratification prévues par le décret du 4 août 1894
pour les engagés volontaires de 4 et 5 ans, *B. C.*, p. 924; *B. M., R.*,
p. 644.
6 nov. 1903 Circ. Les militaires incorporés aux compagnies ou sections de discipline n'ont pas droit aux hautes payes, *B. C.*, p. 937.
29 déc. 1903 Décr. sur la solde (colonies), tarifs 5 et 18, *B. C.*, 1904, p. 412 et 423.
19 janv. 1904 Circ. Les sous-officiers de la section d'infirmiers provenant de l'ancien
corps et ayant opté pour le nouveau statut doivent toucher les hau-
tes payes en rapport avec leur ancienneté de service bien que les
primes et premières mises déterminées pour un premier rengagement
leur aient été allouées, *B. C.*, p. 55.
28 févr. 1904 Déc. prés. accordant la haute paye aux caporaux, brigadiers et soldats
européens rengagés ou commissionnés en position d'absence. Retenue
de la haute paye des hommes punis de prison, *B. C.*, p. 195.

Hautes payes (*suite*).

11 août 1901   Déc. prés. Application aux troupes coloniales en service en France de la décision présidentielle du 28 février 1901 ci-dessus. Reprise au profit du Trésor des hautes payes revenant aux caporaux, brigadiers et soldats punis de prison, *B. G.*, p. 1331.

26 mai 1901   Décr. sur la solde (France), art. 16. Règles d'allocation et tarif 7, *B. G.*, vol. spl., T. C., p. 63 et 171; modif. 20 septembre 1906 ci-après.

29 oct. 1901   Circ. Les militaires punis de prison et graciés recouvrent immédiatement le droit à la haute paye qui leur est retenue conformément à la déc. prés. du 28 février 1901, *B. C.*, p. 1057.

16 mars 1905   Décr., art. 4. Haute paye spéciale aux militaires ayant souscrit un engagement ou un rengagement résiliable, *B. G.*, p. 351.

21 mars 1905   Loi sur le recrutement, *B. G.*, p. 263; *B. C.*, p. 359.
Art. 60. Hautes payes après deux ans de service. Suspension pendant le cours des punitions supérieures à 8 jours de prison et des punitions de cellule.
Art. 66. Suspension du droit à la haute paye par suite de condamnation.

6 avril 1905   Circ. Droit à la haute paye des engagés volontaires de 4 et 5 ans provenant des T. M., *B. G.*, p. 437; et circ (colonies), du 23 juillet 1902, *B. C.*, p. 1118.

3 juill. 1906   Circ. Les militaires des T. M., provenant des colonies, ont droit pendant la durée des congés qu'ils obtiennent à leur retour en France à la haute paye attribuée aux troupes coloniales, *B. G.*, p. 861.

20 sept. 1906   Décr., art. 7 et tarif 7, hautes payes nouvelles et hautes payes transitoires (France), art. 11, indemnité journalière en cas d'engagement ou de rengagement résiliable, *J. O.* du 27 septembre.

Havresac.

28 sept. 1897   Description des uniformes de l'infanterie, art. 70 à 72, *B. G.*, E. R., vol. 105; modif. 24 juillet 1899, *B. G.*, p. 566; 30 novembre 1899, *B. G.*, p. 1143.

30 sept. 1903   Description des uniformes des T. C., *B. G.*, vol. spl., T. C., p. 129.

3 oct. 1903   Instruction sur le port et le chargement du havresac, *B. G.*, E. M., vol. 55-1. p. 230.

Historique des troupes coloniales.

3 juin 1872   Circ. Etablissement des historiques des corps de troupe, *B. G.*, E. R., vol. 10, p. 88.

5 déc. 1874   Inst. pour la rédaction des historiques des corps de troupe, *B. G.*, E. R., vol. 76, p. 177; appliquée aux troupes de la marine, 24 février 1875, *B. M.*, p. 216.

20 déc. 1900   Circ. Rédaction d'un historique général des troupes de la marine; application de la circ. (guerre), du 3 juin 1872, *B. C.*, 1901, p. 7; *B. M.*, p. 1158.

Honneurs.

24 messidor an XII (13 juillet 1804)   Décr. relatif aux cérémonies publiques, préséances, honneurs civils et militaires, *B. M.*, R., p. 220; *B. G.*, E. R., vol. 75, p. 203.

6 frimaire an XIII (27 nov. 1804)   Décr. relatif aux honneurs militaires dans les ports et arsenaux de la marine, *B. M.*, R., p. 251.

11 avril 1809   Décr. concernant la place des membres de la Légion d'honneur dans les cérémonies publiques, civiles et religieuses, *B. M.* R., p. 302.

28 déc. 1875   Décr. portant règlement sur les rangs, préséances et honneurs des autorités militaires dans les cérémonies publiques et les réunions officielles, *B. G.*, E. R., vol. 75, p. 240.

31 déc. 1875   Circ. relative à l'application du décret du 28 décembre 1875, *B. G.*, E. R., vol. 75, p. 244.

29 sept. 1876   Décr. relatif aux honneurs civils attribués aux officiers généraux dénommés à l'art. 8 du décret du 28 décembre 1875 (gouverneurs de Paris et de Lyon; commandants de corps d'armée; préfets maritimes), *B. G.*, E. R., vol. 75, p. 248.

Honneurs (*suite*).

7 déc. 1883 Honneurs militaires funèbres à rendre aux militaires et marins décédés en activité, *B. G., E. R.*, vol. 75, p. 182.

22 juin 1886 Circ. (affaires étrangères). Honneurs, *B. M.*, 2e sem., p. 13.

24 juin 1886 Décr. Honneurs militaires attribués aux fonctionnaires des résidences, *B. G., E. R.*, vol. 75, p. 188; *B. M.*, 2e sem., p. 5.

31 janv. 1887 Décr. Honneurs militaires attribués aux fonctionnaires des résidences, *B. C.*, p. 485; *B. M.*, p. 80.

14 janv. 1889 Décr. Honneurs et visites aux autorités coloniales et au personnel des protectorats. Honneurs funèbres. Visites des gouverneurs intérimaires, *B. C.*, p. 64; *B. M.*, p. 15; modifié 8 novembre 1895, *B. M.*, p. 703.

27 août 1889 Décr. Honneurs militaires attribués au lieutenant gouverneur de la Cochinchine et aux résidents supérieurs de l'Annam, du Tonkin et du Cambodge, *B. C.*, p. 835.

4 août 1890 Circ. Honneurs militaires dus aux gouverneurs des colonies à l'occasion de la Fête nationale, *B. C.*, p. 920; et circ. (marine), du 12 août 1890, *B. M.*, p. 214.

4 oct. 1891 Service des places, *B. G., E. R.*, vol. 75; modif. 19 juillet 1906, *B. G.*, p. 909 (art. 246, 247, 253, 260, 277, 293).

    Art. 246 à 251. Rangs et préséances dans les armées de terre et de mer.
    252 à 295. Honneurs militaires.
    296 à 300. Escortes d'honneur.
    301 à 305. Salves d'artillerie.
    306. Mot d'ordre.
    307 à 309. Visites individuelles et salut.
    310 à 337. Honneurs funèbres.
    338 à 348. Prescriptions spéciales et principes relatifs aux honneurs.

20 janv. 1893 Circ. Honneurs à rendre au gouverneur de la Guinée et au lieutenant gouverneur du Bénin, *B. M.*, p. 30; *B. C.*, p. 167.

15 juin 1893 Inst. générales relatives aux honneurs à rendre dans les ports militaires et à la célébration de la Fête nationale, *B. M.*, p. 729.

13 févr. 1894 Circ. Honneurs à rendre aux gouverneurs des colonies et visites à échanger entre les officiers généraux commandant à la mer et les autorités coloniales, *B. C.*, p. 181; *B. M.*, p. 174.

28 sept. 1895 Circ. Il ne doit plus être fait de salves ni de saluts par les batteries des colonies sur les points où ne se trouvent pas d'artilleurs, *B. C.*, p. 774; *B. M.*, p. 568.

10 janv. 1896 Honneurs à rendre aux membres du conseil supérieur de la guerre lorsqu'ils sont chargés d'une inspection générale de corps d'armée, *B. M.*, p. 21; *B. G., E. R.*, vol. 75, p. 268.

10 janv. 1896 Honneurs à rendre aux préfets maritimes dans les localités où s'exerce leur autorité autres que le chef-lieu de l'arrondissement maritime, *B. M.*, p. 19.

21 janv. 1896 Circ. (marine). Notification des circulaires du 10 janvier 1896 ci-dessus, *B. M.*, p. 19.

6 juin 1896 Circ. Il pourra être fait des salves d'artillerie et des saluts à Pondichéry, *B. C.*, p. 343; *B. M.*, p. 938.

22 juill. 1896 Décr. Préséance entre les officiers combattants et non-combattants, *B. C.*, p. 445; *B. M.*, p. 184.

9 août 1902 Décr. réglant la situation hiérachique du général de division commandant supérieur des troupes de l'Indo-Chine et du président du comité technique des troupes coloniales, *B. G.*, p. 1716.

11 mai 1903 Circ. rendant applicables aux colonies les prescriptions des circulaires nos 146 et 147 du 26 décembre 1902 relatives aux mouvements à exécuter par les troupes en armes lorsqu'elles rendent les honneurs militaires, *B. G.*, p. 751.

18 juill. 1904 Circ. Honneurs à rendre par les troupes, *B. G.*, p. 1108.

4 oct. 1904 Circ. Mouvements à exécuter pour rendre les honneurs, *B. G.*, p. 1516.

Hôpitaux maritimes.

19 mai 1901 Inst. relative à l'admission, dans les hôpitaux maritimes, des retraités, réformés, etc., de la guerre, des colonies et de la marine, *B. M.*, p. 869.

Hôpitaux militaires.

(Voir : *Service de santé.*)

25 févr. 1901 Circ. Mode de remboursement des dépenses résultant du traitement dans les établissements hospitaliers de la guerre, des militaires des T. C., et des cessions faites à ces troupes par le service de santé, *B. G.*, E. M., vol. 83, p. 65.

4 nov. 1904 Décr. organisant le service de santé colonial, art. 13. Organisation des hôpitaux militaires aux colonies, *B. C.*, p. 927 ; *B. G.*, p. 1627.

Hôtels.

(Voir : *Ameublement. — Éclairage.*)

Huile autoxyde.

6 déc. 1903 Achat au compte de la masse générale d'entretien, *B. G.*, vol. spl., T. C., p. 225.

Huiles minérales.

25 oct. 1899 Fourniture des huiles et graisses minérales destinées à l'entretien des armes portatives dans les corps de troupe et les établissements de l'artillerie, *B. G.*, E. R., vol. 19, p. 266 ; modif. *B. G.*, 1900, 2ᵉ sem., p. 2026.

Hygiène.

(Voir : *Balayage. — Boissons hygiéniques.*)

1° *Des casernements.*

5 févr. 1891 Circ. relative à la tenue et à l'hygiène des casernements, *B. G.*, E. M., vol. 83, p. 201.

5 sept. 1901 Inst. sur l'hygiène des corps de garde, *B. G.*, E. M., vol. 83, p. 229.

11 juin 1905 Modification à l'annexe F du décret du 6 décembre 1903. Dépenses d'hygiène à la charge de la masse générale en France, *B. G.*, p. 744.

2° *Des hommes.*

20 oct. 1892 Service intérieur : Inf., art. 353 à 360 ; Artil., art. 371 à 378, *B. G.*, E. R., vol. 78.

30 mars 1895 Inst. relative à la nécessité de l'initiative pour assurer le maintien de la santé des troupes, *B. G.*, E. M., vol. 83, p. 237.
Appliquée aux troupes de la marine, circ. du 22 janvier 1898, *B. M.*, p. 74.

4 mars 1903 Circ. Marche progressive de l'instruction et précautions à prendre pour sauvegarder la santé des hommes, *B. G.*, E. M., vol. 55-1, p. 9.

31 oct. 1904 Inst. sur la pesée régulière et périodique des hommes de troupe, *B. G.*, p. 1609.

3° *Des chevaux.*

20 oct. 1892 Service intérieur Inf., art. 361 à 376 ; Artil., art. 379 à 395, *B. G.*, E. R., vol. 78.

Hypnotisme.

23 janv. 1890 Interdiction aux médecins pour le traitement des malades, *B. G.*, E. M., vol. 83, p. 394.

20 févr. 1890 Circ. (marine). Interdiction de la pratique de l'hypnotisme dans les hôpitaux, *B. C.*, p. 301 ; *B. M.*, p. 124.

I

Ifs pour illuminations.

Illuminations.

Imprimés.

Incapacité électorale.

Indemnités.

(Voir: Directions d'artillerie. — Frais de bureau. — Frais de représentation. — Frais de service. — Première mise de harnachement. — Première mise d'équipement. — Service colonial dans les ports de commerce.)

Indemnités (*suite*).

20 déc. 1903 Décr. sur la solde des T. C. aux colonies, art. 15, *B. C.*, 1904, p. 303
et suiv.

Indemnité 1. Indemnité aux troupes en marche, et tarif 9.
2. - - à l'occasion de la Fête nationale, et tarif 10.
3. - - de résidence aux colonies, et tarif 11.
4. - - pour frais de représentation, et tarif 12.
5. - - pour frais de bureau, et tarif 13.
6. - - aux officiers en retraite pourvus d'emplois
dans le service du recrutement.
7. Indemnité aux officiers employés aux travaux topogra-
phiques ou géodésiques.
8. Indemnité de première mise d'équipement, et tarif 14
9. de première mise de harnachement.
10. - - de monture.
11. - pour perte de chevaux.
12. - - pour perte d'effets, et tarif 15.
13. - - de départ colonial.
14. - - de logement.
15. - aux vaguemestres, et tarif 16.
16. - en remplacement de vivres.
17. - aux enfants de troupe laissés dans leur famille.
18. Indemnité de fonctions aux cadres des corps de discipline, et tarif 17.
et circ. du 21 avril 1904, *B. C.*, p. 318.

20 déc. 1903 Déc. prés. Application du décret du 20 décembre 1903 en ce qui concerne l'attribution des indemnités de résidence, pour frais de représentation, de frais de bureau et des indemnités aux vaguemestres,
B. C., 1904, p. 428.

9 févr. 1904 Déc. prés. Indemnités spéciales à allouer aux officiers, fonctionnaires, agents ou militaires détachés à Paris pour la mise au net des
travaux de mission, *B. C.*, p. 152.

28 févr. 1904 Déc. prés. maintenant le droit aux indemnités de vivres aux sous-officiers rengagés ou commissionnés dans toutes les positions où ils perçoivent la solde de présence sauf à l'hôpital, *B. C.*, p. 195.

26 mai 1904 Décr. sur la solde des T. C. en France, art. 14, *B. G.*, vol. spl., T. C. :
modifié 11 juin 1905, *B. G.*, p. 744; 20 septembre 1906 ci-après.

Indemnité 1. Indemnité aux troupes en marche, et tarif 10.
2. - - à l'occasion de la Fête nationale, et tarif 11.
3. - - en rassemblement, et tarif 12.
4. pour frais de service, et tarif 14.
5. pour frais de bureau, et tarif 15.
6. aux officiers en retraite pourvus d'emplois
dans le service du recrutement, et tarif 8.
7. - - en cas de service extraordinaire.
8. de première mise d'équipement, et tarif 18.
9. de première mise de harnachement.
10. de monture, et tarif 13.
11. pour perte de chevaux, et tarif 21.
12. pour perte d'effets, et tarif 20.
13. d'entrée en campagne, et tarif 19.
14. de logement, et tarif 22.
15. - - aux enfants de troupe laissés dans leur famille.
16. Indemnité de fonctions aux cadres de compagnies de discipline, et tarif 9.
Indemnité de fonctions aux sous-officiers élèves officiers,
adjudants avant leur admission à l'école.
17. Indemnité aux officiers employés comme vaguemestres
aux armées, et tarif 17.
18. Indemnité aux convalescents.
19. - - en remplacement de vivres.
Indemnité pour emplacement de bureau, tarif 16.

9 nov. 1904 Circ. Droit à l'indemnité en rassemblement des officiers des T. C. qui
obtiennent la résidence libre, *B. G.*, p. 1622.

24 nov. 1904 Circ. Suppression des indemnités de caisse et de maniement de fonds
aux colonies. *B. C.*, p. 1157.

Indemnités (*suite*).

20 sept. 1906 Décr. Revision des tarifs de solde des T. C. en France, *J. O.* du 27 septembre.

Art. 5. Indemnité de fonctions aux chefs et sous-chefs armuriers des T. C.; aux maréchaux des logis premiers maîtres maréchaux, aux brigadiers maîtres maréchaux, et tarif 9.
13. Indemnité de marche, et tarif 10.
14. Indemnité de rassemblement aux sous-officiers à solde mensuelle, et tarif 12.
16. Voir indemnité de logement.

Indemnité de départ colonial.

29 déc. 1903 Décr., art. 15. Indemnité 13. Indemnité égale à un mois de solde d'Europe pour les officiers et assimilés; un mois de solde sur le pied de l'infanterie coloniale et un mois de haute paye aux sous-officiers rengagés ou commissionnés mariés, *B. C.*, 1904, p. 397, et circ. du 21 avril 1904, *B. C.*, p. 359.
19 sept. 1904 Circ. Inscription sur les livrets de solde, *B. C.*, p. 976.
14 nov. 1904 Décr., art. 6. Indemnité de départ de 2 mois de solde aux indigènes appelés à servir hors de l'Afrique occidentale, *B. C.*, p. 1092.

Indemnité journalière aux sous-officiers en instance d'emploi civil.

23 mars 1897 Inst. concernant le service de l'indemnité journalière allouée aux sous-officiers en instance d'emploi civil, art. 169 à 187, *B. G.*, E. R., vol. 60, p. 334; modif. art. 173 à 184, 25 mai 1901, *B. G.*, p. 867.
12 févr. 1901 Circ. Organisation du service des indemnités journalières pour les T. C., *B. G.*, p. 230.

Indemnité de logement.

29 déc. 1903 Décr., art. 15. Indemnité 14. Indemnité de logement aux sous-officiers et maîtres ouvriers; règles d'allocations aux colonies; taux, *B. C.*, 1904, p. 397, et circ. du 21 avril 1904, *B. C.*, p. 359.
26 mai 1904 Décr., art. 14. Indemnité 14. Indemnité aux sous-officiers employés militaires, sous-officiers et maîtres ouvriers. Règles d'allocation en France. Taux, *B. G.*, vol. spl., T. C., p. 53; modifié 20 septembre 1906 ci-après.
2 juill. 1904 Décr., art. 4. Indemnité mensuelle de 30 francs aux commis du commissariat et magasiniers-des colonies, *B. C.*, p. 652.
11 août 1906 Circ. Les sous-officiers mariés, veufs avec enfant ou vivant avec leur mère veuve peuvent seuls être autorisés à loger en ville et percevoir l'indemnité de logement, *B. G.*, p. 1104.
20 sept. 1906 Décr., art. 16 et tarif 22 (France). Indemnité de logement aux sous-officiers, *J. O.* du 27 septembre.

Indemnité de résidence aux colonies.

29 déc. 1903 Décr., art. 15. Indemnité 3 et tarif 11, *B. C.*, 1904, p. 392, et circ. du 21 avril 1904.
29 déc. 1903 Déc. prés., tableau A. Désignation des colonies, provinces, ou régions de colonies pour lesquelles l'indemnité est attribuée, *B. C.*, 1904, p. 428.
9 mars 1906 Déc. prés. attribuant aux officiers en service à Dakar et non logés, une indemnité de résidence de 2 francs par jour, *B. C.*, p. 227.

Indemnités de route et de séjour.

1° Dispositions spéciales au département de la guerre.

Art. 1 - 2.   Objet et dépenses du service des frais de route.
3 - 4.   Modes de locomotion.
5 à 7.   Décompte de la durée du voyage.
8 à 15.   Indemnité de route.
16 à 18.   Indemnité de séjour.
19.   Allocations.
20.   Positions donnant droit aux allocations.
21 à 23.   Appréciation des droits. Centralisation et contrôle du service.
24 à 32.   Formalités de mise en route.
33.   Hommes arrêtés.
34.   Perte de la feuille de route.
35.   Allocation de l'indemnité représentative de fourrages.
36 à 44.   Décompte des indemnités.
45 à 57.   Formalités de paiement.
58 à 77.   Ordonnancements au payeur. Liquidation et justification des dépenses.
78.   Vérification dans les bureaux du ministère de la guerre.
79.   Dépenses engagées.
80 à 84.   Dépenses à la charge des ministères de la marine et des colonies.
91 à 105.   Rapatriements.
106.   Temps de guerre.

Règles générales d'allocation. Tarif général.
Règles spéciales d'allocation.

Tableau 1. Positions qui donnent droit aux frais de route.
2. Positions qui entraînent l'allocation de l'indemnité journalière exceptionnelle.
3. Positions qui donnent droit à l'indemnité de route.
4. Assimilation de grade des fonctionnaires et employés de la guerre et de la marine pour le droit à l'indemnité de route.

Indemnités de route et de séjour (*suite*).

11 juill. 1902 Déc. prés. Concession des frais de route aux militaires allant en congé de convalescence aux eaux thermales et aux bains de mer, B. G., p. 1518.

1er août 1902 Remboursement des frais de transport de mobilier par voie de mer, B. G., p. 1665.

6 nov. 1902 Circ. Délai pendant lequel le droit à l'indemnité de bagages reste acquis aux militaires changeant de garnison ou de résidence, B. G., p. 2115.

20 févr. 1903 Allocations dues aux jeunes soldats appelés sous les drapeaux, B. G., p. 387.

30 mai 1903 Circ. Allocations de route payées par le département de la guerre à titre d'avances remboursables par les colonies. Règles concernant l'imputation des frais de route aux budgets colonial ou guerre, B. G., p. 759.

11 juin 1903 Circ. Mode de décompte de l'indemnité de séjour pour les officiers déplacés au cours d'un stage ou d'une mission temporaire, B. G., p. 875.

4 juill. 1903 Circ. Droits aux frais de route des militaires déplacés pour la prestation de serment, B. G., p. 992.

17 juill. 1903 Circ. Indications à donner au service de l'intendance pour le décompte des frais de route, B. G., p. 1090.

3 août 1903 Circ. Allocation de l'indemnité de changement de résidence aux officiers et hommes de troupe rengagés ou commissionnés et mariés faisant mouvement entre une place et un fort détaché ou entre deux forts détachés, B. G., p. 1150.

24 déc. 1903 Circ. Allocations à attribuer aux officiers généraux du cadre de réserve et aux officiers supérieurs ou subalternes de la réserve et de l'armée territoriale prenant part à des exercices, B. G., p. 1832.

20 janv. 1904 Circ. Les déplacements des généraux de brigade allant présider les commissions de réforme ne donnent pas droit aux frais de route, B. G., p. 30.

26 févr. 1904 Circ. Délai de six mois pendant lequel le droit à l'indemnité de route est acquis aux militaires rayés des contrôles à l'intérieur, B. G., p. 219.

9 mars 1904 Circ. Allocation de frais de route aux militaires blessés dans le service se déplaçant pour être visités par un médecin militaire, B. G., p. 259.

21 mars 1904 Circ. prescrivant de majorer le décompte de l'indemnité kilométrique allouée aux militaires ayant droit aux frais de route et partant d'une gare où il existe une surtaxe locale temporaire, B. G., p. 374.

1er avril 1904 Circ. Mode de paiement des frais de route dus aux militaires qui ont quitté leur corps, B. G., p. 450.

28 juin 1904 Circ. Allocation des frais de route aux hommes de troupe indigents allant en permission ou en congé dans leur famille. Application du décret du même jour, B. G., p. 942.

7 juill. 1904 Circ. Responsabilité en cas de mise en route de jeunes gens dont l'acte d'engagement est irrégulier, B. G., p. 970.

21 oct. 1904 Circ. Application aux dépenses de frais de route de la spécialisation des crédits par exercice, B. G., p. 1582.

11 nov. 1904 Circ. Délais de validité des mandats d'indemnité de route, B. G., p. 1604.

21 mars 1905 Circ. Allocations à attribuer à titre d'indemnités pour changement de résidence aux militaires des troupes métropolitaines et coloniales se rendant aux colonies ou en revenant, ainsi qu'aux familles de ces militaires, B. G., p. 341.

2° Dispositions spéciales au département des colonies.

(Voir : *Gendarmerie.*)

15 sept. 1882 Circ. Mode de régularisation des avances faites aux officiers, fonctionnaires et agents du service colonial, soit au départ, soit en cours de voyage, B. M., p. 436.

29 mai 1895 Dép. Le personnel de l'Indo-Chine, autorisé à rentrer en France par Hong-Kong n'a pas droit aux indemnités de séjour s'il n'y a pas correspondance entre l'annexe et le courrier.

Indemnités de route et de séjour (*suite*).

3 juill. 1897   Décr. sur les indemnités de route et de séjour, les passages et le transport des bagages du personnel colonial voyageant isolément pour raisons de service, *B. C.*, p. 892, et circ. du 11 août 1897, *B. C.*, p. 881.

1° En France.

Art. 1 à 10. Indemnité de route.
    11 à 16. Indemnité de séjour.
    17 à 30. Dispositions communes aux deux indemnités.

2° A l'étranger et à bord des bâtiments étrangers.

Art. 42 à 51.

3° Aux colonies.

Art. 52 à 67. Indemnité fixe de route et indemnité de transport.
    68 à 73. Indemnité de séjour.
    74 à 92. Dispositions communes.
Tableau 1. Tarif des indemnités de rout en France.

14 juin 1898   Circ. Allocations à attribuer aux militaires évacués d'une formation sanitaire sur une autre, *B. C.*, p. 461.

19 sept. 1898   Circ. Application à la gendarmerie coloniale, aux officiers et gardes d'artillerie du service des constructions du décret du 3 juillet 1897. Imputations : gendarmerie, budget supportant la solde; artillerie, chapitre travaux militaires, *B. C.*, p. 651.

2 sept. 1899   Circ. Interprétation, art. 70, § 5, du décret du 3 juillet 1897. Interdiction du cumul des indemnités de route et de séjour, *B. C.*, p. 1199.

15 févr. 1901   Déc. du Conseil d'Etat rejetant le pourvoi d'un officier des T. C. contre une décision lui refusant le droit à des indemnités de séjour pendant qu'il remplissait des fonctions intérimaires hors de sa résidence, *B. C.*, p. 157.

8 mars 1901   Circ., art. 3. Indemnité de route et de séjour au personnel civil, officiers et militaires appelés à prendre part aux opérations du tirage au sort et des conseils de revision aux colonies.
Art. 5. Indemnité de route aux militaires convoqués regagnant leur corps ou renvoyés dans leurs foyers aux colonies, *B. O.*, p. 202.

9 déc. 1901   Déc. prés. Application aux militaires détachés au service colonial en France, du décret du 18 mars 1901, sur le service des frais de route de la guerre, *B. C.*, p. 1120.

21 déc. 1901   Rép. Les passagers qui séjournent à Colombo lorsqu'il n'y a pas coïncidence entre les paquebots des Messageries maritimes, n'ont pas droit aux indemnités de séjour, la Compagnie les indemnisant des frais d'hôtel.

18 janv. 1902   Circ. Instructions relatives à l'application en France au personnel militaire ou assimilé, emprunté au département de la guerre, du décret du 18 mars 1901, *B. C.*, p. 57.

3 mars 1903   Circ. Instructions relatives aux dépenses imputables au chapitre « Frais de route et de séjour du personnel militaire », *B. C.*, p. 175.

6 juill. 1904   Décr. modifiant l'art. 45 du décret du 3 juillet 1897. Tableau de classement du personnel colonial, *B. C.*, p. 774.

7 avril 1905   Circ. Les médecins mobiles ne percevront plus d'indemnités fixes de déplacement, mais les frais de route et de séjour fixés par le décret du 3 juillet 1897, *B. C.*, p. 492.

12 août 1905   Circ. Interdiction d'engager des dépenses supplémentaires de représentation (indemnité de route et de séjour, à des officiers allant assister à des cérémonies civiles), *B. O.*, p. 911.

11 mai 1906   Décr. fixant les indemnités à accorder aux personnes chargées de missions spéciales, *B. C.*, p. 491.

Indemnités pour changement d'uniformes.

19 janv. 1903   Circ. Attribution d'une indemnité de 125 francs aux sous-chefs de musique des T. M. nommés chefs de fanfare dans les T. C., *B. G.*, p. 73.

Indemnité pour frais de représentation.

29 déc. 1903   Décr. sur la solde des troupes aux colonies.
Art. 15, indemnité 4 et tarif 12, *B. C.*, 1904, p. 368; circ. pour l'application, 21 avril 1904, *B. C.*, p. 357.

29 déc. 1903   Déc. prés., tableau B. Répartition par catégories des divers commandements ou emplois pour lesquels il est prévu une indemnité pour frais de représentation, *B. C.*, 1904, p. 429.

17 mars 1904   Déc. prés. Frais de représentation du personnel de l'inscription maritime, et circ. du 22 avril 1904, *B. C.*, p. 431.

3 août 1904   Déc. prés. Frais de représentation au sous-directeur d'artillerie à Saigon, *B. C.*, p. 772.

8 août 1905   Déc. prés. Frais de représentation au sous-directeur d'artillerie à Dakar, *B. C.*, p. 897.

Indemnité pour frais de service.

26 mai 1904   Décr. sur la solde des T. C. en France.
Art. 14, indemnité 4 et tarif 14, *B. G.*, vol. spl., T. C.; modif. 11 juin 1905, *B. G.*, p. 741.

Indemnité représentative de vin.

18 mars 1901   Circ. Allocation d'une indemnité représentative de vin aux militaires des T. C. convalescents, présents au corps, *B. G.*, vol. spl., T. C., p. 104.

20 avril 1901   Circ. Allocation d'une indemnité représentative de vin aux militaires des T. C. autorisés à passer au corps leur congé de fin de campagne, *B. G.*, vol. spl., T. C., p. 110.

Indo-Chine.

(Voir : Garde indigène. — Gendarmerie. — Tonkin.)

17 oct. 1887   Décr. rattachant le protectorat de l'Annam et du Tonkin au ministère de la marine et des colonies, *B. C.*, p. 781.

21 avril 1891   Décr. fixant les attributions du gouverneur général, *B. C.*, p. 307.

3 juill. 1897   Décr. Réorganisation du conseil supérieur de l'Indo-Chine, *B. C.*, p. 643; modif. 8 août 1898, *B. C.*, p. 580; 12 décembre 1905, *B. C.*, p. 1163; adjonction de nouveaux membres, 19 janvier 1906, *B. C.*, p. 19.

31 juill. 1898   Décr. Création d'un budget général, *B. C.*, p. 534.

1er févr. 1902   Décr. Promulgation des actes officiels, *B. C.*, p. 125.

18 oct. 1902   Décr. Création d'un secrétariat général, *B. C.*, p. 1121.

2 sept. 1903   Décr. Organisation du conseil du contentieux de l'Indo-Chine, *B. C.*, p. 975.

Infanterie coloniale.

7 juill. 1900   Loi portant organisation des T. C., art. 5 et 7, *B. C.*, p. 504.

17 janv. 1901   Circ. Nouveau numérotage des corps de l'infanterie coloniale, *B. G.*, p. 110; *B. C.*, p. 33; *B. G.*, vol. spl., T. C., p. 87.

14 févr. 1901   Circ. Organisation de deux divisions d'infanterie coloniale : 1re division, Brest; 2e division, Toulon; composition, *B. C.*, p. 120; *B. G.*, p. 222; *B. G.*, vol. spl., T. C., p. 95.

23 févr. 1901   Circ. Composition des états-majors des divisions d'infanterie coloniale, *B. C.*, p. 135; *B. G.*, p. 262; *B. G.*, vol. spl., T. C., p. 96.

10 sept. 1903   Décr. réorganisant l'infanterie coloniale : composition, effectif, répartition. Art. 4, groupement en 3 divisions, *B. C.*, p. 820; *B. G.*, p. 1417; err. *B. G.*, p. 1634; modif. en ce qui concerne l'Afrique occidentale, 29 mai 1906, *B. C.*, p. 504; *B. G.*, p. 774; modif 21 juillet 1906 (tableaux 4 et 13); *B. G.*, p. 1082; *B. C.*, p. 722.

16 nov. 1903   Circ. Personnel de l'infanterie coloniale à placer hors cadres en exécution du décret du 10 septembre 1903, *B. C.*, p. 975.

Infanterie coloniale (*suite*).

Infirmeries ambulances.

Infirmeries de garnison.

Infirmeries régimentaires.

Infirmeries vétérinaires.

(Voir : *Service vétérinaire.*)

Infirmiers militaires des troupes coloniales.

(Voir : *Gratifications. — Primes de travail. — Hautes payes.*)

Infirmiers militaires des troupes coloniales (*suite*).

25 avril 1904, *B. G.*, p. 580; modifiée, art. 9, § 10 et 11, 27 juillet 1904, *B. G.*, p. 1279; art. 5, § 3 (rengagements), 22 février 1905, *B. G.*, p. 149.

8 juill. 1903   Circ. Suppression de la section créée à Toulon par circ. du 23 juillet 1900, *B. G.*, p. 1063.

19 sept. 1903   Décr. réorganisant l'infanterie coloniale, art. 4, effectifs; tableau 7, *B. C.*, p. 820.

16 nov. 1903   Circ. La ration de vin des infirmiers militaires français aux colonies est abondée de 25 cl., *B. C.*, p. 976.

19 janv. 1904   Circ. Interprétation de l'art. 6, § 5, de l'inst. du 19 novembre 1902. Haute paye des sous-officiers provenant du corps des infirmiers coloniaux, *B. C.*, p. 55.

6 févr. 1904   Circ. relative à la situation des infirmiers de l'ancien statut inaptes au service, *B. G.*, p. 107.

21 juin 1906   Décr. sur le corps de santé des T. C., art. 8 et 9, *B. C.*, p. 505; *B. G.*, p. 820.

Inscription des services.

23 déc. 1903   Arr. relatif aux inscriptions à porter sur les matricules, relevés et certificats de services, *B. G.*, p. 1948; modif. 13 février 1905, *B. G.*, p. 114; err., *B. G.*, 1905, p. 1715.

Insertions.

3 mai 1902   Circ. relative aux insertions d'avis au public dans le *Journal officiel* et dans les autres journaux chargés des annonces administratives, *B. G.*, p. 760.

Insignes.

30 sept. 1903   Description des uniformes.

Art. 54. Insignes spéciaux des officiers employés au service d'état-major; insigne distinctif des officiers d'état-major à placer sur la pèlerine mobile à capuchon.
Art. 419. Insigne de tir. Prix de concours. Insigne pour prix d'observation, *B. G.*, vol. spl., T. C., p. 46, 51 et 236.

6 déc. 1903   Les frais de pose des insignes et attributs de première mise sont au compte de la masse générale d'entretien, *B. G.*, vol. spl., T. C., p. 225.

Insoumission.

28 déc. 1895   Inst., art. 253 à 279. Insoumission des hommes des réserves et de l'armée territoriale, *B. G.*, E. R., vol. 71.

25 juin 1904   Circ. autorisant à faire entrer en déduction des périodes d'exercices le temps pendant lequel certaines catégories d'hommes des réserves, insoumis, ont été mis en subsistance dans un corps de troupe en attendant qu'une décision judiciaire intervienne à leur égard, *B. G.*, p. 930.

21 mars 1905   Loi sur le recrutement. Art. 83 et 84, insoumission des appelés; art. 85, insoumission des hommes des réserves, *B. C.*, p. 396; *B. G.*, E. M., vol. 68-1, p. 43; vol. 69-1, p. 3.

30 sept. 1905   Circ. fixant la date à partir de laquelle doivent courir les délais d'insoumission des jeunes soldats, *B. G.*, p. 1457.

20 mars 1906   Inst. sur l'insoumission, *B. G.*, E. M., vol. 69-1, p. 3; err., *B. G.*, p. 903.

Insoumission (*suite*).

Inspections.

(Voir : *Non-activité*.)

Inspection des colonies.

Inspection des colonies (*suite*).

21 juin 1906 Décr. Administration des T. C., art. 1. Contrôle de la partie du service placée sous l'autorité du Ministre des colonies, *B. C.*, p. 577;
B. G., p. 803.

Inspection générale du service de santé colonial.

17 août 1894 Décr. constituant au ministère des colonies une inspection générale du
service de santé, *B. C.*, p. 662.
4 nov. 1903 Décr., art. 4. Attributions, *B. C.*, p. 927; *B. G.*, p. 1627.

Instruction.

(Voir : *Cartes géographiques. — Ecole polytechnique. — Etat-major.
—Masses des écoles. — Manœuvres. — Parcs d'artillerie. — Rapport
annuel. — Service vélocipédique. — Stages. — Tir. — Travaux de
campagne.*)

27 mars 1882 Instruction des troupes de forteresse, *B. G.*, E. M., vol. 55-1, p. 5.
11 janv. 1892 Circ. Instruction des militaires des compagnies d'ouvriers et d'artificiers de la marine, *B. M.*, p. 13; *B. C.*, p. 163.
20 oct. 1892 Service intérieur : Inf., art. 267 à 275; Artil., art. 289 à 291, *B. G.*,
E. R., vol. 78.
4 juil. 1896 Circ. relative aux exercices de ravitaillement en munitions, *B. G.*, E.
M., vol. 55-1, p. 69.
16 juin 1897 Art. 32. Instruction des officiers de réserve et de l'armée territoriale,
B. G., E. M., vol. 72; modif. 27 mars 1906, *B. G.*, p. 449.
20 mai 1899 Circ. Les bourreliers des corps de troupe de l'artillerie reçoivent l'instruction à cheval et apprennent le maniement du mousqueton, *B.
G.*, E. M., vol. 55-1, p. 243; appliquée à l'artillerie de marine, circ.
du 13 février 1900, *B. C.*, p. 101; *B. M.*, p. 295.
12 mars 1900 Circ. relative à l'instruction des cadres, aux travaux d'études des capitaines et officiers supérieurs, aux conférences d'école et aux travaux d'hiver des lieutenants de l'artillerie, *B. G.*, E. M., vol. 55-1,
p. 187.
17 mars 1900 Circ. Instruction des militaires, officiers et troupes, de la réserve et de
l'armée territoriale, au cours des convocations, *B. G.*, E. M., vol. 55-1,
p. 10.
6 mars 1901 Circ. Exercices de l'artillerie en terrains variés, *B. G.*, E. M., vol.
55-1, p. 158; modif. 26 mai 1905, *B. G.*, p. 669; 25 septembre 1905,
B. G., p. 1442.
19 juill. 1902 Circ. Instruction des militaires de l'infanterie (officiers et troupe), de
la réserve et de l'armée territoriale au cours des convocations, *B. G.*,
E. M., vol. 55-1, p. 73.
20 juill. 1902 Circ. Instruction des sous-lieutenants d'artillerie coloniale sortant de
l'Ecole polytechnique, *B. G.*, p. 1612; *B. G.*, E. M., vol. 32-1, p. 121.
22 oct. 1902 Programme d'instruction des troupes composant la garnison des forte-
resses, *B. G.*, E. M., vol. 55-1, p. 70.
28 nov. 1902 Circ. Spécialisation de l'instruction des troupes de l'artillerie coloniale, *B. G.*, p. 2317.
4 mars 1903 Circ. Marche progressive de l'instruction et précautions à prendre pour
sauvegarder la santé des hommes, *B. G.*, E. M., vol. 55-1, p. 9.
8 juin 1903 Règlement de manœuvre de l'artillerie de campagne.
12 août 1903 Règlement de manœuvre de l'artillerie à pied.
Feuille rectificative n° 1 du 9 février 1904.
19 août 1903 Circ. Instruction des sous-lieutenants d'artillerie coloniale sortant de
l'Ecole polytechnique, *B. G.*, v. s., p. 758.
3 oct. 1903 Inst. sur le port et le chargement des cartouchières et du havresac,
B. G., E. M., vol. 55-1, p. 167.
5 déc. 1903 Circ. relative aux notes à donner aux sous-lieutenants sortant de l'Ecole
polytechnique accomplissant une année d'instruction dans les corps
de troupe, *B. G.*, E. M., vol. 55-1, p. 49.
3 déc. 1904 Règl. de manœuvre de l'infanterie; modif., *B. G.*, 1905, p. 232.
22 mai 1905 Inst. relative au fonctionnement des compagnies d'instruction dans
l'infanterie coloniale, *B. G.*, p. 682.
15 juin 1905 Liste des documents concernant les manœuvres et l'instruction des
troupes de l'artillerie qui n'ont été ni mentionnés ni insérés au
B. C., *B. G.*, p. 909.

Instruction (*suite*).

26 août 1905 Règl. de manœuvre de l'artillerie de montagne.
12 oct. 1905 Circ. relative à la reprise de l'instruction, *B. G.*, p. 1539.
21 oct. 1905 Règl. de manœuvre de l'artillerie à pied (tome II). Service des bouches à feu de siège et de place; matériels de siège et de place.
26 mars 1906 Circ. relative à l'emploi du temps et à l'instruction pendant les périodes de convocation des réserves.
31 mars 1906 Règl. de manœuvre de l'artillerie à pied (tome IV). Service des canons de 155 sous tourelle et sous casemate.
17 juill. 1906 Circ. relative au service des employés dans les corps de troupe, *B. G.*, p. 809.
25 août 1906 Circ. Instruction à donner aux hommes du service auxiliaire, *B. G.*, p. 1149.

Instruction judiciaire.

(Voir : *Justice militaire*.)

9 juin 1857 Code de justice militaire, art. 83 à 107. Police judiciaire et instruction, *B. G.*, *E. R.*, vol. 56.

Instruments vérificateurs.

30 août 1884 Règl. sur l'armement, art. 28. Instruments nécessaires aux chefs armuriers, *B. G.*, *E. R.*, vol. 19.
14 oct. 1902 Inst. pour l'application du règl. du 30 août 1884 aux T. C. en France, *B. G.*, p. 2039.
16 oct. 1903 Règl. sur les directions d'artillerie coloniales, art. 50. Demandes en France, *B. C.*, vol. spl., p. 74.
28 déc. 1905 Règl. sur l'armement aux colonies, art. 61.

Intendance militaire des troupes coloniales.

(Voir : *Administration des troupes coloniales. — Ameublement. — Casernement*.)

7 juill. 1900 Loi organisant les troupes coloniales, art. 11, *B. C.*, p. 594; *B. G.*, p. 1176; *B. G.*, vol. spl., T. C., p. 5.
23 déc. 1900 Circ. Constitution de la section administrative des T. C. en France, *B. C.*, 1901, p. 5; *B. G.*, vol. spl., T. C., p. 78.
15 sept. 1901 Service courant, art. 194. Propositions pour le commissariat, *B. G.*, *E. R.*, vol. 74.
20 mai 1902 Circ. Fusion des deux classes de commissaire général prévue par l'ancienne organisation, *B. G.*, p. 1231.
18 sept. 1902 Circ. Création à Paris d'un bureau du commissariat des T. C., *B. G.*, p. 1910.
18 sept. 1902 Circ. Effectifs du personnel employé à la direction du corps d'armée des T. C. et au bureau de Paris, *B. G.*, p. 1910.
13 nov. 1902 Inst. relative aux concours d'admission dans le corps du commissariat (intendance), *B. C.*, p. 1209; *B. G.*, p. 2187.
16 oct. 1903 Art. 3. Surveillance administrative des directions d'artillerie coloniales, *B. C.*, vol. spl., p. 41; modif. 2 octobre 1905, *B. C.*, p. 1056.
3 nov. 1903 Inst. Fonctionnement du service dans les colonies autres que la colonie principale d'un groupe (application du décret du 26 mai 1903), *B. C.*, p. 923.
11 janv. 1904 Inst. pour l'application au Congo du décret du 26 mai 1903 (groupement des forces militaires). Organisation du service, *B. C.*, p. 20.
14 avril 1903 Loi autorisant la transformation du commissariat des troupes coloniales en intendance des troupes coloniales. *B. C.*, p. 333; *B. G.*, p. 516.
21 juin 1906 Décr. sur l'administration des T. C., art. 2, 3, 5, *B. C.*, p. 577; *B. G.*, p. 803.

Intendance militaire des troupes coloniales (*suite*).

21 juin 1906   Décr. organisant l'intendance militaire des troupes coloniales, *B. C.*, p. 583; *B. G.*, p. 810.

       Art.   1.   Attributions.
               2.   Hiérarchie.
          3 à 12.   Recrutement du corps.
             13.   Avancement.
         14 - 15.   Officiers d'administration.
         16 - 17.   Section de commis et ouvriers militaires d'administration.
             18.   Répartition du personnel.
         19 - 20.   Propositions et établissements des tableaux d'avancement et de concours pour la Légion d'honneur et la médaille militaire.
             21.   Discipline.
             22.   Rang et préséances.
         23 - 24.   Première formation.
             25.   Mises hors cadres.

8 sept. 1906   Décr. Fixation des cadres : sous-intendants militaires, 1re classe, 12; 2e classe, 15; 3e classe, 45; adjoints, 20, *B. G.*, p. 1231.

Inventions.

(Voir : *Brevets d'invention. — Commission d'examen des inventions.*)

3 août 1891   Circ. Les projets concernant les inventions émanant des militaires en activité de service doivent être transmis au Ministre (cabinet), par la voie hiérarchique, *B. M.*, p. 327; *B. G.*, E. R., vol. 31, p. 7; appliquée aux troupes de la marine, circ. du 21 septembre 1891, *B. M.*, p. 327.

Ivresse.

23 janv. 1873   Loi tendant à réprimer l'ivresse publique et à combattre les progrès de l'alcoolisme, *B. M.*, p. 200; *B. M.*, R., p. 130; *B. G.*, E. R., vol. 59-4, p. 11.
15 mars 1873   Circ. Application aux corps de troupe de la marine de la loi du 23 janvier 1873, *B. M.*, p. 287; *B. M.*, R., p. 107.
22 mai 1878   Circ. relative à la mise en liberté provisoire des hommes traduits en conseil de guerre pour contravention à la loi sur l'ivresse, *B. G.*, E. M., vol. 59-4, p. 10; modif. 9 novembre 1903, *B. G.*, p. 1693.
9 nov. 1905   Circ. Jurisprudence à suivre à l'égard des militaires poursuivis pour ivresse publique, *B. G.*, p. 1693.

J

Jambières.

30 sept. 1903　Description des uniformes.

Jambières en drap et en toile blanche et kaki, leggins, pour les officiers; art. 6, pour les adjudants; Inf. et Artil., art. 221.
Jambières en cuir pour les officiers montés et non montés, art. 36; pour
les adjudants, art. 234.
Jambières en toile forte, Inf. et Artil., art. 222, *B. G.*, vol. spl., T. C.

Jardins potagers.

6 déc. 1903　Achat au compte de la masse générale d'entretien des effets nécessaires aux militaires employés à l'exploitation des jardins potagers.
B. G., vol. spl., T. C., p. 226.
22 avril 1905　Règl. sur les ordinaires, art. 13. Dépenses à la charge des ordinaires,
B. G., E. M., vol. 7, p. 18.
22 avril 1905　Inst. sur la gestion des jardins potagers pour l'ordinaire de la troupe,
B. G., E. M., vol. 7, p. 147.

Jeux de bois.

6 déc. 1903　Achat au compte de la masse générale d'entretien, *B. G.*, vol. spl., T.
C., p. 228.

Jeux de guerre.

17 mai 1902　Circ. Autorisation d'acheter des jeux de guerre, les corps de troupe
sur la masse générale, les états-majors de trois grandes colonies sur
les crédits du service géographique, *B. G.*, p. 493.

Jeux de hasard.

1 oct. 1891　Service des places, art. 112. Interdiction aux militaires. Fréquentation des maisons de jeu, *B. G.*, E. R., vol. 75.

Journal des marches et opérations.

(Voir : *Historique des troupes coloniales.*)

5 déc. 1874　Instruction pour la rédaction, *B. G.*, E. R., vol. 76, p. 177.
20 oct. 1892　Service intérieur : Inf., art. 16; Artil., art .17. Le journal des marches et opérations est tenu par le lieutenant-colonel, *B. G.*, E. R.,
vol. 78.
21 juin 1902　Circ. Extraits des journaux de marches et opérations à envoyer au
département de la guerre. Faits qu'ils doivent relater, *B. G.*, p. 1509.

Journal officiel.

(Voir : *Légion d'honneur*.)

1er juin 1894 Circ. Distribution des journaux officiels aux chefs de service dans les colonies, *B. C.*, p. 457.
7 juin 1895 Versement aux domaines des allocations remontant à plus de deux années, *B. G., E. R.*, vol. 10, p. 16.
5 juin 1899 Publication des documents au *Journal officiel*, *B. G., E. R.*, vol. 10, p. 20; modif. 26 novembre 1900, *B. G.*, p. 1896.

Journaux de mobilisation.

15 sept. 1901 Service courant, art. 61. Présentation à l'inspecteur, *B. G., E. R.*, vol. 74.

Jugements par défaut.

9 juin 1857 Code de justice militaire, art. 170, *B. G., E. R.*, vol. 56.

Jumelle.

20 sept. 1903 Art. 88. Description, *B. G.*, vol. spl., T. C., p. 60.

Jumelle télémètre Souchier.

12 juill. 1894 Circ. Les remplacements et les fournitures de télémètres seront effectués à l'avenir au moyen de jumelles-télémètres du capitaine Souchier, *B. M.*, p. 98.
4 sept. 1896 Vente aux officiers, au prix de 50 francs, par Baillo-Lemaire, 22, rue Oberkampf, à Paris, *B. G., E. M.*, vol. 55-2, p. 100.
8 févr. 1903 Inst. sur le matériel de tir de l'infanterie. Description et mode d'emploi.

Jury.

10 janv. 1873 D'après l'art. 3 de la loi du 21 novembre 1872 sur le jury, les officiers généraux du cadre de réserve et les officiers en disponibilité ne sont pas dispensés des fonctions de juré, *B. G., E. R.*, vol. 28, p. 136.

Justice maritime.

4 juin 1858 Code de justice militaire pour l'armée de mer, vol. spl.; modif. 18 mai 1875; 31 décembre 1875, *B. M.*, 1876, p. 892; 9 avril 1895, *B. M.*, p. 608; *B. C.*, p. 370.
7 oct. 1895 Décr. sur le personnel, les archives et les dépenses du service de la justice maritime, *B. M.*, p. 607.
8 janv. 1905 Décr. relatif à l'application aux colonies du code de justice militaire pour l'armée de mer, *B. C.*, p. 783.

Justice militaire.

(Voir : Casier judiciaire. — Commandant des troupes passagères. — Commission rogatoire. — Condamnations. — Condamnés. — Conseils de guerre. — Conseils de revision. — Espionnage. — Exécution capitale. — Exécution des jugements. — Exécution des peines. — Extradition. — Gendarmerie. — Grâces, commutations et réductions de peines. — Incapacité électorale. — Ivresse. — Jugements par défaut. — Pourvois en cassation. — Récidivistes. — Recours en grâce. — Réhabilitation. — Relégation. — Services militaires. — Témoins.)

5 sept. 1828   Impression aux frais de l'Etat d'un tableau destiné à faire connaître les jugements qui seraient d'un effet exemplaire, *B. G., E. M.,* vol. 59-4, p. 20.

12 août 1850   Le rapporteur doit être assisté d'un interprète lors même qu'il entendrait la langue ou l'idiome du prévenu, *B. G., E. M.,* vol. 59-4, p. 52.

9 juin 1857   Code de justice militaire pour l'armée de terre, *B. G., E. R.,* vol. 56 ; modif. loi du 2 avril 1901, *B. G.,* p. 537.

Art.   2 à 25. Conseils de guerre permanents dans les circonscriptions territoriales.

     26 à 32. Conseils de revision permanents dans les circonscriptions territoriales.

     33 à 37. Conseils de guerre aux armées.

     38 à 41. — — de revision aux armées.

     42. Dispositions communes aux conseils de guerre et de revision aux armées.

     43 à 50. Conseils de guerre et de revision dans les régions en état de siège et dans les places de guerre assiégées ou investies.

     51 - 52. Prévôtés.

     53 - 54. Compétence des tribunaux militaires.

     55 à 71. — — des conseils de guerre.

     72 à 74. — — des conseils de revision.

     75. — — des prévôtés.

     76 à 79. — — en cas de complicité.

     80 à 82. Pourvois devant la Cour de cassation.

     83 à 158. Procédure devant les conseils de guerre.

     159 à 172. — devant les conseils de revision.

     173 à 174. — devant les prévôtés.

     175 à 179. Contumace et jugements par défaut.

     185 à 203. Peines et leurs effets.

     204 à 266. Crimes, délits et leur punition.

28 juill. 1857   Inst. relatives à l'exécution du code de justice militaire, *B. G., E. R.,* vol. 56, p. 89.

21 sept. 1857   Les dossiers de procédure doivent être consultés au greffe par le Président et les personnes intéressées, *B. G., E. M.,* vol. 59-4, p. 52.

12 mars 1860   En cas d'acquittement le ministère public a le droit de dénoncer au chef de la justice militaire les faits nouvellement révélés, *B. G., E. M.,* vol. 59-4, p. 53.

19 août 1861   Les demandes que les membres des parquets militaires peuvent avoir à adresser aux différents départements ministériels doivent être transmises par l'intermédiaire du Ministre de la guerre, *B. G., E. M.,* vol. 59-3, p. 9.

10 déc. 1862   Les militaires paraissant en justice doivent déposer leurs armes avant de se présenter devant le tribunal, *B. G., E. R.,* vol. 31, p. 41.

2 avril 1863   En cas de désistement d'un recours en revision, la peine ne doit commencer à courir que du jour où le conseil a donné acte du désistement, *B. G., E. M.,* vol. 59-4, p. 21.

9 sept. 1863   Les interprètes militaires ne sont pas astreints à répéter le serment chaque fois que leur ministère est réclamé, *B. G., E. M.,* vol. 59-4, p. 57.

6 janv. 1865   Les rapporteurs sont tenus de faire les procédures exemptes de toute cause d'annulation qu'il s'agisse d'informations ou instructions faites par eux ou par d'autres, *B. G., E. M.,* vol. 59-4, p. 57.

13 nov. 1868   Les dépositions de témoins absents, rédigées dans une langue étrangère à l'accusé, doivent lui être traduites par un interprète. Constatation par le greffier des faits survenus après l'audience, *B. G., E. M.,* vol. 59-4, p. 58.

Justice militaire (*suite*).

Justice militaire (*suite*).

Justice militaire (*suite*).

12 mars 1903   Circ. Notification d'une décision du conseil de revision de Paris, relative à l'application de l'art. 200 du code de justice militaire. Imputation de la détention préventive, *B. G.*, E. M., vol. 59-4, p. 45.

19 mai 1903   Circ. Non application de décimes additionnels aux amendes prononcées par les conseils de guerre aux colonies, *B. G.*, p. 706; *B. G.*, E. M., vol. 59-3, p. 140.

23 oct. 1903   Décr. Organisation du service de la justice militaire dans les troupes coloniales.
Application du code de justice militaire de l'armée de terre.
Conseils de guerre et de revision permanents aux colonies.
Conseils de guerre et de revision dans les colonies déclarées en état de siège et dans les places de guerre des colonies assiégées ou investies.
Conseils de guerre et de revision dans les troupes d'opérations aux colonies et dans les pays de protectorat.
Compétence spéciale des tribunaux militaires aux colonies.
Tableau des conseils de guerre et de revision permanents aux colonies, *B. G.*, p. 1593; *B. C.*, p. 1164; errata, *B. G.*, p. 1789; *B. G.*, E. M., vol. 56 *bis*, p. 56.

23 oct. 1903   Inst. pour l'application du décret du 23 octobre 1903, *B. G.*, p. 1602; *B. C.*, p. 1173; *B. G.*, E. M., vol. 56 *bis*, p. 66.

13 nov. 1903   Tableau des pièces périodiques de la justice militaire aux colonies, *B. G.*, p. 1645; *B. C.*, p. 1105; erratum, *B. G.*, p. 1810.

7 déc. 1903   Circ. Application du décret et de l'inst. du 23 octobre 1903, *B. C.*, p. 1163.

25 déc. 1903   Circ. Répartition du personnel de la justice militaire aux colonies, *B. C.*, p. 1239.

13 janv. 1904   Circ. relative aux vols, faux ou détournements suivis de restitution, *B. G.*, p. 30; *B. G.*, E. M., vol. 56 *bis*, p. 101.

20 janv. 1904   Circ. relative à la désignation des officiers d'administration de la justice militaire à employer dans les tribunaux militaires aux colonies pour y assurer le service des greffes, *B. G.*, p. 31; *B. G.*, E. M., vol. 59-3, p. 45.

30 janv. 1904   Peines dont est passible devant la juridiction militaire l'auteur d'incendie volontaire d'une tente ne servant pas à l'habitation. Arrêt de la Cour de cassation du 20 novembre 1903, *B. G.*, p. 59; *B. G.*, E. M., vol. 59-4, p. 46.

30 mars 1904   Décr. modifiant celui du 28 janvier 1903 ci-dessus. Composition des conseils de guerre appelés à juger dans les colonies et pays de protectorat les agents du commissariat et les comptables des matières des colonies, *B. C.*, p. 315; *B. G.*, p. 424.

27 avril 1904   Circ. Notification de l'extrait d'un arrêt de la Cour de cassation annulant partiellement une ordonnance de non-lieu rendue dans une affaire de faux en matières d'administration militaire et basée notamment sur le remboursement spontané fait par l'inculpé, *B. G.*, p. 502; *B. G.*, E. M., vol. 56 *bis*, p. 102.

10 mai 1904   Décr. modifiant l'art. 23 du décret du 20 novembre 1867 réorganisant le corps militaire des surveillants des établissements pénitentiaires coloniaux. Composition des conseils de guerre, *B. G.*, p. 651.

25 juin 1904   Arr. créant un conseil de guerre aux armées pour les troupes du Tchad, *B. G.*, p. 952.

28 juin 1904   Loi modifiant la loi du 26 mars 1891 sur l'atténuation et l'aggravation des peines. Application aux tribunaux militaires, *B. C.*, p. 671; *B. G.*, p. 950; *B. G.*, E. M., vol. 56 *bis*, p. 103.

2 juill. 1904   Circ. Application de la loi du 28 juin 1904, *B. G.*, p. 957; *B. G.*, E. M., vol. 56 *bis*, p. 104.

18 juill. 1904   Circ. Interprétation de l'art. 200 du code de justice militaire, modifiée par la loi du 2 avril 1901, *B. G.*, p. 1169; *B. G.*, E. M., vol. 56 *bis*, p. 107.

21 juill. 1904   Circ. Notification et promulgation aux colonies de la loi du 28 juin 1904, *B. C.*, p. 670.

5 août 1904   Circ. Application de l'art. 200 du code de justice militaire modifié par la loi du 2 avril 1901, aux militaires qui, par suite d'une nouvelle condamnation, perdent le bénéfice du sursis précédemment accordé en vertu de la loi du 28 juin 1904, *B. C.*, p. 800; *B. G.*, p. 1268; *B. G.*, E. M., vol. 56 *bis*, p. 108.

10 oct. 1904   Circ. Application de la loi de sursis du 28 juin 1904. Envoi aux bataillons d'Afrique, *B. G.*, p. 1533; *B. G.*, E. M., vol. 56 *bis*, p. 109.

Justice militaire (*suite*).

K

Képi.

L

Laïcisation.

11 févr. 1903 Circ. Laïcisation des différents services et suppression des emblèmes religieux aux colonies, *B. C.*, p. 124.

Lanternes de distinction.

15 janv. 1905 Art. 70. Description, *B. G.*, E. M., vol. 53, p. 128, 222.
Fourniture, *B. G.*, E. M., vol. 53, p. 226.

Lard salé.

20 mai 1897 Inst. pour le traitement et la conservation du lard salé expédié aux colonies, *B. C.*, p. 485.

Latrines.

(Voir : *Hygiène*.)

Lavabos.

(Voir : *Hygiène*.)

Lavage des effets de campement.

15 janv. 1905 Notice 5. Inst. sur le lavage et les réparations, *B. G.*, E. M., vol. 53, p. 174.

Lavoirs.

(Voir : *Hygiène*.)

Légalisation des signatures.

(Voir : *Pensions*.)

29 oct. 1844 Lettre du Ministre de l'intérieur aux préfets. Les expéditions d'actes de décès des individus qui meurent dans les hôpitaux civils et militaires ou dans d'autres établissements publics peuvent être légalisées sans aucun frais par les préfets et sous-préfets, *A. M.*, p. 1208; *B. M. R.*, p. 131.

24 mai 1886 Circ. Les certificats médicaux destinés à être mis à l'appui des propositions de pensions en faveur de veuves ou d'orphelins doivent toujours être légalisés, *B. M.*, p. 937; et circ. (colonies), du 20 juin 1891, *B. C.*, p. 433.

Légalisation des signatures (*suite*).

7 mars 1887 Circ. Légalisation des pièces délivrées dans les colonies. Envoi des signatures types, *B. O.*, p. 89; et circ. des 21 août 1889 et 4 décembre 1889, *B. O.*, p. 825 et 1501.

20 avril 1893 Circ. Légalisation aux colonies des pièces qui doivent être produites en France, *B. O.*, p. 329.

26 juill. 1894 Inst. pour l'application des lois du 8 juin 1893. Légalisation par le gouverneur des actes dressés aux colonies en la forme militaire, *B. C.*, p. 724.

1er mai 1906 Inst. relative aux successions des militaires aux colonies, art. 7. Légalisation des actes de décès et certificats de genre de mort, *B. C.*, p. 424.

Légion d'honneur.

(Voir : *Décorations*.)

29 floréal an X Loi. Création, *B. des lois*, 2e sem., p. 319.
(19 mai 1802)

24 ventôse an III Arrêté portant que la qualité de membre de la Légion d'honneur se
(15 mars 1804) perd par les mêmes causes que celles qui font perdre la qualité de citoyen français.

11 avril 1809 Décret concernant la place des membres de la Légion d'honneur dans les cérémonies publiques, civiles et religieuses, *B. M. R.*, p. 302.

7 avril 1831 Inst. sur les propositions d'admission et d'avancement dans la Légion d'honneur, *B. G.*, E. R., vol. 30, p. 52; modif. 10 janvier 1901, *B. G.*, p. 41.

16 juin 1837 Loi. Les sous-officiers, soldats et marins amputés par suite de leurs blessures, nommés membres de la Légion d'honneur depuis leur admission à la retraite ont droit au traitement de la Légion d'honneur, *B. des lois*, p. 373; *A. M.*, p. 544.

22 janv. 1852 Décret. Art. 10. Traitement de la Légion d'honneur.
     11. Création de la médaille militaire.
     12. Affectation d'une maison d'éducation aux filles de médaillés, *B. G.*, E. R., vol. 30, p. 22.

16 mars 1852 Décret organique de la Légion d'honneur, *B. G.*, E. R., vol. 30, p. 42.

24 nov. 1852 Décret. Discipline des membres de la Légion d'honneur et des médaillés militaires, *B. G.*, E. R., vol. 30, p. 7.

14 mars 1853 Décret. Délivrance des brevets de la Légion d'honneur et de la médaille militaire, *B. G.*, E. R., vol. 30, p. 18.

23 juin 1853 Inst. (Légion d'honneur). Délivrance des brevets aux membres de la Légion d'honneur et aux médaillés militaires, *B. M.*, 2e sem., p. 436; *B. M. R.*, p. 624; *B. G.*, E. R., vol. 30, p. 20.

23 juin 1853 Inst. (Légion d'honneur). Port des insignes de la Légion d'honneur, *B. M.*, 2e sem., p. 438; *B. M. R.*, p. 625.

23 juin 1853 Inst. (Légion d'honneur) relative aux membres de l'ordre qui ont encouru la suspension des droits et prérogatives attachés à la qualité de membre de la Légion d'honneur, *B. M.*, 2e sem., p. 438; *B. M. R.*, p. 626; *B. G.*, E. R., vol. 30, p. 20.

30 sept. 1853 Circ. Pièces à produire pour obtenir les brevets de la Légion d'honneur, *B. M.*, p. 719; *B. M. R.*, p. 1147.

10 févr. 1854 Circ. Dispositions relatives à la délivrance des brevets destinés aux membres de la Légion d'honneur et aux titulaires de la médaille militaire, *B. G.*, E. R., vol. 30, p. 21.

18 janv. 1858 Note. Les décorations et médailles à renvoyer à la grande chancellerie de la Légion d'honneur doivent être renfermées dans des boîtes, *B. G.*, E. R., vol. 30, p. 13; et circ. (marine), du 13 mars 1855, *B. M. R.*, p. 636.

30 avril 1859 Déc. Restitution des insignes et des brevets par les militaires déchus du droit de porter une décoration, *B. G.*, E. R., vol. 30, p. 13.

2 mars 1860 Circ. (Légion d'honneur). Renvoi à faire à la grande chancellerie des décorations, médailles et brevets qui n'auront pu être remis aux titulaires, *B. G.*, E. R., vol. 30, p. 14.

4 mai 1860 Note relative au renvoi soit à la grande chancellerie, soit au Ministre de la guerre, des décorations, médailles et brevets qui n'auront pu être remis aux titulaires, *B. G.*, E. R., vol. 30, p. 15; et circ. (marine), du 24 août 1861. *B. M. R.*, p. 189.

Légion d'honneur (*suite*).

26 mai 1860 — Circ. Pièces à transmettre au Ministre dans les cas de condamnations prononcées contre un membre de la Légion d'honneur, un décoré de la médaille militaire ou un titulaire d'une médaille commémorative, *B. M.*, p. 414; *B. M.*, R., p. 42.

11 mars 1861 — Avis du conseil de l'ordre relatif à la supputation des campagnes pour l'admission ou l'avancement dans la Légion d'honneur, *B. G.*, E. R., vol. 30, p. 55.

11 mars 1861 — Avis à transmettre des décès survenus parmi les membres de la Légion d'honneur en activité de service, *B. M.*, p. 153; *B. M. R.*, p. 138.

15 mai 1861 — Dispositions relatives au nouveau mode de paiement du traitement de la Légion d'honneur et de la médaille militaire aux officiers sans troupe, aux militaires de tous grades détachés des corps, aux fonctionnaires et aux employés militaires, *B. G.*, E. R., vol. 30, p. 27.

28 mai 1861 — Déc. (finances). Transmission en franchise des certificats de vie et d'inscription des membres de la Légion d'honneur et des médaillés militaires, *B. M.*, 2e sem., p. 10; *B. M. R.*, p. 160.

15 juill. 1861 — Inst. (Légion d'honneur). Paiement des traitements par semestre, *B. M.*, p. 62; *B. M. R.*, p. 176.

18 juin 1862 — Inst. concernant le paiement des traitements des légionnaires et médaillés militaires attachés au département de la marine et des colonies, *B. M. R.*, p. 306; *B. M.*, 2e sem., p. 4.

16 sept. 1862 — Formules imprimées pour le paiement des traitements de la Légion d'honneur et de la médaille militaire, *B. M.*, p. 296; *B. M. R.*, p. 336.

16 déc. 1871 — Décret. Droit au traitement de la Légion d'honneur et de la médaille militaire, *B. M.*, p. 503; *B. M. R.*, p. 765.

21 oct. 1872 — Circ. (Légion d'honneur) aux conseils d'administration des corps concernant un nouveau mode de paiement des traitements des membres de la Légion d'honneur et des médaillés militaires placés sous leurs ordres, *B. G.*, E. R., vol. 30, p. 30.

9 janv. 1873 — Compte à rendre au Ministre de toutes les extinctions qui se produisent parmi les membres de la Légion d'honneur et les médaillés militaires, *B. G.*, E. R., vol. 30, p. 41.

25 juill. 1873 — Loi sur les récompenses nationales, *B. M.*, p. 296; *B. M. R.*, p. 341; *B. G.*, E. R., vol. 30, p. 16; modif. 25 janvier 1875, *B. M.*, p. 164; 10 juin 1879, *B. M.*, p. 50; 17 décembre 1892, *B. des lois*, p. 1283; 28 janvier 1897, *B. M.*, p. 80; 10 avril 1897, *B. M.*, p. 439.

30 oct. 1873 — Faire connaître le 25 de chaque mois les décès survenus parmi les membres de la Légion d'honneur et les médaillés militaires, *B. M.*, p. 356; *B. M. R.*, p. 376.

11 avril 1874 — Décret sur la discipline des membres de la Légion d'honneur, *B. M.*, p. 498; *B. M. R.*, p. 460; *B. G.*, E. R., vol. 30, p. 9.

22 mars 1875 — Décret relatif à la délivrance des brevets aux membres de la Légion d'honneur, *B. G.*, E. R., vol. 30, p. 3.

10 mai 1886 — Décret réglant le cérémonial à observer pour la remise de leurs insignes aux militaires nommés ou promus dans la Légion d'honneur et aux nouveaux décorés de la médaille militaire ou de la médaille d'honneur, *B. M.*, p. 44; *B. G.*, E. R., vol. 75, p. 173.

11 déc. 1886 — Décret. Paiement par les membres de l'ordre national de la Légion d'honneur au titre civil de la décoration qui leur est décernée, *B. M.*, p. 907.

28 juill. 1887 — Circ. Décorations à accorder aux indigènes des colonies non citoyens français, *B. C.*, p. 516.

22 mars 1890 — Décompte du temps de service dans la marine avant l'âge de 16 ans au point de vue de la Légion d'honneur ou de la médaille militaire, *B. G.*, E. R., vol. 30, p. 56.

20 oct. 1892 — Service intérieur. Inf., art. 228; Artill., art. 263. Remise des décorations, *B. G.*, E. R., vol. 78.

17 déc. 1892 — Loi relative à l'augmentation du nombre de décorations (Légion d'honneur et médaille militaire), accordées aux armées de terre et de mer, *B. G.*, E. R., vol. 30, p. 17.

2 févr. 1894 — Circ. Décompte des campagnes pour les propositions pour la Légion d'honneur et la médaille militaire, *B. C.*, p. 170.

16 avril 1895 — Loi de finances, art. 34. Nominations pour services exceptionnels dans la Légion d'honneur, *B. C.*, p. 359.

8 févr. 1896 — Note relative aux titulaires de croix ou médailles qui s'attireraient une condamnation, *B. G.*, E. R., vol. 59-4, p. 4.

19 mai 1896 — Décret modifiant l'art. 9, § 1, du décret du 14 avril 1874 ci-dessus, *B. M.*, 1er sem., 1897, p. 252; *B. C.*, p. 156.

11 déc. 1896 — Circ. (Légion d'honneur) aux conseils d'administration des corps de troupe. Suppression du certificat d'activité de service. Indications

Légion d'honneur (*suite*).

à porter sur l'état de services, *B. M.*, p. 779; *B. G.*, E. R., vol. 30, p. 109.

30 déc. 1896 Loi. Fixation du contingent annuel de croix de la Légion d'honneur et de médailles militaires à attribuer aux différents corps de la réserve de l'armée navale, y compris les troupes de la marine, *B. M.*, p. 902.

28 janv. 1897 Loi sur les récompenses nationales, *B. M.*, p. 80; *B. G.*, E. R., vol. 30, p. 117.

23 mars 1897 Décret modifiant l'art. 9, § 1er du décret du 14 avril 1874 ci-dessus, *B. M.*, p. 252.

11 avril 1899 Statistique pour la répartition des croix et médailles militaires attribuées à l'armée, *B. G.*, E. R., vol. 30, p. 120; modif., *B. G.*, 2e sem. 1900, p. 1867.

29 sept. 1899 Décret relatif à l'établissement des propositions pour la Légion d'honneur concernant les officiers généraux, colonels et assimilés, *B. G.*, E. R., vol. 22, p. 182.

9 janv. 1900 Décret relatif à l'établissement annuel des tableaux de concours pour la Légion d'honneur et la médaille militaire, *B. G.*, p. 12.

6 févr. 1900 Circ. Établissement des renseignements statistiques pour la répartition des croix de la Légion d'honneur attribuées à la réserve et à l'armée territoriale, *B. G.*, p. 137; modif. *B. G.*, 2e sem., 1900, p. 1867.

26 juin 1900 Décret. Renseignements à annexer aux projets de décret portant nomination, pour services exceptionnels, dans la Légion d'honneur, *B. des lois*, p. 1912.

10 janv. 1901 Circ. modifiant l'inst. du 7 avril 1831 ci-dessus relative aux propositions d'admission ou d'avancement dans la Légion d'honneur, *B. G.*, p. 41.

15 mars 1901 Décret relatif à l'établissement des tableaux de concours pour la Légion d'honneur et la médaille militaire, *B. G.*, p. 376.

1er juill. 1901 Inst. relative à l'établissement des tableaux de concours; art. 9 à 12, 14, 15, 129, *B. G.*, 1900, p. 953; et inst. du 17 septembre 1900, *B. G.*, p. 1221.

15 sept. 1901 Service courant. Art. 273. Propositions pour la Légion d'honneur. Art. 274. Propositions pour la médaille militaire, *B. G.*, E. R., vol. 74.

12 avril 1901 Circ. relative aux propositions pour la Légion d'honneur et la médaille militaire à établir au titre de l'art. 4 de la loi du 17 décembre 1892. Expéditions lointaines, *B. G.*, p. 461.

24 oct. 1901 Circ. Décompte des annuités d'un officier proposé pour la Légion d'honneur. Temps passé en congé de trois ans sans solde, *B. G.*, p. 1561.

18 déc. 1905 Loi relative aux décorations sans traitement de la Légion d'honneur et de la médaille militaire destinées aux personnels de la réserve et de l'armée territoriale, *B. G.*, p. 1901.

Légion étrangère.

10 mars 1831 Loi qui autorise la formation d'une légion étrangère, *B. G.*, E. R., vol. 63, p. 136.

9 mars 1831 Ord. relative à la formation de la légion étrangère, *B. G.*, E. R., vol. 63, p. 136.

14 sept. 1861 Décret relatif aux engagements et rengagements dans la légion étrangère, *J. M.*, tome X, p. 964.

20 déc. 1901 Décret. Droits du lieutenant-colonel commandant le groupe des trois bataillons étrangers en Indo-Chine, *B. G.*, p. 1550.

20 févr. 1902 Inst. relative aux engagements des étrangers et des Français, *B. U.*, p. 227; *B. G.*, p. 136; err., *B. G.*, p. 482; modif. 21 janvier 1901, *B. G.*, p. 40; 15 septembre 1905, *B. G.*, p. 1437.

Art. 1. Recrutement des régiments étrangers.
2 à 8. Engagements souscrits par des étrangers.
9 à 11. Engagements contractés par des Français.
12 à 16. Engagements contractés par des étrangers et des Français en résidence en Indo-Chine, à Madagascar ou à la Réunion.
17. Engagé volontaire ne se rendant pas directement à sa destination.

Légion étrangère (*suite*).

Lettres.

(Voir : *Correspondance. — Décès. - - Vaguemestres.*)

Lettres de service.

Libération définitive du service militaire.

Libération conditionnelle.

Liberté provisoire.

Lieutenant et sous-lieutenant.

(Voir : *Adjoint au trésorier. — Officier d'armement. - - Porte-drapeau.*)

Lieutenant-colonel.

20 oct. 1892 Service intérieur. Inf., art. 14 à 22. Artil., art. 15 à 21. Fonctions et
attributions, *B. G.*, *E. R.*, vol. 78.

Ligue française de l'enseignement.

22 oct. 1904 Conditions dans lesquelles la Ligue peut prêter son concours aux bibliothèques et conférences régimentaires, *B. G.*, p. 1550.

Limite d'âge.

(Voir : *Pensions*, 30 décembre 1903.)

10 août 1863 Note fixant les limites d'âge pour l'admission à la retraite à titre
d'ancienneté de services, *B. G.*, E. R., vol. 22, p. 153; appliquée aux
troupes de la marine; circ. du 14 novembre 1866, *B. M.*, p. 524; *B.
M. R.*, p. 116.
13 mars 1875 Loi des cadres, art. 37. Limite d'âge des officiers généraux, *B. G.*,
E. R., vol. 63, p. 20.
21 mars 1905 Loi, art. 58. Maintien des militaires sous les drapeaux en qualité de
commissionnés. Limite d'âge, *B. G.*, p. 263; *B. C.*, p. 359; *B. G.*,
E. M., vol. 68-1, p. 32.

Liquidation des dépenses.

(Voir : *Arbitrage*. — *Comptabilité-finances*.)

17 mars 1901 Inst. sur la liquidation des dépenses du ministère de la guerre et la
tenue des registres de comptabilité de l'administration centrale, *B.
G.*, E. M., vol. 26 *bis*; modif. 9 décembre 1904, *B. G.*, p. 1824.

   Art. 1. Liquidation des dépenses.
      2. Etablissement des pièces justificatives de dépenses.
      3. Mode de remboursement des frais de timbre et d'enregistre-
ment avancés par l'administration militaire.
      4. Bordereaux trimestriels.
      6. Etats de liquidation.
      7. Rapports de liquidation.
      8. Mode de liquidation d'une dépense qui a reçu primitivement
une imputation inexacte.
      9. Dispositions spéciales pour la liquidation de certaines dé-
penses.
     10. Nomenclature des formules employées pour la liquidation des
dépenses.
  11 à 19. Dispositions concernant les services de l'administration centrale.
     20. Liquidation des dépenses des troupes coloniales.

Listes d'adresses.

28 déc. 1898 Inst. sur l'administration des officiers de réserve et de l'armée territoriale. Art. 23. Listes d'adresses tenues dans les états-majors, *B.
G.*, E. R., vol. 72.

Listes extraites du répertoire.

28 déc. 1895 Inst. sur l'administration des réserves, art. 59. Listes extraites du
répertoire tenues dans les unités administratives, *B. G.*, E. R., vol.
71.

Lit de camp.

6 juill. 1899 Description, *B. G.*, E. R., vol. 51 *bis*, p. 56.
16 oct. 1903 Description, *B. C.*, vol. spl., p. 992.

Lit Herbet.

21 août 1889 Circ. Adoption pour le service des hôpitaux coloniaux du lit à sommier du système Herbet, *B. C.*, p. 827.
31 mai 1890 Circ. Adoption pour le couchage des troupes aux colonies, *B. C.*, p. 974.

Lits militaires.

(Voir : Couchage.)

21 nov. 1851 Régl. sur le service des lits militaires (applicable aux colonies), *B. M.*, p. 845; *B. M.*, R., p. 536; art. 55, modif. 16 mai 1882, *B. M.*, p. 637.
19 avril 1873 La situation générale du matériel devra être adressée trimestriellement, *B. M.*, p. 448; *B. M.*, R., p. 248.
16 nov. 1874 Circ. Paillasse de soldat. Substitution d'œillets faits à la main à ceux en métal prescrits par le régl. du 21 novembre 1851, *B. M.*, p. 245; *B. M.*, R., p. 528.
11 sept. 1880 Nouveau modèle de l'état-situation des lits militaires, *B. M.*, p. 450.
12 oct. 1881 Question de responsabilité. Compétence des commissaires aux revues et aux approvisionnements en matière de lits militaires, *B. M.*, p. 820.
1er sept. 1887 Circ. Tenue de la comptabilité du mobilier du service des lits militaires, *B. C.*, 1890, p. 358.

Livrets de solde.

(Voir : Pensions, 11 janvier 1887.)

22 juin 1847 Ord., art .301 à 320. Livrets de solde des parties prenantes isolées et collectives, vol. spl.
22 nov. 1899 Circ. Tenue des livrets de solde du personnel, *B. C.*, p. 1384.
11 mars 1901 Circ. Inscription sur les livrets de paiement des officiers sans troupe, employés militaires, corps de troupe, détachements, agents ou comptables du département de la guerre de toutes les sommes qui leur sont payées à quelque titre que ce soit, *B. G.*, p. 423.
26 mai 1901 Art. 58 à 66. Livrets de solde des parties prenantes isolées et collectives (T. C. en France), *B. G.*, vol. spl., T. C., p. 96.

Livrets matricules et individuels.

(Voir : Compagnies de discipline.)

1° *Dispositions communes.*

13 mars 1900 Tenue des livrets individuels et matricules des militaires ayant subi des condamnations effacées par la réhabilitation de droit, *B. G.*, E. M., vol. 59-2, p. 37.
30 mai 1901 Délivrance aux corps des T. C. de couvertures de livrets matricules et individuels en remplacement, *B. G.*, p. 812.
20 mars 1905 Règles à suivre pour la délivrance des livrets des officiers, des hommes de troupes et des chevaux des T. C. et l'établissement du compte d'emploi de ces livrets, *B. G.*, p. 363.

Livrets matricules et individuels (suite).

2° Livret individuel.

(Voir : Cassation. — Certificat de bonne conduite.)

22 juin 1847   Ord., art. 700 à 704, vol. spl.

23 déc. 1897   Circ. Délivrance aux militaires libérables rentrant des colonies d'une attestation indiquant qu'ils n'ont pu être mis en possession de leur livret et d'un certificat de bonne conduite, B. M., p. 711.

31 déc. 1902   Circ. Mention à porter sur le livret des militaires commissionnés révoqués ou réformés par mesure de discipline, B. G., p. 2580.

6 déc. 1903   Règl. sur l'administration des T. C. en France, art. 116, B. G., vol. spl., T. C., p. 46.

Annexe D, 4. Instruction pour la tenue, B. G., vol. spl., T. C., p. 179.

21 mars 1905   Loi sur le recrutement, art. 31, B. C., p. 359; B. G., p. 263; B. G., E. M., vol. 68-1, p. 18.

22 juin 1905   Circ. Lorsque le décès d'un militaire provient d'un suicide ou d'un accident, la cause du décès ne doit pas être mentionnée sur le livret, B. G., p. 901.

3° Livrets matricules.

22 juin 1847   Ord., art. 698. Livret des officiers et hommes de troupe; art. 698 bis, livret des chevaux, vol. spl.

15 déc. 1886   Circ. Les livrets matricules doivent toujours être renvoyés en France par le même courrier que les militaires rapatriés, B. M., p. 917.

2 juin 1891   Circ. Envoi au général commandant en chef, des livrets matricules des officiers destinés à l'Indo-Chine, B. C., p. 458.

2 mars 1896   Note. Inscription sur les livrets et états de services des officiers, de certaines actions de l'expédition de Madagascar, 1895, B. G., E. R., vol. 10, p. 97; appliquée aux troupes de la marine, circ. du 1er avril 1896, B. C., p. 467; B. M., p. 423.

21 mai 1901   Circ. Tenue des livrets des officiers généraux et assimilés, B. G., p. 882.

7 juill. 1902   Circ. Tenue des livrets des employés militaires d'artillerie coloniale ayant rang de sous-officiers, B. G., p. 1587.

6 déc. 1..3   Annexe D. Tenue des livrets matricules des officiers, des hommes de troupe et des chevaux, en France, B. G., vol. spl., T. C., p. 161 et suiv.

7 août 1906   Circ. Remplacement des livrets matricules et feuillets de punitions portant la trace d'une plainte en conseil de guerre qui a été suivie d'un acquittement ou d'une ordonnance de non-lieu, B. G., p. 1153.

Locations.

3 mars 1899   Règl. sur le casernement en France, art. 79 à 89, B. G., E. R., vol. 51.

16 oct. 1903   Règl. sur le casernement aux colonies, art. 78 à 88, B. C., vol. spl., p. 913.

4 juill. 1905   Inst. sur le service des loyers, de l'ameublement, etc., aux colonies. Art. 2. Locations d'immeubles, magasins, etc., B. C., p. 764.

Logement.

(Voir : Indemnité de logement. — Mouvements de troupes. — Retenue de logement.)

7 juill. 1844   Ord. qui spécifie à l'égard des personnes logées dans les bâtiments affectés aux services publics, les frais accessoires de l'habitation auxquels elles ont à subvenir, A. M., p. 884; B. M., R., p. 113; B. G., E. R., vol. 48, p. 70.

4 oct. 1891   Service des places, art. 131. Logement chez l'habitant, B. G., E. R., vol. 75.

20 oct. 1892   Service intérieur, B. G., E. R., vol. 78.

Inf., art. 19; Artil., art. 19. Logement des officiers. Surveillance du lieutenant-colonel.

Inf., art. 427 et 428; Artil., art. 455. Logement chez l'habitant.

Logement (suite).

11 oct. 1895 Circ. État des logements concédés à des officiers, fonctionnaires ou
agents coloniaux dans les bâtiments appartenant à l'État ou loués
par lui, B. C., p. 696.

25 févr. 1901 Loi de finances, art. 55. Conditions de concession des logements gratuits dans des bâtiments appartenant à l'État, B. C., p. 181; B. G.,
E. M., vol. 24, p. 100.

M

Machines à écrire.

Madagascar.

Magasins à poudre.

(Voir : *Munitions.*)

Magasin central des colonies.

Maillot.

Maisons de jeu.

Maîtres ouvriers.

(Voir : *Marchés.*)

20 oct. 1892 Service intérieur, *B. G.*, E. R., vol. 78.

Inf., art. 211. Fonctions des premiers ouvriers.
Artil., art. 171. Fonctions du maréchal des logis maître sellier et des brigadiers premiers ouvriers tailleurs et cordonniers. Art. 216. Maréchaux ferrants. Art. 217. Bourreliers.

6 déc. 1903 Règl. sur l'administration des T. C. en France, art. 67. Surveillance de l'officier d'habillement.

Annexe A. Organisation des ateliers régimentaires, *B. G.*, vol. spl, T. C., p. 127.

31 août 1905 Circ. Fournitures et confections que les maîtres ouvriers sont autorisés à effectuer en dehors de leur service normal, *B. G.*, p. 1369.

Major.

22 juin 1847 Ord., art. 615 à 620. Fonctions et attributions, vol. spl.
20 oct. 1892 Service intérieur : Inf., art. 37 à 41; Artil., art. 33 à 40. Attributions, *B. G.*, E. R., vol. 78.
1er déc. 1897 Déc. prés. Application à l'infanterie de marine des règles en usage dans l'armée de terre pour les nominations aux emplois de major, *B. C.*, p. 1135; *B. M.*, p. 657.
6 déc. 1903 Règl. sur l'administration des T. C. en France, art. 39 à 49. Fonctions et attributions, *B. G.*, vol. spl, T. C., p. 16.
28 déc. 1905 Règl. sur l'armement aux colonies, art. 19. Surveillance du major.

Major de brigade.

11 mars 1903 Circ. Suppression des majors de brigade dans les T. C., *B. G.*, p. 325.

Major de garnison.

4 oct. 1891 Service des places, art. 24 à 30. Fonctions, service, *B. G.*, E. R., vol. 75.

Malades.

20 oct. 1892 Service intérieur, *B. G.*, E. R., vol. 78.

Inf., art. 20. Artil., art. 20. Officiers malades. Rapport du lieutenant-colonel.
Inf., art. 69. Artil., art. 63. Visite du médecin-major.

—	405.	—	421.	Avis à donner par les officiers.
—	405.	—	421.	Sous-officiers autorisés à loger en ville.
—	67-68.	—	61-62.	Hommes de troupe malades.
—	143.	—	191.	Attributions du sergent-major ou maréchal des logis chef.
—	160.	—	210.	Détenus et malades à l'infirmerie.
—	429.	—	456.	Malades et éclopés dans les détachements en route.

31 oct. 1892 Service de santé en campagne, vol. spl.

Art. 3. Dépôts de convalescents. Dépôts d'éclopés.
      53. Malades dans les cantonnements et bivouacs.
      88. Classement des malades et blessés à évacuer.
      96 à 98. Répartition des malades et blessés évacués sur l'intérieur.

Malades (*suite*).

Maladies vénériennes.

Manchons en toile.

Mandatement des dépenses.

Mandats d'amener.

Mandats de comparution.

Mandats de dépôt.

Mandats de solde.

Mandats-poste.

(Voir : *Vaguemestres.*)

28 oct. 1862 Mesures de précautions à prendre pour la remise des mandats-poste aux destinataires, *B. M.*, p. 370; *B. M. R.*, p. 362.

14 déc. 1889 Note. Conditions dans lesquelles s'effectuera le paiement des mandats adressés à des militaires voyageant isolément, *B. G.*, E. M., vol. 85, p. 279.

Mandats sur le Trésor.

(Voir : *Envois de fonds.*)

20 avril 1884 Circ. Visa par le chef du service administratif aux colonies des demandes de mandats sur le Trésor, *B. M.*, p. 639.

18 août 1889 Circ. Les mandats à délivrer aux officiers, fonctionnaires et agents en service aux colonies ne peuvent excéder le tiers des émoluments des intéressés, *B. M.*, p. 214.

8 nov. 1901 Circ. relative à la délivrance aux colonies de mandats sur le Trésor aux officiers et fonctionnaires métropolitains.

3 mars 1902 Circ. Délivrance des mandats sur le Trésor, *B. O.*, p. 237.

6 déc. 1903 Règl. sur l'administration et la comptabilité des T. C. en France, art. 100, *B. G.*, vol. spl., T. C., p. 40.

9 févr. 1904 Circ. (finances), autorisant les trésoriers-payeurs des colonies à payer à présentation les mandats sur le Trésor émis d'une colonie sur une autre pour le service des corps de troupe, *B. O.*, p. 256; et circ. (colonies), du 5 mars 1904, *B. C.*, p. 255.

Mandats télégraphiques.

29 août 1892 Remise des avis d'arrivée de mandats télégraphiques destinés à des militaires. Enregistrement par l'adjudant de semaine, *B. G.*, E. R., vol. 78, p. 651; appliqué aux troupes de la marine; circ. du 22 janvier 1898, *B. M.*, p. 71.

6 déc. 1903 Achat au compte de la masse générale d'entretien des carnets d'enregistrement des avis d'arrivée de mandats télégraphiques, *B. G.*, vol. spl., T. C., p 225.

Mangeoires.

6 juill. 1899 Description, *B. G.*, E. R., vol. 51 *bis*, p. 58.

16 oct. 1903 Description, *B. O.*, vol. spl., p. 993.

Manifestations politiques.

(Voir : *Discipline générale.*)

8 févr. 1889 Les manifestations politiques sont formellement interdites aux militaires, *B. G.*, E. R., vol. 31, p. 41.

Manœuvres.

18 févr. 1895 Inst. générale sur les manœuvres, *B. G.*, E. M., vol. 55-3; modif., art. 10, 69 à 71, 79; annexes 9 et 11; 29 mars 1906, *B. G.*, p. 441; 20 juillet 1906, *B. G.*, p. 912.

8 avril 1903 Circ. Achat au compte de la masse générale du nouveau règlement de manœuvres, *B. O.*, p. 350.

21 juill. 1903 Circ. Envoi aux manœuvres d'automne des sous-lieutenants de l'artillerie coloniale, sortant de l'école Polytechnique, *B. G.*, p. 1121; *B. G.*, E. M., vol. 55-1, p. 166.

3 déc. 1904 Règl. sur les manœuvres de l'infanterie; err., art. 221, *B. G.*, 1905, p. 232.

1er oct. 1905 Circ. Renseignements à fournir sur les officiers qui, pour raisons de santé, n'ont pu prendre part aux manœuvres, *B. G.*, p. 1558.

Manœuvres de forteresse.

11 juin 1000 Circ. relative aux manœuvres de forteresse, *B. O.*, p. 762.

Manteau.

30 sept. 1903 Description des uniformes, *B. G.*, vol. spl., T. C.

    Art.   8. Manteau en drap des officiers montés.
         98. Manteau en caoutchouc.
      273. Manteau des hommes montés de l'artillerie coloniale.

Marches.

(Voir : *Hygiène*.)

20 oct. 1893 Service intérieur, inf., art. 269. Exercices de marche, *B. G.*, E. R., vol. 78.

Marchés.

(Voir: *Achats sur factures. - - Adjudication. — Cautionnements. - - Enregistrement. - - Oppositions. — Ordinaires. - - Timbre. - - Vin.*)

1° *Dispositions générales.*

28 févr. 1872 Loi. Enregistrement des marchés, *B. G.*, E. M., vol. 25, p. 232.
18 nov. 1882 Décret relatif aux adjudications et marchés passés au nom de l'Etat, *B. C.*, 1899, p. 1149; *B. G.*, E. M., vol. 25; p. 5.
 4 juin 1888 Décret fixant les conditions à remplir par les sociétés d'ouvriers français pour pouvoir soumissionner les travaux et fournitures faisant l'objet des adjudications de l'Etat, *B. C.*, 1899, p. 1157; *B. G.*, E. M., vol. 25, p. 186; appliqué à la Martinique, décret du 30 décembre 1901, *B. C.*, p. 1173; appliqué à la Guadeloupe, décret du 23 juin 1903, *B. C.*, p. 673.

2° *Dispositions spéciales au département de la guerre.*

27 sept. 1828 Dép. Il ne doit être inséré dans les marchés aucune clause qui tendrait à dispenser les entrepreneurs et fournisseurs des différents services de matériel de la guerre de l'obligation de payer patente, *B. G.*, E. M., vol. 25, p. 167.
15 avril 1870 Exemption du timbre des copies de cahiers des charges, des extraits de marchés, etc., mis à l'appui des ordonnances et mandats de paiement, *B. G.*, E. M., vol. 25, p. 233.
22 avril 1881 Note relative au timbre des marchés, *B. G.*, E. M., vol. 25, p. 234.
10 nov. 1883 Note. Notification des décisions concernant l'approbation des marchés, *B. G.*, E. M., vol. 25, p. 225.
10 sept. 1885 Circ. Pénalités pour retard dans l'exécution des marchés et la production des titres de créances, *B. G.*, E. M., vol. 25, p. 227.
16 avril 1887 Note. Renseignements à fournir par les ordonnateurs sur les mandats délivrés pour le paiement des fournitures et travaux en vertu de marchés ou d'adjudications, *B. G.*, E. M., vol. 25, p. 234.
25 nov. 1893 Note. Marchés à passer par les corps de troupe et dont la valeur excède 20.000 francs, *B. G.*, E. M., vol. 25, p. 227.
 5 janv. 1894 Circ. Préférence à donner aux produits français dans les fournitures à faire au département de la guerre, *B. G.*, E. M., vol. 25, p. 243.
13 oct. 1894 Note. Enregistrement des marchés passés par les corps de troupe, *B. G.*, E. M., vol. 25, p. 239.
16 mars 1896 Circ. Admission des produits des colonies françaises et des pays de protectorat dans les fournitures à faire au département de la guerre, *B. G.*, E. M., vol. 25, p. 224.
30 avril 1896 Circ. Communication au gouverneur général de l'Algérie et à l'union coloniale française des avis d'adjudication intéressant l'administration de la guerre, *B. G.*, E. M., vol. 25, p. 178.

Marchés (suite).

31 mai 1893   Circ. Communication au bulletin quotidien de la Bourse de commerce des avis d'adjudication intéressant l'administration de la guerre, B. G., E. M., vol. 25, p. 178.

14 juin 1899   Circ. Approbation des marchés, B. G., E. M., vol. 25, p. 221.

10 août 1899   Décret sur les conditions du travail dans les marchés passés au nom de l'État, B. G., E. M., vol. 25, p. 278; inst. pour l'application, 21 août 1899, B. G., E. M., vol. 25, p. 280; complément à l'inst., 3 octobre 1899, B. G., E. M., vol. 25, p. 287; circ. du 11 décembre 1899, B. G., E. M., vol. 25, p. 290.

26 avril 1901   Circ. fixant les règles relatives à la préparation, à la passation et à l'exécution des marchés pour les troupes coloniales, B. G., E. M., vol. 25, p. 301.

24 mai 1901   Circ. Les frais d'impression des marchés concernant les T. C. sont considérés comme moyens de publicité et restent à la charge de l'État, B. G., E. M., vol. 25, p. 303.

18 nov. 1901   Circ. Admission des sociétés d'ouvriers français aux adjudications du département de la guerre, B. G., p. 1207; B. G., E. M., vol. 25, p. 188.

15 avril 1902   Circ. Toutes les modifications apportées aux textes primitifs des marchés doivent être approuvées par les parties contractantes, il ne doit pas exister de surcharges, B. G., E. M., vol. 25, p. 168.

7 sept. 1902   Circ. Les marchés concernant les T. C. doivent prévoir le minimum et le maximum de la fourniture, B. G., E. M., vol. 25, p. 303.

6 oct. 1902   Circ. Application des dispositions concernant les conditions du travail dans les marchés passés au nom de l'État, B. G., E. M., vol. 25, p. 300.

16 févr. 1903   Cahier des clauses et conditions générales imposées aux titulaires de tous les marchés du département de la guerre. (Travaux de constructions militaires exceptés.), B. G., E. M, vol. 25, p. 67.

26 mars 1903   Circ. Insertions d'avis d'adjudication dans les journaux, B. G., E. M., vol. 25, p. 179.

15 juin 1903   Inst. pour la passation des marchés du département de la guerre (travaux de constructions militaires exceptés), B. G., E. M., vol. 25, p. 92; interprétation, art. 16 et 38, circ. B. G., p. 1505; err., B. G., p. 1563; modif., art. 12 et 13, 23 mai 1901, B. G., p. 631; art. 16, 12 décembre 1901, B. G., p. 1828.

4 juill. 1903   Circ. Il ne doit pas être donné communication des prix auxquels ont été adjugées les fournitures à faire au département de la guerre, B. G., E. M., vol. 25, p. 181.

6 déc. 1903   Décret. Administration et comptabilité des T. C. en France, art. 12 et 13, et annexe C. Marchés à passer par les corps de troupe, B. G., vol. spl., T. C.

30 mai 1904   Circ. Application des dispositions du décret du 10 août 1899, sur les conditions du travail aux marchés passés avec les premiers ouvriers des corps lorsque ceux-ci peuvent recourir à la main-d'œuvre civile, B. G., p. 613.

27 août 1904   Circ. Imputation des pénalités pour retards dans l'exécution des marchés, B. G., p. 1341.

23 févr. 1905   Circ. Il est interdit aux cantinières de prendre part aux adjudications, B. G., p. 142.

22 avril 1905   Règl. sur les ordinaires, art. 21 à 32. Passation des marchés, B. G., E. M., vol. 7, p. 22.

3° Dispositions particulières au département des colonies.

22 juin 1847   Ord. modif. le 11 janvier 1879, art. 582. Passation des marchés ou abonnements par les corps de troupe, vol. spl.; et circ. du 29 décembre 1894. B. M., p. 905.

20 janv. 1850   Il ne doit être fait aucune addition ni rectification sur les expéditions des marchés qu'elle ne soit approuvée par tous les signataires, B. M., p. 92; B. M., R., p. 306.

12 févr. 1890   Circ. Interdiction d'insérer dans les marchés passés aux colonies des clauses ayant pour objet des paiements à effectuer en traites du Trésor, B. C., p. 272.

13 oct. 1896   Circ. Marchés passés dans les colonies et dont l'exécution nécessite le concours de l'administration centrale, B. C., p. 552.

26 nov. 1898   Décret. Application aux colonies des art. 1 à 4, 13 à 15, 17, 18, 20 à 25, 27 et les §§ 1 et 2 de l'art. 19 du décret du 18 novembre 1882 relatif aux adjudications et marchés à passer pour le compte de l'État, B. C., p. 723; B. C., 1899, p. 1156; B. M., 1899, p. 47.

Marchés (suite).

Maréchaux ferrants.

(Voir : *Gratifications.*)

Maréchal des logis.

(Voir : *Vaguemestres.*)

Maréchal des logis (suite).

167.	Maréchal des logis chargé de l'infirmerie régimentaire.
168.	chargé de l'infirmerie vétérinaire.
169.	chargé de la remonte.
170.	garde magasin.
171.	maître sellier.
191.	Fonctions des maréchaux des logis.
195 à 201.	Maréchal des logis chef de pièce.
202 à 212.	de semaine.
214 à 216.	fourrier.

Maréchal des logis chef.

20 oct. 1892 Service intérieur, art. 182 à 193. *B. G.*, E. R., vol. 78.
6 déc. 1903 Régl. sur l'administration et la comptabilité des T. C. en France.
Art. 71. Tenue des écritures des batteries.
134. Perception du prêt, *B. G.*, vol. spl., T. C., p. 20 et 52.

Mariage.

(Voir : *État civil.* *Gendarmerie.*)

16 juin 1808 Décr. concernant le mariage des militaires en activité de service, *B. M.*, R., p. 297; *B. G.*, E. R., vol. 28, p. 99; appliqué aux troupes de la marine par décret du 3 août 1808, *B. M.*, R., p. 299.
29 avril 1836 Déc. Adoption d'un avis du Conseil d'État sur l'application à faire aux sous-officiers qui se marient sans permission des dispositions du décret du 16 juin 1808, *B. M.*, R., p. 306; *B. G.*, E. R., vol. 28, p. 111.
3 juill. 1840 Envoi au département de la guerre des avis de mariage, *B. G.*, E. R. vol. 28, p. 110.
28 nov. 1890 Modèle du certificat de mariage à adresser au Ministre de la guerre, *B. G.*, E. R., vol. 28, p. 111.
13 févr. 1899 Note. Mariage sans autorisation des hommes de l'armée active en congé de réforme temporaire, *B. G.*, p. 72; *B. G.*, E. R., vol. 28, p. 150, et inst. du 19 février 1906, art. 48, *B. G.*, p. 219.
1er oct. 1900 Circ. Conditions de mariage des officiers, *B. G.*, p. 1577.
7 nov. 1900 Circ. Conditions de mariage des sous-officiers, *B. G.*, p. 1870.
29 janv. 1902 Circ. Les permissions de mariage accordées par les conseils d'administration sont valables pendant six mois à partir de leur date, sauf renouvellement sur la demande du titulaire, *B. G.*, p. 77.
7 mars 1902 Circ. complétant celle du 1er octobre 1900. Recours à la gendarmerie pour obtenir des renseignements, *B. G.*, p. 251.
2 oct. 1902 Circ. Conditions du mariage des officiers et hommes de troupe des T. C., *B. G.*, p. 190; addition 9 mars 1904, *B. G.*, p. 271; mariage des stagiaires d'artillerie coloniale.
22 nov. 1902 Circ. Les certificats de mariage des officiers appartenant à un corps de troupe doivent être conformes au modèle annexé à la circ. du 3 juillet 1840 et être revêtus de la signature des membres du conseil d'administration, *B. G.*, p. 2185.
21 mars 1905 Loi, art. 48. Les hommes de la réserve de l'armée active peuvent se marier sans autorisation, *B. G.*, p. 263; *B. C.*, p. 359; *B. G.*, E. M., vol. 68-1, p. 26.
16 nov. 1905 Circ. Les jeunes soldats devront demander l'autorisation pour contracter mariage à partir du 1er octobre de l'année d'incorporation, *B. G.*, p. 1714.

Marins indigènes.

1° *Annam et Tonkin.*

26 mai 1893 Décr. Organisation, *B. C.*, p. 509; *B. M.*, p. 912, et arrêté du 26 mai 1893, *B. C.*, p. 513; *B. M.*, p. 917.
29 avril 1901 Déc. prés. Supplément de solde aux marins indigènes lorsqu'ils servent à bord des bâtiments qui naviguent en dehors des pays de l'Indo-Chine. *B. M.*, p. 1004.

Marins indigènes (suite).

2° Cochinchine.

13 juin 1892 Décr. Organisation, B. C., p. 468; B. M., p. 737, et arrêté du même
jour. B. C., p. 474; B. M., p. 743.
29 avril 1901 Déc. prés. Supplément de solde aux marins indigènes lorsqu'ils servent à bord des bâtiments qui naviguent en dehors des pays de
l'Indo-Chine et modification aux conditions d'obtention de la qualité de mécanicien par les chauffeurs indigènes, B. M., p. 1001.

3° Sénégal.

25 août 1886 Décr. Réorganisation, B. M., p. 335; modif. art. 7 et 11, 6 janvier
1890, B. M., p. 8; B. C., p. 75; art. 10, 19 juin 1891, B. C., p. 455;
B. M., p. 979; art. 1 et 10, 21 mars 1893, B. C., p. 330; B. M., p.
547, et arrêté du 25 août 1886, B. M., p. 319; modif. 11 décembre
1890, B. C., p. 1226; B. M., p. 779; circ. du 15 septembre 1886,
B. M., p. 332, et 15 janvier 1890, B. C., p. 74.

Marmites de campement.

15 janv. 1905 Description, art. 30. Marmite pour 4 hommes. Art. 31, marmite de peloton, B. G., E. M., vol. 53, p. 41

Marquage.

22 juin 1847 Ord., art. 781, 782, 784. Marques à apposer sur les effets du service de
l'habillement, vol. spl.; et inst. du 8 novembre 1847, § 16, B. M.,
R., p. 737.
26 nov. 1897 Circ. Les marques en cuivre sont substituées aux marques en caoutchouc pour le marquage des effets dans les corps de troupe de la
marine, B. M., p. 651.,
16 oct. 1903 Règl. sur les directions d'artillerie coloniales, art. 103. Marque des
outils, B. C., vol. spl., T. C., p. 101.
6 déc. 1903 Règl. sur l'administration des T. C. en France, B. G., vol. spl., T. C.

Art. 166. Marquage des effets de harnachement.
228. Marquage des effets, objets et animaux.
Annexe B. Instruction sur la réception des matières et objets.
Marques à apposer par les entrepreneurs.
des commissions de réception.
à apposer à la vérification.
Annexe F. Marquage des instruments de musique, outils, clairons.
plaques d'identité par le chef armurier au compte de la masse générale.
Annexe G. Achat au compte de la masse de harnachement des ustensiles nécessaires au marquage des effets de harnachement.

3 août 1904 Inst. sur la remonte aux colonies, art. 28. Marquage des animaux,
B. C., p. 944.
5 nov. 1904 Forme des marques et nature des encres qui doivent être employées
pour le marquage des effets et objets du service du couchage et de
l'ameublement, B. G., vol. spl., T .C.
9 déc. 1904 Inst. sur le harnachement aux colonies, art. 16. Marquage des effets.
Notice I. Achat au compte de la masse des ustensiles pour le marquage, B. C., p. 1258 et 1260.
13 janv. 1905 Inst. sur le marquage des divers effets de campement, B. G., E. M., vol.
53, p. 155.
Inst. sur le marquage des taches sur les couvertures de couchage, B.
G., E. M., vol. 53, p. 161.
Inst. sur le marquage des demi-couvertures dont le poids est inférieur
à 1 kil. 200, B. G,. E. M., vol. 53, p. 162.
Inst. sur le marquage des couvertures de campement hors modèle,
B. G., E. M., vol. 53, p. 163.
28 déc. 1905 Règl., art. 49. Interdiction d'apposer des marques sur les armes aux
colonies.

Marques de respect.

17 févr. 1876 Décr. qui règle les marques extérieures de respect dues aux militaires décorés de la médaille militaire, *B. O.*, E. R., vol. 75, p. 183.
1 oct. 1891 Service des places, art. 300. Salut, *B. O.*, E. R., vol. 75.
21 oct. 1892 Service intérieur : Inf., art. 217 à 221; Artil., art. 252 à 256, *B. O.*, E. R., vol. 78; rappelé par circ. du 22 avril 1905, *B. O.*, p. 557.
2 déc. 1892 Circ. Marques de respect entre les officiers à bord des paquebots et bâtiments affrétés, *B. M.*, p. 623; *B. C.*, p. 821.
11 juill. 1898 Circ. relative à l'observation des prescriptions concernant les marques extérieures de respect, *B. O.*, E. R., vol. 78, p. 763.

Marques distinctives.

30 sept. 1903 Description des uniformes, art. 110 et 111, *B. O.*, vol. spl., T. C., p. 22.

Martinet.

30 sept. 1903 Description des uniformes, art. 456, *B. O.*, vol. spl., T. C., p. 282.

Masses.

22 juin 1847 Ord., art. 372, 373. Paiement des masses, vol. spl.
28 avril 1903 Circ. Situations trimestrielles à fournir au département des colonies *B. C.*, p. 359.
6 déc. 1903 Règl. sur l'administration et la comptabilité des T. C. en France. Art. 143 à 149, Généralités sur les masses, *B. O.*, vol. spl., T. C., p. 57.
29 déc. 1903 Décr. sur la solde des T. C. aux colonies, art. 17, *B. C.*, 1904, p. 400.
26 mai 1904 Décr. sur la solde des T. C. en France, art. 17, *B. O.*, vol. spl., T. C., p. 66.

Masse de casernement.

3 mars 1899 Règl. sur le casernement en France, art. 102 à 122, *B. O.*, E. R., vol. 51.

Masse de chauffage et d'éclairage.

(Voir : *Chauffage et éclairage.*)

Masse de couchage et de l'ameublement.

1er juill. 1902 Décr. créant une masse de couchage et de l'ameublement dans les T. C. et fixant le taux des primes journalières de cette masse, *B. O.*, p. 401.
5 nov. 1904 Inst. provisoire sur le service du couchage et de l'ameublement dans les T. C., art. 4 à 12, *B. O.*, vol. spl., T. C.; erratum, *B. O.*, v. s., 1904, p. 1121.

Notice A. Primes à la masse.
- - B. Réparations et imputations à la charge des corps. Tarif des réparations aux couchettes en usage dans les T. C.
- - C. Imprimés à la charge de l'État et imprimés à la charge de la masse.
- - D. Tableau des objets d'ameublement à la charge de la masse.

Masse de ferrage et de harnachement.

(Voir : Harnachement.)

1° *France.*

0 déc. 1903   Règl. sur l'administration et la comptabilité des T. C. en France, art. 157 à 171, *B. G.*, vol. spl., T. C., p. 63.

    Annexe G. Dispositions relatives à la masse de harnachement.
Nomenclature des dépenses, *B. G.*, vol. spl., T. C., p. 230.
Tarif des allocations, *B. G.*, vol. spl., T. C., p. 303.

2° *Colonies.*

9 déc. 1904   Décr. Création de la masse de ferrage et d'entretien du harnachement dans les corps de troupe de toutes armes et les dépôts de remonte aux colonies, *B. C.*, p. 1250

0 déc. 1904   Inst. portant règlement pour l'application du décret ci-dessus, *B. C.*, p. 1253.

    Art. 1.   Dépenses de la masse.
         2.   Allocations e recettes.
         3.   Primes journalières et abonnements.
         4.   Vente des fumiers, des dépouilles et du matériel réformé.
         5.   Secours à la masse.
         6.   Mesures à prendre en cas de modification à la constitution ou à l'effectif du corps.
         7.   Gestion de la masse.
         8.   Répartition éventuelle entre les fractions des corps.
         9.   Payement de la masse.
       10.   Comptabilité.
       59.   Animaux en subsistance.
       63.   Recette du matériel.
       64.   Réforme.
    68 - 69.   Comptes de la masse.
       73.   Compte d'emploi.

    Notice 1. Nomenclature des principales dépenses incombant à la masse Addition du 12 octobre 1905, *B. C.*, p. 1090.
       2. Modèle du cahier des charges pour la vente des fumiers.
       3. Vente des dépouilles des chevaux et mulets morts ou abattus.

0 déc. 1904   Circ. Notification du décret et de l'inst. du 9 décembre 1904, *B. C.*, p. 1249.

6 janv. 1905   Circ. Fixation des premières mises, secours et taux d'abonnement à la masse, *B. C.*, p. 13.

5 juin 1905   Circ. Imputation à la masse des salaires des manœuvres et coolies employés dans les écuries et à l'entretien du harnachement. *B. C.*, p. 604.

Masse d'entretien de l'armement.

3 déc. 1905   Décr. créant la masse d'entretien de l'armement dans les corps de troupe de toutes armes aux colonies, *B. C.*, p. 1318.

3 déc. 1905   Règl. sur le service de l'armement aux colonies, art. 1 à 14.

Masse de ravitaillement.

3 oct. 1904   Décr. créant une masse de ravitaillement dans les corps de troupe stationnés aux colonies, *B. C.*, p. 1167.

5 nov. 1904   Inst. sur la masse de ravitaillement, *B. C.*, p. 1171.

    Art. 1.   Objet de la masse.
         2.   Constitution de la masse.
    3 à 5.   Recettes et dépenses du fonds de ravitaillement.
    6 à 9.   Règles d'allocation et de paiement des prestations de la masse.

Masse de ravitaillement (*suite*).

10 à 12. Complet réglementaire du fonds de ravitaillement.
13 - 14. Bonis trimestriels.
15 à 19. Moyens de ravitaillement.
20 à 25. Achats, marchés et cessions.
26 à 30. Approvisionnements en magasin.
  31.   Matériel et animaux.
32 à 34. Destination du matériel provenant d'unités, de détachements ou de postes supprimés.
35 à 40. Condamnation de denrées ou de matériel. Réforme des animaux.
41 - 42. Action du commandant supérieur des troupes.
43 à 46. Action du conseil d'administration, du chef de corps, des chefs de bataillon ou d'escadron et du major.
47 à 53. Action des commandants de compagnie ou de détachements.
54 à 64. Ecritures et comptes des détachements et des compagnies.
65 - 66. Ecritures et vérifications hors de la compagnie.
67 à 70. Surveillance administrative.

25 nov. 1901 — Circ. Instructions pour l'application du décret et de l'instruction ci-dessus, *B. C.*, p. 1159.

5 juin 1905 — Circ. Salaires de manœuvres et de coolies à imputer à la masse, *B. C.*, p. 604.

Masse de remonte.

3 août 1904 — Décret, art. 3. Création dans les corps de troupe et dépôts de remonte aux colonies, *B. C.*, p. 926.

3 août 1904 — Inst. sur le service de la remonte aux colonies, *B. C.*, p. 936.

Art. 38-39. Recettes de la masse.
  40. Mode de paiement des allocations.
  41. Administration de la masse.
  42. Dépenses à la charge de la masse.
  43. Justification des dépenses.
  44. Compte d'emploi.

16 janv. 1905 — Circ. Premières mises, secours et taux d'abonnements à la masse de remonte, *B. C.*, p. 13.

Masse des écoles.

(Voir : *Ecoles régimentaires. — Fonds éventuels.*)

1° *France.*

11 janv. 1902 — Déc. prés. créant la masse des écoles dans les T. C. qui ont des écoles régimentaires, *B. C.*, p. 156.

1er nov. 1902 — Décret. Organisation du service du parc d'instruction dans les corps d'artillerie coloniale; art. 4. Dépenses imputables à la masse des écoles, *B. G.*, p. 2122; et inst. du 4 novembre 1902, art. 11, 12 à 15, *B. G.*, p. 2124.

2 mars 1903 — Déc. prés. Taux des allocations à la masse des écoles dans les corps de troupe des T. C., *B. G.*, p. 285.

2 mars 1903 — Inst. relative au fonctionnement de la masse des écoles dans les T. C., *B. G.*, p. 287.

20 mai 1903 — Décret et inst. relatifs à la masse des écoles, *B. G.*, E. M., vol. 2; err.. *B. G.*, 1903, p. 903; modif. à l'inst., 13 juin 1905, *B. G.*, p. 836.

6 déc. 1903 — Règl. sur l'administration et la comptabilité des T. C., art. 172 à 175; *B. G.*, vol. spl., T. C., p. 71.

Masse des écoles (*suite*).

2° *Colonies.*

8 nov. 1847   Inst. sur le mode à suivre pour la fourniture des objets nécessaires aux troupes de la marine et pour la régularisation des dépenses qui y sont relatives : titre 3, *B. M. R.*, p. 737; § 1 à 12. Ecoles d'artillerie. § 13 à 26. Ecoles régimentaires. § 27 à 31. Gymnases.

13 déc. 1875   Nomenclature des dépenses à la charge des écoles régimentaires et tarif des allocations, *B. M.*, p. 635; 1° écoles d'escrime; 2° de gymnastique; 3° de tir; 4° de natation et de danse; 5° des clairons et trompettes; 6° écoles et bibliothèques régimentaires; 7° écoles d'artillerie.

7 avril 1891   Circ. Fixation de la masse des écoles pour les corps de troupe outremer, *B. C.*, p. 269.

20 mai 1892   Circ. Justification des dépenses des écoles régimentaires, *B. C.*, p. 431.

Masse générale d'entretien.

1° *France.*

1er juill. 1901   Circ. Versement à la masse générale (2ª portion), des fonds fixes des troupes coloniales, *B. G.*, p. 207; *B. G.*, vol. spl., T. C., p. 173.

6 déc. 1903   Règl. sur l'administration et la comptabilité, art. 150 à 156, *B. G.*, vol. spl., T. O., p. 59; annexe F, nomenclature des dépenses de la masse, *B. G.*, vol. spl., T. C., p. 224; modif. 11 juin 1905, *B. G.*, p. 744; tarif des allocations, *B. G.*, vol. spl., T. C., p. 302.

2° *Colonies.*

(Voir : *Emballages. — Frais de bureau. — Jeux de guerre. Ouvrages.*)

22 juin 1847   Ord., art. 233 à 237, vol. spl.

10 sept. 1847   Circ. Fixation de la quotité des masses d'entretien des portions de corps aux colonies, *B. M. R.*, p. 710.

13 déc. 1875   Nomenclature des dépenses à la charge de la masse, *B. M.*, p. 644.

23 févr. 1880   Renseignements trimestriels sur les recettes et les dépenses. Nouvelle formule, *B. M.*, p. 357.

24 févr. 1890   Circ. Achat sur la masse générale des carnets à tenir par les officiers, sous-officiers, caporaux et brigadiers, *B. M.*, p. 229; *B. C.*, p. 471; et circ. (colonies) du 10 mars 1890, *B. C.*, p. 471.

4 mars 1890   Déc. prés. ramenant à 400 francs par compagnie le taux de la masse générale dans les régiments d'infanterie de marine, *B. C.*, p. 115.

7 avril 1891   Circ. Fixation de la masse générale des compagnies d'ouvriers, *B. C.*, p. 269.

12 sept. 1894   Circ. Les imprimés de feuillets du personnel des officiers des troupes de la marine seront achetés sur la masse générale, *B. C.*, p. 690.

9 nov. 1895   Circ. Achat sur la masse générale de l'instruction du tir, *B. C.*, p. 818.

24 mars 1905   Circ. Dispositions concernant les frais éventuels, *B. C.*, p. 432.

5 juin 1905   Circ. Imputation à la masse générale des salaires des manœuvres, coolies pankas et pousses, employés au service des bureaux du chef de corps et des officiers comptables et du magasin d'habillement, *B. C.*, p. 664.

23 août 1906   Dép. Mise à la charge de la masse générale des imprimés, publications, frais de bureau, etc. Création d'une 3ª portion de la masse. Allocations.

Masse individuelle.

1° *France.*

6 déc. 1903   Décret sur l'administration et la comptabilité des T. C., *B. G.*, vol. spl., T. C., p. 72 et suiv.

Masse individuelle (*suite*).

Art. 177 à 179. Objet, recettes et dépenses de la masse.
180 à 187. 1res mises et suppléments de 1res mises.
188 à 195. Primes journalières et recettes diverses.
196. Militaires en subsistance.
197. Feuilles de décompte.
198 à 201. Paiement de l'excédent et de l'avoir.
202 à 208. Masse des hommes faisant mutation.
209 à 211. Perceptions et régularisation des sommes acquises à la masse.
212 à 215. Distribution d'effets u compte de la masse.
216 à 223. Imputation au compte de la masse.
Annexe H. Dispositions spéciales au service de l'habillement, *B. G.*, vol. spl., T. C., p. 251.
Tarif des prestations, *B. G.*, vol. spl., T. C., p. 301.

31 oct. 1904 — Inst. pour l'application du règl. du 6 décembre 1903, *B. G.*, p. s., p. 986.

Nomenclature des effets dont l'homme doit être pourvu au compte de la masse.
Nomenclature des effets métropolitains emportés par l'homme partant aux colonies.
Nomenclature des effets retirés aux hommes libérés, modif. 11 juin 1905, *B. G.*, p. 741.

13 mai 1905 — Circ. Paiement des fonds de masse aux hommes libérés, *B. G.*, p. 679.

2° *Colonies.*

11 avril 1896 — Déc. autorisant la mise à la charge de la masse individuelle des couvre-pieds aux indigènes du régiment de tirailleurs sénégalais, *B. C.*, p. 219.
11 avril 1896 — Déc. mettant diverses dépenses à la charge de la masse individuelle du régiment de tirailleurs et des spahis soudanais, *B. C.*, p. 220; modif. 5 août 1905 ci-après.
21 déc. 1898 — Dép. Application aux tirailleurs libérés à Madagascar de la circ. du 21 juin 1897, *B. M.*, p. 830; *B. C.*, p. 599; concernant le paiement de la masse aux indigènes libérés du service, *B. C.*, 1899, p. 95.
25 mai 1899 — Décret. Taux de la prime journalière d'entretien des tirailleurs malgaches, 0 fr. 15, *B. C.*, p. 650.
31 déc. 1903 — Déc. prés. fixant les primes journalières de la masse des troupes sénégalaises de l'Afrique occidentale et de Madagascar: infant., 0 fr. 15; artill., 0 fr. 18; spahis et cavaliers du Congo, 0 fr. 23, *B. C.*, p. 1299.
1er févr. 1904 — Circ. Les dépenses de la masse individuelle sont imputables au chapitre habillement, art. 3, à compter du 1er janvier 1904, *B. C.*, p. 115.
4 févr. 1904 — Déc. prés. Première mise à la masse des troupes sénégalaises et malgaches de l'Afrique occidentale et de Madagascar : infanterie, 75 fr.; artillerie, 80 fr.; spahis et cavaliers du Congo, 115 fr., *B. C.*, p. 141.
17 nov. 1904 — Règl. provisoire sur la masse individuelle des militaires européens dans les corps des T. C., stationnés aux colonies, *B. G.*, r. s., 1905, p. 36; *B. C.*, p. 1100.

Chapitre 1er. Objet de la masse. Recettes. Dépenses.
2. Premières mises et supplément de première mise.
3. Primes journalières et recettes diverses.
4. Militaires en subsistance.
5. Feuilles de décompte.
6. Règlement des masses.
7. Masse des hommes faisant mutation.
8. Perception et régularisation des sommes acquises à la masse.
9. Distribution d'effets au compte de la masse.
10. Imputation au compte de la masse.

Tarif des allocations.

17 nov. 1904 — Circ. Application du règl. du 17 novembre 1904, *B. G.*, r. s., 1905, p. 26; *B. C.*, p. 1120.
5 août 1905 — Déc. Les frais de transport des effets d'habillement ne seront plus imputés à la masse individuelle du 2e régiment de tirailleurs sénégalais, *B. C.*, p. 890.

Masse individuelle (*suite*).

5 févr. 1906 Déc. prés. Tirailleurs tonkinois, 1re mise, 50 fr.; prime journalière, 0 fr. 09, *B. O.*, p. 119.

16 mai 1906 Déc. prés. fixant les allocations de la masse individuelle des militaires indigènes de l'Indo-Chine, autres que les tirailleurs tonkinois, *B. O.*, p. 497.

5 juin 1906 Circ. Délivrance aux corps de troupe par les magasins centraux de l'habillement d'effets et objets imputables à la masse individuelle. *B. O.*, p. 549.

20 juin 1906 Circ. Imputation à la masse individuelle des frais d'escorte des hommes ramenés à leur corps (Européens et indigènes), *B. O.*, p. 573.

Masses occultes.

15 sept. 1901 Service courant, art. 39. Surveillance par les généraux, *B. O.*, E. R., vol. 74.

Matériel d'artillerie.

(Voir : *Directions d'artillerie.*)

23 août 1901 Arr. (guerre, marine, colonies). Fourniture du matériel destiné aux colonies, *B. O.*, p. 827.

16 oct. 1902 Circ. (marine). Régularisation des cessions de matériel d'artillerie faites aux départements de la guerre et des colonies, *B. M.*, p. 316.

16 oct. 1903 Inst. sur la comptabilité du matériel d'artillerie, mis à la disposition des corps de troupe de l'artillerie aux colonies, *B. O.*, vol. spl., p. 1153.

28 déc. 1905 Règl. sur l'armement aux colonies, art. 123. Visite du matériel d'artillerie par l'inspecteur d'armes.

20 juin 1906 Arr. (guerre et colonies) concernant les fournitures de matériel, munitions et matières d'artillerie effectuées par le département de la guerre pour le compte du département des colonies, *B. O.*, p. 606.

18 juill. 1906 Circ. Envoi en France de matériel de guerre destiné à être réparé, *B. O.*, p. 670.

Matières dangereuses.

12 avril 1874 Décret déterminant la nomenclature des matières considérées comme pouvant donner lieu soit à des explosions, soit à des incendies, *B. M.*, p. 144; *B. M. R.*, p. 498.

Matricules.

(Voir : *Agents civils du commissariat. — Livrets matricules.*)

23 sept. 1890 Inst. pour la tenue des matricules des officiers d'infanterie de marine, *B. O.*, p. 1083; *B. M.*, p. 367; modif. 25 août 1890; *B. O.*, p. 1188; *B. M.*, p. 276.

21 sept. 1893 Inst. pour la tenue des matricules des officiers, employés militaires et hommes de troupe de l'artillerie, *B. O.*, p. 677; *B. M.*, p. 364.

5 mai 1894 Circ. Établissement du feuillet matriculaire des officiers d'artillerie changeant de corps ou de service par le corps qui reçoit l'officier, *B. O.*, p. 406; *B. M.*, p. 555.

17 janv. 1895 Circ. Visa des feuillets matriculaires des officiers par le major, *B. M.*, p. 23.

23 déc. 1898 Inst., art. 14. Immatriculation des officiers de réserve et de l'armée territoriale, *B. O.*, E. R., vol. 72.

13 mars 1900 Circ. Tenue des matricules des militaires ayant subi des condamnations effacées par la réhabilitation de droit, *B. O.*, E. M., vol. 59-2, p. 37.

23 mars 1901 Circ. Autorités et corps chargés de la tenue des feuillets matriculaires des officiers, officiers d'administration et employés militaires d'artillerie coloniale à l'exception de ceux qui sont détachés dans les services techniques de l'artillerie navale en France, *B. O.*, p. 486.

Matricules (*suite*).

23 mai 1901   Circ. Adoption de nouvelles dispositions concernant la tenue de la matricule des sous-officiers des T. C., matricule centrale tenue au ministère de la guerre, *B. G.*, p. 887.

7 juill. 1902   Circ. Tenue des feuillets matricules des employés militaires de l'artillerie coloniale ayant rang de sous-officier, *B. G.*, p. 1587.

13 janv. 1903   Circ. Versement des archives matriculaires des officiers rayés des contrôles à l'administration centrale, *B. G.*, p. 25.

18 juin 1903   Circ. relative à la tenue du registre matricule des officiers de réserve et de l'armée territoriale, *B. G.*, p. 918.

23 juin 1903   Circ. Les archives matriculaires des troupes coloniales à verser au département de la guerre sont adressées sous le timbre du service intérieur (bureau des archives administratives), *B. G.*, p. 1013.

25 juill. 1903   Circ. Indications à porter sur les états de mutations matriculaires des T. C., *B. G.*, p. 1125.

31 oct. 1903   Indication des corps coloniaux en France chargés de la tenue de la matricule des officiers et hommes de troupe en garnison outre-mer. *B. G.*, p. 1550.

6 déc. 1903   Annexe D. § 2. Tenue du registre matricule des officiers. § 4. Tenue du registre matricule de la troupe; *B. G.*, vol. spl., T. C., p. 155; et inst. du 1er avril 1902. *B. G.*, p. 418; err,, p, 1292; § 7 et 8. Registres matricules des chevaux et mulets.

6 août 1904   Circ. Conservation dans les archives des corps des feuillets des sous-officiers des T. C. promus officiers, *B. G.*, p. 1303.

Médaille coloniale.

26 juill. 1893   Loi de finances, art. 75. Création, *B. C.*, p. 581; *B. G.*, E. R., vol. 30, p. 67.

6 mars 1894   Décret déterminant les actions ou campagnes de guerre donnant droit à la médaille coloniale, *B. C.*, p. 268; *B. M.*, p. 229; *B. G.*, E. R., vol. 30, p. 67.

6 mars 1894   Circ. (marine). Instructions relatives à la délivrance de la médaille coloniale, *B. C.*, p. 257; *B. M.*, p. 218.

16 mars 1894   Inst. (guerre) relative à la délivrance de la médaille coloniale, *B. G.*, E. R., vol. 30, p. 72.

20 avril 1894   Décret. Médaille coloniale aux troupes de la guerre qui ont pris part à la conquête de la Grande-Kabylie du 1er septembre 1856 au 15 juillet 1857, *B. C.*, p. 394; *B. M.*, p. 501.

12 mai 1894   Décret. Discipline des titulaires de la médaille coloniale, *B. C.*, p. 449; *B. M.*, p. 509.

22 juin 1894   Circ. Droit à la médaille coloniale du personnel de la colonne qui a opéré au Soudan du 11 novembre 1892 au 11 juillet 1893, *B. C.*, p. 483; *B. M.*, p. 688.

16 nov. 1894   Circ. La médaille sera concédée à tous les militaires ayant obtenu le bénéfice de campagne de guerre à l'occasion des opérations effectuées en Cochinchine du 5 juin 1862 au 1er juillet 1867 et du 30 avril au 2 décembre 1868, *B. C.*, p. 878; *B. M.*, p. 622.

20 nov. 1894   Circ. Règles à suivre pour l'établissement des brevets et la délivrance de la médaille coloniale aux ayants droit ayant servi successivement au titre des deux départements de la guerre et de la marine, *B. M.*, p. 759.

20 févr. 1895   Circ. Droit à la médaille du personnel ayant fait partie de l'expédition du Soudan français du 1er novembre 1893 au 1er juin 1894, *B. C.*, p. 151; *B. M.*, p. 307.

15 mars 1895   Circ. Instructions relatives à la délivrance de la médaille pour les expéditions postérieures au décret du 6 mars 1894, *B. C.*, p. 256; *B. M.*, p. 427.

7 juin 1895   Décret complétant celui du 6 mars 1894 (Madagascar, Nouvelle-Calédonie et Comores), *B. C.*, p. 525.

10 juin 1895   Circ. Délivrance de la médaille coloniale aux marins et militaires qui ont participé à des opérations de guerre depuis le 1er octobre 1893.

24 sept. 1895   Décret. Nouvelles actions donnant droit à la médaille (Soudan, Sénégal, Côte d'Ivoire, Guyane), *B. C.*, p. 769; *B. M.*, p. 554; et circ. du 4 octobre 1895, *B. M.*, p. 575.

27 sept. 1895   Circ. Délivrance de la médaille dans les corps de troupe de la marine, *B. C.*, p. 771; *B. M.*, p. 566.

30 sept. 1895   Circ. Droit à la médaille coloniale au titre du Tonkin. des militaires déjà titulaires de la médaille commémorative, *B. C.*, p. 775; *B. M.*,

Médaille coloniale (*suite*).

p. 569; et circ. (guerre) du 4 octobre 1895, *B. G.*, *E. R.*, vol. 30, p. 78.

30 déc. 1895 Circ. Droit à la médaille des militaires de la 1re compagnie de tirailleurs auxiliaires détachés du Soudan dans la Guinée, du 1er novembre 1893 au 1er juin 1894; agrafe Sénégal-Soudan, *B. C.*, 1896, p. 4; *B. M.*, p. 1149.

6 févr. 1896 Décret. Droit à la médaille. Mission Baud, Côte d'Ivoire, 26 mars au 15 juin 1895; Haut-Oubanghi, 1er janvier 1894 au 1er juin 1895, *B. C.*, p. 85; *B. M.*, p. 282; et circ. du 12 février 1896, *B. M.*, p. 288.

22 févr. 1896 Décret. Droit à la médaille. Moyen-Niger, 23 janvier au 2 août 1895 (mission Toutée), *B. C.*, p. 121; *B. M.*, p. 376; *B. G.*, E. R., vol. 30, p. 79; et circ. du 4 mars 1896, *B. C.*, p. 151; *B. M.*, p. 409.

2 avril 1896 Décret. Droit à la médaille. Nouvelle-Calédonie, octobre 1868 à avril 1869. Droit des militaires et marins blessés ou cités à l'ordre du jour dans les colonies et protectorats, *B. C.*, p. 228; *B. M.*, p. 656; *B. G.*, E. R., vol. 30, p. 80; et circ. du 23 avril 1896, *B. C.*, p. 226; *B. M.*, p. 655.

20 avril 1896 Décret. Droit à la médaille. Soudan, 21 novembre 1894 au 31 décembre 1895, *B. C.*, p. 225; *B. M.*, p. 755, et circ. du 25 avril 1896, *B. M.*, p. 799.

9 févr. 1897 Décret. Droit à la médaille. Personnel de la mission Hourst, Soudan et Niger, du 6 octobre 1895 au 23 octobre 1896; agrafe « Sénégal-Soudan » et « Dahomey », *B. C.*, p. 158; *B. M.*, p. 218; et circ. du 19 février 1897, *B. M.*, p. 217.

25 mars 1897 Décret. Droit à la médaille. Haut-Oubanghi, 1er juin 1895 au 31 décembre 1896, *B. C.*, p. 298; *B. M.*, p. 350; agrafe « Congo »; et circ. du 5 avril 1897, *B. C.*, p. 311; *B. M.*, p. 417.

19 mai 1897 Décret. Droit à la médaille. Personnel ayant fait partie de l'expédition dirigée par le capitaine de vaisseau Bayle à Raiatea-Tahaa (Iles-sous-le-Vent), du 1er janvier au 18 février 1897; agrafe « Iles de la Société », *B. C.*, p. 483; *B. M.*, p. 638; et circ. du 5 juin 1897, *B. M.*, p. 750.

16 juin 1897 Décret. Droit à la médaille. Soudan, année 1896, *B. G.*, E. R., vol. 30, p. 111; *B. C.*, p. 569; *B. M.*, p. 825; et circ. du 24 juin 1897, *B. M.*, p. 837.

17 août 1897 Décret. Droits à la médaille des militaires et marins qui ont pris part ou prendront part à des opérations de guerre à Madagascar, à partir du 1er novembre 1896, *B. G.*, E. R., vol. 30, p. 111; *B. C.*, p. 977; *B. M.*, p. 286; et circ. du 3 septembre 1897, *B. M.*, p. 285. Note (guerre), du 17 septembre 1897, *B. G.*, E. R., vol. 30, p. 112.

9 févr. 1898 Décret. Droit à la médaille. Soudan, 1897; agrafe « Sénégal-Soudan », *B. G.*, E. R., vol. 30, p. 112; *B. C.*, p. 80; *B. M.*, p. 197; et circ. du 15 février 1898; *B. M.*, p. 197.

28 févr. 1898 Décret. Droit à la médaille. Haut-Oubanghi, 1897, *B. G.*, E. R., vol. 30, p. 113; *B. C.*, p. 144; *B. M.*, p. 315; et circ. du 4 mars 1898 (agrafe Congo), *B. M.*, p. 314.

13 avril 1898 Loi de finances, art. 77. Droit des fonctionnaires civils qui auront pris part à des opérations de guerre et du personnel civil et militaire des missions, *B. C.*, p. 247; *B. G.*, E. R., vol. 30, p. 113.

9 mai 1898 Décret. Droit à la médaille. Madagascar, 1er novembre 1896 au 31 décembre 1897, excepté les titulaires de la médaille commémorative pour le séjour à Madagascar qui leur a valu cette distinction, *B. C.*, p. 362; *B. M.*, p. 651; *B. G.*, E. R., vol. 30, p. 114; et circ. du 15 mai 1898, *B. C.*, p. 362.

26 janv. 1899 Décret. Droit à la médaille. Madagascar, 1898, *B. C.*, p. 48; *B. M.*, p. 226; et circ. du 31 janvier 1899, *B. C.*, p. 47; *B. M.*, p. 225.

11 févr. 1899 Décret. Droit à la médaille. Opérations effectuées dans le Haut-Dahomey, du 1er décembre 1896 au 1er janvier 1898, sous les ordres du capitaine Baud et du lieutenant de vaisseau Bretonnet; agrafe « Dahomey et Sénégal-Soudan », *B. C.*, p. 414; et *B. M.*, p. 318; et circ. du 17 février 1899, *B. C.*, p. 413; et *B. M.*, p. 317.

4 mars 1899 Circ. Instructions concernant la délivrance de la médaille coloniale accordée par la loi du 13 avril 1898, *B. C.*, p. 203.

1er mai 1899 Décret. Droit à la médaille. Soudan, 1898; agrafe « Sénégal-Soudan », *B. C.*, p. 532; *B. M.*, p. 723; et circ. du 4 mai 1899, *B. C.*, p. 531; *B. M.*, p. 722.

9 mai 1899 Décret. Droit à la médaille. Personnel de la mission du « Lagrandière », Haut-Mékong, 20 mai au 20 août 1897; agrafe « Haut-Mékong », *B. C.*, p. 345; *B. M.*, 2e sem., p. 67; et circ. du 5 juillet 1899, *B. M.*, p. 67.

Médaille coloniale (*suite*).

19 juin 1899 — Décret. Droit à la médaille. Haut-Oubanghi, 1898; agrafe « Congo », B. C., p. 695; B. M., p. 902; et circ. du 23 juin 1899, B. C., p. 694; B. M., p. 901.

21 juin 1899 — Circ. Droit à la médaille coloniale au titre de Madagascar, des militaires titulaires de la médaille commémorative, B. C., p. 656; B. M., p. 970.

4 juill. 1899 — Loi accordant aux Français qui ont fait partie de la mission Marchand sur le haut Nil, la médaille coloniale avec agrafe en or « de l'Atlantique à la mer Rouge », B. C., p. 704; B. M., p. 15.

21 août 1899 — Décret. Droit à la médaille. Opérations de la Côte d'Ivoire du 1er mai au 30 septembre 1898; agrafe « Côte d'Ivoire », B. C., p. 1190; B. M., p. 275; et circ. du 30 août 1899, B. C., p. 1189; B. M., p. 275.

9 nov. 1899 — Décret. Droit à la médaille. Personnel de la mission Ballot au nord du Dahomey, en 1894-1895, B. C., p. 1370.

29 nov. 1899 — Décret. Droit à la médaille des membres des missions accomplies par M. Pavie en Indo-Chine, pour la période comprise entre le 18 décembre 1880 et le 28 août 1895; agrafe « Laos et Mékong », B. C., 1900, p. 23; B. M., 1900, p. 80; et circ. du 30 janvier 1900, B. C., p. 23; B. M., p. 80.

16 janv. 1900 — Décret. Droit à la médaille. Madagascar, 1899, B. M., p. 56; B. G., p. 264; et circ. du 23 janvier 1900, B. M., p. 55.

6 févr. 1900 — Décr. Droit à la médaille. Opérations de guerre à Kouang-Tchéou-Wan depuis le 22 avril 1898; agrafe « Tonkin », B. C., p. 95; B. M., p. 274, et circ. du 10 février 1900, B. C., p. 95; B. M., p. 274.

13 févr. 1900 — Décr. Droit à la médaille. Opérations effectuées dans le Haut-Dahomey, du 8 novembre 1897 au 5 février 1899; agrafe « Dahomey », B. C., p. 170; B. M., p. 396, et circ. du 19 février 1900, B. C., p. 169; B. M., p. 396.

9 juill. 1900 — Décr. Droit à la médaille. Soudan, 1899; agrafe « Sénégal-Soudan », B. C., p. 716; B. M., p. 62, et circ. du 23 juillet 1900, B. C., p. 745; B. M., p. 62.

2 août 1900 — Décr. Concession de la médaille au personnel indigène de la mission Marchand; agrafe « de l'Atlantique à la mer Rouge », B. C., p. 790; B. M., p. 169, et circ. du 10 août 1900; B. C., p. 790; B. M., p. 168.

21 août 1900 — Décr. Droit à la médaille. Membres de la mission Houdaille; Côte d'Ivoire, 1898-1899, B. C., p. 806; B. G., p. 1541.

21 août 1900 — Décr. Droit à la médaille. Membres de la mission Hostains-d'Ollone: région du Cavally, 15 décembre 1898 - 25 février 1900, B. C., p. 807; B. G., p. 1542.

29 août 1900 — Décr. Droit à la médaille. Côte d'Ivoire, 1899, B. G., p. 1543; B. C., p. 920; B. M., p. 560, et circ. du 7 septembre 1900. B. M., p. 560.

11 déc. 1900 — Décr. conférant la médaille coloniale à la colonne de ravitaillement de la mission Foureau-Lamy, B. G., p. 1977.

22 févr. 1901 — Loi accordant au personnel militaire et civil (européens et indigènes) de la mission Foureau-Lamy, 1898 à 1900, la médaille coloniale avec agrafe en or « Mission saharienne », B C., p. 131; B. G., p. 494.

30 avril 1901 — Décr. Droit à la médaille. Membres de la mission Mizon; personnel européen et indigène, militaire et civil, Congo 1890 à 1892; agrafe « Congo », B. C., p. 356; B. M., p. 782, et circ. du 30 mai 1901, B. M., p. 782.

15 mai 1901 — Décr. Droit à la médaille. Personnels civils et militaires, Haut-Oubanghi, 1899 et 1900; agrafe « Congo », B. G., p. 792; B. M., p. 781.

4 sept. 1901 — Décr. Droit à la médaille. Mission Gendron, personnel militaire: Congo, 1899 et 1900, B. C., p. 862.

30 janv. 1902 — Décr. Droit à la médaille. Personnels militaires et civils qui ont servi en 1900, dans les territoires militaires de l'Afrique occidentale, dans la résidence de Say ou qui ont pris part aux opérations contre les Toumas (Haute-Guinée); agrafe « Afrique occidentale française », B. G., p. 197.

7 avril 1902 — Décr. accordant la médaille au personnel militaire et civil, européen et indigène, de la mission Plé, « Dahomey », 1898 à 1900, B. C., p. 357.

28 mai 1902 — Loi accordant la médaille coloniale, avec agrafe spéciale en or pour les officiers, militaires et civils européens; en argent pour les indigènes, au personnel des diverses missions ayant opéré dans le centre de l'Afrique avant le 5 septembre 1900, B. C., p. 497.

12 sept. 1902 — Décr. Droit à la médaille. Côte d'Ivoire, 1900-1901; les trois territoires militaires de l'Afrique occidentale, 1901, B. G., p. 1859.

6 oct. 1902 — Décr. Droit à la médaille. Mission Bonnel de Mézières, Congo, B. C., p. 1119.

Médaille coloniale (*suite*).

14 oct. 1902 — Décr. Droit à la médaille. Mission Luce, « Haut-Mékong », 1893, *B. C.*, p. 1056.

10 déc. 1902 — Décr. Droit à la médaille. Mission Braulot, « Côte d'Ivoire », 1893 et 1894, *B. C.*, p. 1253.

10 mars 1903 — Décr. Droit à la médaille. Personnel militaire. Territoires du Haut-Oubanghi, du Tchad, de la Sangha, de l'Ogoué et région nord de Libreville, 1902; agrafe « Congo », *B. G.*, p. 481.

10 mars 1903 — Décr. Droit à la médaille. Militaires qui ont servi, en 1902, dans les trois territoires militaires de l'Afrique occidentale, le Haut-Dahomey, la Haute-Guinée et la Côte d'Ivoire, *B. G.*, p. 320; erratum, *B. G.*, p. 600.

10 avril 1903 — Décr. Modification à celui du 10 mars 1903. Droit à la médaille au titre du Tchad, du personnel militaire qui y a séjourné en 1901 et 1902, *B. G.*, p. 544.

30 juin 1903 — Loi conférant aux membres des missions africaines et asiatiques des années 1875-1878 et suivantes, la médaille coloniale créée par la loi du 26 mai 1902, *B. C.*, p. 591; *B. G.*, p. 1189.

9 août 1903 — Décr. Droit à la médaille des fonctionnaires qui ont séjourné au Tchad en 1901-1902; agrafe « Tchad », *B. G.*, p. 1166.

21 avril 1904 — Décr. Droit à la médaille. Militaires européens et indigènes qui ont servi en 1903 dans le Haut-Dahomey, la Haute-Guinée, la Côte d'Ivoire, le pays Trarza et les trois territoires militaires de l'Afrique occidentale, *B. G.*, p. 495.

4 août 1904 — Décr. Droit à la médaille. Territoires des pays et protectorats proprement dits du Tchad, 1903, *B. G.*, p. 1310.

22 sept. 1904 — Décr. Droit à la médaille. Militaires de tous grades, pays Trarza (Mauritanie), 1902, *B. G.*, p. 1483.

3 oct. 1904 — Décr. conférant la médaille à des fonctionnaires civils qui ont servi à la Côte d'Ivoire en 1900-1901, *B. G.*, p. 1513.

31 oct. 1904 — Décr. Droit à la médaille des militaires et du personnel civil ayant servi en 1903 dans le pays Brakna et le Tagant (Mauritanie), *B. G.*, p. 1381.

10 nov. 1904 — Décr. Droit à la médaille des militaires qui ont pris part, en 1902, à la répression de la révolte de l'île Mohéli (Comores), *B. G.*, p. 1605: err., *B. G.*, 1905, p. 352.

25 nov. 1904 — Décr. accordant la médaille aux militaires qui ont pris part aux opérations militaires effectuées du 24 mars au 25 avril 1904 contre les Coniaguis (Guinée), *B. G.*, p. 1757.

20 déc. 1904 — Décr. accordant la médaille aux militaires de la mission dirigée par le capitaine Théveniaut, dans le massif de l'Adrar, du 1er février au 12 juin 1904, *B. G.*, p. 1906.

20 janv. 1905 — Décr. accordant la médaille avec agrafe « Afrique occidentale française » aux militaires européens et indigènes et au personnel civil qui ont participé, en 1904, à la mission d'organisation du Tagant (Mauritanie), *B. G.*, p. 59.

9 juin 1905 — Décr. Concession de la médaille :

1° Agrafe « Afrique occidentale française », aux militaires européens et indigènes qui ont séjourné, en 1904, dans le pays Trarza, la Mauritanie, les trois territoires militaires, le Haut-Dahomey, la Côte d'Ivoire, la Haute-Guinée (frontière libérienne);

2° Agrafe « Congo », aux militaires européens et indigènes qui ont séjourné, en 1904, dans le Congo français (dans toute son étendue), *B. G.*, p. 833.

21 déc. 1905 — Décr. Droit à la médaille des militaires qui ont pris part aux opérations des colonnes du Djoloff, du 7 mai au 11 juin 1890 et du Fouta, du 2 janvier au 29 mars 1891, *B. G.*, p. 1840.

5 mars 1906 — Décr. Droit à la médaille, des gardes régionaux européens et indigènes qui ont pris part en 1904, d'une manière effective aux opérations de N'Daki (Congo), *B. G.*, p. 313.

7 mars 1906 — Décr. Droit à la médaille des membres de la Mission Monteil, qui a exploré les régions sahariennes du Soudan à la Tripolitaine par le Tchad (décembre 1890 à décembre 1892); agrafe « Sahara », *B. G.*, p. 316.

30 avril 1906 — Décr. Concession de la médaille coloniale avec agrafe « Sahara » aux personnels militaires (européens et indigènes) et civils qui ont pris part, d'une manière effective, à la reconnaissance conduite par le capitaine Dinaux, en pays Touareg, du 8 mai au 29 octobre 1905, *B. G.*, p. 567.

Médaille coloniale (*suite*).

30 juin 1900 Décr. Droit à la médaille des militaires européens et indigènes qui ont pris part, du 13 au 24 février 1872, à la répression des mouvements insurrectionnels entre Vinh-Long, Tra-Vinh et Soc-Trang; agrafe « Cochinchine », *B. G.*, p. 871.

Médailles commémoratives.

(Voir : *Décorations*.)

11 août 1859 Décr. Médaille de la campagne d'Italie, *B. M.*, p. 210; *B. G.*, E. R., vol. 30, p. 63.

20 août 1863 Décr. Médaille du Mexique, *B. M.*, p. 187; *B. G.*, E. R., vol. 30, p. 64.

9 mai 1871 Décr. Application aux titulaires de médailles commémoratives du décret du 14 avril 1874 sur la discipline des membres de la Légion d'honneur, *B. M.*, p. 638; *B. M.*, R., p. 470; *B. G.*, E. R., vol. 30, p. 12.

30 sept. 1903 Description des uniformes, art. 385 à 393. Rubans de croix et médailles, *B. G.*, vol. spl., T. C., p. 214.

6 déc. 1903 Achat des rubans au compte de la masse générale d'entretien, *B. G.*, vol. spl., T. C., p. 227.

Médaille de Chine.

23 janv. 1861 Décr. créant la médaille commémorative de l'expédition de Chine, *B. G.*, E. R., vol. 30, p. 62.

15 avril 1902 Loi. Médaille de l'expédition de 1900-1901, *J. O.* du 17 avril; modif. 15 avril 1901, *J. O.* du 17 avril.

4 juin 1902 Décr. Discipline des titulaires, *J. O.* du 13 juin.

1er juill. 1902 Décr. relatif à la médaille commémorative de l'expédition de 1900-1901, *B. G.*, p. 1130.

4 sept. 1902 Circ. Mode de concession, *B. G.*, p. 1818.

Médaille de Madagascar.

31 juill. 1886 Loi. Médaille de Madagascar, *B. M.*, p. 152.

9 août 1886 Inst. pour la délivrance, *B. M.*, p. 151.

9 oct. 1886 Décr. Discipline des titulaires, *B. M.*, 1887, p. 734.

15 janv. 1896 Loi. Médaille commémorative de l'expédition de 1895, *B. C.*, p. 29; *B. M.*, p. 58; *B. G.*, E. R., vol. 30, p. 83.

20 févr. 1896 Décr. Discipline des titulaires, *B. C.*, p. 149.

18 avril 1896 Circ. Dispositions relatives à la délivrance aux troupes de la marine, *B. M.*, p. 664.

21 juill. 1897 Loi accordant la médaille de Madagascar aux militaires ayant fait partie du corps d'occupation, du 1er janvier au 31 octobre 1896, *B. C.*, p. 731; *B. M.*, p. 105; *B. G.*, E. R., vol. 30, p. 115.

Médaille des épidémies.

15 avril 1892 Décr. relatif à la concession, par le Ministre de la guerre, de médailles d'honneur aux militaires qui se sont signalés pendant les épidémies, *B. G.*, E. R., vol. 30, p. 93.

27 avril 1892 Arr. relatif à la concession de la médaille prévue par le décret ci-dessus, *B. G.*, E. R., vol. 30, p. 94; modif. 28 décembre 1899, *B. G.*, p. 1449.

22 août 1903 Circ. (colonies). Instruction des demandes, *B. C.*, p. 745.

Médailles d'honneur et de sauvetage.

21 mars 1832   Déc. roy. qui permet aux militaires le port ostensible des médailles de sauvetage, *A. M.*, p. 268; *B. M., R.*, p. 102.

12 févr. 1849   Circ. (marine). Récompenses pour sauvetages. Division en deux classes des médailles or ou argent. Modèle de diplôme. Dispositions diverses, *B. M.*, p. 77; *B. M., R.*, p. 155.

4 avril 1861   Circ. Règles relatives aux propositions de récompenses pour fait de sauvetage (marine), *B. M.*, p. 269; *B. M., R.*, p. 503.

13 nov. 1883   Circ. (marine). Les propositions de récompenses pour faits de sauvetage ne doivent plus être formulées pour des faits remontant à plus d'un an, *B. M.*, p. 596.

16 déc. 1885   Circ. (marine). Récompenses pour faits de sauvetage. Partage d'attributions entre le Département de la marine et celui de l'intérieur, *B. M.*, p. 1206.

20 oct. 1892   Service intérieur : Inf., art. 228; Artil., art. 263. Remise des insignes, *B. G., E. R.*, vol. 78.

22 oct. 1897   Circ. (marine). Règles relatives à la constatation et à l'appréciation des faits de sauvetage en vue de l'attribution des récompenses à leurs auteurs, *B. M.*, p. 517; *B. C.*, p. 1092.

3 juin 1899   Décr. créant une médaille de bronze pour récompenser les actes de courage et de dévouement, *B. C.*, 1900, p. 19.

18 déc. 1899   Arr. (marine). Récompenses accordées pour faits de sauvetage par le Ministre de la marine, et circ. du même jour, *B. C.*, p. 1131; *B. M.*, p. 808.

22 janv. 1900   Circ. Propositions pour la médaille créée par le décret du 3 juin 1899 ci-dessus, *B. C.*, p. 19.

16 nov. 1901   Décr. (intérieur), coordonnant les dispositions réglant l'attribution de distinctions honorifiques décernées à l'occasion des traits de courage et de dévouement, *B. G.*, p. 1433, et règl. du même jour relatif aux propositions, *B. G.*, p. 1434; circ. du 1er décembre 1901, *B. G.*, p. 1435.

13 déc. 1901   Circ. (guerre). Propositions pour des récompenses honorifiques pour actes de courage et de dévouement, *B. G.*, p. 1432.

16 janv. 1902   Circ. (guerre). Établissements des propositions. Pièces à produire, *B. G.*, p. 48.

Médaille du Dahomey.

21 nov. 1892   Loi. Création, *B. G., E. R.*, vol. 30, p. 66; *B. C.*, p. 826; *B. M.*, p. 595.

10 déc. 1892   Circ. Instructions relatives à la délivrance de la médaille, *B. C.*, p. 825; *B. M.*, p. 591.

14 janv. 1893   Décr. Discipline des titulaires, *B. C.*, p. 40; *B. M.*, p. 107.

23 janv. 1893   Circ. Application du décret du 11 janvier 1893. Pièces à adresser, *B. C.*, p. 40; *B. M.*, p. 107.

6 mars 1894   Décr., art. 2. Les droits à la médaille cesseront d'être acquis à partir du 5 février 1894, *B. G., E. R.*, vol. 30, p. 67; *B. C.*, p. 268; *B. M.*, p. 220.

Médaille du Tonkin.

6 sept. 1885   Loi. Création, *B. G., E. R.*, vol. 30, p. 81; *B. M.*, p. 1226; complétée par la loi du 26 juillet 1887, *B. M.*, p. 179.

23 déc. 1885   Circ. Instructions pour la délivrance, *B. M.*, p. 1122.

30 déc. 1885   Décr. Discipline des titulaires, *B. M.*, 1886, p. 79.

8 août 1887   Inst. pour l'application de la loi du 26 juillet 1887, *B. M.*, p. 176.

13 juill. 1893   Circ. Les droits à l'obtention de la médaille du Tonkin cesseront d'être acquis le 1er octobre 1893, *B. C.*, p. 559; *B. M.*, p. 56, et circ. (guerre) du 15 juillet 1893, *B. G., E. R.*, vol. 30, p. 83.

16 juin 1894   Circ. Concession de la médaille du Tonkin aux militaires et marins qui ont participé, en 1893, aux affaires du Siam, *B. C.*, p. 502; *B. M.*, p. 680.

Médaille militaire.

(Voir : Légion d'honneur.)

22 janv. 1852 Décr., art. 11. Création. Art. 12. Affectation d'une maison d'éducation aux filles de médaillés, *B. G.*, E. R., vol. 30, p. 22.

20 févr. 1852 Décr. Forme de la médaille et conditions d'obtention, *B. M.*, p. 261 ; *B. M.*, R., p. 122 ; *B. G.*, E. R., vol. 30, p. 56.

23 sept. 1852 Déc. relative à l'établissement des mémoires de propositions, *B. G.*, E. R., vol. 30, p. 59.

9 nov. 1852 Décr. La valeur de la médaille militaire sera imputée sur la première annuité à payer aux titulaires, *B. G.*, E. R., vol. 30, p. 23.

9 févr. 1855 Décr. Les sous-officiers et soldats amputés auxquels la médaille est conférée après leur admission à la retraite ont droit au traitement, *B. G.*, E. R., vol. 30, p. 25.

10 avril 1869 Déc. imp. Ancienneté de service exigée pour l'obtention, *B. G.*, E. R., vol. 30, p. 58.

20 oct. 1888 Déc. prés. La médaille militaire peut être conférée aux officiers généraux ayant commandé un corps d'armée, *B. G.*, E. R., vol. 30, p. 58.

1er juill. 1901 Inst. relative à l'établissement des tableaux de concours. Art. 9, 13, 14, 15, 27, 98, 129, *B. G.*, 1906, p. 953, et inst. du 17 septembre 1906, *B. G.*, p. 1221.

15 sept. 1901 Service courant, art. 274. Renseignements à fournir sur les candidats, *B. G.*, E. R., vol. 74 ; modif. 3 septembre 1902, *B. G.*, p. 1818.

Médailles prix de tir.

20 mai 1903 Les médailles prix de tir sont fournies gratuitement par les soins du ministère de la guerre, *B. G.*, E. M., vol. 2, p. 11.

Médecins militaires.

(Voir : Corps de santé des troupes coloniales. — Clientèle civile.)

20 oct. 1892 Service intérieur : Inf., art. 66 à 78 ; Artil., art. 60 à 72. Devoirs généraux. Attributions, *B. G.*, E. R., vol. 78.

Médicaments.

(Voir : Cessions. — Service de santé.)

23 juin 1854 Circ. Introduction du sulfate de quinine dans la nomenclature des médicaments destinés aux infirmeries régimentaires aux colonies, *B. M.*, R., p. 141.

28 avril 1885 Règles relatives à l'établissement des demandes aux colonies. Responsabilité en cas d'achat sur place. Prescriptions relatives à ces achats, *B. M.*, p. 845.

21 juill. 1890 Circ. Emploi du bromofer pepsique, *B. C.*, p. 892.

12 févr. 1892 Note (guerre). Précautions à observer dans la délivrance et la conservation des médicaments toxiques employés sous forme de solutions étendues, *B. C.*, p. 580 ; *B. M.*, p. 595 ; *B. G.*, E. M., vol. 83, p. 267 ; appliquée aux hôpitaux coloniaux et infirmeries régimentaires par circ. du 4 août 1892, *B. C.*, p. 570.

29 avril 1892 Circ. On ne doit pas acheter sur place les médicaments qui ont fait l'objet de réductions ou de suppressions lors de l'examen des demandes périodiques, *B. C.*, p. 321.

17 janv. 1895 Circ. Admission du peptonate de fer Robin dans la pharmacopée des hôpitaux coloniaux, *B. C.*, p. 69.

7 mars 1895 Circ. Réglementation de la cession des médicaments constituant l'approvisionnement du service de santé aux colonies, *B. C.*, p. 248.

7 mai 1895 Circ. Envoi immédiat des médicaments destinés aux hôpitaux coloniaux, *B. C.*, p. 433.

20 déc. 1898 Circ. Demandes de médicaments et de produits chimiques. Préparation des médicaments dans les laboratoires des colonies par les pharmaciens, *B. C.*, p. 876.

Médicaments (*suite*).

4 août 1899   Circ. Recommandations au sujet de l'emploi de certains médicaments d'un prix élevé, *B. C.*, p. 851.

5 juill. 1905   Inst. sur le fonctionnement administratif du service de santé colonial, art. 32, *B. C.*, p. 1356.

Menotte.

2 déc. 1899   Description, *B. G.*, E. R., vol. 59, p. 372.

Menuiserie.

6 juill. 1899   Instruction technique sur l'exécution des travaux de réparation et d'entretien du casernement par les corps occupants en France, art. 2, *B. G.*, E. R., vol. 51 *bis*, p. 17.

6 oct. 1903   Instruction technique sur l'exécution des travaux de réparation et d'entretien du casernement par les corps occupants aux colonies, art. 2, *B. C.*, vol. spl., p. 959.

Mérite agricole.

7 juill. 1883   Décret instituant l'ordre du Mérite agricole, *B. lois.*

18 juin 1887   Décret. Création du grade d'officier, *B. lois.*

17 juill. 1896   Décret. Réorganisation de l'ordre, *B. lois.*

3 août 1900   Décret. Création du grade de commandeur, *B. lois*, p. 300.

15 sept. 1901   Service courant, art. 276. Propositions, *B. G.*, E. R., vol. 71.

Mess.

30 janv. 1905   Circ. Perception à titre remboursable du café destiné à la consommation des mess des sous-officiers, *B. G.*, p. 73.

21 févr. 1905   Circ. relative à la création de cercles et de mess pour les sous-officiers, *B. G.*, p. 131.

4 juill. 1906   Circ. relative à l'organisation de mess et de cercles pour les sous-officiers, *B. G.*, p. 872.

Messageries maritimes.

30 juin 1886   Convention approuvée par la loi du 7 juillet 1887, *B. lois.*

5 nov. 1891   Convention additionnelle approuvée par la loi du 9 juillet 1895, *B. C.*, p. 628.

Ministère de la guerre.

(Voir : *Administrations centrales. — Direction des troupes coloniales.*)

Ministère des colonies.

(Voir : *Administrations centrales.*)

1er oct. 1887   Arr. créant une caisse spéciale pour l'administration centrale des colonies, *B. C.*, p. 756.

22 janv. 1889   Déc. relative à la création du service géographique des colonies, *B. C.*, p. 33; et arr du 31 janvier 1889, *B. C.*, p. 45.

20 mars 1891   Loi. Création du ministère des colonies, *B. C.*, p. 283.

17 août 1891   Décret créant une direction du contrôle, une inspection générale du service de santé, une inspection générale des travaux publics, *B. C.*, p. 658; err., *B. C.*, p. 707.

Ministère des colonies (*suite*).

23 mai 1896 Décret sur l'organisation de l'administration centrale, *B. C.*, p. 290; modif., 22 janvier 1898, *B. C.*, p. 22.

27 févr. 1897 Arr. Attributions des bureaux et de l'inspection générale du service de santé, *B. C.*, p. 138

7 avril 1897 Règl. de la bibliothèque du ministère des colonies, *B. C.*, p. 317.

5 mars 1898 Arr. Règl. intérieur de la salle des communications des archives et de la bibliothèque du ministère des colonies, *B. C.*, p. 145.

8 août 1899 Arr. Fonctionnement et attributions du bureau militaire, *B. C.*, p. 816.

6 déc. 1901 Circ. Application des arrêtés fixant les attributions des divers bureaux, *B. C.*, p. 1114.

15 avril 1902 Circ. Attributions des bureaux du cabinet du ministre, *B. C.*, p. 372.

22 févr. 1903 Circ. Attributions du bureau militaire, *B. C.*, p. 131.

Minium.

13 juin 1902 Circ. Précautions que doivent observer les ouvriers qui manipulent du minium, *B. G.*, p. 1226.

Miroir de pointage.

5 juill. 1900 Répartition et délivrance des miroirs de pointage pour mousqueton, mod. 1892, et carabine mod. 1874, *B. G.*, E. M., vol. 55-2, p. 227.

Mise en liberté.

(Voir : *Insoumission. — Ivresse.*)

Mise en subsistance.

19 août 1831 Circ. relative aux militaires qui sont mis en subsistances. Positions qui peuvent motiver la mise en subsistance, *B. G.*, 1906, p. 1140.

24 oct. 1887 Les mises en subsistances sont prononcées par les commandants d'armes. Note, *B. G.*, E. R., vol. 75, p. 181.

11 août 1906 Circ. Notification aux corps d'affectation des mises en subsistance, *B. G.*, p. 1115.

Missions et explorations.

(Voir : *Avances.*)

7 juill. 1900 Loi, art. 6, § 4. Le Ministre de la guerre ne pourra faire appel pour le personnel militaire des missions et explorations qu'aux officiers des T. C., *B. C.*, p. 591.

Mobilier.

(Voir : *Ameublement.*)

Mobilisation.

15 sept. 1901 Service courant, art. 52 à 74. Inspection annuelle des parties du service relatives à la mobilisation, *B. G.*, E. R., vol. 74; modif. 3 septembre 1902, *B. G.*, p. 1831; 31 juillet 1903, *B. G.*, p. 1112; 1er décembre 1905, *B. G.*, p. 1755.

21 mars 1905 Loi, art. 40, 42, 43, 46. Appel des hommes des réserves en cas de mobilisation, *B. G.*, p. 263; *B. C.*, p. 359; *B. G.*, E. M., vol. 68-1, p. 25.

Modèles types.

6 déc. 1903   Art. 61. Conservation par l'officier d'habillement.
Annexe B, § 2 C. Conformité des effets avec les modèles-types, *B. G.*, vol. spl., T. C., p. 23 et 135.

Monuments commémoratifs.

11 juin 1894   Circ. Concours que prêtent les membres de l'armée à des érections de monuments commémoratifs, *B. M.*, p. 95; *B. G.*, E. R., vol. 31, p. 38; appliquée à la marine par circ. du 10 juillet 1894, *B. M.*, p. 94.

Morve

20 oct. 1892   Service intérieur, Artil., art. 79. Mesures à prendre au sujet des chevaux morveux, *B. G.*, E. R., vol. 78.

Mot d'ordre et de ralliement.

4 oct. 1891   Service des places, art. 92. Mot d'ordre et de ralliement. Art. 303. Port du mot d'ordre, *B. G.*, E. R., vol. 75.
28 mai 1895   Service en campagne, art. 89. Mot d'ordre aux avant-postes, *B. G.*, E. R., vol. 76.

Mouchoirs de poche.

30 sept. 1903   Art. 415. Description, *B. G.*, vol. spl., T. C., p. 266.

Moulin à café-filtre Klepper.

26 mars 1896   Circ. Adoption pour les troupes de la marine en remplacement de la gamelle moulin à café, *B. M.*, p. 642.
15 janv. 1905   Art. 29. Description, *B. G.*, E. M., vol. 53, p. 36.

Mousqueton.

(Voir : *Armement.*)

Mouvements de troupes.

20 déc. 1899   Décret. Règlement sur les mouvements de troupes à l'intérieur, en temps de paix, *B. M.*, p. 81; *B. G.*, E. M., vol. 100-1, p. 19.

    Art. 1 à 8.   Conditions dans lesquelles sont ordonnés les mouvements de troupes.
    9 à 11.   Mouvements par voie de terre.
    12 - 13.   Mouvements par voie de fer.
    14 - 15.   Mouvements par eau.
    16 à 29.   Installation chez l'habitant.
    30 à 33.   Alimentation des troupes en marche (isolés et détachements).
    34 à 36.   Payement des indemnités et des prestations.
    37 - 38.   Dispositions spéciales aux rassemblements et aux grandes manœuvres.
    39.   Dispositions particulières au département de la marine.

30 déc. 1899   Inst. pour l'application du décret du 20 décembre 1899, *B. G.*, E. M., vol. 100-1, p. 33; err., *B. G.*, 1904, p. 1300.
4 juin 1902   Décret portant règlement sur les transports ordinaires, *B. G.*, E. M., vol. 100-3, p. 10.

Munitions.

Munitions (*suite*).

19 mai 1903	Circ. Les munitions, artifices et explosifs appartenant à des services civils ou à des particuliers ne doivent plus être conservés par le service de l'artillerie aux colonies, *B. C.*, p. 613.
12 juill. 1903	Circ. (guerre). Règles d'allocation de munitions pour l'instruction du tir des armes portatives dans les corps de troupe de toutes armes, *B. G.*, p. 1064.
29 oct. 1903	Inst. (guerre), sur les armes et munitions en service.
4 déc. 1903	Substitution de faux paquets de cartouches aux cartouches mod. 78, employées pour le chargement des cartouchières, *B. G.*, p. 1744.
23 déc. 1905	Règl. sur l'armement aux colonies.

> Art. 82 à 94. Munitions pour armes portatives.
>   95 à 105. Visite annuelle des armes et munitions des corps.
>   127.   Visite des munitions.
>   129 à 131. Travail d'inspection.

14 janv. 1906	Inst. (guerre), sur la visite annuelle des munitions pour armes portatives.
29 juin 1906	Arr. (guerre et colonies) relatif aux fournitures de munitions effectuées par le département de la guerre pour le compte du département des colonies, *B. O.*, p. 606.

Musette de pansage.

30 sept. 1903	Art. 446. Description de la musette de pansage garnie, *B. G.*, vol. spl., T. C., p. 267.

Musiciens.

(Voir : *Fanfares. — Soldats de 1re classe.*)

14 oct. 1872	Règl. pour l'application du décret du 5 octobre 1872 sur l'organisation des musiques d'infanterie et des écoles d'artillerie, *B. G.*, E. R., vol. 64, p. 327.
20 oct. 1892	Service intérieur. Inf., art. 79; Artil., art. 91 *bis*. Chefs de musique; inf., art. 202. Sous-chefs de musique, soldats, élèves, *B. G.*, E. R., vol. 78.
14 févr. 1903	Inst. réglant le mode de proposition pour les emplois de chef et de sous-chef de musique dans l'armée et fixant le programme et les conditions des épreuves exigées aux concours d'admission, *B. G.*, p. 108.
12 avril 1906	Inst. Autorisation de tirer parti de leurs talents professionnels ou de prêter leur concours en dehors du service militaire pour les sous-chefs de musique et soldats musiciens, *B. G.*, p. 524.
29 juin 1906	Circ. Les gratifications offertes aux musiques ayant prêté leur concours à des fêtes, cérémonies, etc., doivent profiter aux seuls musiciens, *B. G.*, p. 840.

Musiques militaires.

(Voir : *Ecoles de musique. — Fanfares.*)

14 messidor an III (14 juillet 1795)	Loi portant que les airs et chants civiques qui ont contribué au succès de la Révolution seront exécutés par les corps de musique des gardes nationales et des troupes de ligne, *B. lois*, an III.
12 déc. 1863	Déc. Les médailles remportées à un concours par un corps de musique de régiment doivent rester dans les archives du corps, *B. G.*, E. R. vol. 64, p. 342.
28 mars 1887	Note relative à l'exécution des airs nationaux étrangers, *B. G.*, E. R., vol. 64, p. 340.
29 mars 1887	Audition des musiques militaires dans les hôpitaux militaires ou mixtes, *B. G.*, E. R., vol. 64, p. 341.
20 mai 1887	Note relative à l'exécution de la *Marseillaise* et de la sonnerie *Au drapeau*, *B. G.*, E. R., vol. 64, p. 342.
15 déc. 1889	Circ. Admission dans le répertoire des musiques de la *Retraite nationale française*, *B. G.*, E. R., vol. 64, p. 343; et circ. (marine), du 25 mars 1890, *B. M.*, p. 318.

Musiques militaires (*suite*).

31 oct. 1898 — Note réglant pour chaque subdivision d'armes la nature et le nombre des instruments réglementaires des musiques et fanfares avec leur prix maximum, *B. G.*, E. R., vol. 61, p. 307.

17 avril 1899 — Circ. Autorisation d'admettre dans le répertoire des musiques et fanfares des troupes de la marine une composition intitulée *Souhaits à la France*, *B. M.*, p. 589.

21 avril 1899 — Circ. au sujet de la garantie des instruments de musique, trompettes et clairons, *B. G.*, E. R., vol. 52, p. 77.

3 mai 1899 — Circ. Les musiques militaires se feront entendre dans les hôpitaux militaires et les hospices des villes de garnison, *B. G.*, E. R., vol. 61, p. 411.

3 sept. 1902 — Circ. indiquant dans quelles circonstances les musiques militaires peuvent jouer la *Marseillaise*, *B. G.*, p. 1817.

29 août 1903 — Tarif des réparations aux instruments de musique, *B. G.*, p. 1280.

12 avril 1903 — Inst. Participation des musiques militaires à des fêtes et cérémonies civiles, concerts, retraites. Interdiction de recevoir des prix en nature dans les concours, *B. G.*, p. 521.

21 août 1903 — Circ. relative à l'ouverture et à la fermeture du ban, *B. G.*, p. 1148.

Mutations.

(Voir : *Avancement.* — *Cassation.* — *Changement de corps et d'arme. Permutations.*)

10 nov. 1887 — Décr. qui délègue aux généraux commandant les corps d'armée le soin de prononcer certaines mutations dans l'étendue de leur région, *B. G.*, E. R., vol. 62, p. 93; art. 2, abrogé 25 août 1906, *B. G.*, p. 1195.

1er mai 1889 — Note relative à l'application de l'art. 2 du décret ci-dessus, *B. G.*, E. R., vol. 62, p. 93.

25 oct. 1891 — Circ. (colonies). L'exécution des ordres de mutation concernant les officiers ou fonctionnaires ne peut être suspendue qu'en cas de nécessité absolue, *B. C.*, p. 563.

5 janv. 1894 — Circ. La notification des mutations des officiers et employés militaires sera faite par la voie du *Journal officiel*, *B. C.*, p. 28; *B. M.*, p. 8.

1er févr. 1894 — Circ. Les généraux commandant les brigades en France et les commandants supérieurs des troupes aux colonies sont toujours chargés de la notification des mouvements concernant le personnel sous leurs ordres, *B. C.*, p. 162; *B. M.*, p. 120.

21 juin 1895 — Circ. Les gouverneurs des colonies n'ont pas qualité pour prononcer des mutations dans le personnel militaire, *B. C.*, p. 513.

28 déc. 1895 — Inst. sur l'administration des réserves, art. 25 à 29, *B. C.*, E. R., vol. 71.

15 sept. 1901 — Service courant, *B. G.*, E. R., vol. 74.

Art. 228. Mutations dans les gouvernements militaires et les corps d'armée.
229. Mutations aux colonies.

4 sept. 1902 — Circ. Les demandes de mutation et de permutation doivent être accompagnées de l'indication du temps de présence accompli par les officiers dans la garnison ou le corps qu'ils doivent quitter, *B. G.*, p. 1822.

29 août 1904 — Circ. Les mutations entre les colonies d'un groupe motivées par des cassations ou des nominations, sont prononcées par le commandant supérieur des troupes du groupe, *B. C.*, p. 862.

23 nov. 1904 — Inst. relative à la suppression des lettres de service. Lettres de service et avis de mutation, *B. G.*, p. 1745 et circ. du 13 mai 1905, *B. G.*, p. 602.

18 avril 1905 — Circ. Mutations du personnel militaire en service aux colonies. Mesures à prendre pour les réduire, *B. C.*, p. 505.

10 avril 1906 — Circ. au sujet des affectations et mutations des officiers qui ont des attaches de famille ou d'intérêts dans la région où ils tiennent garnison, *B. G.*, p. 488.

N

Naissances.

Naphtaline.

Nationalité.

Navires de commerce.

Nécessaire de chambrée.

Nominations.

Non activité.

Non activité (*suite*).

16 avril 1847 Surveillance et autorité à exercer par les généraux commandant les divisions militaires sur les officiers de l'armée de mer en non-activité ou en congé, *A. M.*, p. 705; *B. M., R.*, p. 362; *B. G., E. R.*, vol. 10, p. 115.

27 juin 1872 Inspection des officiers en non-activité, *B. G., E. R.*, vol. 22, p. 147; addition, 30 avril 1906, *B. G.*, p. 666.

25 avril 1876 Les officiers en non-activité sont inspectés deux fois par an, *B. M.*, p. 919; *B. M., R.*, p. 216; *B. G., E. R.*, vol. 22, p. 150.

16 mai 1876 Circ. Marche à suivre par les officiers en non-activité pour obtenir l'autorisation de résider dans une localité où ils désirent fixer leur résidence, *B. M.*, p. 799; *B. M., R.*, p. 51.

30 sept. 1876 Note. Autorisation de résidence pour les officiers en non-activité, *B. G., E. R.*, vol. 22, p. 113; appliqué aux troupes de la marine, circ. du 8 novembre 1877, *B. M.*, p. 627.

17 mai 1878 Avis à donner par les commandants de corps d'armée en cas de changement de résidence des officiers en non-activité résidant sur leur territoire, *B. G., E. R.*, vol. 22, p. 141.

10 juin 1880 Mise en réforme des officiers en non-activité depuis plus de trois ans, qu'un conseil d'enquête a déclaré n'y avoir pas lieu de mettre en réforme comme reconnus non susceptibles d'être rappelés à l'activité, *B. G., E. R.*, vol. 22, p. 139.

22 nov. 1886 Circ. Propositions pour la mise en non-activité à titre d'infirmités temporaires et délivrance des congés et prolongations de congés de convalescence aux officiers malades, *B. G., E. R.*, vol. 22, p. 142.

23 mai 1891 Note concernant les officiers en non-activité par retrait d'emploi qui désirent fixer leur résidence dans le département de la Seine, *B. G., E. R.*, vol. 22, p. 145.

26 févr. 1892 Note concernant les officiers en non-activité pour infirmités temporaires qui désirent fixer leur résidence dans le département de la Seine, *B. C.*, p. 303; *B. M.*, p. 323; *B. G., E. R.*, vol. 22, p. 146 et circ. (marine), du 5 avril 1892, *B. C.*, p. 303; *B. M.*, p. 323.

20 oct. 1892 Service intérieur : Inf., art. 323; Artil., art. 311. Mise en non-activité par retrait ou suspension d'emploi, *B. G., E. R.*, vol. 78.

23 sept. 1898 Les certificats de visite et de contre-visite doivent, dans tous les cas, être joints aux rapports particuliers établis à la suite de chaque inspection semestrielle, *B. G.*, p. 1318.

15 sept. 1901 Service courant, art. 262 et 263. Propositions pour la non-activité, *B. G., E. R.*, vol. 74.

17 févr. 1902 Circ. Inspection semestrielle le 1er janvier et le 1er juin, *B. G.*, p. 117.

23 déc. 1905 Circ. L'inspection doit avoir lieu aux dates réglementaires, *B. G.*, p. 1841.

Non affectation.

(Voir : *Non disponibles.*)

Non disponibles.

(Voir : *Officiers de réserve et de l'armée territoriale.*)

1er oct. 1902 Chapitre XIII refondu de l'inst. du 28 décembre 1895. Administration des hommes classés dans l'affectation spéciale, non affectés, non disponibles ou maintenus provisoirement dans leur emploi du temps de paix en cas de mobilisation et circ. du 2 octobre 1902, *B. G.*, p. 1031; err., *B. G.*, 1902, p. 2079; modif. 28 janvier 1903, *B. G.*, p. 42; 27 mai 1903, *B. G.*, p. 730 et 738; 21 juillet 1903, *B. G.*, p. 1115; 12 novembre 1903, *B. G.*, p. 1560; 10 avril 1905, *B. G.*, p. 414; 28 janvier 1904, *B. G.*, p. 53 et inst. du 7 avril 1906, art. 31 et nouveaux tableaux A, B, C, err., *B. G.*, 1906, p. 1225.

1er sept. 1903 Circ. Les agents civils du commissariat sont classés dans les non affectés.

8 août 1903 Circ. (colonies). Administration des non disponibles, *B. C.*, p. 730.

21 mars 1905 Loi sur le recrutement, art. 42 et tableaux A, B, C, *B. G.*, p. 263; *B. C.*, p. 359; *B. G., E. M.*, vol. 68-1.

Notes.

(Voir : Dossiers du personnel. — Feuillets de notes.)

O

Observations météorologiques.

Œuvres civiles intéressant l'armée.

(Voir : *Discipline générale.*)

Officiers.

Officiers comptables.

Officiers d'administration.

(Voir : *Justice militaire. — Ordonnances.*)

1° *Dispositions générales.*

Officiers d'administration (*suite*).

20 juin 1902   Circ. concernant les appellations des officiers d'administration, *B. C.*, p. 1393.
15 juill. 1904   Décr. Droits en matière de punitions des officiers d'administration des différents services, des officiers interprètes et des chefs de musique, *B. C.*, p. 1161.

2° *Officiers d'administration d'artillerie coloniale.*

21 mai 1889   Règl. fixant les conditions d'admission à l'emploi de garde de 3° classe, *B. M.*, p. 757; modif. 15 juillet 1892, *B. M.*, p. 47.
7 déc. 1900   Décr. Application aux gardes d'artillerie de la marine de la loi du 2 juillet 1900, relative aux officiers d'administration. Recrutement. Avancement. Limite d'âge, *B. M.*, p. 1077.
26 janv. 1901   Circ. Les officiers d'administration conducteurs de travaux sont mis à la disposition des directions du génie pendant leur séjour en France, *B. C.*, p. 201; *B. O.*, vol. spl., T. C., p. 91.
28 nov. 1903   Circ. Répartition du personnel en service aux colonies, *B. C.*, 1904, p. 295.
25 sept. 1904   Décr. Effectif des officiers d'administration détachés à la marine : comptables, 21; artificiers, 18; ouvriers d'Etat, 50, *B. C.*, p. 982; *B. O.*, p. 1327.
6 juill. 1905   Décr. Effectifs et répartition des officiers d'administration d'artillerie, *B. C.*, p. 778; *B. O.*, p. 1007.

3° *Officiers d'administration de l'intendance coloniale,*
(Voir : *Première mise d'équipement.*)

7 sept. 1903   Décr. relatif à l'organisation du corps des agents et agents comptables du commissariat des T. C. Recrutement et nominations. Attributions et service. Limite d'âge, *B. C.*, p. 908; *B. O.*, p. 1844.
21 juin 1906   Décr. organisant l'intendance militaire des T. C. Art. 14, 15, organisation; art. 20, tableaux d'avancement et de concours; art. 21, discipline; art. 22, rang, *B. C.*, p. 583; *B. O.*, p. 810.
8 sept. 1906   Décr. Fixation des cadres : bureaux : principaux, 4; 1re classe, 16; 2° et 3° classes, 64; magasins : principaux, 3; 1re classe 13; 2° et 3° classes, 50, *B. O.*, p. 1231.

4° *Officiers d'administration du service de santé.*
(Voir : *Première mise d'équipement.*)

7 sept. 1903   Décr. relatif à l'organisation du corps des agents comptables du service de santé des T. C. Recrutement. Nominations. Attributions et service. Limite d'âge, *B. C.*, p. 908; *B. O.*, p. 1844.
21 juin 1906   Décr. organisant le corps de santé des T. C. Art. 5 et 6, organisation; art. 10, tableaux d'avancement et de concours; art. 13, discipline; art. 14, rang, *B. O.*, p. 820; *B. C.*, p. 593.
8 sept. 1906   Décr. Fixation des cadres : principaux, 2; 1re classe, 9; 2° et 3° classes, 27, *B. O.*, p. 1233.

Officiers d'approvisionnement.
(Voir : *Ordinaires.*)

21 févr. 1890   Circ. Application aux troupes de la marine des règles en vigueur au Département de la guerre pour la désignation, les attributions et le fonctionnement des officiers d'approvisionnement, *B. C.*, p. 507; *B. M.*, p. 226, et circ. (colonies), du 18 mars 1890, *B. C.*, p. 507.
26 janv. 1891   Circ. Stage d'instruction des officiers d'approvisionnement d'infanterie de marine dans les escadrons du train, *B. M.*, p. 109.
19 juin 1895   Circ. Un lieutenant sera désigné dans chaque régiment d'infanterie de marine pour être adjoint à l'officier d'approvisionnement, *B. M.*, p. 1002.

Officiers d'approvisionnement (suite).

Officiers d'armement.

Officiers de casernement.

Officiers d'habillement.

Officiers de réserve et de l'armée territoriale.

(Voir : *Changement de corps et d'arme* — *Commandement*. — *Conseils
d'enquête*. — *Première mise d'équipement*. — *Solde*. — *Tenue*.)

Officiers de réserve et de l'armée territoriale (suite).

Officiers de réserve et de l'armée territoriale (*suite*).

21 août 1911   Décr. permettant de rayer soit sur leur demande, soit d'office, les officiers maintenus après limite d'âge, *B. G.*, p. 1355.

21 mars 1905   Loi sur le recrutement, art. 23 à 26. Nomination au grade d'officier de réserve de certains appelés pendant leur service dans l'armée active, *B. G.*, p. 263; *B. C.*, p. 359; *B. G., E. M.*, vol. 68-1, p. 11.

Officiers étrangers.

4 oct. 1891   Service des places, art. 317. Honneurs à leur rendre, *B. G., E. R.*, vol. 75.

20 oct. 1892   Service intérieur : Inf., art. 220; Artil., art. 255. Salut aux officiers étrangers, *B. G., E. R.*, vol. 78.

Omis.

21 mars 1905   Loi sur le recrutement.
Art. 15. Inscription sur les tableaux de recensement. Art. 16 et 37. Incorporation dans les T. O., *B. G.*, p. 263; *B. C.*, p. 359; *B. G., E. M.*, vol. 68-1, p. 8 et 21.

7 avril 1906   Inst., art. 10. Décompte des services des omis.

Oppositions.

20 févr. 1828   Ord. Formalités à remplir pour la validité des oppositions formées au paiement de toutes les dépenses des colonies exigibles en France, *B. lois*, p. 308; *A. M.*, p. 555.

13 mai 1829   Ord. Les créanciers particuliers des entrepreneurs et adjudicataires des travaux publics dans les colonies ne peuvent faire aucune saisie-arrêt ou opposition entre les mains des trésoriers sur les fonds destinés à solder lesdits travaux, *A. M.*, p. 615; *B. M., R.*, p. 778.

9 juill. 1836   Loi, art. 13 à 15. Oppositions et saisies-arrêts sur les sommes dues par l'Etat, *A. M.*, p. 701; *B. M., R.*, p. 311.

16 sept. 1837   Ord. Cas et formes dans lesquels les payeurs, agents ou préposés chargés d'effectuer des paiements à la décharge de l'Etat peuvent se libérer en versant à la Caisse des dépôts et consignations les sommes saisies et arrêtées entre leurs mains, *B. M., R.*, p. 349.

8 mai 1847   Circ. aux ports. Mesures à prendre pour faciliter le travail des payeurs en ce qui touche les oppositions, *A. M.*, p. 682; *B. M., R.*, p. 367.

15 juin 1847   Circ. aux colonies. Mesures relatives au paiement à effectuer en présence d'oppositions aux officiers appartenant aux corps organisés, *A. M.*, p. 742; *B. M., R.*, p. 382.

18 nov. 1848   Saisies-arrêts qui peuvent être signifiées aux officiers payeurs des corps de troupe, *B. M., R.*, p. 134; *B. M.*, p. 465.

31 mai 1862   Décr. sur la comptabilité publique, art. 148 à 151 et 267, *B. G., E. M.*, vol. 23.

11 janv. 1869   Règl. financier (colonies), art. 161 à 168, vol. spl.

3 avril 1869   Règl. financier (guerre), art. 187 à 194, *B. G., E. M.*, vol. 24, p. 85, et inst. du 30 juillet 1903, *B. G., E. M.*, vol. 24, p. 169.

12 janv. 1895   Loi relative à la saisie-arrêt sur les salaires et petits traitements des ouvriers ou employés (extrait), *B. G., E. M.*, vol. 23, p. 112.

29 déc. 1903   Décr., art. 27. Retenues pour dettes en vertu d'oppositions ou saisies-arrêts (colonies), *B. C.*, 1904, p. 406.

26 mai 1904   Décr., art. 81. Retenues pour dettes en vertu d'oppositions ou saisies-arrêts (France), *B. G.*, vol. spl., T. C., p. 108.

22 avril 1905   Loi de finances, art. 8. Tous les actes, décisions, formalités relatifs à l'exécution de la loi du 12 janvier 1895 ci-dessus seront rédigés sur papier non timbré et enregistrés gratis, *B. C.*, p. 524.

1er mai 1905   Inst. sur les successions des militaires aux colonies, art. 39, *B. C.*, p. 421.

Ordinaires.

22 avril 1905	Règl. sur la gestion des ordinaires de la troupe, *B. G.*, E. M., vol. 7, p. 5.
22 avril 1905	Inst. sur la distribution, la préparation et la consommation des conserves de viande, *B. G.*, E. M., vol. 7, p. 93.
22 avril 1905	Inst. sur la distribution, la préparation et la consommation du porc salé, *B. G.*, E. M., vol. 7, p. 97.
22 avril 1905	Mesures à prendre en vue de la formation et de l'entretien d'une partie des approvisionnements de riz, de légumes secs, de sel et de lard nécessaires à la mobilisation, *B. G.*, E. M., vol. 7, p. 100.
22 avril 1905	Inst. Principales dispositions à insérer dans les cahiers des charges pour la fourniture des denrées et l'exécution des services ressortissant aux ordinaires, *B. G.*, E. M., vol. 7, p. 102.
22 avril 1905	Inst. sur le contrôle et l'inspection de la viande, *B. G.*, E. M., vol. 7, p. 110; modif. 20 juillet 1906, *B. G.*, p. 923.
22 avril 1905	Inst. technique pour la reconnaissance et l'examen de la viande sur pied et abattue, *B. G.*, E. M., vol. 7, p. 113.
22 avril 1905	Inst. relative à la préparation des repas variés, *B. G.*, E. M., vol. 7, p. 129.
22 avril 1905	Inst. Gestion des jardins potagers pour l'ordinaire de la troupe, *B. G.*, E. M., vol. 7, p. 147.
8 juill. 1905	Inst. sur le fonctionnement administratif du service de santé colonial, art. 39 à 42. Infirmeries-ambulances et ambulances soumises au régime de l'ordinaire, *B. C.*, p. 1356.
1er déc. 1905	Circ. Prélèvement opéré sur les denrées de l'ordinaire pour assurer les distributions destinées aux sous-officiers et autres parties prenantes ne vivant pas à l'ordinaire, *B. G.*, p. 1737.
10 mars 1906	Circ. indiquant aux commissions des ordinaires les laboratoires dans lesquels elles sont autorisées à faire pratiquer l'analyse des denrées alimentaires dont la qualité leur paraitrait suspecte, *B. G.*, p. 369; err., *B. G.*, p. 557.
29 juin 1906	Circ. Versement à l'ordinaire des sommes d'argent offertes à la troupe à l'occasion de fêtes, cérémonies, etc., *B. G.*, p. 810; err., *B. G.*, p. 1225.

Ordonnancement.

22 juin 1847	Ord., art. 296 à 302, vol. spl.
14 janv. 1869	Règl. financier, colonies, art. 84 à 137. Ordonnancement des dépenses, vol. spl.
3 avril 1869	Règl. financier, guerre, art. 96 à 157. Ordonnancement des dépenses, *B. G.*, E. M., vol. 24.
20 mai 1904	Décr. sur la solde et les revues des T. C. en France, *B. G.*, vol. spl., T. C., p. 80 et suiv.

    Art.   22.   Fonctionnaires chargés de l'ordonnancement.

         23 à 29. Ordonnancement des sommes dues aux officiers sans troupe.

         32 à 40. Ordonnancement des sommes dues aux corps de troupe.

         41 à 53. Ordonnancement des sommes dues à diverses parties prenantes.

         54 à 57. Militaires payés au titre d'un autre budget ou d'une autre section du budget de la guerre.

Ordonnances.

(Voir : *Chine*, 7 octobre 1902.)

1er sept. 1867	Déc. imp. réglementant le service des soldats ordonnances attachés aux officiers sans troupe à l'intérieur et en campagne, *B. G.*, E. R., vol. 63, p. 320.
9 oct. 1876	Déc. laissant aux chefs de corps ou de détachements de toutes armes la faculté de mettre des soldats ordonnances à la disposition des officiers sans troupe non montés employés dans la garnison, *B. G.*, E. R., vol. 78, p. 668.

Ordonnances (*suite*).

15 déc. 1881 — Les officiers et assimilés régulièrement montés sont autorisés à employer, pour panser les chevaux qui leur sont accordés par le règl., un soldat ordonnance par 2 chevaux; on pourra prendre un soldat ordonnance de plus pour chaque cheval en sus d'un nombre pair, *B. G.*, E. R., vol. 63, p. 306.

5 nov. 1882 — Soldats ordonnances demandés par les officiers montés détachés de leurs corps à Paris, *B. G.*, E. R., vol. 78, p. 686.

5 déc. 1891 — Circ. relative aux soldats ordonnances des officiers se rendant en congé et autorisés à emmener avec eux les chevaux qui leur sont réglementairement affectés, *B. G.*, E. R., vol. 63, p. 327; appliquée aux troupes de la marine par circ. du 9 mai 1896, *B. M.*, p. 822.

20 oct. 1892 — Service intérieur : Inf., art. 277; Artil., art. 291, *B. G.*, E. R., vol. 78.

22 mars 1894 — Circ. Les soldats ordonnances des officiers des compagnies d'ouvriers et d'artificiers d'artillerie de marine peuvent être pris dans les batteries, *B. M.*, p. 351.

20 janv. 1900 — Allocations auxquelles ont droit les soldats ordonnances des officiers lorsqu'ils les accompagnent en congé ou en permission pour soigner leurs chevaux, *B. G.*, p. 65.

22 févr. 1900 — Circ. Les officiers désignés pour suivre les cours de l'école de Joinville pourront amener leurs ordonnances, *B. M.*, p. 399.

13 août 1901 — Circ. Attribution aux officiers d'administration d'artillerie en service aux colonies d'un ordonnance, *B. C.*, p. 793.

15 sept. 1901 — Service courant, art. 216. Changement de corps ou d'arme des soldats ordonnances, *B. G.*, E. R., vol. 74.

21 mars 1902 — Circ. Attribution de soldats ordonnances aux officiers et officiers d'administration de l'intendance et du service de santé des T. C. en France, *B. G.*, p. 415.

21 avril 1902 — Les capitaines envoyés à l'École normale de tir emmènent leur ordonnance, *B. G.*, p. 723.

21 mai 1902 — Circ. Attribution de soldats ordonnances aux officiers et officiers d'administration de l'intendance et du corps de santé des T. C. aux colonies, *B. G.*, p. 1127.

20 nov. 1902 — L'emploi d'effets de literie hors des casernes par les ordonnances des officiers non montés est interdit, *B. G.*, p. 2311.

18 janv. 1904 — Circ. Les ordonnances des officiers doivent aller prendre leur repas à la caserne ou aller eux-mêmes chercher et rapporter leurs gamelles, à moins que les officiers ne préfèrent les nourrir à leurs frais, *B. G.*, p. 31.

10 juin 1904 — Décr. Suppression de la tenue civile des soldats ordonnances, *B. G.*, p. 844, et circ. du 15 juin 1904, *B. G.*, p. 847.

2 juill. 1904 — Circ. Les officiers supérieurs de l'infanterie et de l'artillerie coloniales peuvent seuls se faire accompagner de leurs ordonnances lorsqu'ils se rendent aux colonies, *B. G.*, p. 953.

12 avril 1905 — Circ. Conditions dans lesquelles les officiers généraux et supérieurs de l'intendance et du service de santé des T. C. sont autorisés à se faire accompagner de leurs soldats ordonnances, *B. G.*, p. 438.

22 juill. 1905 — Circ. Instruction des soldats ordonnances des officiers montés d'infanterie. Stages à accomplir, *B. G.*, p. 1112; modif. 4 août 1906, *B. G.*, p. 1145.

7 oct. 1905 — Circ. Choix et emploi des soldats ordonnances aux colonies, *B. C.*, p. 1080.

Ordonnateurs secondaires.

(Voir : *Comptabilité-finances*.)

11 janv. 1869 — Règl. financier (colonies). Art. 93, vol. spl.

3 avril 1869 — Règl. financier (guerre). Art. 108, 111, 113, *B. G.*, E. M., vol. 24.

20 nov. 1882 — Décret. Régime financier des colonies, art. 4. Ordonnateurs secondaires du budget colonial aux colonies, *B. M.*, p. 858.

11 août 1900 — Décret constituant le gouverneur de la Côte d'Ivoire, ordonnateur secondaire des dépenses militaires, *B. C.*, p. 794.

25 févr. 1901 — Circ. Fonctionnement du service administratif des T. C. de passage dans les ports de guerre et de commerce et paiement des dépenses sur le budget des colonies, *B. G.*, vol. spl., T. C., p. 97.

15 avril 1901 — Circ. Les fonctionnaires de l'intendance à Dunkerque, Saint-Servan et Alger liquideront et mandateront les dépenses du budget colonial et des budgets locaux, *B. G.*, vol. spl., T. C., p. 109.

Ordonnateurs secondaires *(suite)*.

19 avril 1901 Circ. Les chefs du service administratif des T. C. dans les ports militaires administrent le personnel en congé ou de passage relevant du ministère des colonies. *B. G.*, vol. spl., T. C., p. 105.

2 avril 1902 Désignation du directeur du commissariat du corps d'armée des T. C. comme ordonnateur secondaire du département de la guerre, *B. G.*, p. 433.

27 sept. 1902 Décret constituant les gouverneurs de la Guinée et du Dahomey ordonnateurs secondaires des dépenses militaires, *B. C.*, p. 901.

8 janv. 1903 Arr. constituant le chef du service administratif des T. C. à Paris, ordonnateur secondaire des dépenses du ministère des colonies, *B. C.*, p. 10; et arr. (guerre), du 15 janvier 1903.

12 août 1904 Décret constituant le gouverneur des établissements de l'Océanie, ordonnateur secondaire des dépenses militaires, *B. C.*, p. 802.

8 juill. 1905 Inst. sur le fonctionnement administratif du service de santé colonial, art. 47. Rôle de l'ordonnateur en ce qui concerne le remboursement des frais de traitement. Art. 48. Attributions au point de vue administratif, *B. C.*, p. 1356.

21 juin 1906 Décret sur l'administration des troupes coloniales, art. 5. Le directeur de l'intendance est chargé de l'ordonnancement des dépenses de tous les services militaires, *B. C.*, p. 577; *B. G.*, p. 803.

Ordres.

(Voir : *Service intérieur.*)

17 mai 1895 Circ. Copie des ordres généraux à transmettre au ministère des colonies, *B. C.*, p. 485.

28 mai 1895 Service en campagne, art. 16 à 18, *B. G.*, E. R., vol. 76.

26 mars 1896 Circ. Les gouverneurs des colonies ne peuvent donner le titre d'ordre à leurs décisions concernant les services militaires, *B. C.*, p. 174.

20 févr. 1900 Inst. sur le service des états-majors, art. 24, 55 et 69, *B. G.*, p. 214.

23 juin 1901 Envoi au ministère de la guerre de deux exemplaires des ordres généraux, circulaires, notes circulaires, décisions, émanant des commandants supérieurs des troupes aux colonies, *B. G.*, 2º sem., p. 138.

Ordres de route.

20 mars 1906 Inst. relative à l'insoumission, art. 5, 8, 9, 11 à 14, *B. G.*, E. M., vol. 59-1.

Ordres coloniaux.

(Voir : *Décorations.*)

10 mai 1896 Décret. Mode de nomination dans les ordres coloniaux, *B. C.*, p. 267; *B. M.*, 2º sem., p. 5; *B. G.*, E. R., vol. 30, p. 118.

23 mai 1896 Décret relatif aux ordres coloniaux. Droits de chancellerie, *B. C.*, p. 308; *B. M.*, 2º sem., p. 6; *B. G.*, E. R., vol. 30, p. 118.

20 juill. 1896 Note (guerre) relative à la concession des ordres coloniaux, *B. G.*, E. R., vol. 30, p. 118.

12 janv. 1897 Décret. Conditions de nomination et de promotion, *B. C.*, p. 19; *B. M.*, p. 20.

20 nov. 1897 Décret. Nominations à titre exceptionnel.

23 mars 1897 Circ. (marine). Propositions pour les ordres coloniaux, *B. C.*, p. 205.

5 déc. 1899 Décret. Couleurs des rubans des décorations coloniales, *B. C.*, p. 1426; *B. M.*, p. 998; *B. G.*, E. R., vol. 30, p. 126.

26 juin 1900 Décret. Renseignements à joindre aux projets de décrets portant nominations pour services exceptionnels, *B. lois.*

15 sept. 1901 Service courant, art. 278 et 283. Propositions, *B. G.*, E. R., vol. 74; modif. 19 novembre 1901, *B. G.*, p. 1209.

18 juin 1903 Circ. Propositions concernant les officiers, sous-officiers et hommes de troupe en service aux colonies, *B. C.*, p. 558.

Organisation de l'armée.

21 juill. 1873 Loi relative à l'organisation générale de l'armée, *B. M. R.*, p. 329;
B. G., E. R., vol. 62, p. 3.

13 mars 1875 Loi relative à la constitution des cadres et des effectifs de l'armée active
et de l'armée territoriale, *B. G.*, E. R., vol. 63, p. 3; modif. 9 décembre 1900, p. 2000.

17 avril 1901 Loi modifiant celle du 24 juillet 1873 et relative à l'exécution des exercices de tir par les troupes de toutes armes, *B. G.*, p. 585.

Orphelinat Hériot.

10 oct. 1901 Inst., *B. G.*, E. M., vol. 32-2, p. 20, modif. le 26 décembre 1901; *B. G.*,
p. 1557 pour son application aux T. C.

Admission des enfants de troupe à l'orphelinat Hériot.

Art. 33 - 34. Conditions d'admission.
    35 à 39. Instruction des demandes.
    40. Admission à l'orphelinat.
    41 - 42. Mise en route sur l'orphelinat.

Outillage.

3 mars 1899 Les outils pour l'entretien des cours sont fournis par la masse de casernement en France, *B. G.*, E. R., vol. 51, p. 75.

20 févr. 1901 Circ. Approvisionnement des corps de troupe aux colonies, *B. C.*,
p. 130.

23 mai 1901 Inst. sur la composition, la marque, l'entretien, la réparation et le
remplacement des outils en service dans les corps d'infanterie et de
cavalerie, *B. G.*, 2ᵉ sem., p. 222; modif. 29 novembre 1901, *B. G.*,
p. 1379; err., *B. G.*, 1901, 2ᵉ sem., p. 1410; modif. 26 juin 1906, *B. G.*,
p. 905.

    Annexe 1. Composition des approvisionnements de remplacement des
places, chefs-lieux de corps d'armée et des dépôts d'outils de remplacement des corps de troupe, *B. G.*, 2ᵉ sem., p. 237.
    Annexe 2. Tarif des réparations par l'industrie civile et par la main-
d'œuvre militaire des outils mis en service dans les corps.

10 sept. 1901 Circ. Application aux troupes d'infanterie coloniale de l'inst. du 23
mai 1901, *B. G.*, p. 1415; err., *B. G.*, 1901, p. 1585.

16 oct. 1903 Les outils pour l'entretien des cours sont fournis par l'allocation pour
réparations locatives aux colonies, *B. C.*, vol. spl., p. 994.

16 oct. 1903 Règl. sur les directions d'artillerie coloniales, art. 82 à 84, 102 à 105
et 118, et annexe série A, n° 9, *B. C.*, vol. spl., modif. 2 octobre 1905,
B. C., p. 1050.

28 sept. 1901 Circ. Renseignements à porter sur les demandes de matériel faites par
les colonies. Référence à la nomenclature du matériel du génie,
B. C., p. 983.

16 janv. 1905 Règl. sur la comptabilité-matières, art. 329, *B. C.*, p. 216.

8 juill. 1905 Inst. sur le fonctionnement administratif du service de santé colonial,
art. 30 et annexe. Outillage de consommation courante, *B. C.*,
p. 1358.

Outils de boucher.

29 oct. 1896 Circ. (marine). Nouvelle série d'outils de boucher, *B. M.*, p. 591.

22 août 1899 Annexe 3. Série régimentaire d'outils de boucher. Composition. Attribution. *B. G.*, E. R., vol. 95, p. 63.

Ouvrages.

(Voir : *Publications*.)

30 mai 1904 Circ. Interdiction de l'envoi par des militaires d'ouvrages à des sou-
verains étrangers, *B. G.*, p. 657.

Ouvrages (*suite*).

DÉCISIONS AUTORISANT L'ACHAT.	TITRE DES OUVRAGES.	NOM DE L'AUTEUR.	IMPUTATION de la DÉPENSE D'ACHAT.
25 février 1892 *B. C.*, p. 189....	Les vertus guerrières. — Livre du soldat.	Général Thoumas.	Masse générale.
10 février 1893 *B. C.*, p. 163....	Guide postal.	M. Simonard.	Id.
23 janvier 1893 *B. M.*, p. 116....			
19 décemb. 1802 *B. M.*, p. 723....	Manuel d'administration et de comptabilité.	Capitaine Nicolas.	Id.
6 mars 1893 *B. C.*, p. 207....			
22 mars 1894 *B. M.*, p. 334....	Commentaires des lois du 8 juin 1893 sur les actes de l'état-civil, etc.	MM. Wilhelm et Trayer.	Id.
12 octobre 1894 *B. M.*, p 498....	Code de législation et d'administration militaire en vue du temps de guerre.	M. Lassalle.	Id.
24 octobre 1894 *B. C.*, p. 786....	Instruction du 24 juillet 1894 pour l'exécution des dispositions du Code civil.	»	Id.
	Campagne du Dahomey 1892-1894.		Id.
26 décemb. 1894 *B. C.*, p. 918.. .	Fêtes et cérémonies. — Honneurs militaires et civils.	M. Saumur.	Id.
9 février 1895 *B. M.*, p. 1215...	Grammaire dahoméenne.	Lieuten. Bonnaventure.	Id.
29 juillet 1895 *B. C.*, p. 653....	Les corps d'officiers des principales armées européennes.	»	Id.
30 Juillet 1895 *B. C.*, p. 634....	Hygiène des troupes aux colonies et dans les expéditions coloniales.	»	Id.
	Dictionnaire français-malgache.	»	Id.
	La question du Touat.	»	Id.
5 janvier 1896 *B. M.*, p. 15..... *B. C.*, p. 36.....	Lois et décisions concernant les sous-officiers, caporaux, brigadiers et soldats rengagés ou commissionnés.	»	Id.
1er sept. 1896 *B. M.*, p. 360....	Dictionnaire malgache-français.	»	Id.
B. C., p. 513....	Nouveau cours de géométrie.	Capitaine Gilinet.	Id.
	Les commissions rogatoires exécutées par la gendarmerie.	»	Id.
	La justice prévôtale aux armées.	»	Id.
6 novemb. 1896 *B. C.*, p. 652....	Recueil des lois, décrets et instructions concernant les fils et filles de militaires.	M. Saumur.	Id.
19 décemb. 1896 *B. M.*, p. 837.... *B. C.*, p. 745....	Petit manuel du fantassin.	»	Id.
4 février 1897 *B. M.*, p. 139....	Instruction théorique du soldat par lui-même.	»	Id.
9 mars 1897 *B. C.*, p. 170....	Les opérations militaires du Tonkin.	Commandant Chabrol.	Id.
5 mai 1897 *B. M.*, p. 583....	Manuel d'infanterie à l'usage des sous-officiers, caporaux et élèves.	»	Id.
3 juillet 1897 *B. C.*, p. 646....	Questionnaire pour le manuel d'infanterie.	»	Id.
17 mai 1897 *B. C.*, p. 477....	Les expéditions anglaises en Asie.	Lieut-Colonel Septans.	Id.
24 décemb. 1897 *B. C.*, p. 1238...	Commentaire du Code de justice militaire.	Capitaine Nicolas.	Id.
20 janvier 1898 *B. M.*, p. 86.....	Tableau des uniformes de l'armée allemande.	»	Id.
16 février 1898 *B. C.*, p. 85....			
30 juillet 1898 *B. M.*, p. 138....	Dictionnaire du recrutement.	M. Saumur.	Id.
25 août 1898 *B. C.*, p. 605....	Memento militaire.	id.	Id.
29 août 1898 *B. C.*, p. 732....	Recueil de questions posées par le général Pierron aux sous-officiers, caporaux et soldats lors des inspections générales.	»	Id.
30 novemb. 1900 *B. C.*, p. 1009...			
25 août 1898 *B. C.*, p. 605....	Les dangers de l'alcool et de l'a...olisme.	»	Id.
29 août 1898 *B. C.*, p. 732....	Nouvel aide-mémoire des sous-officiers et caporaux en campagne et aux manœuvres.	Capitaine Gardin.	Id.
12 sept. 1898 *B. M.*, p. 436....			
5 décemb. 1898 *B. M.*, p. 814....	Livre du gradé.	»	Id.
13 mai 1899 *B. M.*, p. 785....	Manuel pratique de l'officier de police judiciaire militaire en garnison et en campagne.	»	Id.
13 sept. 1899 *B. C.*, p. 1235....	Trois colonnes au Tonkin, 1894-1895.	Général Galliéni.	Id.
28 novemb. 1899 *B. C.*, p. 1395...	Dictionnaire des communes administratif et militaire.	M. Lassalle.	Id.
4 décemb. 1899 *B. M.*, p. 799....			
27 décemb. 1899 *B. M.*, p. 1076...	Armes portatives françaises et étrangères.	Capitaine Bataille.	Id.
30 janvier 1900 *B. M.*, p. 242....	Manuel de l'organisation de l'armée.	M. Lassalle.	Id.
19 février 1900 *B. M.*, p. 360.... *B. C.*, p. 173....	Troubles et émeutes.	M. Saumur.	Id.
14 sept. 1900 *B. C.*, p. 895.... 24 août 1900 *B. M.*, p. 342.... *B. C.*, p. 819....	Emplois civils réservés aux sous-officiers.	»	Id.
3 mai 1901 *B. C.*, p. 433.... 30 sept. 1900 *B. C.*, p. 910....	Grammaires et livres de langues indigènes.	»	Id.
10 décemb. 1900 *B. C.*, p. 1006...	L'Afrique politique en 1900.	M. E. L. Bonnefon.	Id.
27 sept. 1901 *B. C.*, p. 952....	Livret antialcoolique du soldat.	»	Id.
8 février 1902 *B. C.*, p. 133....	Notice sommaire sur les effets des explosifs réglementaires et le calcul des charges.	»	Id.
14 janvier 1902 *B. C.*, p. 39.....	Éléments de langue chinoise. — Dialecte cantonais.	»	Id.

Ouvrages (*suite*).

DÉCISIONS AUTORISANT L'ACHAT.	TITRE DES OUVRAGES.	NOM DE L'AUTEUR.	IMPUTATION de la DÉPENSE D'ACHAT.
6 juillet 1903 *B. C.*, p. 1062...	Histoire de la guerre de 1870-1871.	P. et V. Margueritte	Masse générale.
10 sept. 1904	Précis des successions coloniales.	M. Dejean de la Batie.	Id.
21 mars 1905 *B. C.*, p. 428....	Traité de droit pénal militaire.	Augier et le Poittevin.	Id.
16 juin 1905 *B. G.*, p. s. p. 587.	Almanach national de la mutualité française.	»	Masse des écoles.
2 août 1905 *B. G*, p. s. p. 765.	L'officier éducateur national.	Lieutenant Mairetet.	Id.
4 août 1905 *B. G.*, p. s. p. 771.	Conférences mutualistes faites à l'école supérieure de guerre par M. Barberet.	»	Id.
28 sept. 1905 *B. G.*, p. s. p. 845.	Recueil de 10 chansons de route.	M. Blemant.	Id.
13 février 1906 *B. G.*, p. s. p. 66..	Manuel pratique de combat.	Adjudant Ringuet.	Id.
18 avril 1906 *B. G.*, p. s. p. 217.	Placard mutualiste illustré.	H. C. Lavauzelle éditeur.	Masse générale.
23 avril 1906 *B. G.*, p. s. p. 220.	Séries de cartes murales.	C. Delagrave éditeur.	Masse des écoles.
31 mai 1906 *B. G.*, p. s. p. 341.	La gloire des vaincus.	M. Armelin.	Id.
	Le livre d'or de 1870.	id.	Id.
	L'archange des batailles.	id.	Id.
23 juillet 1906 *B. G.*, p. s. p. 686.	Projet de règlement sur le tir de l'infanterie allemande.	Traduit par le lieutenant Rinckenbach.	Fonds éventuels.
1er août 1906 *B. G.*, p. s. p. 781.	Traité théorique et pratique de droit pénal militaire à l'usage des membres des conseils de guerre et des officiers de l'armée de terre.	»	Id.

Ouvriers d'état (*stagiaires*).

30 juill. 1899 Décret Organisation des ouvriers d'état d'artillerie de marine, *B. G.*, p. 802; *B. M.*, p. 198; modif. 5 juillet 1905, *J. O.*, du 11 juillet.

10 sept. 1903 Décret réorganisant l'artillerie coloniale. Tableaux 1 et 9. Effectifs, répartition, *B. O.*, p. 812.

Ouvriers de batterie.

20 oct. 1892 Service intérieur, Artil., art. 245. Nomination, service, *B. G.*, E. R., vol. 78.

Ouvriers des corps de troupe.

(Voir : *Armuriers. — Ateliers régimentaires. — Maîtres ouvriers.*)

6 déc. 1903 Achat des effets des ouvriers militaires employés à certains travaux spéciaux au compte de la masse générale, *B. G.*, vol. spl., T. C., p. 226.

P

Paillassons.

6 déc. 1903 Achat au compte de la masse générale de paillassons de jonc destinés
aux locaux communs du corps, *B. G.*, vol. spl., T. C., p. 228.
15 janv. 1905 Paillassons isolateurs. Paillassons en alfa et en diss. Description, *B. G.*, E. M., vol. 53, p. 145 et 153.

Paille de couchage.

14 juin 1900 Service des subsistances, art. 330 à 334, *B. G.*, E. R., vol. 91.
6 déc. 1903 Achat au compte de la masse générale de la paille pour les prisons,
B. G., vol. spl., T. C., p. 228.
15 janv. 1905 Notice 2. Paille de couchage à allouer aux troupes dans toutes les positions, *B. G.*, E. M., vol. 53, p. 141.

Pain.

11 juin 1900 Service des subsistances, *B. G.*, E. R., vol. 91.

Art. 203 à 208. Panification.
209 à 212. Pain de troupe ordinaire.
213 à 216. Pain biscuité.
217 à 222. Pain de guerre.

11 juin 1905 Décret. Règles d'allocation (tableau 5), *B. G.*, p. 744.

Palmes universitaires.

15 sept. 1901 Service courant, art. 275. Propositions, *B. G.*, E. R., vol. 74.
2 juin 1904 Circ. Etablissement des propositions, *B. G.*, p. 668.

Paniers.

16 nov. 1900 Notice sur le service de santé en campagne aux colonies. Paniers régimentaires. Paniers d'ambulance, *B. C.*, p. 993.

Pansage des chevaux.

20 oct. 1892 Service intérieur. Inf , art. 262 et 370. Artil., art. 383, *B. G.*, E. R.,
vol. 78.

Pansement individuel.

Pantalons.

Paquet individuel de pansement.

(Voir : Pansement individuel.)

Parcs d'artillerie.

Passages.

(Voir : Bagages. — Clairons. — Gendarmerie. — Rapatriement.)

1° Dispositions générales.

Passages (*suite*).

6 févr. 1892   Délivrance des réquisitions de passages aux officiers, fonctionnaires, agents ainsi qu'aux membres de leurs familles voyageant à leurs frais, circ., *B. C.*, p. 177.

24 oct. 1892   Circ. Il ne doit pas être délivré de réquisitions de passage aux personnes étrangères à l'administration ou n'ayant aucun lien de parenté avec celles qui y ont droit, *B. C.*, p. 714.

16 déc. 1892   Circ. Dispositions concernant les passagers militaires et agents coloniaux, non officiers ou assimilés revenant malades des possessions de la Côte occidentale d'Afrique, *B. C.*, p. 835; et circ. du 27 juin 1891, *B. C.*, p. 440.

21 déc. 1893   Circ. Les officiers subalternes voyageront en 1ʳᵉ classe sur les lignes subventionnées desservant la Méditerranée, la mer des Indes et l'Extrême-Orient, *B. C.*, p. 971; *B. M.*, p. 811; et circ. du 16 juillet 1894, *B. C.*, p. 541; *B. M.*, p. 383; 27 septembre 1894, *B. M.*, p. 383.

4 août 1894   Circ. Paiement des excédents de bagages. Modèle des réquisitions de passage, *B. C.*, p. 607.

17 juin 1895   Dép. Les gardes auxiliaires d'artillerie voyagent en 2ᵉ classe sur les paquebots des Messageries maritimes.

2 sept. 1895   Circ. Etablissement des réquisitions de passage. Déclaration des intéressés en ce qui concerne les bagages embarqués, *B. C.*, p. 720.

3 juill. 1897   Décret portant règlement sur les passages, *B. C.*, p. 905; modif. 6 juillet 1904 ci-après, et circ. du 11 août 1897, *B. C.*, p. 884.

    Art. 31. Droit aux passages des officiers, fonctionnaires et agents et de leur famille, modif. 8 juin 1906, *B. C.*, p. 555.
      32. Les congés pour affaires personnelles ne donnent pas droit aux passages gratuits.
      33. Conditions du droit au passage des familles.
      34. Concession de passages aux boursiers.
      35. Concession de passages d'indigents, modif. 6 juillet 1904, *B. C.*, p. 774.
      36. Concession de passages d'émigrants.
      37. Concession de passages à charge de remboursement préalable.
      40. Imputation des frais de passage.

    Tableau 2. Assimilation en ce qui concerne les passages, modif. 6 juillet 1904, *B. C.*, p. 774.

20 janv. 1898   Circ. Un état nominatif des militaires composant les détachements de relève doit être adressé au chef du service colonial du port d'embarquement.

24 avril 1898   Inst. Transports entre la France, l'Algérie, la Tunisie, la Tripolitaine et le Maroc. Droit à la gratuité de la traversée, *B. G.*, E. M., vol. 102, p. 98.

24 janv. 1899   Circ. Les officiers en activité hors cadres détachés dans les services civils aux colonies conservent à bord le classement auquel leur grade leur donne droit, *B. C.*, p. 24.

5 juill. 1900   Déc. Les caporaux et brigadiers fourriers seront assimilés au point de vue du classement à bord des navires aux sergents et maréchaux des logis, *B. C.*, p. 593.

16 juill. 1900   Circ. Délivrance des réquisitions de passage à des personnes n'y ayant aucun droit, *B. C.*, p. 700.

25 juill. 1902   Déc. prés. Les gardes auxiliaires d'artillerie sont régis par le décret du 3 juillet 1897 en ce qui concerne les passages, *B. C.*, p. 671.

1ᵉʳ sept. 1902   Inst. Transports entre le continent et la Corse. Droit à la gratuité de la traversée, *B. G.*, E. M., vol. 103, p. 82.

18 févr. 1903   Circ. Délivrance des réquisitions de passage à 7 francs par jour, *B. C.*, p. 128.

12 juin 1903   Circ. Délai de rapatriement des militaires libérés aux colonies, *B. C.*, p. 552.

6 juill. 1904   Décret relatif aux passages, *B. C.*, p. 774; et circ. du 4 août 1904, *B. C.*, p. 773.

    Art. 2. Droit au passage des familles des fonctionnaires, etc., et des officiers et assimilés des T. M. ou des T. C.
      4. Passage et transport des domestiques des officiers généraux, des officiers supérieurs et des fonctionnaires assimilés.
      5. Quotité des bagages transportés gratuitement.
      6. Passage entre la France, la Corse, l'Algérie et sur le littoral algérien.

    Tableau de classement du personnel colonial, modif. 8 juin 1906, *B. C.*, p. 555.

Passages (*suite*).

8 juin 1905   Inst. pour les commandants des troupes passagères de toutes armes et les chefs de détachement à bord des navires de commerce, *B. O.*, p. 724; *B. C.*, p. 676. (Voir : *Commandants des troupes passagères.*)

Tableau annexe, modif. 1er mars 1906, *B. C.*, p. 215; *B. O.*, p. 325.

4 déc. 1905   Déc. relative au classement des passagers à bord du vapeur faisant le service postal de Saint-Pierre et Miquelon à Sidney et Halifax, *B. C.*, p. 1211.

8 janv. 1906   Déc. prés. Classement à bord des paquebots des fonctionnaires mariés voyageant avec leur femme pourvue d'un emploi dans l'administration, *B. O.*, p. 10.

13 juill. 1906   Circ. Etablissement des réquisitions pour les passages à destination ou en provenance de Propriano (Corse), *B. C.*, p. 661.

2° *Dispositions particulières aux passages des familles.*

1er févr. 1896   Dép. Les officiers et fonctionnaires désignés pour le Soudan ne peuvent être autorisés à emmener leur famille, *B. C.*, p. 80.

6 sept. 1897   Circ. Concession de passages gratuits aux familles d'officiers en service à Madagascar, *B .C.*, p. 979; *B. M.*, p. 300.

16 juill. 1898   Circ. Concession de passages gratuits aux familles des officiers en service en Indo-Chine, *B. G.*, E. R., vol. 60, p. 151; *B. C.*, p. 507; *B. M.*, p. 54.

22 nov. 1898   Circ. Les demandes de passages pour les familles des militaires en service aux colonies doivent être transmises au Ministre des colonies par la voie hiérarchique, *B. C.*, p. 1052.

21 juill. 1900   Circ. Passage gratuit accordé aux familles des officiers trésoriers et d'habillement des corps du Tonkin, *B. C.*, p. 749; *B. M.*, p. 105.

22 nov. 1900   Circ. Les demandes de passage pour les familles des militaires en service aux colonies doivent être faites par ces militaires eux-mêmes et transmises au Ministre des colonies par la voie hiérarchique, *B. C.*, p. 1052; et circ. (marine), du 3 décembre 1900, *B. M.*, p. 938.

16 oct. 1902   Circ. Concession de passages gratuits aux familles des infirmiers militaires des T. C. provenant de l'ancienne formation, *B. C.*, p. 1181; et circ. du 20 novembre 1902, *B. C.*, p. 1183.

23 juill. 1903   Circ. Demandes formées par les officiers qui désirent emmener leur famille dans une colonie où il n'existe qu'un certain nombre d'emplois donnant ce droit. Remboursement des frais de câble par les officiers, *B. G.*, p. 1155.

23 nov. 1903   Inst., art. 5. Les adjudants gardiens de batterie coloniaux sont autorisés à emmener leur famille aux colonies, *B. C.*, p. 1148.

6 juill. 1901   Décret, art. 2 et circ. du 4 août 1901, *B. C.*, p. 773.

29 déc. 1901   Circ. Interprétation, art. 2 du décret du 6 juillet 1901. L'autorisation du Ministre des colonies est indispensable pour l'embarquement des familles des militaires, *B. C.*, p. 1332.

3° *Passages des domestiques.*

29 août 1895   Circ. Etablissement des réquisitions de passage sur les paquebots des Messageries maritimes pour les domestiques féminins, *B. C.*, p. 699.

5 mars 1901   Circ. Frais de rapatriement des domestiques originaires des colonies, *B. C.*, p. 201.

6 juill. 1901   Décret, art. 4, *B. C.*, p. 776.

Patentes.

(Voir : *Marchés.*)

Patience.

30 sept. 1903   Art. 456. Description, *B. G.*, vol. spl., T. O., p. 282.

Pattes d'épaules.

Payements.

Payements sur revues.

Peau de bouc.

Peintures.

Pelade.

(Voir : *Désinfections.*)

— 242 —

Pèlerine.

(Voir : *Collet à capuchon.*)

20 sept. 1903   Art. 2. Description de la pèlerine mobile à capuchon, *B. G.*, vol. spl., T. C., p. 4.

Pelisse.

30 sept. 1903   Description des uniformes, art. 13, *B. G.*, vol. spl., T. C., p. 15.

Pelisse coloniale.

15 mars 1902   Circ. Adoption d'un vêtement dit : « Pelisse coloniale », *B. G.*, p. 338; *B. G.*, p. 259.

30 sept. 1903   Art. 14. Description, *B. G.*, vol. spl., T. C., p. 17.

Pendules.

6 déc. 1903   Les frais de location des pendules pour les corps de garde sont à la charge de la masse générale, *B. G.*, vol. spl., T. C., p. 228.

Pensions.

(Voir : *Autopsies. — Blessures et infirmités. — Campagnes. — Certificats médicaux. — Certificats de cessation de paiement. — Conseil d'État. — Cumul. — Fonctionnaires. — Mariage. — Prescription. — Solde de réserve.*)

1° *Dispositions générales.*

25 mars 1817   Loi de finances, art. 22 à 27. Inscriptions des pensions au Trésor, *B. G.*, E. R., vol. 66, p. 11.

15 mai 1818   Loi de finances, art. 14 et 15. Déclarations de non cumul sur les certificats de vie, *B. G.*, E. R., vol. 66, p. 12.

15 juill. 1819   Décompte des fractions d'années dans la liquidation des pensions militaires, *B. G.*, E. R., vol. 66, p. 12.

17 avril 1833   Loi relative aux crédits pour l'inscription des pensions militaires. Délai de 5 ans pour réclamer les pensions, *B. G.*, E. R., vol. 66, p. 41.

7 avril 1841   La réconciliation des époux et leur cohabitation fait cesser la séparation de corps et ses conséquences en ce qui concerne le droit à pension de la veuve d'un militaire, *B. G.*, E. R., vol. 66, p. 47.

8 juin 1852   Décr. Revision par le Conseil d'Etat des pensions liquidées par les Ministres de la guerre et de la marine. *B. lois*, p. 1451 ; *B. G.*, E. R., vol. 66, p. 51.

26 avril 1856   Loi relative aux pensions des veuves des militaires et marins tués sur le champ de bataille ou morts des blessures qu'ils auraient reçues, *B. G.*, E. R., vol. 66, p. 85.

27 janv. 1872   Décr. Le temps passé en 1870-1871 dans les gardes nationales mobiles, les gardes nationales mobilisées, les corps francs, ainsi que dans les gardes nationales sédentaires des villes assiégées, sera compté comme service dans l'armée active, *B. M.*, 1er sem. 1873, p. 370; *B. G.*, E. R., vol. 66, p. 111.

20 juin 1878   Loi relative aux pensions des veuves et aux secours des orphelins des militaires et marins, *B. M.*, 2e sem., p. 58 ; *B. M.*, R., p. 410; *B. G.*, E. R., vol. 66, p. 125.

18 août 1881   Loi relative aux pensions des anciens militaires et marins et de leurs veuves. Amélioration, *B. M.*, p. 309 ; *B. G.*, E. R., vol. 66, p. 102.

15 avril 1885   Loi modif. l'art. 10 des lois des 11 et 18 avril 1831. Pensions de veuves et application au Département de la marine et des colonies de l'art. 6 de la loi du 17 avril 1833, relatif aux délais de réclamation des pensions, *B. M.*, p. 787; *B. G.*, E. R., vol. 66, p. 186.

Pensions (*suite*).

29 juin 1886	Décr. dispensant de l'autorisation de résidence les pensionnaires militaires domiciliés dans les pays de protectorat français, *B. M.*, p. 42, 2e sem.; *B. G.*, E. R., vol. 66, p. 189.
10 août 1886	Décr. qui fixe à 5 années le délai pour la production des demandes de pensions ou de revision de pensions à titre de blessures ou d'infirmités, *B. M.*, p. 987; *B. G.*, E. R., vol. 66, p. 190; modif. 15 mai 1889, *B. M.*, p. 779; *B. C.*, p. 532.
28 avril 1893	Loi de finances, art. 53. Admission dans la liquidation de la pension des services des écrivains temporaires ou auxiliaires du commissariat de la marine, accomplis du 23 décembre 1847 au 29 juin 1878, *B. C.*, p. 347; *B. G.*, E. R., vol. 66, p. 240.
16 avril 1895	Loi de finances, art. 40. Publication au *J. O.* et insertion au *Bulletin des lois* des décrets de concession de pensions. Rappels d'arrérages, *B. C.*, p. 360; *B. G.*, E. R., vol. 66, p. 216.
28 déc. 1895	Loi de finances, art. 41. Droit à pension des veuves des militaires des armées de terre et de mer retraités pour blessures ou infirmités. Mariage autorisé et antérieur à la blessure ou infirmité ou à son origine, *B. C.*, p. 918; *B. G.*, E. R., vol. 66, p. 250.
16 janv. 1896	Notification d'un arrêt du conseil d'Etat du 29 novembre 1895 rejetant un recours formé en matière de mise à la retraite d'office, *B. M.*, p. 7; *B. C.*, p. 42.
29 mars 1897	Loi de finances, art. 34. Pensions militaires pour infirmités. Allocations supplémentaires, *B. C.*, p. 240.
13 avril 1898	Loi de finances, art. 37, modif. art. 4 loi du 18 avril 1831; art. 38, reversion des pensions des militaires disparus, modifié 25 février 1901, *B. C.*, p. 641; art. 41 allocations supplémentaires pour les pensions à titre d'infirmités; art. 42, application aux gardes d'artillerie, archivistes, etc., des allocations supplémentaires pour les pensions à titre d'infirmités; art. 44. Pensions des veuves (militaires et civils), *B. C.*, p. 238 et suiv.
25 févr. 1899	Décr. Paiement des arrérages des pensions inscrites au Trésor, *B. C.*, p. 324.
23 mars 1899	Circ. (finances). Application du décret du 25 février 1899 supprimant la formalité de l'ordonnancement préalable pour le paiement des arrérages de la dette viagère, *B. C.*, p. 316.
13 avril 1900	Loi de finances, art. 24, § 4. Le délai de recours au Conseil d'Etat est réduit de 3 à 2 mois, *B. C.*, p. 313.
26 juin 1900	Avis du Conseil d'Etat. Le délai de recours en matière de pension a été réduit à 2 mois par la loi du 13 avril 1900, *B. C.*, p. 792; *B. M.*, 2e sem., p. 99, et circ. du 10 août 1900, *B. C.*, p. 792; *B. M.*, 2e sem. p. 99.
25 févr. 1901	Loi de finances, art. 55. Aucune modification des conditions d'admission à la retraite et au taux des pensions du personnel, quel qu'il soit, des diverses administrations de l'Etat ne peut être autorisé que par une loi, *B. C.*, p. 178; *B. G.*, E. M., vol. 23, p. 136.
7 avril 1903	Loi. Pensions des veuves et orphelins des fonctionnaires civils et militaires qui ont trouvé la mort dans la catastrophe de la Martinique, *B. C.*, p. 346.
5 déc. 1905	Loi relative au droit à pension des veuves de militaires morts de maladies contagieuses, *B. C.*, p. 1266; *B. G.*, p. 1835.
17 avril 1906	Loi de finances, art. 31. Sont payés valablement entre les mains des veuves sauf oppositions, les arrérages dus au décès des titulaires de pensions, *B. C.*, p. 315; *B. G.*, p. 584, et circ. (finances) du 22 mai 1906, *B. C.*, p. 630.

2° *Pensions militaires (guerre).*

11 avril 1831	Loi sur les pensions de l'armée de terre, *B. M.*, R., p. 44; *B. G.*, E. R., vol. 66, p. 14; modif. 26 avril 1856, 17 juill. 1856, 25 juin 1861, 20 juin 1878, 22 juin 1878, 18 août 1879, 23 juillet 1881, 15 avril 1885, 15 mars 1904, *B. G.*, p. 387.
2 juill. 1831	Ord. Justifications à faire en certains cas par les militaires, les veuves et orphelins pour établir leurs droits, *B. G.*, E. R., vol. 66, p. 30; modif. 20 août 1861, *B. G.*, E. R., vol. 66, p. 104; 23 août 1903, *B. G.*, p. 1286.
24 févr. 1832	Ord. relative aux titulaires de pensions militaires résidant en pays étranger, *A. M.*, p. 215; *B. M.*, 1898, 1er sem., p. 680; *B. G.*, E. R., vol. 66, p. 30.

Pensions (*suite*).

Pensions (*suite*).

15 mars 1901 Loi modifiant l'art. 8 de la loi du 11 avril 1831. Supputation des bénéfices de campagnes, *B. G.*, p. 387.

18 avril 1904 Circ. La durée du séjour en Chine ne sera pas comptée dans les six années de séjour aux colonies exigées pour avoir droit à la retraite après 25 ans de services, *B. G.*, p. 579.

24 août 1904 Circ. Constatation des services antérieurs dans l'armée de terre des militaires des T. C., *B. G.*, p. 1869.

21 mars 1905 Loi sur le recrutement, art. 65 à 67, *B. G.*, p. 263; *B. C.*, p. 359; *B. G.*, E. M.*, vol. 68-1, p. 35 et 37.

26 déc. 1905 Inst. pour l'application de la loi du 8 décembre 1905, *B. G.*, p. 1836.

3° *Pensions militaires* (marine et colonies).

18 avril 1831 Loi sur les pensions de l'armée de mer, *B. G.*, E. R., vol. 66, p. 23; *A. M.*, p. 318; *B. M.*, R., p. 70; modif. 13 avril 1898, *B. C.*, p. 240; 25 février 1901, *B. C.*, p. 641.

16 mai 1831 Lettre (marine). Notification de la loi du 18 avril 1831, *A. M.*, p. 360; *B. M.*, R., p. 83.

26 janv. 1832 Ord. Justifications à faire dans certains cas pour établir les droits à la pension, en exécution de la loi du 18 avril 1831, *A. M.*, p. 46; *B. M.*, R., p. 94.

11 sept. 1832 Ord. relative aux pensionnaires de la marine résidant en pays étranger, *B. M.*, 1898, 1er sem., p. 684; modif. 26 juin 1882, *B. M.*, p. 831.

31 déc. 1832 Lettre. Formalités à remplir pour les propositions de pensions, *A. M.*, 1833, p. 349, *B. M.*, R., p. 141.

30 oct. 1834 Solution de questions relatives aux pensions à régler d'après les lois de 1831, lorsqu'il y a des orphelins d'un premier lit, *A. M.*, p. 709; *B. M.*, R., p. 247.

18 janv. 1839 Ord. Justifications à faire dans le but d'assurer l'examen du droit à pension ouvert en faveur des familles des officiers et marins embarqués sur des bâtiments de l'État qui seraient réputés avoir péri corps et biens, *A. M.*, p. 63; *B. M.*, R., p. 478.

17 sept. 1855 Le typhus contracté à la mer ou dans une expédition militaire étant réputé maladie contagieuse, ouvre à la veuve des droits à pension par application de l'art. 19 de la loi du 18 avril 1831, *B. M.*, p. 712; *B. M.*, R., p. 781.

26 juin 1861 Tarifs des pensions des officiers de marine, *B. G.*, E. R., vol. 66, p. 93, et circ. (marine), du 27 septembre 1861, *B. M.*, p. 302; *B. M.*, R., p. 194.

25 mars 1865 Justifications à produire pour établir le droit à pension dans les cas de blessures ou d'infirmités et autres prévus par la loi du 18 avril 1831, *B. M.*, p. 161; *B. M.*, R., p. 622.

10 avril 1869 Loi modifiant celle du 18 avril 1831. Pensions à 25 ans de services. Pensions des veuves après 25 ans de services du mari, *B. G.*, E. R., vol. 66, p. 94; *B. M.*, R., p. 447 et circ. du 5 juin 1869, *B. M.*, p. 454; *B. M.*, R., p. 465.

11 mars 1875 Décr. accordant le bénéfice de 2 ans à titre d'études préliminaires, aux aides-commissaires provenant des licenciés en droit, *B. M.*, p. 505; *B. M.*, R., p. 602.

5 août 1879 Loi relative aux pensions du personnel du Département de la marine et des colonies, *B. G.*, E. R., vol. 66, p. 131; *B. M.*, p. 265; *B. M.*, R., p. 636, modifiée 25 février 1901 ci-après, et inst. du 7 août 1879, *B. M.*, p. 262; *B. M.*, R., p. 650.

13 mars 1880 Circ. Recommandations : 1° en ce qui concerne les veuves en deuxième ou troisième noces qui sollicitent une pension; 2° à l'égard de toute veuve pouvant prétendre à pension et qui doit déclarer que son mari n'a laissé aucun enfant né d'un précédent mariage, *B. M.*, p. 465.

21 mai 1880 Décr. Fixation des pensions de retraite des fonctionnaires, employés et agents du service colonial, *B. M.*, p. 972; *B. G.*, E. R., vol. 66, p. 151, et circ. du 3 juin 1880, *B. M.*, p. 1052.

9 mars 1882 Circ. Interprétation de l'art. 19, § 4 de la loi du 18 avril 1831, *B. M.*, p. 611.

8 août 1883 Loi sur les pensions de retraite du personnel non officier de la marine. Augmentation du taux, *B. G.*, E. R., vol. 66, p. 179; *B. M.*, p. 231, et circ. du 23 août 1883, *B. M.*, p. 228.

22 mars 1885 Loi. La caisse des invalides de la marine cessera à partir du 1er janvier 1886 d'être chargée du service des pensions des militaires de l'armée de mer et du personnel civil du Département de la marine et des colonies, *B. G.*, E. R., vol. 66, p. 185, et circ. du 23 avril 1885, *B. M.*, p. 783.

Pensions (*suite*).

30 nov. 1885 Inst. relative aux justifications à produire à l'appui des propositions de pensions militaires et de pensions civiles, *B. M.*, p. 1051; addition au tableau 13, 7 mai 1888, *B. C.*, p. 378; *B. M.*, p. 770; modif. 10 août 1893, 29 janvier 1901 ci-après.

15 avril 1886 Notification des avis du Conseil d'Etat des 15 décembre 1885 et 24 mars 1886, relatifs aux conditions que doivent remplir, pour avoir droit à pension, les marins et militaires ou autres proposés pour la retraite à titre de blessures ou d'infirmités reconnues équivalentes à la perte absolue de l'usage d'un ou de deux membres, *B. M.*, p. 781.

24 mai 1886 Circ. Légalisation des certificats médicaux à mettre à l'appui des propositions établies pour les veuves et orphelins conformément à la loi du 15 avril 1885, *B. M.*, p. 937.

24 déc. 1886 Circ. relative à l'offre de démission ou à la demande de retraite faite par un officier qui a reçu un ordre de départ, *B. M.*, p. 963.

20 nov. 1887 Classification des blessures ou infirmités ouvrant des droits à la pension de retraite. Instructions. *B. C.*, 1888, p. 498; *B. M.*, 2e sem. 1889, p. 400.

18 févr. 1890 Circ. (finances) : 1° avances sur les pensions en cours de liquidation des officiers, fonctionnaires, agents et employés dans les colonies: 2° paiement de la dette viagère concernant les exercices clos (pensions), *B. C.*, p. 516, et circ. (colonies) du 26 mars 1890, *B. C.*, p. 515.

15 déc. 1890 Circ. Notification d'une délibération du Conseil d'Etat du 29 juillet 1890, interprétative de l'art. 2 de la loi du 8 août 1883 ci-dessus (interruption dans les deux années de grade exigées pour le grade devant servir de base à la liquidation de la pension), *B. C.*, p. 1220; *B. M.*, p. 775.

17 avril 1891 Circ. Règles à suivre pour l'établissement des certificats médicaux à joindre aux mémoires de proposition de pensions, *B. C.*, 1892, p. 737.

20 juin 1891 Circ. Légalisation des pièces à produire à l'appui des propositions de pensions en faveur des veuves ou des orphelins, *B. C.*, p. 433.

10 nov. 1892 Circ. Observations au sujet de l'établissement des certificats médicaux délivrés à l'appui des demandes de pensions, *B. C.*, p. 735.

10 août 1893 Circ. Certificat de non divorce à produire par les veuves des pensionnaires militaires. Modèle, *B. M.*, p. 271.

16 oct. 1893 Circ. Etablissement des certificats de non divorce à produire à l'appui des demandes de pensions de veuves, *B. C.*, p. 878.

8 juin 1899 Arr. Conditions d'accomplissement des services « de rade » pour la retraite, *B. M.*, p. 793.

8 juin 1899 Circ. Instructions touchant les caractères constitutifs et la définition de la rade au point de vue de la pension, le calcul des six années de mer et des bénéfices de campagne, *B. M.*, p. 791.

10 mai 1900 Circ. Utilité au point de vue du droit à pension pour les veuves, d'un prompt examen des demandes de pensions à titre d'infirmités, *B. M.*, p. 678.

25 févr. 1901 Loi, art. 46, modifiant l'art. 2, § 1er de la loi du 5 août 1879. Droit à pension, après 25 ans de services, des fonctionnaires, agents et autres qui réunissent 6 ans de navigation au service de l'Etat tant sur les bâtiments de l'Etat que sur les navires de commerce au compte de l'Etat, ou de services aux colonies, *B. G.*, *E. M.*, vol. 23, p. 136; *B. C.*, p. 176.

30 mai 1902 Décr. Les dossiers de pension du personnel colonial régi par la loi du 18 avril 1831 seront communiqués au conseil supérieur de santé des colonies, *B. C.*, p. 507.

31 mars 1903 Loi de finances, art. 58. Droit à pension des officiers et assimilés, fonctionnaires, employés et agents du Département des colonies visés à l'art. 11 de la loi du 5 août 1879 qui sont placés hors cadres pour trois ans au plus. Retenue à verser, *B. C.*, p. 259.

20 janv. 1901 Circ. Suppression de la formalité de l'apostille pour les demandes de pension formulées par les fonctionnaires et agents coloniaux, leurs veuves et leurs orphelins, *B. C.*, p. 71.

20 janv. 1901 Circ. Suppression de la production de l'état des services ou de l'extrait du brevet des agents coloniaux décédés en jouissance de pension, à l'appui des demandes de leurs veuves ou de leurs orphelins, *B. C.*, p. 70.

22 avril 1903 Loi de finances, art. 37. Pensions des veuves ou orphelins des marins de l'Etat ou assimilés en cas de perte corps et biens du bâtiment sur lequel ils étaient embarqués, *B. C.*, p. 530.

Pensions (*suite*).

4° Dispositions particulières aux pensions civiles.

Pensions (*suite*).

5° *Pensions proportionnelles.*

6° *Pensions des militaires indigènes.*

7° *Pensions de réforme.*

Percolateurs.

(Voir : *Casernement. — Chauffage. — Ordinaires.*)

Permissions.

(Voir : *Congés et permissions.*)

Permutations.

Permutations (*suite*).

16 juill. 1901 Inst. sur les permutations pour convenances personnelles entre des officiers ou des sous-officiers de l'armée métropolitaine et des officiers ou des sous-officiers des T. C., *B. G.*, p. 316; *B. G.*, vol. spl., T. C., p. 201; modif. 19 décembre 1902, *B. G.*, p. 2181.

15 sept. 1901 Service courant, art. 240. Permutation des officiers et sous-officiers des troupes coloniales et des troupes métropolitaines, *B. G.*, E. M., vol. 74; modif. 16 janvier 1903, *B. G.*, p. 11; 10 décembre 1903, *B. G.*, p. 1813.

23 oct. 1901 Circ. Permutation des sous-officiers des T. M. et des T. C. Les chefs de corps donnent leur avis, le Ministre statue.

12 mars 1902 Circ. Permutations pour convenances personnelles entre les officiers du corps de santé des T. C. et les officiers du corps de santé des T. M., *B. G.*, p. 273.

4 sept. 1902 Les demandes de permutation doivent être accompagnées de l'indication du temps de présence accompli par l'officier dans la garnison ou le corps qu'il désire quitter, *B. G.*, p. 1822.

30 déc. 1903 Décret, art. 10, 11, 18, 19, 25. Permutation de tour de service colonial. Officiers et hommes de troupe, *B. C.*, p. 1284; et inst. du 30 mai 1904, art. 6, 22, 28, *B. C.*, p. 611.

21 mars 1906 Circ. Permutation de tour de rentrée en France des officiers, sous-officiers et assimilés des troupes coloniales en service aux colonies, *B. G.*, p. 399.

10 avril 1906 Circ. Compte à tenir dans les demandes de permutations pour affaires personnelles des attaches de famille ou d'intérêts que les officiers peuvent avoir dans la résidence où ils demandent à tenir garnison, *B. G.*, p. 488.

Perruquiers.

20 oct. 1892 Service intérieur. Inf., art. 91; Artil., art. 103. Service, *B. G.*, E. M., vol. 78.

6 déc. 1903 Achat et entretien des instruments au compte de la masse générale, *B. G.*, vol. spl., T. C., p. 229.

Pertes.

22 juin 1847 Ord., art. 677. Pertes ou déficits de fonds aux colonies, vol. spl.

26 déc. 1902 Décret sur la comptabilité-matières (guerre), art. 30 à 33. Pertes de matériel et d'approvisionnements, *B. G.*, E. M., vol. 27, p. 21.

6 déc. 1903 Décret sur l'administration et la comptabilité des T. C. en France.

    Art. 113. Pertes ou déficits de fonds.
        233-234. Pertes de matériel par la faute des détenteurs.
        235. Pertes par cas de force majeure, *B. G.*, vol. spl., T. C., p. 42 et 99.

16 janv. 1905 Inst. sur la comptabilité-matières (colonies).

    Art. 200 à 202. Perte d'approvisionnements en magasin.
        305 - 306. Perte de matériel en service, *B. C.*, p. 186 et 210.

28 déc. 1905 Règl. sur l'armement aux colonies, art. 48. Armes disparues.

Pesée des hommes de troupe.

31 oct. 1904 Inst. sur la pesée régulière et périodique des hommes de troupe, *B. G.*, p. 1609; modif. 6 mars 1906, *B. G.*, p. 315.

Pétrole.

(Voir : *Eclairage.*)

6 déc. 1903 Achat au compte de la masse générale du pétrole pour la destruction des insectes, *B. G.*, vol. spl., T. C., p. 226.

Pharmaciens militaires.

(Voir : Corps de santé des troupes coloniales.)

Pièces à conviction.

9 juin 1857 — Code de justice militaire, art. 86, *B. G.*, E. R., vol. 56.
21 déc. 1899 — Inst. relative au mode d'administration des tribunaux militaires, art. 42, 43, 45, *B. G.*, E. M., vol. 59-3, p. 86.

Pièces d'armes.

30 août 1881 — Règl. sur l'armement, art. 111 à 160. Recettes et consommations de pièces d'armes, *B. G.*, E. R., vol. 19.
16 oct. 1903 — Règl. sur les directions d'artillerie coloniales, art. 50. Demandes en France, *B. C.*, vol. spl., p. 74.
28 déc. 1905 — Règl. sur l'armement aux colonies, art. 62 à 65. Recette et consommations. Art. 117. Pièces réformées pendant la visite. Art. 121 à 123. Visite des pièces d'armes.

Pièces périodiques.

1° *Guerre.*

Tableau des pièces périodiques, *B. G.*, E. M., vol. 74 *bis*; err., *B. G.*, 1903, p. 1171; notifications, 21, 28 août 1903, *B. G.*, p. 1219 et 1291; 30 octobre 1903, *B. G.*, p. 1514; 23, 28 novembre 1903, *B. G.*, p. 1753 et 1757; 12 décembre 1903, *B. G.*, p. 1815; 6 février 1904, *B. G.*, p. 91; 15 et 19 mars 1904, *B. G.*, p. 280 et 372; 4 mai 1904, *B. G.*, p. 625; 20 juin 1905, *B. G.*, p. 882.
14 août 1903 — Tableau des pièces périodiques. Dispositions spéciales aux troupes coloniales et services stationnés aux colonies, *B. G.*, p. 1173; modif. 13 novembre 1903. Pièces périodiques du service de la justice militaire aux colonies, *B. G.*, p. 1645; *B. C.*, p. 1195; err., *B. G.*, p. 1810; modif. 12 janvier 1904, *B. G.*, p. 20.

2° *Colonies.*

(Voir : Budget.)

1er août 1903 — Pièces à fournir au département des colonies par les corps et services stationnés aux colonies, *B. C.*, p. 698.
16 oct. 1903 — Tableau des pièces périodiques à établir par les directions d'artillerie coloniales, *B. C.*, vol. spl., p. 139.
3 févr. 1904 — Circ. Envoi mensuellement au bureau militaire, 4e section, d'un extrait du bordereau des opérations financières en ce qui concerne les chapitres administrés par ce service, *B. C.*, p. 116.
20 avril 1906 — Circ. Suppression de pièces périodiques, *B. C.*, p. 382; modif. 2 octobre 1905, *B. C.*, p. 1058.
17 juill. 1906 — Circ. Suppression des états de renseignements pratiques prévus par la circ. du 15 février 1902 (vivres et hôpitaux), *B. C.*, p. 666.

Pièges à rats.

6 déc. 1903 — Achat au compte de la masse générale, *B. G.*, vol. spl., T. C., p. 226.

Pigeons vogageurs.

22 juill. 1896 — Décret relatif aux pigeons voyageurs, *B. M.*, p. 383; *B. G.*, E. R., vol. 49, p. 127.

Piquets de tentes.

15 janv. 1905   Art. 15 et 16. Description, B. G., E. M., vol. 53, p. 12.

Pistes pour salles d'escrime.

6 juill. 1890   Description. B. G., E. R., vol. 51 bis, p. 60.
16 oct. 1903   Description, B. C., vol. spl., p. 995.

Placards.

(Voir : *Théories et règlements.*)

Places de guerre.

(Voir : *Commandement. — Domaine militaire. — Expropriation. — Points d'appui de la flotte. — Service des places. — Servitudes militaires.*)

10 juill. 1791   Loi. Conservation et classement, B. G., E. R., vol. 48, p. 129.
26 juill. 1792   Loi. Moyens de conserver les places fortes, B. G., E. R., vol. 48, p. 214.
1er brumaire an II   Circ. Dispositions contre les vols et dégradations sur les ouvrages défensifs des places et postes de guerre, B. G., E. R., vol. 48, p. 215.
24 déc. 1811   Décret, art. 95. Sur le service d'état-major et des places, B. G., 1905, p. 643.
10 juill. 1851   Loi relative au classement des places de guerre et aux servitudes militaires, B. G., E. R., vol. 48, p. 145.
10 août 1853   Décret. Classement des places de guerre et des postes militaires. Servitudes imposées à la propriété autour des fortifications, B. M., p. 877; B. M. R., p. 1082; B. G., E. R., vol. 48, p. 147; et inst. du 27 août 1853; B. G., E. R., vol. 48, p. 165.
21 juin 1859   Interdiction de publier les plans des places fortes, B. G., E. R., vol. 48, p. 214.
24 févr. 1894   Mesures à prendre pour assurer la sécurité des ouvrages fortifiés, B. G., E. R., vol. 62, p. 70.
15 juill. 1901   Tableau de classement des places de guerre et ouvrages défensifs de la France, B. G., p. 1233; err., B. G., 1er sem. 1902, p. 268; 2e sem. 1902, p. 1758; 1903, p. 720.

Planches à bagages.

6 juill. 1899   Description, B. G., E. R., vol. 51 bis, p. 58.
16 oct. 1903   Description, B. C., vol. spl., p. 994.

Planches à pain.

6 juill. 1890   Description, B. G., E. R., vol. 51 bis, p. 59.
16 oct. 1903   Description, B. C., vol. spl., p. 994.

Planchettes diverses.

6 juill. 1899   Description, B. G., E. R., vol. 51 bis, p. 59.
16 oct. 1903   Description, B. C., vol. spl., p. 994.
6 déc. 1903   Achat au compte de la masse générale d'entretien :

1° Des planchettes pour listes d'appel et états de casernement;
2° Des planchettes pour le nettoyage des effets de grand équipement, B. G., vol. spl., T. C., p. 227 et 228.

Plan de campagne.

16 oct. 1903 Règl. sur les directions d'artillerie coloniales, art. 47 et 48, *B. C.*, vol. spl., p. 70.
8 juill. 1903 Inst. sur le fonctionnement administratif du service de santé colonial, art. 6 à 9, *B. C.*, p. 1356.

Plantations.

6 juill. 1899 Art. 7. Entretien des plantations, *B. G.*, E. R., vol. 51 *bis*, p. 73.
16 oct. 1903 Art. 7. Entretien des plantations, *B. C.*, vol. spl., p. 1005.

Plantons.

(Voir : *Chine*. — *Gens de service*.)

27 oct. 1891 Diminution du nombre des hommes distraits du service régimentaire.
  Art. 2. Service de planton dans les différents bureaux.
  4. Plantons des comptables, *B. G.*, E. R., vol. 62, p. 120.
20 oct. 1892 Service intérieur. Inf., art. 216 à 218. Artil., art. 282. Plantons régimentaires, *B. G.*, E. R., vol. 78.
16 avril 1891 Réduction des non-valeurs dans les corps de troupe. Surveillance des officiers généraux. Plantons, *B. G.*, E. R., vol. 62, p. 130.
8 juin 1897 Note relative aux plantons à employer pour le service régimentaire, *B. G.*, E. R., vol. 78, p. 759.

Plaque d'identité.

6 déc. 1903 Achat au compte de la masse générale des cordons et boîtes pour plaques d'identité, *B. G.*, vol. spl., T. C., p. 226 et 227.
15 janv. 1905 Description, art. 64, *B. G.*, E. M., vol. 53, p. 124.

Plateau isolateur.

15 janv. 1905 Description du plateau isolateur en planches de châlits, *B. G.*, E. M., vol. 53, p. 148.

Plâtre.

6 juill. 1899 Qualité, *B. G.*, E. R., vol. 51 *bis*, p. 5.
16 oct. 1903 Qualité, *B. C.*, vol. spl., p. 950.

Plombage des colis.

(Voir : *Douanes*. — *Emballages*.)

8 nov. 1847 Titre 5, § 6, *B. M. R.*, p. 737.

Plumet.

30 sept. 1903 Description des uniformes, *B. G.*, vol. spl., T. C.

  Art. 52. Plumet des officiers du service d'état-major.
  73. — d'infanterie coloniale.
  112. — d'artillerie coloniale.

Poêles.

3 mars 1899   Règl. sur le casernement en France, art. 31. Fourniture. Entretien. Nombre à attribuer, *B. G.*, E. R., vol. 51, p. 21.

16 oct. 1903   Règl. sur le casernement aux colonies, art. 31. Fourniture. Entretien. Nombre à attribuer, *B. C.*, vol., p. 807.

Poids et mesures.

4 juill. 1837   Loi relative aux poids et mesures, *A. M.*, p. 507; *B. M. R.*, p. 311; *B. G.*, E. M., vol. 85, p. 74.

16 juin 1839   Ord. sur la forme des poids et mesures et sur les matières admises pour les fabriquer, *B. G.*, E. M., vol. 85, p. 77.

7 juin 1890   Circ. (commerce et industrie). Emploi des instruments de pesage à ressort désignés sous les noms de romaine à cadran. Balances de ménage, pesons, etc., *B. M.*, 2ᵉ sem., p. 583.

16 janv. 1891   Note concernant la vérification des poids et mesures dans les établissements militaires, *B. G.*, E. M., vol. 85, p. 87.

14 juin 1900   Service des subsistances, annexe 6. Vérification des poids et mesures. Notice sur les instruments légaux de pesage, sur leur emploi et leur vérification, *B. G.*, E. R., vol. 91, p. 243, et 4 janvier 1896, *B. G.*, E. M., vol. 85, p. 87.

Points d'appui de la flotte.

2 mars 1903   Inst. Attributions des commandants de la défense dans les places de guerre. Points d'appui de la flotte aux colonies, *B. G.*, p. 204; *B. C.*, p. 286.

16 oct. 1903   Règl. sur les directions d'artillerie coloniales, art. 40, *B. C.*, vol. spl., p. 61.

16 oct. 1903   Inst. sur le fonctionnement des équipes côtières et sur l'organisation du service photo-électrique dans les points d'appui de la flotte aux colonies, *B. C.*, vol. spl., p. 1271; modif. 2 octobre 1905, *B. C.*, p. 1056.

3 nov. 1905   Décret organisant les points d'appui de la flotte aux colonies, *B. C.*, p. 1141.

3 nov. 1905   Décret. Attributions des commandants de la marine aux colonies, *B. C.*, p. 1146.

3 nov. 1905   Circ. (marine et colonies). Notification des décrets du même jour, *B. C.*, p. 1141 et 1146.

Poivre.

6 déc. 1903   Achat au compte de la masse générale du poivre pour l'entretien des effets, *B. G.*, vol. spl., T. C., p. 225.

Police judiciaire.

9 juin 1857   Code de justice militaire, art. 83 et 84, *B. G.*, E. R., vol. 56.

Pommes de terre.

26 nov. 1800   Note relative à des accidents observés à la suite de l'usage de pommes de terre avariées ou germées, *B. G.*, E. R., vol. 78, p. 700; *B. G.*, E. M., vol. 83, p. 256.

Pompons.

30 sept. 1903   Art. 75. Description, *B. G.*, vol. spl., T. C., p. 58.

Port de l'uniforme.

(Voir : *Uniforme. — Tenue.*)

1er févr. 1873 Port de l'uniforme par les officiers en non-activité, *B. G.*, E. R., vol. 31, p. 23.
25 avril 1891 Port de l'uniforme à l'étranger, *B. G.*, F. R., vol. 31, p. 23.
28 déc. 1898 Art. 26. Port de l'uniforme par les officiers de réserve et de l'armée territoriale, *B. G.*, E. R., vol. 72; modif. 19 octobre 1905, *B. G.*, p. 1613.

Porte-cartes.

30 sept. 1903 Art. 36. Description, *B. G.*, vol. spl., T. C., p. 40.

Porte-drapeau et porte-étendard.

20 oct. 1892 Service intérieur. Inf., art. 65. Artil., art. 153. Fonctions, *B. G.*, E. R., vol. 78.

Portefeuille à serrure.

27 avril 1898 Portefeuille pour renfermer les notes des officiers. Description, *B. G.*, E. M., vol. 80, p. 151.
1er mai 1903 Inst. sur la tenue des dossiers du personnel, art. 101 *c*, *B. G.*, p. 672.
6 déc. 1903 Achat au compte de la masse générale, *B. G.*, vol. spl., T. C., p. 228.

Porte-manteaux.

6 juill. 1899 Description, *B. G.*, E. R., vol. 51 *bis*, p. 60.
16 oct. 1903 Description, *B. C.*, vol. spl., p. 995.

Porte-selle ou porte-harnais.

6 juill. 1899 Description, *B. G.*, E. R., vol. 51 *bis*, p. 61.
16 oct. 1903 Description, *B. C.*, vol. spl., p. 995.

Portique avec échelle.

23 déc. 1902 Description, *B. G.*, E. M., vol. 55-2, p. 134.

Postes médicaux aux colonies.

4 nov. 1903 Décret organisant le service de santé colonial, art. 11. Organisation et fonctionnement, *B. C.*, p. 927; *B. G.*, p. 1627.

Postes placés aux prisons.

4 oct. 1891 Service des places, art. 146. Garde des prisons, *B. G.*, E. R., vol. 75.
30 nov. 1891 Consigne générale pour les postes placés aux prisons, *B. G.*, E. R., vol. 75, p. 171.

Poteaux mobiles pour sautoir.

22 déc. 1902 Description, *B. G.*, E. M., vol. 55-2, p. 131.

Pots de laitier.

16 mars 1906 Inst. pour le nettoyage des pots de laitier destinés au refroidissement
et à la distribution de l'eau bouillie, *B. G.*, p. 371.

Poudre de pyrèthre.

20 oct. 1893 Service intérieur. Inf., art. 355. Artil., art. 373. Destruction des
insectes dans les chambres deux fois par an au moyen de la poudre
de pyrèthre, *B. G.*, E. R., vol. 78.
6 déc. 1903 Achat au compte de la masse générale, *B. G.*, vol. spl., T. C., p. 225.

Poudres et salpêtres.

21 juin 1906 Décret sur l'administration des troupes coloniales, art. 2. Emploi éven-
tuel des ingénieurs des poudres et salpêtres aux colonies, *B. C.*,
p. 577; *B. G.*, p. 803.

Pourvois en cassation.

9 juin 1857 Code de justice militaire, art. 80 à 82, *B. G.*, E. R., vol. 56.
6 juin 1876 Circ. Les pourvois en cassation formés par les militaires doivent toujours être transmis, *B. G.*, E. M., vol. 59-4, p. 68.
10 avril 1900 Loi modifiant les art. 423, 424, 430, 532, du code d'instruction criminelle. Transmission directe des pourvois, *B. M.*, p. 510.
27 juin 1900 Circ. Mode d'envoi à la Cour de Cassation des pourvois formés contre
les jugements rendus par les conseils de guerre ainsi que des requêtes
en règlement de juges, *B. G.*, E. M., vol. 59-1, p. 81.
17 avril 1906 Loi de finances, art. 44. Les recours contre les jugements des conseils
de guerre seront soumis à la Cour de Cassation aux lieu et place des
conseils de revision, en temps de paix, pour l'intérieur, l'Algérie et
la Tunisie, *B. C.*, p. 348; *B. G.*, p. 586.
6 juin 1906 Décret relatif aux recours formés contre les jugements des conseils de
guerre et des tribunaux maritimes, *B. G.*, p. 760.

Poussières.

25 mai 1905 Circ. relative à l'application de l'article 6 du décret du 29 novembre
1904, concernant l'évacuation des poussières, *B. G.*, p. 668; err.,
B. G., p. 721.

Pouvoir discrétionnaire.

9 juin 1857 Code de justice militaire, art. 125. Pouvoir discrétionnaire du président du conseil de guerre, *B. G.*, E. R., vol. 56.

Pouvoirs publics.

(Voir : *Constitution*.)

Préfots maritimos.

20 mars 1901 Décret réglant la situation des vice-amiraux, commandants en chef, préfets maritimes par suite du rattachement des T. C. à la guerre, *B. G.*, p. 620; *B. M.*, p. 524.

Première miso do harnachomont.

29 déc. 1903 Décret sur la solde aux colonies, art. 15. Indemnité n° 9, taux 180 fr., *B. C.*, 1904, p. 393; et circ. du 21 avril 1904, *B. O.*, p. 318.
26 mai 1904 Décret sur la solde en France, art. 14. Indemnité n° 9, tarif 19, *B. G.*, vol. spl., T. C., p. 47; modif. 12 juillet 1904, *B. G.*, p. 1073; taux, 205 fr.; 11 juin 1905, *B. G.*, p. 741.

Première miso d'équipomont.

28 déc. 1898 Art. 25. Indemnité aux militaires nommés officiers de réserve; corps de troupe à pied, 250 fr.; à choval, 300 fr., *B. G.*, E. R., vol. 72.
4 avril 1903 Circ. 1re mise de 510 fr., aux officiers d'administration de l'intendance et du service de santé provenant des commis et magasiniers, *B. C.*, p. 722.
29 déc. 1903 Décret sur la solde (colonies), art. 15. Indemnité 8, et tarif 14, *B. C.*, 1904, p. 393 et 421.
26 mai 1904 Décret sur la solde (France), art. 14. Indemnité 8 et tarif 18, *B. G.*, vol. spl., T. C., p. 47 et 197; modif. 12 juillet 1904, *B. G.*, p. 1073; 11 juin 1905, *B. G.*, p. 741; 20 septembre 1906, *J. O.*, du 27 septembre.

Proscription.

(Voir : *Caisse des Dépôts et Consignations. — Désertion. — Insoumission. — Justice militaire.*)

31 mai 1862 Décret sur la comptabilité publique, art. 131, 136, 137, 141, 142, 146, 147, *B. G.*, E. M., vol. 23.
14 janv. 1860 Règl. financier (colonies), art. 185. Prescription quinquennale, vol. spl.
3 avril 1869 Règl. financier (guerre), art. 216. Prescription quinquennale, *B. G.*, E. M., vol. 24, p. 100.
29 déc. 1903 Décret sur la solde (colonies), art. 13, *B. C.*, 1904, p. 389.
26 mai 1904 Décret sur la solde (guerre), art. 12 et 145, *B. G.*, vol. spl., T. C., p. 39 et 141.

Presse.

(Voir: *Erénements graves. — Provocation à l'indiscipline.*)

29 juill. 1881 Loi sur la liberté de la presse, *B. M.*, p. 927.
4 août 1881 Circ. Promulgation aux colonies de la loi du 29 juillet 1881, *B. M.*, p. 927.
12 déc. 1893 Loi punissant les auteurs de provocations adressées par discours ou par écrits à des militaires pour les détourner de leurs devoirs, *B. lois*.
19 oct. 1905 Décret rendant applicable en Indo-Chine les lois du 16 mars 1893 et 12 décembre 1893, modifiant celle du 29 juillet 1881, *B. C.*, p. 1092.

Presses régimentairos.

6 juill. 1903 Circ. réglementant l'emploi des presses régimentaires, *B. G.*, p. 1048; *B. G.*, E. M., vol. 86, p. 127.
6 déc. 1903 Dépenses des presses à la charge de la masse générale, *B. G.*, vol. spl., T. C., p. 228.

Prêt.

Prêt de matériel.

Primes d'alimentation.

Primes d'arrestation.

Primes de travail.

(Voir: *Directions d'artillerie. — Gratifications. — Secrétaires d'état-major.*)

Primes d'engagement.

(Voir: *Engagements volontaires. — Spahis sénégalais.*)

Primes d'ongagomont (*suite*).

6 avril 1905	Circ. Droit à la prime des engagés volontaires de 4 et 5 ans provenant des T. M., *B. G.*, p. 137; et circ. (colonies), 23 juillet 1902, *B. C.*, p. 1118.
1er févr. 1906	Avis du Conseil d'Etat. Droit des anciens élèves des écoles militaires préparatoires aux primes d'engagement prévues par la loi du 21 mars 1905, *B. C.*, p. 572; et circ. du 20 juin 1906, *B. C.*, p. 572.
20 sept. 1906	Décret. Révision des tarifs, applicables aux T. C. en France, art. 8 à 10 et tarif 7, *J. O.* du 27 septembre 1906.

Primos do rongagomont.

(Voir : Oppositions. — Rengagements. — Spahis sénégalais, Tirailleurs annamites. — Tirailleurs malgaches.)

11 oct. 1897	Circ. Application de la loi du 6 février 1897 en ce qui touche le paiement des primes de rengagement, *B. C.*, p. 1069; *B. M.*, p. 408.
16 oct. 1899	Circ. Mode de paiement des primes aux sous-officiers rengagés passant après avoir rendu leurs galons de l'armée de terre dans les troupes de la marine, *B. C.*, p. 1206; *B. M.*, p. 403.
26 janv. 1900	Circ. Un rengagé qui se rengage pour parfaire une période de 5 ans sous le régime du décret du 4 août 1891, n'a droit qu'à la prime prévue pour son nouveau rengagement et non à la différence entre celle qu'il a perçue et celle allouée pour un rengagement de 5 ans. Paiement du complément de 100 francs à ceux qui ont touché en deux fois 500 francs et se rengagent à nouveau, *B. C.*, p. 60; *B. M.*, p. 228.
1er mai 1900	Circ. Paiement des primes aux sous-officiers promus officiers; application de la note (guerre) du 28 mars 1900, *B. G.*, p. 437; *B. C.*, p. 393; *B. M.*, p. 756.
29 déc. 1903	Décret sur la solde ;(colonies), tarifs 5 et 18, *B. C.*, 1904, p. 412 et 423.
26 mai 1901	Décret sur la solde (France), art. 15. Règles d'allocation, *B. G.*, vol. spl., T. C., p. 59 et 61; modif. 20 septembre 1906, ci-après.
16 mars 1905	Décret, art. 4. Prime spéciale pour les rengagements résiliables, *B. G.*, p. 351.
21 mars 1905	Loi sur le recrutement, art. 61, *B. C.*, p. 359; *B. G.*, p. 263; *B. G.*, E. M., vol. 68-1, p. 34.
1er mai 1906	Inst. sur les successions des militaires aux colonies. Art. 17, liquidation par les corps de la colonie, des primes dues au décès. Art. 18, primes dues à des militaires de l'armée de terre. Art. 19, *B. C.*, p. 424.
21 août 1906	Circ. La prime de rengagement n'est acquise au rengagé au corps que du jour où son rengagement commence à courir, *B. G.*, p. 1162.
20 sept. 1906	Décret. Révision des tarifs applicables aux T. C. en France; art. 8, 9, 10 et tarif 7, *J. O.* du 27 septembre 1906.

Prisos.

26 juin 1901	Décret. Suppression des prises en temps de guerre, *B. G.*, p. 139.

Prisonniors do guorre.

21 mars 1893	Règl. sur les prisonniers de guerre, *B. G.*, E. R., vol. 76, p. 103.
16 juill. 1901	Convention de La Haye, art. 4 à 20, *B. G.*, E. R., vol. 59 *bis*, p. 11.

Prisons.

(Voir : Etablissements pénitentiaires militaires.)

4 oct. 1891	Service des places, art. 142 à 151. Surveillance du commandant d'armes sur les prisons militaires, *B. G.*, E. R., vol. 75.
10 avril 1897	Circ. L'administration des prisons militaires aux colonies est dévolue aux commissaires aux revues, *B. C.*, p. 331.

Prix de revient de la journée de traitement dans les hôpitaux coloniaux.

10 mars 1897 Inst. sur le fonctionnement des hôpitaux coloniaux, art. 60, *B. C.*, p. 194.
8 juill. 1905 Art. 37. Etablissement du décompte, *B. C.*, p. 1356.

Prix de tir.

(Voir : *Insignes. — Tir.*)

Procès-verbal de déclaration de décès.

(Voir : *Décès.*)

Procurations.

(Voir : *Rengagements.*)

8 juin 1893 Loi relative aux actes de procuration, de consentement et d'autorisation dressés aux armées ou dans le cours d'un voyage maritime, *B. C.*, p. 532; *B. M.*, p. 15, 2ᵉ sem., *B. G.*, E. R., vol. 28, p. 12.
8 juill. 1893 Circ. Notification des lois du 8 juin 1893. Mesures d'application, *B. C.*, p. 521; *B. M.*, p. 4.
3 oct. 1893 Inst. pour l'application de la loi du 8 juin 1893, 3ᵉ partie. Procurations, actes de consentement, etc., reçus à bord des navires de commerce pendant un voyage maritime. Modèles, *B. C.*, 1894, p. 75; *B. M.*, p. 981.
23 juill. 1894 Inst. (guerre), titre IV, section II, *B. G.*, E. R., vol. 28, p. 35.
26 juill. 1894 Inst. (marine), pour l'application de la loi du 8 juin 1893, 3ᵉ partie. Procurations, etc., reçues à bord ou aux armées, *B. M.*, p. 430; *B. C.*, p. 718.

Projet de budget.

16 oct. 1903 Règl. sur les directions d'artillerie coloniales, art. 46, *B. C.*, vol. spl., p. 67.
8 juill. 1905 Inst. sur le fonctionnement administratif du service de santé colonial, art. 4-5, *B. C.*, p. 1356.

Prolongation de séjour colonial.

2 mai 1901 Circ. Les demandes de prolongation de séjour colonial présentées par les militaires de tout grade de l'armée de terre en service aux colonies doivent être soumises au Ministre de la guerre par l'intermédiaire du Ministre des colonies, *B. O.*, p. 593.
18 mai 1901 Circ. Le personnel militaire des T. C. en service aux colonies peut obtenir plusieurs prolongations de séjour d'un an, *B. O.*, p. 733; *B. G.*, p. 819; *B. G.*, vol. spl., T. C., p. 117; et circ. (colonies), du 22 juillet 1902, *B. O.*, p. 732.
11 mai 1903 Circ. (marine). Un chef armurier ne peut être autorisé à prolonger son séjour aux colonies si cette autorisation a pour effet de le maintenir dans un corps de troupe au delà de trois ans, *B. O.*, p. 450.
30 déc. 1903 Décret sur le tour de service colonial. Officiers, art. 7 et 8. Sous-officiers, art. 16, *B. O.*, p. 1284; *B. G.*, p. 1857; et inst. du 30 mai 1904; art. 12, *B. O.*, p. 611.

Promulgation des lois.

(Voir : *Indo-Chine.*)

5 nov. 1870 Décret relatif à la promulgation des lois et décrets par le *Journal officiel*, *B. G.*, E. R., vol. 10, p. 71; et note du 9 octobre 1871, *B. G.*, E. R., vol. 10, p. 75.

26 sept. 1871 Lettre (justice). Mode de promulgation des lois, *B. M.*, p. 251; *B. M. R.*, p. 715.

6 avril 1876 Décret relatif à la promulgation des lois. Formule de promulgation, *B. M.*, p. 571; *B. M. R.*, p. 36.

Provocation à l'indiscipline.

(Voir : *Presse.*)

1ᵉʳ août 1901 Application en ce qui concerne le délit de provocation à l'indiscipline de la loi du 12 décembre 1893, modifiant celle du 29 juillet 1881, *B. G.*, p. 1311.

Publications.

(Voir : *Frais de bureau. — Ouvrages.*)

12 févr. 1819 Défense de publier et de laisser publier aucune proclamation ni aucun ordre du jour sur des objets étrangers au service, *B. G.*, E. R., vol. 13, p. 15.

3 mai 1853 Note relative aux publications d'ouvrages faites par des militaires en activité. Interdiction de mentionner l'autorisation ministérielle, *B. G.*, E. R., vol. 31, p. 16.

21 oct. 1871 Des punitions disciplinaires seront infligées aux militaires qui, sans autorisation préalable, feraient paraître des brochures ou écriraient dans les journaux, *B. G.*, E. R., vol. 31, p. 17.

31 janv. 1877 Note relative aux publications d'écrits par des militaires. Nouvelles demandes pour la publication d'éditions modifiées, *B. G.*, E. R., vol. 31, p. 17.

26 févr. 1891 Circ. Envoi au service central de l'inspection des colonies de deux exemplaires de toutes les publications des colonies et des ouvrages qui font l'objet d'une souscription, *B. C.*, p. 184.

20 oct. 1892 Service intérieur. Inf., art. 301. Artil., art. 319. Punitions en cas de publication sans autorisation, *B. G.*, E. R., vol. 78.

28 déc. 1893 Art. 29. Publications par les officiers de réserve, *B. G.*, E. R., vol. 72; modif. 11 juin 1906, ci-après.

10 nov. 1900 Interdiction de la publication des ordres du jour, *B. G.*, p. 1876.

5 mars 1903 Circ. Les officiers du corps de santé des T. C. sont libres de publier sans l'autorisation préalable du Ministre, des travaux scientifiques, sous forme d'articles de journaux, de notes académiques, de brochures ou de livres, *B. G.*, p. 355.

5 mars 1903 Inst. relative à la publication des travaux scientifiques des vétérinaires militaires, *B. G.*, p. 383.

11 juin 1906 Circ. relative aux demandes d'autorisation de publication d'ouvrages formées par les officiers et assimilés, *B. G.*, p. 765.

Punitions.

(Voir : *Arrêts. — Feuillets de punitions.*)

21 mars 1856 Les délégués du commandement doivent être informés des punitions infligées aux officiers de toutes armes et des divers services, *B. G.*, E. R., vol. 62, p. 109.

30 juin 1885 Comptes rendus des punitions d'officiers à fournir chaque mois par les commandants de corps d'armée, *B. G.*, E. R., vol. 62, p. 109.

21 janv. 1880 Modèle des comptes rendus de punitions d'officiers, *B. G.*, E. R., vol. 62, p. 110.

Punitions (suite).

25 nov. 1889 Service de santé à l'intérieur, *B. G.*, E. M., vol. 80.

Art. 60. L'effet d'une punition infligée à un homme en traitement à l'infirmerie est suspendu jusqu'à sa sortie.
Art. 217. Suspension du droit de punir pour les gradés en traitement à l'hôpital.

9 avril 1891 Circ. Maintien sous les drapeaux des hommes ayant encouru des punitions; application de l'art. 47 de la loi du 15 juillet 1889, *B. M.*, p. 488. Note (guerre), du 25 avril 1891, *B. G.*, E. R., vol. 68, p. 578.

4 oct. 1891 Service des places, art. 123 à 125, *B. G.*, E. R., vol. 75.

7 mars 1892 Circ. Application aux colonies de l'art. 47 de la loi du 15 juillet 1889, *B. M.*, p. 271; *B. C.*, p. 292.

20 oct. 1892 Service intérieur, *B. G.*, E. R., vol. 78.

Inf., art. 267. Artil., art. 289. Participation des hommes punis de prison aux exercices et à l'instruction.
Inf., art. 301. Artil., art. 319. Fautes contre la discipline.
Inf., art. 302. Artil., art. 320. Droit de punir; modif. 2 novembre 1902, *B. G.*, p. 2269.
Inf., art. 303. Artil., art. 321. Impartialité dans les punitions.
Inf., art. 304. Artil., art. 322. Dispositions communes aux divers grades. Punitions infligées à des militaires en congé ou en permission.
Inf., art. 305 à 311. Artil., art. 323 à 329. Punitions des officiers.
Inf., art. 312-313. Artil., art. 330-331. Punitions des sous-officiers; modif. 30 janvier 1897, *B. G.*, E. R., vol. 78, p. 758.
Inf., art. 314-315. Artil., art. 332-334. Punitions des caporaux et soldats; modif. 2 novembre 1902, *B. G.*, p. 2269.
Inf., art. 322. Artil., art. 340. Inscription des punitions des sous-officiers, caporaux et soldats.
Inf., art. 433-434. Artil., art. 461-463. Punitions en route.

27 févr. 1893 Circ. Le service supplémentaire des hommes maintenus sous les drapeaux conformément à l'art. 47 de la loi du 15 juillet 1889, commence à la date de l'envoi en congé de leur classe; l'art. 47 n'est pas applicable aux engagés de 4 et 5 ans, *B. M.*, p. 340; *B. C.*, p. 205.

12 déc. 1894 Circ. Application de l'art. 47 de la loi du 15 juillet 1889, *B. M.*, p. 818; *B. C.*, p. 902.

9 mars 1895 Circ. Les sous-officiers des troupes de la marine punis de prison subiront leur peine dans les locaux du corps, *B. M.*, p. 377.

28 mai 1895 Service des armées en campagne, art. 85. Exécution des punitions dans les cantonnements et bivouacs, *B. G.*, E. R., vol. 76.

3 déc. 1895 Circ. Règles à suivre par les commandants des troupes aux colonies pour infliger une punition à un militaire sur la demande du gouverneur, *B. C.*, p. 876; et circ. (marine), du 7 décembre 1895, *B. M.*, p. 916.

28 déc. 1895 Art. 156. Punitions disciplinaires des hommes des réserves, *B. G.*, E. R., vol. 71; modif. 31 janvier 1905, *B. G.*, p. 78; et inst. du 7 avril 1906, art. 29 et 30.

30 janv. 1897 Décret modifiant ceux du 20 octobre 1892 en ce qui concerne les sous-officiers punis, *B. G.*, E. R., vol. 78, p. 758.

28 oct. 1897 Circ. Application à l'armée de mer des notes (guerre) du 28 décembre 1890 et 9 juin 1897, *B. G.*, E. R., vol. 68, p. 583, relative au maintien des militaires sous les drapeaux par mesure de discipline, *B. M.*, p. 528; *B. C.*, p. 1098.

12 déc. 1898 Circ. Le temps passé en prison à la suite d'un jugement, par les hommes maintenus pour un service supplémentaire compte pour la durée de ce service, *B. G.*, E. R., vol. 68, p. 324.

2 nov. 1902 Décret réorganisant les compagnies de discipline, art. 14 et 15. Punitions à infliger aux disciplinaires, *B. G.*, p. 2227; *B. C.*, p. 1134; et inst. du 12 novembre 1902, *B. G.*, p. 2243.

12 nov. 1902 Inst. relative aux sections de discipline des corps spéciaux, art. 6, *B. G.*, p. 2257.

25 avril 1903 Le droit de punir en matière de réclamation est réservé à l'autorité à laquelle est adressée la réclamation, *B. G.*, p. 609.

8 mars 1904 Circ. Délivrance du relevé des punitions des militaires qui sollicitent leur réintégration ou leur admission dans les administrations de l'État, *B. G.*, p. 233; err., *B. G.*, p. 1332.

2 mai 1904 Circ. Punition disciplinaire demandée par un supérieur contre un inférieur qui a cessé d'être sous ses ordres, *B. G.*, p. 554.

28 mai 1904 Décret. Sortie journalière des hommes punis de cellule simple ou de cellule de correction, *B. G.*, p. 656.

Punitions (*suite*).

Q

Quarts.

80 sept. 1903 Description des uniformes, art. 440, *B. O.*, vol. spl., T. C., p. 273.

Quincaillerie.

6 juill. 1899 Inst. technique sur l'exécution des travaux de réparation et d'entretien du casernement par les corps occupants en France, art. 3, *B. O.*,
E. R., vol. 51 *bis*, p. 19.

10 oct. 1903 Inst. technique sur l'exécution des travaux de réparation et d'entretien du casernement par les corps occupants aux colonies, art. 3,
B. C., vol. spl., p. 901.

Quittances.

3 avril 1869 Règl. financier (guerre), art. 150, et inst. du 30 juillet 1903, *B. O.*,
E. M., vol. 24, p. 65 et 159.

R

Ramonago.

20 oct. 1893 Service intérieur, Inf., art. 338; Artil., art. 356, *B. G., E. R.*, vol. 78.
3 mars 1899 Règl. sur le casernement en France, art. 99. Les ramonages sont exécutés à la diligence et à la charge du service du génie, *B. G., E. R.*, vol. 51.
16 oct. 1903 Règl. sur le casernement aux colonies, art. 95. Les ramonages sont exécutés dans les mêmes conditions que les réparations locatives, *B. C.*, vol. spl., p. 919.

Rapatriement

(Voir : *Passages.*)

31 juill. 1889 Circ. Renseignements à fournir sur les officiers, fonctionnaires, etc., du service colonial envoyés en France, en convalescence. Possibilité de retourner aux colonies, *B. C.*, p. 805.
4 févr. 1890 Circ. Mesures à prendre pour le rapatriement des militaires rentrant en France en convalescence. Avis au conseil d'administration de l'entrée à l'hôpital et de la décision du conseil de santé, *B. C.*, p. 200.
18 mars 1901 Règl. sur les frais de route, art. 91 à 105, *B. G., E. R.*, vol. 37.
29 avril 1901 Circ. Rapatriement des militaires de la gendarmerie démissionnaires, *B. C.*, p. 355.
12 juin 1903 Circ. Délai de rapatriement des militaires libérés aux colonies. Application limitée de l'art. 31 du décret du 3 juillet 1897, *B. C.*, p. 552.
9 mai 1906 Circ. Rapatriement aux colonies ou à l'étranger des militaires libérés du service actif, *B. G.*, p. 606; *B. C.*, p. 400.

Rapport annuel.

15 sept. 1901 Service courant, art. 38. Rapport général annuel à fournir au Ministre de la guerre; *B. G., E. R.*, vol. 74; modif. 10 décembre 1901, *B. G.*, p. 1421.
19 mai 1903 Circ. Établissement d'un rapport général annuel sur la mobilisation et le fonctionnement des divers corps et services militaires stationnés aux colonies, destiné au Ministre des colonies.
16 oct. 1903 Règl. sur les directions d'artillerie coloniales, art. 72, *B. C.*, vol. spl., p. 86.
16 janv. 1905 Inst. sur la comptabilité-matières, art. 315; *B. C.*, p. 219.
8 juill. 1905 Inst. sur le fonctionnement administratif du service de santé colonial, art. 24, 38, *B. C.*, p. 1356.

Rapport de liquidation.

6 déc. 1903 Annexe F, § 7. Établissement par le directeur du commissariat, *B. G.*, vol. spl., T. C., p. 218.
17 mars 1901 Inst. sur la liquidation des dépenses, art. 7, *B. G., E. M.*, vol. 26 bis, p. 18.

Rapport journalier.

26 juill. 1880 Modèle n° 10. Rapport journalier à fournir par la division au commandant de corps d'armée, *B. G., E. R.*, vol. 62, p. 201.
20 oct. 1892 Service intérieur, Inf., art. 216; Artil., art. 251, *B. G., E. R.*, vol. 78.

Rapport mensuel.

(Voir : *Punitions*.)

29 nov. 1879 Substitution d'un rapport mensuel au rapport des dix jours, *B. G., E. R.*, vol. 62, p. 103.
30 juin 1885 Date d'envoi, *B. G., E. R.*, vol. 62, p. 109.
13 avril 1904 Circ. Etablissement des rapports mensuels par les corps, directions d'artillerie et services stationnés aux colonies, *B. G.*, p. 645.

Râteliers.

6 juill. 1899 Description. Râteliers : d'armes, porte-brides, porte-revolver, d'écuries, *B. G., E. R.*, vol. 51 *bis*, p. 60 et suiv.
16 oct. 1903 Description. Râteliers : d'armes, porte-brides, porte-revolver, d'écuries, *B. C.*, vol. spl., p. 996 et suiv.

Ration.

14 févr. 1890 Circ. Suppression de la ration de tafia aux colonies. Remplacement par du sucre et du café ou du thé. Délivrance de tafia en remplacement de vin, *B. C.*, p. 276.
18 avril 1891 Circ. La ration de viande doit être majorée de 3 p. 100 aux colonies, *B. C.*, p. 307.

Recensements de matériel et d'approvisionnements.

16 janv. 1905 Inst. sur la comptabilité-matières (colonies), art. 106, 175, 234 à 243, 292, 301, 319 à 321, *B. C.*, p. 164 et suiv.

Réception.

(Voir : *Remise de décorations*.)

20 oct. 1892 Service intérieur, *B. G., E. R.*, vol. 78.

Inf., art. 227. Artil., art. 262. Réception des officiers.
Inf., art. 400. Artil., art. 419. Réceptions de corps.

Récidivistes.

27 mai 1885 Loi sur les récidivistes, *B. M.*, p. 278; *B. G., E. M.*, vol. 69-4, p. 85.
30 juin 1885 Circ. Application de la loi du 27 mai 1885, *B. G., E. M.*, vol. 69-4, p. 91.
9 nov. 1885 Circ. Promulgation aux colonies, *B. M.*, p. 1010.

Réclamations.

(Voir : *Congés et permissions*, 4 novembre 1902. — *Solde* (3°), 11 mai 1903.)

22 juin 1847 Ord., art. 559. Réclamations relatives à la solde. A qui adressées (colonies), vol. spl.

Réclamations (*suite*).

17 juin 1871 Les demandes ou réclamations doivent parvenir au Ministre de la guerre par la voie hiérarchique, *B. G.*, E. R., vol. 31, p. 10.
4 janv. 1873 Nouvelles recommandations au sujet de la tendance qu'ont certains officiers à s'adresser au Ministre de la guerre sans suivre la voie hiérarchique, *B. G.*, E. R., vol. 31, p. 11.
20 oct. 1892 Service intérieur : Inf., art. 329 à 332; Artil., art. 317 à 350, *B. G.*, E. R., vol. 78.
29 nov. 1892 Circ. Les demandes ou réclamations adressées au Ministre ne peuvent être retenues par les autorités intermédiaires qui peuvent y joindre leur avis, *B. G.*, E. R., vol. 31, p. 12; appliquée aux troupes de la marine par circ. du 28 mars 1895, *B .M.*, p. 460, et *B. C.*, p. 332.
23 févr. 1895 Décr. Toute réclamation, tout écrit officiel adressé à l'autorité supérieure doit être transmis par la voie hiérarchique, *B. M.*, p. 316.
15 mars 1897 Avis motivé dont doivent être revêtues les demandes ou propositions concernant les officiers, *B. G.*, E. R., vol. 31, p. 52.
10 juin 1901 Circ. rappelant que les demandes ou réclamations doivent toujours être transmises par la voie hiérarchique, excepté au cas où un supérieur aurait retenu la demande qui lui aurait été remise, *B. G.*, p. 1019.
25 avril 1903 Circ. En matière de réclamation, le droit de punir, s'il y a lieu, le réclamant, est exclusivement réservé à l'autorité à laquelle la réclamation est adressée, *B. G.*, p. 609.
26 mai 1904 Décr. sur la solde en France, art. 128, *B. G.*, vol. spl., T. C.
17 avril 1906 Circ. au sujet de réclamations formulées par des officiers concernant leur non inscription au tableau d'avancement, *B. G.*, p. 83.

Recommandations.

3 mars 1893 Interdiction de se faire recommander par des personnes étrangères à l'armée, *B. G.*, E. R., vol. 31, p. 18
26 juill. 1894 Circ. (colonies). Interdiction de se faire recommander en dehors de la voie hiérarchique, *B. C.*, p. 561.
8 août 1899 Notification concernant les militaires qui se font recommander par des personnes étrangères à l'armée, *B. G.*, E. R., vol. 31, p. 60.
1er août 1906 Circ. relative aux recommandations qui sont adressées au Ministre de la guerre, *B. G.*, p. 1056.

Récompenses de tir.

(Voir : *Tir.*)

Recours en grâce.

7 juin 1893 Circ. Mode de transmission des recours à la clémence du chef de l'Etat formés par les membres des conseils de guerre, *B. G.*, E. M., vol. 60-2, p. 62.

Recours en révision.

9 juin 1857 Code de justice militaire, art. 71, 81, 143, 158 et 159 à 172, *B. G.*, E. R., vol. 56.

Recouvrements.

25 juill. 1878 Note. Recouvrement par la poste des valeurs payables par des militaires, *B. G.*, E. R., vol. 78, p. 690.

Recrues.

28 sept. 1903 Circ. relative à la réception des recrues, *B. G.*, p. 1151.

Recrutement.

(Voir : *Punitions*.)

Recrutement (*suite*).

25 déc. 1903 Circ. Répartition du personnel du recrutement aux colonies, *B. C.*, p. 1230.

21 mars 1905 Loi sur le recrutement, réduisant à deux ans la durée du service militaire. Applicable : Guadeloupe, Martinique, Guyane et Réunion, *B. G.*, p. 263; *B. C.*, p. 359; *B. G.*, E. M., vol. 68-1; modif. 16 juillet 1906, *B. G.*, p. 895 (art. 23, 59 et tableaux A, B, C, H et I).

22 août 1905 Circ. Application de la loi du 21 mars 1905 en ce qui concerne les dates de passage dans la réserve des militaires libérés en 1905 et des jeunes gens des classes 1902 à 1904 incorporés en octobre 1905, *B. G.*, p. 1230.

7 déc. 1905 Arr. relatif à la durée du service accompli par certaines catégories de jeunes gens, devenus français en vertu du code civil ou des lois sur la nationalité, *B. G.*, p. 1781.

16 févr. 1906 Arr. relatif aux frais qu'occasionne le service du recrutement et à la procédure à suivre en matière de recrutement, *B. G.*, p. 169; err., *B. G.*, 1906, p. 372.

16 févr. 1906 Circ. Emploi d'un nouveau modèle de registre matricule, *B. G.*, p. 182.

19 juin 1906 Décr. relatif à l'incorporation des élèves des écoles énumérées dans les art. 23 et 26 de la loi du 21 mars 1905, *B. G.*, p. 798.

Recrutement des militaires indigènes.

17 mars 1900 Décr. Recrutement des tirailleurs malgaches, *B. C.*, p. 274.

7 juill. 1900 Loi portant organisation des T. C., art. 16, *B. C.*, p. 594.

1er nov. 1901 Décr. Recrutement des militaires indigènes de race annamite au Tonkin et en Annam, *B. C.*, p. 1072; *B. G.*, p. 1593; art. 17, modif. 14 mai 1905, *B. C.*, p. 603; *B. G.*, p. 680.

11 nov. 1901 Décr., art. 1 à 10. Recrutement des indigènes en Afrique occidentale, *B. C.*, p. 1092; *B. G.*, p. 1813.

Rectifications d'état civil.

6 déc. 1903 Annexe D. Rectification sur les matricules, *B. G.*, vol. spl., T. C., p. 156.

23 déc. 1903 Arr. Mention sur les matricules, livrets, relevés de services, etc., *B. G.*, p. 1948.

Réfectoires.

(Voir : *Ordinaires.*)

5 févr. 1891 Tenue et hygiène des casernements. Installation de réfectoires, *B. G.*, E. R., vol. 62, p. 128; *B. G.*, E. M., vol. 83, p. 203.

11 juin 1905 Dépenses à la charge de la masse générale, *B. G.*, p. 744.

Réflecteur à miroir.

4 août 1891 Décr. Adoption d'un nouveau modèle de réflecteur à miroir destiné à passer rapidement l'inspection des canons de fusil, *B. G.*, p. 200; *B. G.*, E. M., vol. 55-2, p. 97; appliquée aux troupes de la marine par circ. du 22 janvier 1898, *B. M.*, p. 74.

Réforme.

(Voir: *Commissions spéciales de réforme. — Conseils d'enquête. — Gendarmerie. — Gratifications de réforme. — Pensions* (2°), 21 novembre 1900 et 31 octobre 1903. — *Pensions de réforme. — Solde de réforme.*)

19 mai 1831 Loi sur l'état des officiers, art. 0 à 13, *B. G.*, E. R., vol. 22, p. 101.

Réforme (*suite*).

Réforme des chevaux.

(Voir : *Remonte.*)

Refus de denrées.

20 oct. 1892 Service intérieur, *B. O., E. R.*, vol. 78.

Inf., art. 382 à 385; Artil., art. 400 à 403. Refus de denrées des subsistances.
Inf., art. 397; Artil., art. 416. Refus de denrées d'ordinaires et *B. O., E. M.*, vol. 7.

27 sept. 1902 Circ. Application aux colonies des décrets du 20 octobre 1892. Composition des commissions d'examen des denrées refusées par les corps de troupe, *B. C.*, p. 965.

Régime alimentaire des hôpitaux.

(Voir : *Service de santé en campagne.*)

10 mars 1897 Régime alimentaire des hôpitaux coloniaux, *B. C.*, p. 370; modif. 22 décembre 1897 (régime des malades, officiers; ration de vin de 75 cl. aux infirmiers), *B. C.*, p. 1226, et 25 octobre 1898 (régime alimentaire des religieuses), *B. C.*, p. 721.

Régime financier des colonies.

(Voir : *Comptabilité-finances.*)

20 nov. 1882 Décret sur le régime financier des colonies, *B. M.*, p. 856.
12 déc. 1882 Inst. pour l'application du décret du 20 novembre 1882, *B. M.*, p. 842.
16 mai 1891 Décret modifiant l'art. 6 du décret du 20 novembre 1882. Crédits provisoires, *B. C.*, p. 395; et circ. du 23 mai 1891, *B. C.*, p. 393 et 31 janvier 1898, *B. C.*, p. 30.
13 avril 1903 Loi de finances, art. 33. Les dépenses civiles et de la gendarmerie sont supportées par les budgets locaux. Subventions. Contingents pour les dépenses militaires, *B. C.*, p. 314.
31 mai 1902 Décret fixant le maximum des caisses de réserve des colonies, *B. C.*, p. 521.
6 oct. 1902 Décret fixant le maximum de la caisse de réserve de la Guinée, *B. C.*, p. 1051.
22 déc. 1902 Décret modifiant l'art. 155 du décret du 20 novembre 1882. Mode de nomination des trésoriers-payeurs et des trésoriers particuliers, *B. C.*, 1903, p. 5.
19 oct. 1903 Décret modifiant l'art. 160. Paiement aux illettrés, *B. C.*, p. 870.
30 déc. 1903 Loi de finances, art. 23. Mise à la charge des budgets locaux des frais des missions d'inspection, *B. C.*, p. 1261.
8 déc. 1904 Décret modifiant l'art. 166. Placement des fonds de réserve, *B. C.*, p. 1240.
4 août 1906 Décret fixant le maximum des caisses de réserve du Congo français, *J. O.* du 15 août.

Registres.

(Voir : *Centralisation des corps de troupe. — Matricules.*)

22 juin 1847 Ord., art. 678 à 699. Registre à tenir dans les corps de troupe ou fractions de corps aux colonies, vol. spl.
15 mars 1862 Circ. Registre matricule des chevaux aux colonies, *B. M.*, p. 272; *B. M. R.*, p. 252.
15 déc. 1884 Circ. Tenue du registre des punitions des unités détachées, *B. O., E. R.*, vol. 78, p. 670.
25 nov. 1889 Service de santé à l'intérieur, annexe 10, *B. O., E. M.*, vol. 80, p. 321.
20 oct. 1892 Service intérieur, *B. O., E. R.*, vol. 78.

Inf., art. 16. Artil., art. 17. Registre des conférences régimentaires. } tenus par le lieut.-colonel.
Inf., art. 16. Artil., art. 17. Registre d'ordres...... }
Inf., art. 138. Artil., art. 143. Registre des punitions et registres tenus par le sergent-major.

Registres (*suite*).

Réhabilitation.

(Voir : *Casier judiciaire.*)

Rejet de paiement.

Relégation.

27 mai 1885 Loi sur les récidivistes, *B. M.*, p. 278; *B. G.*, E. M., vol. 59-4, p. 85.
10 juill. 1906 Décret appliquant aux relégués individuels comme aux relégués collectifs le décret du 28 décembre 1900 relatif aux hommes exclus de l'armée, *B. G.*, p. 887.

Relève.

(Voir : *Tour de service colonial.*)

4 mars 1895 Circ. Relève des détachements stationnés à Tahiti, *B. M.*, p. 368; *B. C*, p. 216.
20 janv. 1898 Circ. Envoi au chef du service colonial du port d'embarquement d'un état nominatif des militaires composant les détachements de relève, *B. M.*, p. 68.
10 juin 1901 Inst. Dates de départ des détachements de relève pour l'Indo-Chine, l'Afrique occidentale et Madagascar, *B. C.*, p. 617.
18 avril 1905 Circ. Remplacement aux colonies du personnel des T. C. employé hors cadre et ayant terminé sa période de séjour et circ. (guerre) du 29 juin 1905, *B. G.*, p. 1054.
20 mars 1906 Circ. Relève du personnel de l'artillerie coloniale en service aux colonies, *B. G.*, p. 399.

Relevés de mandats.

(Voir : *Abondements.*)

25 oct. 1895 Circ. Production des relevés de mandats mensuels, *B. C.*, p. 809.
7 déc. 1896 Circ. Production des relevés de mandats et des états de mandats par les ordonnateurs secondaires de la métropole, *B. C.*, p. 715.
7 déc. 1896 Circ. Production des relevés de mandats mensuels pour tous les chapitres du budget par les ordonnateurs secondaires des colonies. Instructions pour l'établissement. Suppression des relevés trimestriels, *B. C.*, p. 716.
5 déc. 1901 Circ. Les relevés de mandats doivent être adressés au département des colonies sous le timbre des bureaux administrateurs des crédits, *B. C.*, p. 1114.
20 mai 1901 Décret sur la solde et les revues des T. C. en France, art. 72. Etablissement des relevés trimestriels de mandats, *B. G.*, vol. spl., T. C., p. 102.

Relevé des punitions.

(Voir : *Punitions.*)

Remise de décorations.

10 mai 1886 Décret réglant le cérémonial à observer pour la remise de leurs insignes aux militaires nommés ou promus dans la Légion d'honneur, et aux nouveaux décorés de la médaille militaire ou de la médaille d'honneur, *B. M.*, 2e sem., p. 44; *B. G.*, E. R., vol. 78, p. 173.
20 oct. 1892 Service intérieur, Inf., art. 228; Artil., art. 263, *B. G.*, E. R., vol. 78.

Remise volontaire de grade.

(Voir : *Rétrogradation.*)

Remontage des brodequins.

30 sept. 1891 Inst. sur le remontage des brodequins de troupe, *B. G.*, E. R., vol. 4, p. 36; appliqué aux troupes de la marine, circ. des 11 décembre 1891, *B. M.*, p. 839, et 4 février 1893, *B. M.*, p. 117.

Remonte.

(Voir : Masse de remonte.)

1° *Dispositions générales.*

2° *Dispositions particulières à la métropole.*

3° *Dispositions spéciales aux colonies.*

Remonte (suite).

3 août 1901 Décret. Remonte des officiers de tous grades et assimilés en service aux colonies, *B. C.*, p. 928.

Art 1 - 2. Droit des officiers à la remonte.
3. Remonte à titre onéreux.
4. Remonte à titre gratuit.
5. Choix des montures.
6 à 8. Livraison des chevaux.
9. Surveillance des chevaux.
10 - 11. Responsabilité des détenteurs.
12 à 15. Réintégration des animaux.
16 à 18. Rétrocession.
19. Echanges.
20. Cessions de gré à gré (officiers généraux).
21. Changement de position des officiers.
22. Officiers en congé.
23 à 26. Entretien des chevaux des officiers. Logement. Nourriture. Ferrure. Tonte. Infirmerie.

10 sept. 1901 Circ. Application des décrets et de l'instruction du 3 août 1904, *B. C.*, p. 922.

7 oct. 1905 Circ. Cession aux corps et services des animaux devenus inaptes au service des régiments d'artillerie, *B. C.*, p. 1082.

Rengagements.

(Voir : Armuriers de la marine. — Engagements et rengagements. — Haute-paye. — Gratification annuelle aux rengagés. — Indemnité de logement. — Primes de rengagement. — Rengagés. — Commissionnés. — Tirailleurs malgaches.)

18 nov. 1899 Circ. Destination à donner aux rengagés au titre de l'artillerie coloniale provenant de l'armée de terre, *B. G.*, E. R., vol. 68, p. 574.

28 mai 1900 Circ. Application de la loi du 6 février 1897 sur le rengagement des sous-officiers. Dixièmes de prime. Rengagements d'un an. Gratification trimestrielle. — Application de la circ. (guerre) du 28 août 1897, *B. C.*, 1900, p. 438 — *B. C.*, p. 437.

2 août 1901 Circ. Instruction des demandes de rengagement des militaires des T. C. comptant plus de 12 ans de service. Décision du Ministre en cas de refus du chef de corps, *B. G.*, p. 582; *B. G.*, vol. spl., T. C., p. 209.

20 mars 1902 Circ. Dispositions concernant les jeunes gens originaires de la Réunion qui contractent un rengagement dans les T. C., *B. C.*, p. 262; *B. G.*, p. 310.

24 nov. 1902 Circ. Rengagements contractés pour les régiments d'infanterie coloniale stationnés dans le gouvernement militaire de Paris, *B. G.*, p. 2318.

3 déc. 1902 Circ. Rengagement des militaires des troupes métropolitaines détachés aux colonies en dehors des corps de troupe de leur arme, *B. G.*, p. 2388.

4 mai 1903 Circ. Rengagement dans les T. C. des hommes sortant des compagnies de discipline et munis d'une attestation de repentir, *B. G.*, p. 646.

19 mars 1904 Décret autorisant le rengagement par procuration des militaires français des troupes coloniales et des militaires des régiments étrangers en garnison aux colonies, *B. C.*, p. 263; *B. G.*, p. 417.

30 juill. 1904 Circ. Tenue d'un registre à souche des autorisations d'engagement et de rengagement données par les chefs de corps, *B. G.*, p. 1257; modèle, *B. G.*, p. 1323.

1er nov. 1904 Décret. Mode de recrutement des militaires indigènes de race annamite au Tonkin et en Annam, art. 14 à 16. Rengagements, *B. C.*, p. 1072; *B. G.*, p. 1598.

14 nov. 1904 Décret, art. 1 et 2. Durée des rengagements des militaires indigènes en Afrique occidentale. Paiement des primes, *B. C.*, p. 1092; *B. G.*, p. 1814.

19 nov. 1904 Circ. Production du bulletin n° 2 (casier judiciaire), pour les hommes de la disponibilité et de la réserve qui demandent à se rengager dans les troupes coloniales, *B. G.*, p. 1263.

21 mars 1905 Loi sur le recrutement, art. 54 à 58, art. 61-63, *B. C.*, p. 359; *B. G.*, p. 263; *B. G.*, E. M., vol. 68-1, p. 30 et suiv.

Rengagements (*suite*).

Rengagés.

Réparations locatives.

Répertoire des décédés et de leurs successions.

Répertoire par classe de mobilisation.

28 déc. 1895   Art. 56 à 63. Répertoire des disponibles, des réservistes et des hommes de l'armée territoriale, *B. G.*, E. R., vol. 71.

Réquisitions.

3 juill. 1877   Loi relative aux réquisitions militaires, *B. M.*, p. 282; *B. M.*, R., p. 217; *B. C.*, 1893, p. 721; *B. G.*, E. R., vol. 70, p. 3; modif. 17 avril 1901, *B. G.*, p. 585; 27 mars 1906, *B. G.*, p. 1185.

2 août 1877   Décr. pour l'exécution de la loi du 3 juillet 1877, *B. M.*, p. 300; *B. M.*, R., p. 273; *B. C.*, 1893, p. 736; *B. G.*, E. R., vol. 70, p. 17; modif. 24 décembre 1901, *B. G.*, 1er sem., 1902, p. 435.

9 avril 1878   Décr. désignant les catégories d'exemption à établir en exécution du titre 8 de la loi du 3 juillet 1877, *B. M.*, p. 902; *B. M.*, R., p. 390; *B. G.*, E. R., vol. 70, p. 53; modif. 20 septembre 1901, *B. G.*, p. 898; 7 juin 1902, *B. G.*, p. 1343.

17 sept. 1893   Décr. appliquant aux colonies la loi du 3 juillet 1877, *B. C.*, p. 720.

2 avril 1903   Circ. Réquisition des navires par les administrations coloniales, *B. C.*, p. 277.

8 mai 1900   Décr. concernant l'exercice du droit de réquisition pour le service de l'armée de mer, *B. C.*, p. 981, et circ. du 8 novembre 1900, *B. C.*, p. 970.

30 juill. 1903   Inst., art. 137 *ter*, § 3. Exemption du timbre et des frais d'enregistrement des pièces relatives aux réquisitions militaires conformément à la loi du 18 décembre 1878, *B. G.*, E. M., vol. 24, p. 140.

Réquisitions de paiement.

14 janv. 1869   Règl. financier (colonies), vol. spl.

    Art. 103. Réquisitions de paiement pour le service de la solde.
    131. Réquisitions en cas de refus de paiement par un comptable.

3 avril 1869   Règl. financier (guerre).

    Art. 31. Paiement sur réquisition des achats par anticipation pour le service des subsistances.
    128. Réquisitions de paiement pour le service de la solde.
    182. Réquisitions en cas de refus de paiement par un payeur, et inst. du 30 juillet 1903, *B. G.*, E. M., vol. 24.

Réserves.

(Voir : *Instruction*.)

19 juill. 1891   Décr. Les sous-officiers des T. C. jouissant des pensions de retraite prévues par la loi du 18 mars 1889 sont pendant 5 ans à la disposition du Ministre, *B. C.*, p. 599; *B. M.*, p. 285, et circ. du 27 août 1891, *B. M.*, p. 283, et 10 décembre 1897, *B. M.*, p. 702.

28 déc. 1895   Inst. sur l'administration des hommes des différentes catégories de réserve dans leurs foyers, *B. M.*, 1896, p. 316; *B. G.*, E. R., vol. 71, p. 23; modifiée 26 juillet 1900, *B. G.*, p. 1107; art. 96, 8 janvier 1901, *B. G.*, p. 40, art. 128 à 130, 21 février 1901, *B. G.*, p. 249; art. 220, 21 mars 1901, *B. G.*, p. 440; 25 mars 1901, *B. G.*, p. 487; 15 mai 1901, *B. G.*, p. 776; art. 220, 21 juin 1901, *B. G.*, 2e sem., p. 130; 16 juillet 1901, *B. G.*, p. 352; art. 77, 14 septembre 1901, *B. G.*, p. 817; art. 81, 312, 47, 113, 118 et mod. 19 octobre 1901, *B. G.*, p. 983; art. 33 et 219, 10 janvier 1902, *B. G.*, p. 35; art. 205, 18 février 1902, *B. G.*, p. 203; mod. 52 et 60, 22 avril 1902, *B. G.*, p. 703; art. 234, 1er mai 1902, *B. G.*, p. 767; art. 20 et 81 (affectation des réservistes provenant des régiments étrangers), 11 septembre 1902, *B. G.*, p. 1833; art. 131, 2 octobre 1902, *B. G.*, p. 1931; chapitre XIII, refondu, 1er octobre 1902 (voir : Non disponibles); art. 205, 10 octobre 1902, *B. G.*, p. 1961; art. 77, 24 octobre 1902, *B. G.*, p. 2077; art. 84 (affectation des réservistes provenant des régiments étrangers), 16 novembre 1902, *B. G.*, p. 2170; art. 96 (affec-

Réserves (*suite*).

tation en cas de mobilisation des hommes en résidence dans certaines colonies), 8 février 1903, *B. G.*, p. 93; 21 février 1903, *B. G.*, p. 185; 30 avril 1903, chapitre XVIII, refondu, *B. G.*, p. 723; 9 mai 1903, *B. G.*, p. 666; art. 96, 27 mai 1903, *B. G.*, p. 738; art. 180 (prolongation du sursis d'appel accordé à la mobilisation aux ouvriers des exploitations houillères), 19 avril 1904, *B. G.*, p. 466; art. 96, 174, 217, 4 octobre 1904, *B. G.*, p. 1517; art. 149, 156, 31 janvier 1905, *B. G.*, p. 1517; art. 128 et tableau B, 8 août 1905, *B. G.*, p. 1234; art. 205 (dispenses d'office de périodes d'instruction), 6 janvier 1906, *B. G.*, p. 9; instruction du 7 avril 1906 pour la mise en harmonie de l'inst. du 28 décembre 1895 avec la loi du 21 mars 1905.

21 déc. 1897   Circ. Application aux colonies de l'inst. du 28 décembre 1895, *B. M.*, p. 817; *B. C.*, p. 1239.

23 avril 1900   Circ. Les gardes stagiaires d'artillerie et les ouvriers d'Etat retraités d'après la loi du 18 mars 1889, restent à la disposition du Ministre pendant 5 ans, *B. M.*, p. 712.

7 juill. 1900   Loi, art. 17. Emploi des réservistes des troupes coloniales, *B. C.*, p. 594.

26 févr. 1901   Circ. Les demandes de dispense formulées par les réservistes des T. C. dans leurs foyers, sont instruites comme pour les T. M., conformément à l'art. 343 de l'inst. du 28 décembre 1895, *B. G.*, p. 268; addition, 23 avril 1901, *B. G.*, p. 629.

20 mars 1901   Inst. relative à l'emploi d'un ordre d'appel formant carte postale pour les convocations des hommes des différentes réserves, *B. G.*, p. 594.

20 juill. 1901   Circ. Les stagiaires et ouvriers d'Etat d'artillerie coloniale démissionnaires sont affectés à un régiment d'artillerie coloniale avec le grade d'adjudant, *B. G.*, p. 540.

3 avril 1902   Circ. Envoi au Département des colonies de l'état numérique des hommes des différentes catégories de réserve et des officiers de réserve et de l'armée territoriale, *B. C.*, p. 317.

20 mai 1904   Inst. pour l'établissement des livrets individuels et des fascicules de mobilisation et la remise de ces documents aux hommes des différentes catégories de réserves, *B. G.*, p. 675.

4 oct. 1904   Circ. Périodes à accomplir par les hommes des réserves rentrant des colonies ou de l'étranger, ou rayés des contrôles de la non affectation ou de la non disponibilité, *B. G.*, p. 1517; *B. C.*, p. 1032, et circ. (colonies), du 4 novembre 1904, *B. C.*, p. 1081.

15 mai 1906   Circ. Proportion des ajournements à accorder aux réservistes et territoriaux, *B. G.*, p. 911.

Réserve de guerre.

(Voir : *Approvisionnements de guerre. — Comptabilité matières* (guerre).

6 déc. 1903   Art. 225 et 226. Matériel de la réserve de guerre confié aux corps des T. C. en France, *B. G.*, vol. spl., T. C., p. 95.

6 août 1906   Inst. Mesures à prendre comme conséquence de la remise au service de l'intendance militaire des approvisionnements de réserve des T. C., *B. G.*, p. 1205.

Réserves indigènes.

7 juill. 1900   Loi organisant les troupes coloniales, art. 18, *B. C.*, p. 594; *B. G.*, vol. spl., T. C., p. 5.

21 sept. 1903   Décr. Organisation à Madagascar, *B. C.*, p. 864; *B. G.*, p. 1465.

1er nov. 1904   Décr. Organisation en Indo-Chine, *B. C.*, p. 1077; *B. G.*, p. 1501; modif. art. 2, 21 juin 1906, *B. G.* p. 848; *B. C.*, p. 603.

14 nov. 1904   Décr., art. 11 à 18. Organisation en Afrique occidentale, *B. C.*, p 1092; *B. G.*, p. 1813; modif. art. 13, 21 juin 1906, *B. G.*, p. 850, *B. C.*, p. 601; err., *B. G.*, p. 1160; *B. C.*, p. 733.

Résidence libro.

9 févr. 1902 Décr. relatif aux congés et permissions, art. 63 à 65, *B. G.*, p. 181; *B. G.*, E. M., vol. 86, p. 20.

29 déc. 1903 Décr. sur la solde (colonies), art. 7, *B. C.*, p. 1904, p. 371.

26 mai 1904 Décr. sur la solde (France), art. 7 et art. 10, position 18, *B. C.*, vol. spl., T. C., p. 6 et 18.

Responsabilité.

22 juin 1847 Ord., vol. spl. Art. 611 à 613, des conseils d'administration; art. 614, du président; art. 626, du major; art. 638, du trésorier; art. 648, de l'officier d'habillement; art. 649, des officiers payeurs et officiers chargés de l'habillement; art. 650, des commandants de corps ou de portions de corps n'ayant pas de conseil d'administration; art. 656, des commandants de compagnies ou de batteries; art. 660, 661, 664, responsabilité en ce qui concerne les valeurs en caisse.

14 janv. 1869 Règl. financier (colonies), vol. spl. Art. 30, du Ministre; art. 66, des administrateurs; art. 93 et 105, des ordonnateurs pour la remise des lettres d'avis, d'ordonnance et des mandats de paiement aux ayant droits; art. 139, des comptables.

3 avril 1869 Règl. financier (guerre), *B. G.*, E. M., vol. 24. Art. 16, responsabilité du Ministre; art. 31, responsabilité des généraux, directeurs, chefs de service, etc.; art. 70, responsabilité des administrateurs.

22 juill. 1880 Circ. Détournements commis par un capitaine trésorier. Responsabilités encourues, *B. M.*, p. 118.

10 févr. 1900 Circ. Responsabilité administrative des officiers, fonctionnaires et agents divers, *B. C.*, p. 97.

6 déc. 1903 Décr. sur l'administration et la comptabilité des corps de troupe en France, *B. G.*, vol. spl., T. C.

    Art. 35 - 36. Des conseils d'administration.
        38. Du chef de corps.
        40. Du major.
        50. Du trésorier.
        68. De l'officier d'habillement.
        70. De l'officier de casernement.
        73. Des agents des conseils autres que les officiers comptables.
        78. Des commandants d'unités administratives.
    83 à 85. Officiers commandant des détachements d'au moins 4 unités. Capitaine-major. Officier comptable.
        86. Officiers commandant des détachements de moins de 4 unités.
        88. Officiers commandant les corps organisés sous les noms de compagnies, sections ou dépôt.
       113. Responsabilité en cas de perte ou de déficit de fonds.

26 mai 1904 Décr. sur la solde et les revues en France, *B. G.*, vol. spl., T. C., p. 136.

    Art. 127. Responsabilité pécuniaire des généraux, directeurs et chefs de service.

21 juin 1906 Décr. sur l'administration des troupes coloniales, art. 8. Responsabilité des commandants supérieurs des troupes, ordonnateurs, directeurs et chefs de services, *B. C.*, p. 677; *B. G.*, p. 803.

Retenues.

(Voir : Délégations. — Oppositions.)

1° *Dispositions diverses.*

12 févr. 1836 Lettre relative aux femmes délaissées par les titulaires do pensions militaires. Les retenues sont admises dans les termes de l'art. 214 du code civil, par application de l'art. 30 de la loi du 18 avril 1831 (pensions) et 20 de la loi du 19 mai 1834 (état des officiers) combinés, *A. M.*, p. 258; *B. M., R.*, p. 295.

14 janv. 1869 Règl. financier (colonies), vol. spl.
Art. 80. Retenues à exercer sur les entrepreneurs, fournisseurs et autres créanciers.

3 avril 1869 Règl. financier (guerre), *B. G., E. M.*, vol. 24.
Art. 93. Retenues à précompter aux entrepreneurs et autres créanciers.

6 juill. 1893 Circ. Retenues à opérer sur la solde et les indemnités des militaires indigènes punis de prison. Répartition de ces retenues en prix et gratifications, *B. C.*, p. 618; *B. M.*, p. 35; modif. 17 novembre 1896, *B. C.*, p. 665; *B. M.*, p. 675 et 9 mars 1906, *B. C.*, p. 229 (secours aux familles des décédés et aux militaires licenciés pour inaptitude physique).

23 déc. 1897 Décr. sur la solde du personnel colonial, art. 116 à 131, *B. C.*, 1898, p. 54 et suiv.

29 déc. 1903 Décr. sur la solde des troupes coloniales aux colonies, art. 18 à 27, *B. C.*, 1904, p. 401 et suiv., et circ. du 21 avril 1904, *B. C.*, p. 301.

26 mai 1904 Décr. sur la solde des troupes coloniales en France, art. 73 à 82, *B. G.*, vol. spl., T. C., p. 102 et suiv.

2° *Retenue de logement et d'ameublement.*

23 déc. 1897 Décr. sur la solde du personnel colonial, art. 120 à 121, *B. C.*, 1898, p. 57.

29 déc. 1903 Décr. sur la solde des troupes coloniales aux colonies, art. 21 à 23 et tarif 21, *B. C.*, 1904, p. 403, et circ. du 21 avril 1904, *B. C.*, p. 301.

26 mai 1904 Décr. sur la solde des troupes coloniales en France, art. 75 à 77 et tarif 24, *B. G.*, vol. spl., T. C., p. 104.

3° *Retenue d'hôpital.*

20 mars 1888 Circ. La retenue d'hôpital doit être faite sur la solde pour le jour du décès, *B. C.*, p. 319.

2 oct. 1891 Circ. Retenue d'hôpital aux colonies.
Officiers en non-activité ou en congé, taux colonial. Officiers retraités, taux colonial, d'après le dernier grade d'activité sans pouvoir dépasser les 9/10° de la pension. Sauf pour les retraités, la retenue ne doit jamais excéder la moitié des émoluments concédés, *B. C.*, p. 602.

30 avril 1893 Circ. Les familles des officiers et fonctionnaires sont admises dans les hôpitaux aux mêmes taux que leurs chefs, *B. C.*, p. 422.

23 déc. 1897 Décr. sur la solde du personnel colonial, art. 117 à 119, *B. C.*, 1898, p. 56.

7 janv. 1898 Circ. Versement au Trésor des frais de traitement dans les hôpitaux coloniaux, *B. C.*, p. 3.

1er févr. 1898 Circ. Prix de la journée d'hôpital des enfants des fonctionnaires et des familles des infirmiers coloniaux, *B. C.*, p. 62.

29 déc. 1903 Décr. sur la solde des troupes aux colonies, art. 20 et tarifs 19 et 20, *B. C.*, 1904, p. 402 et 424.

2 juill. 1904 Décr. sur la solde des agents civils du commissariat. Tarif de la retenue, *B. C.*, p. 634.

27 juill. 1903 Circ. Les retenues d'hôpital et les portions de solde non acquises par les militaires en traitement dans les hôpitaux doivent profiter au chapitre du budget colonial qui supporte leur solde, *B. C.*, p. 856.

4° *Retenues pour dettes.*

(Voir : Oppositions.)

20 août 1881 Circ. Retenues sur pensions pour débet envers l'Etat, *B. M.*, p. 538.

Retenues (suite).

20 oct. 1892   Service intérieur : Inf., art. 402; Artil., art. 421. Retenue sur la solde
des dettes des officiers, *B. G.*, E. R., vol. 78.

23 déc. 1897   Décr. sur la solde du personnel colonial, *B. C.*, 1898, p. 57 et suiv.

    Art.   125.   Pour dettes envers l'État.
    126 à 128. Au profit de tiers.
    129 à 131. Dispositions spéciales aux retenues pour dettes et pour
    aliments.

29 déc. 1903   Décr. sur la solde des troupes aux colonies, *B. C.*, 1904, p. 405.

    Art. 21 - 25. Pour dettes envers l'État.
    26 - 27. Au profit de tiers.

20 mai 1904   Décr. sur la solde des T. C. en France, *B. G.*, vol. spl., T. C., p. 103.

    Art. 78 - 79. Pour dettes envers l'État.
    80 à 82. Au profit de tiers.

5° Retenues pour pensions.

(Voir : *Abondements.* — *Pensions.*)

11 janv. 1869   Règl. financier (colonies), art. 74, 76, 77, 79, vol. spl.
3 avril 1869   Règl. financier (guerre), art. 87 à 92, *B. G.*, E. M., vol. 24.
20 janv. 1891   Circ. La retenue pour pensions doit être faite sur la solde avant déduction de la retenue d'hôpital, *B. C.*, p. 27; err., *B. C.*, p. 244.
23 déc. 1897   Décr. sur la solde du personnel colonial, art. 116, *B. C.*, 1898, p. 54, et
circ. du 2 septembre 1899, *B. C.*, p. 1215.
29 déc. 1903   Décr. sur la solde des troupes aux colonies, art. 19, *B. C.*, 1904, p. 401.
20 mai 1904   Décr. sur la solde des T. C. en France, art. 74, *B. G.*, vol. spl., T. C.,
p. 103.

Rétrogradation.

20 oct. 1892   Service intérieur, *B. G.*, E. R., vol. 78.

    Inf., art. 317 et 335; Artil., art. 322 et 340. Formes pour rétrograder
et casser les sous-officiers, caporaux et brigadiers et pour faire des-
cendre à la 2ᵉ classe les soldats de 1ʳᵉ classe; modif. 26 novembre
1898, *B. G.*, E. R., vol. 78, p. 764; *B. C.*, p. 777; *B. M.*, p. 780.
    Inf., art. 326; Artil., art. 314. Rétrogradation volontaire.

9 oct. 1893   Note. Renvoi à la 2ᵉ classe de soldats de 1ʳᵉ classe jugés indignes de
conserver leurs galons, *B. G.*, E. R., vol. 78, p. 684.
28 déc. 1895   Art. 143 à 149. Rétrogradation des hommes des réserves, *B. G.*, E. R.,
vol. 71, et inst. du 7 avril 1906, art. 24.
20 avril 1898   Circ. Renvoi en France des sous-officiers en service aux colonies susceptibles d'être cassés ou rétrogradés par décision spéciale du Ministre, *B. C.*, p. 335.
19 févr. 1901   Décr. Rétrogradation et cassation des militaires indigènes des T. C.,
B. C., p. 176; *B. G.*, p. 223.
28 mars 1901   Circ. relative à la notification des décisions prononçant la rétrogradation ou la cassation des sous-officiers rengagés ou commissionnés,
B. G., p. 398.
21 mars 1905   Loi sur le recrutement, art. 68. Rétrogradation des militaires rengagés,
B. G., p. 263; *B. C.*, p. 350; *B. G.*, E. M., vol. 68-1, p. 37.

Révocation.

21 mars 1905   Loi sur le recrutement, art. 67. Révocation des militaires commissionnés, *B. G.*, p. 263; *B. C.*, p. 350; *B. G.*, E. M., vol. 68-1, p. 37.
5 juill. 1905   Circ. Formes à employer pour la révocation des caporaux ou brigadiers commissionnés, *B. G.*, p. 1035.

Revolver.

(Voir : *Armement.* — *Casernement* (16 juin 1906).)

10 avril 1886   Paiement par versements mensuels de 5 francs du revolver délivré aux
officiers, *B. G.*, E. R., vol. 10, p. 200.

Revolver (*suite*).

10 mai 1886	Note. Délivrance des revolvers aux officiers à titre onéreux, *B. O.*, E. R., vol. 19, p. 209.
28 janv. 1894	Note. Réparations des revolvers appartenant aux officiers, *B. O.*, E R., vol. 19, p. 212.
15 janv. 1896	Circ. Suppression du revolver dans l'armement des spahis sénégalais et soudanais, *B. C.*, p. 40.
5 déc. 1898	Note. Délivrance à titre onéreux, aux officiers de réserve et de l'armée territoriale, du revolver mod. 92, *B. O.*, E. R., vol. 19, p. 216; modif. 17 avril 1903, *B. O.*, p. 555.

Revues.

20 oct. 1892	Service intérieur.
	Inf., art. 282 à 284; Artil., art. 299 à 301. Revues et inspections des généraux, *B. O.*, E. R., vol. 78.
15 avril 1903	Inst. pour les revues et défilés des troupes de toutes armes.

Revue coloniale.

14 mars 1893	Déc. Création, *B. C.*, 1896, p. 166.
21 oct. 1898	Arr. Publication, *B. O.*, p. 718.
19 mai 1899	Arr. Rédaction, *B. C.*, p. 556.

Revues d'effectif.

22 juin 1817	Ord., art. 462 à 471, vol. spl.; art. 462, modif. déc. prés. du 1er juin 1893, *B. O.*, p. 419; *B. M.*, p. 711, et circ. du 8 juin 1893, *B. C.*, p. 418.
20 oct. 1892	Service intérieur, *B. O.*, E. R., vol. 78.
	Inf., art. 285; Artil., art. 302. Revues des fonctionnaires de l'intendance.
	Inf., art. 287; Artil., art. 304. Revues des fonctionnaires du contrôle.
26 mai 1901	Décr. sur la solde et les revues des T. C. en France, art. 130, *B. O.*, vol. spl., T. C., p. 137.

Revues de liquidation.

10 avril 1817	Les revues de liquidation des corps de troupe doivent présenter les numéros des mandats et des ordres de paiement, *A. M.*, p. 350; *B. M.*, R., p. 360.
22 juin 1817	Ord., art. 496 à 545, vol. spl., et circ. du 10 août 1881, *B. M.*, p. 205.
19 déc. 1850	Envoi des décomptes provisoires de libération établis dans les colonies, *B. M.*, p. 817; *B. M.*, R., p. 288.
2 déc. 1886	Circ. Renseignements à porter sur les revues, *B. M.*, p. 869.
19 nov. 1887	Circ. Il ne doit être établi de revues de liquidation que pour le personnel régi par l'ordonnance du 22 juin 1817, *B. C.*, p. 955.
25 janv. 1890	Circ. Les médecins des corps de troupe doivent être compris dans les revues, *B. C.*, p. 121.
26 mai 1901	Décr. sur la solde et les revues des T. C. en France, *B. O.*, vol. spl., T. C., p. 121.
	Art. 107 à 115. Revues de liquidation concernant les officiers sans troupe et employés militaires.
	116 à 125. Revues de liquidation concernant les corps de troupe.
	126. Vérification à l'administration centrale de la guerre.

Revue des troupes coloniales.

21 nov. 1905 Circ. Envoi au président du comité technique des troupes coloniales
des travaux d'hiver susceptibles d'être insérés dans la *Revue*, *B. G.*,
p. 1809.

Revue d'histoire et Revue militaire des armées étrangères.

10 juin 1872 Circ. au sujet des études militaires et de la *Revue militaire des armées étrangères*, *B. G.*, *E. M.*, vol. 55-2, p. 198.
10 nov. 1875 Circ. relative à l'envoi gratuit de la *Revue militaire des armées étrangères*, *B. G.*, *E. M.*, vol. 55-2, p. 201.
3 mars 1902 Circ. Conservation des collections de la *Revue militaires des armées
étrangères*, et de la *Revue d'histoire*, *B. G.*, *E. M.*, vol. 55-2, p. 204.
28 mai 1903 Circ. La *Revue militaire des armées étrangères* et la *Revue d'histoire*
sont adressées non à la personne mais à la fonction et doivent être, à
ce titre, conservées dans les archives du service intéressé, *B. G.*,
E. M., vol. 55-2, p. 205.
6 déc. 1903 Abonnement à la *Revue militaire des armées étrangères*, et frais de
reliure au compte de la masse générale d'entretien, *B. G.*, vol. spl.,
T. C., p. 228.

Revue générale d'administration.

3 févr. 1892 Circ. Collaboration des officiers et fonctionnaires de la marine, *B. M.*,
p. 135.

Routes dans l'intérieur.

(Voir : *Troupes en route.*)

Ruban métrique.

6 déc. 1903 Achat au compte de la masse générale d'entretien, *B. G.*, vol. spl., T.
C., p. 226.

Rubans.

(Voir : *Ordres coloniaux.*)

30 sept. 1903 Description des uniformes, art 383 à 403. Rubans de croix et de médailles, *B. G.*, vol. spl., T. C., p. 214.
6 déc. 1903 Achat au compte de la masse générale des rubans de médailles commémoratives, *B. G.*, vol. spl., T. C., p. 227.

S

Sable.

6 juill. 1890 Qualité du sable à employer en construction, *B. G.*, E. R., vol. 51 *bis*,
        p. 6.
16 oct. 1903 Qualité du sable à employer en construction, *B. C.*, vol. spl., p. 951.

Sabots galoches.

30 sept. 1903 Description des uniformes, art. 450, *B. G.*, vol. spl., T. C., p. 274.

Sabre.

12 avril 1892 Art. 57. Sabre des officiers généraux. Description, *B. G.*, E. R., vol.
        101.
30 sept. 1903 Description des uniformes, *B. G.*, vol. spl., T. C.

        Art. 92. Sabre mod. 82 pour les officiers d'infanterie coloniale, et *B. G.*,
        E. R., vol. 105, p. 293.
        Art. 120. Sabre mod. 1892 pour les officiers d'artillerie coloniale.

19 sept. 1905 Circ. Réparation en manufacture des lames faussantes des sabres de
        cavalerie de tous modèles, *B. G.*, p. 1441.
20 mars 1906 Circ. Réparetion des dards de fourreaux des sabres de cavalerie de
        tous modèles, *B. G.*, p. 447.

Sac.

31 oct. 1892 Service de santé en campagne. Notice 2. Sac d'ambulance, modif.
        27 mars 1900, *B. G.*, E. M., vol. 83, p. 46.
30 sept. 1903 Description des uniformes, *B. G.*, vol. spl., T. C.

        Art. 231. Sac à distribution.
        374. — à dépêches pour vélocipédistes.
        451. — à avoine.
        456. — de petite monture garnie.

Sac de couchage.

15 janv. 1905 Art. 5. Description, *B. G.*, E. M., vol. 53, p. 7.

Sachet à pain de guerre.

15 janv. 1905 Art. 63. Description, *B. G.*, E. M., vol. 53, p. 123.

Sachet à vivres.

15 janv. 1905 Art. 61. Sachet pour vivres de réserve.
62. Sachet à vivres collectif, *B. G.*, E. M., vol. 53, p. 122.

Sacoches.

30 sept. 1903 Description des uniformes, *B. G.*, vol. spl., T. C.

Art. 90. Sacoche en cuir pour les officiers non montés.
256. Sacoche en cuir pour les adjudants d'infanterie coloniale.

6 déc. 1903 Achat au compte de la masse générale des sacoches pour vaguemestres, *B. G.*, vol. spl., T. C., p. 225.

Saisies.

10 juill. 1791 Loi. Les effets, les armes et les chevaux des officiers ne peuvent être saisis, *B. G.*, E. R., vol. 48, p. 129.

Saisies-arrêts.

(Voir : *Oppositions:* — *Retenues.*)

Saint-Pierre et Miquelon.

4 févr. 1906 Décr. Réorganisation de la colonie, *B. C.*, p. 111.
Art. 5, modif. 15 avril 1906, *B. C.*, p. 336 (composition du Conseil d'administration).

Salle de police.

(Voir : *Punitions.*)

Salles de récréation, de lecture et de correspondance.

25 mars 1903 Circ. Organisation dans les casernes de salles pour les soldats, *B. G.*, p. 373; *B. G.*, E. M., vol. 55-2, p. 213.
29 mai 1903 Décr., art. 1er. Les dépenses de la salle de lecture sont à la charge de la masse des écoles, *B. G.*, E. M., vol. 2, p. 5.
3 nov. 1903 Circ. relative à la pratique d'enseignements non militaires et de divertissement dans les casernes, *B. G.*, 1904, p. 1307.
13 août 1904 Circ. Établissement de comptes rendus et de propositions au sujet de l'organisation des salles de lecture, *B. G.*, p. 1381.
9 nov. 1904 Mode d'imputation des dépenses d'achat de papier à lettres, enveloppes, livres et tous autres menus frais d'organisation, *B. G.*, p. 1601.
30 janv. 1905 Circ. Perception à titre remboursable du café destiné à la consommation des salles de récréation, *B. G.*, p. 73.

Salles d'honneur.

15 mars 1886 Note relative à l'installation des salles d'honneur dans les casernes et quartiers, *B. G.*, E. M., vol. 86, p. 138.
4 oct. 1886 Note relative aux armes et pièces d'armes servant à l'ornementation des salles d'honneur, *B. G.*, E. M., vol. 86, p. 140; appliquée aux troupes de la marine (France et colonies), par circ. du 5 avril 1894, *B. C.*, p. 315; *B. M.*, p. 419.
16 mars 1897 Décoration des salles d'honneur, *B. G.*, E. R., vol. 61, p. 70.

Salles d'honneur (*suite*).

3 mars 1899 Règl. sur le casernement en France. *Les* appareils de chauffage pour les salles d'honneur sont fournis pour le génie et entretenus et remplacés au compte de la masse de casernement, *B. O.*, E. R., vol. 51, p. 67.

16 oct. 1903 Règl. sur le casernement aux colonies. Notice 2. Les objets d'ameublement sont fournis aux salles d'honneur par l'artillerie et entretenus et remplacés au compte de l'allocation pour réparations locatives, *B. C.*, vol. spl., p. 935.

6 déc. 1903 Imputation à la masse générale des achats de matériel pour la salle d'honneur (1re mise), *B. G.*, vol. spl., T. C., p. 228.

Salut.

(Voir : *Marques de respect.*)

Salves d'artillerie.

(Voir : *Honneurs.*)

Sangle.

15 janv. 1905 Art. 9. Description, *B. G.*, E. M., vol. 53, p. 9.

Sapeurs.

(Voir : *Infanterie coloniale*, 12 août 1905.)

20 oct. 1892 Service intérieur : Inf., art. 201. Caporal sapeur et sapeurs ouvriers d'art. Fonctions, *B. G.*, E. R., vol. 78.

Scellés.

4 nov. 1865 Inst. pour l'exécution de l'art. 633 de l'ord. de la marine du 25 mars 1865, relative à l'apposition des scellés sur les papiers des officiers de la marine, de l'administration et autres agents attachés au Département de la marine et des colonies, *B. M.*, p. 308; *B. M.*, R., p. 731.

10 août 1866 Règles à suivre pour l'application aux colonies de l'inst. du 4 novembre 1865, *B. M.*, p. 177; *B. M.*, R., p. 86.

22 janv. 1890 Décr. réglant les conditions dans lesquelles peuvent être apposés les scellés au décès des officiers de l'armée de terre, *B. G.*, E. R., vol. 28, p. 128, et circ. du 22 janvier 1890, *B. G.*, E. R., vol. 28, p. 130 et 30 août 1904, *B. G.*, p. 1373.

23 juill. 1891 Inst. (guerre) pour l'application des lois du 8 juin 1893, art. 128 à 131, *B. G.*, E. R., vol. 28, p. 85.

Annexe B. Catalogue des pièces de toute nature à remettre au Département de la guerre après le décès des officiers généraux, des officiers supérieurs chefs de corps ou de service et des intendants militaires, *B. G.*, E. R., vol. 28, p. 85.

1er mai 1900 Inst. sur les successions des militaires aux colonies, art. 8 et 10, *B. C.*, p. 424.

Seau en toile.

15 janv. 1905 Art. 86. Description, *B. G.*, E. M., vol. 53, p. 53.

Secours.

1° *Guerre.*

3 juill. 1880 Décr. relatif au paiement des secours. Acquit, *B. G.*, E. R., vol. 61, p. 29.
27 août 1886 Inst. relative au service des secours, *B. G.*, E. R., vol. 61, p. 16.
26 mars 1889 Circ. Timbre de quittance applicable au paiement des secours, *B. G.*, E. R., vol. 61, p. 32.
5 févr. 1901 Circ. Le service des secours sera assuré par la Direction des troupes coloniales, *B. G.*, vol. spl., T. C., p. 92.
15 sept. 1901 Service courant, art. 267. Proposition pour un secours permanent en faveur des militaires amputés ou aveugles n'ayant pas droit à pension, *B. G.*, E. R., vol. 74.

2° *Colonies.*

21 déc. 1806 Règl. sur le service des secours, *B. C.*, p. 750.
9 mars 1906 Circ. Secours aux familles des militaires indigènes décédés et aux militaires indigènes licenciés pour inaptitude physique, sur les fonds provenant de la retenue faite aux hommes punis de prison, *B. C.*, p. 229.

Secrétaire archiviste dans les places.

4 oct. 1891 Service des places, art. 30. Tenue des archives, *B. G.*, E. R., vol. 75.

Secrétaire de la commission des ordinaires.

22 avril 1905 Règl. sur les ordinaires, art. 17. Désignation, *B. G.*, E. M., vol. 7.

Secrétaires d'état-major.

18 juin 1901 Inst. Organisation de la section de secrétaires d'état-major coloniaux. Cadres. Administration. Relève. Rapatriement. Recrutement. Avancement. Insignes, *B. G.*, 2° sem., p. 47; *B. C.*, p. 534; *B. G.*, vol. spl., T. C., p. 162; art. 2, modif. 15 décembre 1903, *B. G.*, p. 1828; art. 9 et 10, modif. 27 juillet 1904, *B. G.*, p. 1280; art. 8, modif. 22 février 1905, *B. G.*, p. 147.
21 déc. 1901 Circ. Les secrétaires d'état-major et des bureaux de recrutement n'ont pas droit aux indemnités de travail, *B. C.*, p. 1154.
10 sept. 1903 Décr. réorganisant l'infanterie coloniale, art. 4 et tableau 3, *B. C.*, p. 820.
25 déc. 1903 Circ. Répartition du personnel aux colonies, *B. C.*, p. 1239.

Secrétaires généraux des colonies.

21 mai 1893 Décr. Création des secrétariats généraux aux colonies, *B. C.*, p. 364.
11 oct. 1905 Décr. Conditions de nomination à l'emploi de secrétaire général des colonies, *B. C.*, p. 1088; modif. 20 janvier 1906, *B. C.*, p. 23.

Sections.

(Voir : *Commis et ouvriers militaires d'administration. — Infirmiers militaires. — Secrétaires d'état-major. — Télégraphistes coloniaux.*)

Sections de discipline.

(Voir : *Compagnies de discipline.*)

Section d'études du Comité consultatif de défense des colonies.

29 juill. 1902 Décr., art. 7. Organisation. Fonctionnement, *B. C.*, p. 674.

Sections hors rang.

20 oct. 1892 Service intérieur : Inf., art. 197. Petit état-major et section hors rang, *B. G.*, E. R., vol. 78.

Section technique des troupes coloniales.

31 juill. 1883 Décr. Composition et attributions des sections techniques, *B. G.*, E. R., vol. 61, p. 95; modif. 22 mars 1901, *B. G.*, p. 523.
22 mars 1901 Décr. Création de la section technique des troupes coloniales, *B. G.*, p. 523.
23 juill. 1906 Composition : 1 officier supérieur, 4 capitaines, *B. G.*, p. 1081.

Séjour colonial.

(Voir : *Tour de service colonial.*)

30 déc. 1903 Décr., art. 4, Durée du séjour colonial des officiers et assimilés. Art. 15, sous-officiers; art. 26, brigadiers, caporaux et soldats, *B. C.*, p. 1234.

Sénat.

24 févr. 1875 Loi relative à l'organisation du Sénat, *B. M.*, p. 261; *B. M.*, R., p. 567.
2 août 1875 Loi. Élection des sénateurs, *J. M.*, p. 95.
9 déc. 1884 Loi modifiant celles ci-dessus, *J. M.*, p. 861.

Sépulture.

6 déc. 1903 Les frais de sépulture dans les places où il n'existe pas d'établissements hospitaliers sont à la charge de la masse générale, *B. G.*, vol. spl., T. C., p. 228.

Sergent.

20 oct. 1892 Service intérieur : Inf., *B. G.*, E. R., vol. 78.

Art. 146, sergent; art. 147 à 153, sergent de section; art. 154 à 162, sergent de semaine; art. 163 à 168, fourrier; art. 211, garde magasin et secrétaires; art. 135 à 145, sergent-major (voir : Prêt).

Serges.

6 déc. 1903 Achat au compte de la masse générale des crêpes et serges pour les cérémonies funèbres, *B. G.*, vol. spl., T. C., p. 228.

Serment.

20 déc. 1851 Prestation de serment. Exécution de la loi du 22 juin 1851, *B. G.*, E. R., vol. 64, p. 108.
11 sept. 1870 Décr. relatif au serment professionnel des nouveaux fonctionnaires, *B. G.*, E. M., vol. 85, p. 181.

Serment (suite).

1er févr. 1876 Circ. Prestation de serment des officiers d'administration d'artillerie et des gardiens de batterie, *B. G., E. M.*, vol. 79, p. 3.

29 mars 1876 Circ. Les frais de prestation de serment des officiers d'administration et gardiens de batterie sont à la charge des intéressés, *B. G., E. M.*, vol. 79, p. 5.

27 sept. 1876 Note relative aux frais de prestation de serment des divers agents du Département de la guerre astreints à cette formalité par les lois et règlements en vigueur, *B. G., E. M.*, vol. 85, p. 135.

24 juin 1887 Note relative à la prestation de serment des gardes d'artillerie, adjoints du génie, portiers-consignes et gardiens de batterie, *B. G., E. M.*, vol. 85, p. 137.

29 mai 1903 Art. 5 et 6. Serment imposé aux militaires de la gendarmerie, *B. G., E. M.*, vol. 89, p. 5.

Serrurerie.

6 juill. 1899 Inst. technique pour l'exécution des travaux de réparation et d'entretien du casernement par les corps occupants en France, art. 3, *B. G., E. R.*, vol. 51 bis, p. 19.

16 oct. 1903 Inst. technique pour l'exécution des travaux de réparation et d'entretien du casernement par les corps occupants aux colonies, art. 3, *B. C.*, vol. spl., p. 901.

Service auxiliaire.

21 mars 1905 Loi sur le recrutement, art. 18, 19, 49, *B. C.*, p. 359; *B. G.*, p. 263; *B. G., E. M.*, vol. 68-1.

25 août 1906 Circ. Instruction à donner aux hommes du service auxiliaire, *B. G.*, p. 1149.

10 sept. 1903 Circ. Tenue des hommes des services auxiliaires, *B. G.*, p. 1214.

Service colonial dans les ports de commerce.

13 juin 1889 Décr. constituant un service colonial dans les quatre ports de commerce du Havre, de Nantes, de Bordeaux et de Marseille, *B. C.*, p. 611; *B. M.*, 2e sem., p. 311.

1 janv. 1902 Déc. prés. Indemnité de résidence de 800 francs par an aux commissaires de 2e et de 3e classes dans les ports, *B. C.*, p. 11.

13 mai 1903 Décr. Frais de service et abonnements pour frais de bureau, chauffage et éclairage alloués aux chefs du service colonial des ports de commerce, *B. C.*, p. 526.

18 juill. 1903 Déc. prés. Réorganisation du service médical. Suppression des indemnités aux médecins militaires affectés à ce service, *B. C.*, p. 642.

Service courant.

15 sept. 1901 Inst. sur le service courant, *B. G., E. R.*, vol. 74; err., *B. G.*, 1901, 2e sem., p. 993, 1074, 1122; modif. 19 novembre 1901, *B. G.*, p. 1209; 31 juillet 1902, *B. G.*, p. 1618; 19 mars 1901, *B. G.*, p. 368; 12 novembre 1902, *B. G.*, p. 2209 (1).

---

(1) Les autres modifications sont portées à leur titre dans le corps du volume.

Service de santé à l'intérieur.

23 nov. 1889 Règl. sur le service de santé de l'armée à l'intérieur, *B. G.*, E. M.,
vol. 80; modif. 31 mars 1903, *B. G.*, p. 392; err., *B. G.*, 1904, p. 76;
modif. 22 août 1904, *B. G.*, p. 1113; 22 octobre 1904, *B. G.*, p. 1361;
6 janvier 1906, *B. G.*, p. 17.

Art. 1 à 8. Organisation générale du service.
9 à 30. Directions dans les corps d'armée.
33. Action du contrôle de l'armée.
34. Fonctionnement du service dans les corps de troupe.
35 à 97. Infirmeries régimentaires (art. 83 et 84, modif. 6 janvier
1906, *B. G.*, p. 17).
98 à 105. Infirmeries-hôpitaux.
106 à 127. Dépôts de convalescents.
128 à 131. Service de santé dans les hôpitaux militaires, art.
274 *bis*; voir : 29 août 1904 ci-après.
232 à 354. Dispositions spéciales aux eaux minérales et aux bains
de mer.
355 - 356. Hôpitaux annexes.
357 à 372. Bâtiments et locaux.
373 à 450. Matériel.
451 à 452. Effets des militaires décédés ou évadés, appartenant à
l'Etat.
453 à 462. Effets et valeurs appartenant aux successions.
463 à 472. Dépenses.
473 à 510. Comptabilité.
511 - 512. Archives.
513 à 519. Surveillance du service dans les hôpitaux militaires.
520 à 550. Service de santé dans les hôpitaux mixtes et dans certains établissements spéciaux.
551 à 556. Matériel de mobilisation du service de santé.
557 à 570. Magasins d'approvisionnement du service de santé et
pharmacies régionales.

Notice 2. Indemnités à allouer aux médecins civils requis, *B. G.*, E.
M., vol. 80, p. 198.
3. Sur la pratique de la vaccination et de la revaccination
dans l'armée, *B. G.*, E. M., vol. 80, p. 203.
4. Visites dans les corps de troupe et les établissements militaires, *B. G.*, E. M., vol. 80, p. 232; modif. 3 avril 1903,
B. G., p. 398; 23 octobre 1904, *B. G.*, p. 1563.
5. Certificats que les médecins militaires sont appelés à établir, *B. G.*, E. M., vol. 80, p. 256.
6. Organisation des infirmiers et brancardiers régimentaires
et des brancardiers d'ambulance, *B. G.*, E. M., vol. 80,
p. 283.
7. Désinfections, *B. G.*, E. M., vol. 80, p. 292.
9. Inst. pour le blanchissage du linge et des couvertures de
laine, *B. G.*, E. M., vol. 80, p. 312.
10. Du 30 juin 1903. Comptabilité, *B. G.*, p. 1157; err., *B. G.*,
1904, p. 98; modif. 23 octobre 1904, *B. G.*, p. 1563.
14. Remboursement des frais de traitement. *B. G.*, E. M., vol.
80, p. 375; modif. 30 juin 1903, *B. G.*, p. 990.
15. Voir : Aliénés.
18. Usage des eaux minérales naturelles et des bains de mer.
B. G., E. M., vol. 80, p. 408; err., *B. G.*, 1903, p. 1416;
B. G., 1905, p. 251; modif. 8 février 1906, *B. G.*, p. 146.
20. Loi du 12 juillet 1873. Envoi et traitement aux frais de
l'Etat dans les établissements d'eaux minérales des anciens militaires et marins blessés ou infirmes, *B. G.*,
E. M., vol. 80, p. 423.
26. Cessions remboursables et imputations, *B. G.*, E. M., vol.
80, p. 442; modif. 6 janvier 1906, *B. G.*, p. 18; err.,
B. G., 1906, p. 53.
32. Inst. pour les cas d'empoisonnement, *B. G.*, E. M., vol. 80,
p. 503.
33. Nomenclature des dépenses à faire au compte de la masse
d'infirmerie, *B. G.*, E. M., vol. 80, p. 507; modif. 6 janvier 1906, *B. G.*, p. 18.
34. Entretien, conservation et renouvellement des approvisionnements de réserve, *B. G.*, E. M., vol. 80, p. 509.
35. Etude des eaux potables, *B. G.*, E. M., vol. 80, p. 518.

Service de santé à l'intérieur (suite).

Notice 36. Du 23 mars 1901. Application de la loi du 15 février 1902
relative à la protection de la santé publique, *B. G.*,
p. 123.

16 déc. 1899 Circ. Application aux troupes de la marine du titre 2 du règl. du
25 novembre 1889 et de la notice 10, chapitre 2, *B. M.*, p. 1013.

16 mai 1899 Circ. Application aux troupes de la marine dans les colonies des
chapitre 1er, sections 1 à 3 et chapitre 2 du titre 2 du règl. du
25 novembre 1889, sur le service de santé à l'intérieur, *B. C.*, p. 129;
B. M., p. 845.

25 févr. 1901 Circ. Mode de remboursement des dépenses résultant du traitement
dans les établissements hospitaliers de la guerre des militaires des
T. C. et des cessions faites à ces troupes par le service de santé,
B. G., p. 265.

29 août 1901 Décr. fixant les conditions dans lesquelles les malades peuvent sortir
des hôpitaux avant complète guérison, *B. G.*, p. 1113.

Service de santé colonial.

(Voir: *Approvisionnements de guerre.* — *Corps de santé des troupes
coloniales.* — *Laïcisation.* — *Régime alimentaire des hôpitaux.* —
Service de santé à l'intérieur, 16 mai 1900.)

2 juin 1891 Circ. Les achats d'aliments légers et de menues denrées doivent faire
l'objet d'un marché, *B. C.*, p. 417.

7 mai 1895 Circ. Envoi immédiat des médicaments et articles divers destinés aux
hôpitaux, *B. C.*, p. 433.

4 mars 1896 Dép. Les déclarations de naissance sont faites dans les hôpitaux coloniaux par les mêmes autorités que les déclarations de décès.

10 mars 1897 Arr. Règlement sur le fonctionnement du service dans les hôpitaux
coloniaux.

Objet du service.

Personnel. — Attributions : Chef du service de santé. Médecins chefs.
Médecins en sous-ordre. Pharmaciens. Religieuses. Aumôniers. Personnel administratif. Commis aux entrées. Gestionnaire. Médecin
résidant. Infirmiers. Gens de service.

Exécution du service. — Admissions. Alimentation. Mobilier des salles. Évacuations. Rapatriements. Cessions de bains et de médicaments. Délivrances aux médecins et pharmaciens résidents. Dons.
Bâtiments et locaux. Matériel. Prix de remboursement de la journée d'hôpital. Attributions du service du commissariat, *B. C.*, p. 178.

Notice A. Régime alimentaire, *B. C.*, p. 370.
B. Pièces à produire, *B. C.*, p. 387.

10 mars 1897 Circ. Application de l'arrêté du même jour, *B. C.*, p. 176.

23 déc. 1897 Circ. Renseignements à fournir aux médecins des bâtiments qui ra-
patrient des malades convalescents, *B. C.*, p. 1228.

11 mars 1898 Circ. Surveillance administrative des comptables des hôpitaux, *B. C.*,
p. 156.

11 juin 1898 Circ. Allocations à attribuer aux officiers et militaires évacués d'une
formation sanitaire sur une autre, *B. C.*, p. 461.

16 nov. 1899 Circ. Évaluer approximativement les objets hors marché compris dans
les demandes du service hospitalier, *B. C.*, p. 1382.

17 juill. 1902 Circ. Les états de frais de traitement du personnel de la marine dans
les hôpitaux coloniaux doivent être soumis au visa du comman-
dant de la marine, *B. C.*, p. 658.

3 nov. 1903 Inst. Application du décret du 26 mai 1903 (groupement des forces militaires). Fonctionnement du service de santé dans les colonies autres que les colonies principales, *B. C.*, p. 923.

4 nov. 1903 Décr. Organisation du service de santé colonial, *B. C.*, p. 927; *B. G.*,
p. 1627.

Art. 1. Services de santé coloniaux.
2. Personnel des services militaires et des services généraux du
Département des colonies.
3. Personnel hors cadre.

Service de santé colonial (suite).

DOCUMENTS TECHNIQUES.

(Voir : *Statistique médicale*.)

Service de santé en campagne.

Service de santé en campagne *(suite)*.

Services des armees en campagne.

Service des étapes.

25 avril 1900 Inst. sur le service des étapes, *B. G., E. M.*, vol. 1006, p. 17.

Service des places.

22 janv. 1883 Circ. Suppression des factionnaires fournis au Trésor dans les colonies, *B. M.*, p. 101.

4 oct. 1891 Décret sur le service dans les places de guerre et les villes ouvertes, *B. G., E. R.*, vol. 75; appliqué aux troupes de la marine par circ. du 27 octobre 1891, *B. M.*, p. 731; modif. art. 217, 260, 291, 320, 27 janvier 1900, *B. G.*, p. 103; *B. M.*, p. 260; art. 8, 29 août 1901, *B. G.*, p. 1368; art. 217 et 260, 7 mars 1903, *B. G.*, p. 411; art. 205 à 214, 1er mai 1906, *B. G.*, p. 576; art. 216, 217, 253, 260, 277 et 283, 19 juillet 1906, *B. G.*, p. 909.

Art.   1.   Places de guerre.
2 à 8.   Classement des places de guerre et villes ouvertes. Droit au commandement.
9.   Etat de paix.
10 à 12.   Commandant supérieur de la défense. Adjoint au commandant supérieur. Gouverneurs désignés.
13.   Commission de défense.
14.   Archives des places.
15.   Moyens d'information des commandants supérieurs et des gouverneurs désignés.
16 à 23.   Commandants d'armes.
24 à 27.   Major de garnison. Officiers et sous-officiers adjoints au major.
29.   Adjudants de garnison.
30.   Tenue des archives.
31 à 33.   Rapports du commandant d'armes avec les autorités militaires.
34 à 38.   De l'arrivée des troupes et de leur établissement dans la place.
39 à 55.   Service des troupes dans les places de guerre et villes ouvertes.
56 à 84.   Service des gardes dans leur poste. Devoirs des chefs de postes.
85 à 91.   Service des gardes dans leur poste. Devoirs des sentinelles.
92 - 93.   Du mot et de la retraite.
94 à 106.   Patrouilles, rondes et visite des postes.
107 à 122   Police militaire dans les places.
123 à 125.   Punitions.
126 à 128.   Conseils de guerre et exécutions.
129 à 131.   Surveillance du commandant d'armes sur le casernement.
132 à 134.   Surveillance du commandant d'armes sur les corps de garde.
135 à 141.   Surveillance du commandant d'armes sur les hôpitaux.
142 à 151.   Surveillance du commandant d'armes sur les prisons militaires.
152 à 158.   Conservation du domaine militaire et des fortifications.
159 à 163.   Troupes en route.
164 à 174.   Rapports du commandant d'armes avec les autorités civiles.
175 à 177.   Commandement et service dans les citadelles, forts, châteaux et postes militaires.
178 à 188.   Service et police dans l'état de guerre.
189 - 190.   Déclaration de l'état de siège.
191 à 194.   Service et police dans l'état de siège.
195 à 197.   De la défense.
198 - 199.   Conseil de défense.
200 à 204.   Comité de surveillance des approvisionnements de siège.
205 à 214.   Service de la trésorerie dans les places de guerre, modif. 1er mai 1906, *B. G.*, p. 576.
215 à 218.   Conseils d'enquête.
219 à 245.   Rapports entre l'autorité militaire et l'autorité maritime dans les places qui sont ports militaires.

Service des places (*suite*).

Art. 246 à 251. Rangs et préséances dans les armées de terre et de mer.
252 à 318. Honneurs militaires.

27 oct. 1891 — Diminution du nombre des hommes distraits du service régimentaire.
Service de place. Gardes de police. Plantons. Travailleurs en ville,
B. G., E. R., vol. 62, p. 120; appliqué aux troupes de la marine,
8 janvier 1892, B. C., p. 159; B. M., p. 10.

16 avril 1891 — Réduction des non-valeurs dans les corps de troupe. Surveillance des
officiers généraux, B. G., E. R., vol. 62, p. 130.

16 mars 1898 — Circ. Délivrance de cartouches libres aux factionnaires, B. G., E. R.,
vol. 75, p. 172.

22 avril 1898 — Décret. Attributions des commandants supérieurs de la défense, B. G.,
E. R., vol. 62, p. 287; modif. 31 juillet 1902, B. G., p. 1641; 9 octobre 1902, B. G., p. 1981; et inst. du 1 mai 1898, B. G., E. R., vol. 62,
p. 290; modif. 9 octobre 1902, B. G., p. 1987.

2 août 1901 — Circ. Ordre de bataille des troupes coloniales, B. C., p. 768.

Services des subsistances.

(Voir : *Masse de ravitaillement. — Subsistances*.)

22 août 1899 — Inst. sur le service des subsistances militaires en campagne, B. G.,
E. R., vol. 91, p. 3.

11 juin 1900 — Inst. sur le service des subsistances militaires en temps de paix, B. G.,
E. R., vol. 91; modif. art. 501 et 511, 6 août 1901; art. 513, 526, 532
(remboursement des vivres cédés aux T. C.), 7 décembre 1901, B. G.,
p. 1158; art. 387 et 415, 6 mai 1902 B. G., p. 963; annexe 5, 18 mai
1902, B. G., p. 1755; art. 532, 5 septembre 1902, B. G., p. 1880; 4 décembre 1903 (droit aux distributions remboursables), B. G., p. 1773;
art. 82, 387, mod. 67, 22 septembre 1905, B. G., p. 1464.

Art.   1 à 8. Objet et organisation du service.
    9 à 26. Personnel d'exécution.
  27 à 49. Bâtiments et locaux.
  50 à 62. Moyens d'approvisionnement de la gestion directe.
  63 à 73. Des réceptions.
  74 à 77. Manutention. Conservation.
  78 à 97. Distributions.
  98 - 99. Prêts et dépôts de matériel.
100 à 122. Versements d'un magasin sur un autre. Expéditions.
123 à 130. Déchets, pertes et avaries.
131 à 144. Existants en magasin.
145 à 151. Classement hors de service. Réforme.
152 - 153. Ventes.
151 - 155. Destruction du matériel qui ne peut être vendu.
156 à 161. Droits de douane, de régie et d'octroi.
162 à 172. Remises et reprises de service. Gestions intérimaires.
173 à 181. Matériel.
182 à 285. Service des vivres exécuté en gestion directe.
286 à 298. Service des vivres exécuté à l'entreprise.
299 à 331. Service des fourrages exécuté en gestion directe.
335 à 341. Service des fourrages exécuté à l'entreprise.
342 à 351. Chauffage et éclairage.
352 à 356. Surveillance du service. Visite des magasins. Inspec-
    tions générales.
    337.   Comptabilité.
358 à 440. Comptabilité en deniers.
441 à 497. Comptabilité en matières.
498 à 511. Comptabilité des distributions et des cessions.
    515.   Réglementation relative aux manœuvres.

Annexe 5. Tarifs des allocations en nature, modif. 18 mai 1902, B. G.,
p. 1755; 21 juillet 1905, B. G., p. 1081.
Annexe 6. (Voir : *Poids et mesures*.)

Notices concernant l'exécution des différentes branches du service des
subsistances militaires, B. G., E. R., vol. 92 et 93.

Service d'état-major.

(Voir : État-major.)

Service géographique.

21 mai 1887 Décret. Réorganisation du service géographique, *B. G.*, E. R., vol. 61, p. 41; modif. 26 avril 1901, *B. G.*, p. 680.

29 mai 1901 Inst. relative à la désignation d'officiers des T. C. pour l'accomplissement d'un stage au service géographique de l'armée, *B. G.*, p. 821; *B. G.*, vol. spl., T. C., p. 118.

15 sept. 1901 Service courant, art. 131. Propositions pour le service géographique, *B. G.*, E. R., vol. 74.

Service intérieur.

(Voir : Gendarmerie. — Rengagés.)

1er juill. 1889 Déc. relative à des questions de discipline générale concernant les sous-officiers rengagés ou commissionnés mariés et autorisés à loger en ville, *B. G.*, E. R., vol. 78, p. 651.

27 nov. 1889 Circ. Production aux directeurs des contributions indirectes d'un relevé trimestriel des livraisons de liquides faites par des fournisseurs aux corps de troupe, *B. G.*, E. R., vol. 78, p. 687.

20 oct. 1892 Service intérieur des corps de troupes, infanterie, cavalerie, artillerie (1), *B. G.*, E. R., vol. 78.
Modèles, *B. G.*, E. R., vol. 79.

27 mars 1893 Circ. Application aux troupes de la marine des décrets du 20 octobre 1892 sur le service intérieur de l'infanterie et de l'artillerie, *B. M.*, p. 415; *B. C.*, p. 212.

9 oct. 1905 Circ. Éducation morale et intellectuelle du soldat, *B. G.*, p. 1523.

17 juill. 1906 Circ. relative au service des employés dans les corps de troupe, *B. G.*, p. 809.

Service marine.

31 déc. 1892 Décret. Organisation du service administratif de la marine aux colonies, *B. M.*, p. 666; *B. C.*, 1893, p. 271.

15 avril 1893 Inst. pour l'application du décret ci-dessus, *B. M.*, p. 458; *B. C.*, p. 274; erratum, *B. M.*, p. 671.

13 janv. 1906 Décret. L'administration du personnel entretenu de la marine et l'ordonnancement de toutes les dépenses de ce département en Cochinchine passent au commissaire de l'arsenal, *B. C.*, p. 13.

Services militaires.

(Voir : Inscription des services.)

11 août 1883 Déc. déterminant le point de départ de la reprise du service pour les militaires libérés ou graciés, *B. G.*, E. M., vol. 59-4, p. 101.

28 déc. 1895 Art. 10 à 16. Réservistes. Décompte des services. Déductions par suite de condamnations, *B. G.*, E. R., vol. 71; et inst. du 7 avril 1906, art. 8 à 19.

11 mai 1901 Circ. Décompte des services des officiers de réserve et de l'armée territoriale anciens élèves de certaines écoles (polytechnique, école d'application du service de santé, écoles vétérinaires), *B. C.*, p. 775.

21 mars 1905 Loi sur le recrutement, *B. C.*, p. 359; *B. G.*, p. 263; *B. G.*, E. M., vol. 68-1.

3 nov. 1905 Tableaux indiquant les dates d'appel et de licenciement des vingt classes antérieures à la classe 1881 et des classes postérieures à la classe 1898, *B. G*, p. 1668.

---

(1) Les modifications aux décrets sur le service intérieur sont portées à leur rubrique dans le corps du volume.

Service vélocipédique.

(Voir : *Bicyclettes.* — *Tenue.*)

11 nov. 1895   Circ. Application aux troupes de la marine de l'inst. (guerre) sur le service vélocipédique, *B. M.*, p. 811.

2 mars 1896   Circ. Instruction à donner aux vélocipédistes des corps d'infanterie, *B. G.*, E. M., vol. 86 *ter*, p. 13; appliquée à l'infanterie de marine, 15 avril 1896, *B. M.*, p. 718.

30 sept. 1901   Description des uniformes, art. 372 à 374. Effets spéciaux aux vélocipédistes, *B. G.*, vol. spl., T. C., p. 201.

6 déc. 1901   Achat au compte de la masse générale d'entretien des effets spéciaux aux vélocipédistes, *B. G.*, vol. spl., T. C., p. 226.

8 juill. 1901   Circ. Taxe sur les vélocipèdes détenus par les corps ou appartenant à des particuliers et utilisés pour le service, *B. G.*, E. M., vol. 86 *ter*, p. 3.

29 mai 1905   Inst. sur l'organisation et l'emploi du service vélocipédique dans l'armée, *B. G.*, E. M., vol. 86 *ter*, p. 7; modif. art. 41, 3 octobre 1905, *B. G.*, p. 1198; 23 octobre 1905, *B. G.*, p. 1615; art. 24, 30 juin 1906, *B. G.*, p. 859.

Service vétérinaire.

(Voir : *Hygiène des chevaux.*)

29 oct. 1892   Service intérieur. Inf., art. 249 à 265. Service dans les corps d'infanterie. Artil., art. 73 à 91. Attributions et service des vétérinaires, *B. G.*, E. R., vol. 78.

11 mars 1890   Décret portant règlement sur le service vétérinaire de l'armée, *B. G.*, E. R., vol. 84, p. 3.

15 août 1898   Inst. résumant les dispositions en vigueur qui régissent le service vétérinaire, *B. G.*, E. R., vol. 84, p. 11; modif, 22 mai 1906, *B. G.*, p. 851.

27 avril 1899   Circ. Achat de médicaments vétérinaires et de récipients par les corps de troupe, *B. G.*, E. R., vol. 84, p. 437.

1er avril 1902   Circ. prescrivant aux conseils d'administration des corps de troupe de recourir de préférence aux vétérinaires de réserve ou de l'armée territoriale pour les soins à donner aux chevaux de l'armée dans les places où il n'y a pas de vétérinaires militaires, *B. G.*, p. 406.

29 juill. 1901   Circ. Inspection des chevaux d'infanterie, *B. G.*, p. 1284; err., *B. G.*, p. 1377.

9 déc. 1901   Inst., titre 3. Fonctionnement du service vétérinaire dans les corps de troupe et dépôts de remonte aux colonies, *B. C.*, p. 1253.

    Art. 37 à 44. Infirmeries vétérinaires des corps montés.
    45 à 51. Infirmeries vétérinaires des dépôts de remonte.
    52 - 53. Garnisons où n'existe pas de dépôt de remonte.
    54 - 55. Montures non réglementaires des officiers. Animaux appartenant aux services publics ou aux particuliers.
    56 à 58. Approvisionnements des infirmeries vétérinaires.

Serviette.

30 sept. 1903   Description des uniformes, art. 452, *B. G.*, vol. spl., T. C.

Servitudes militaires.

(Voir : *Places de guerre.*)

17 juill. 1819   Loi. Servitudes imposées à la propriété pour la défense de l'Etat, *B. G.*, E. R., vol. 48, p. 141.

21 nov. 1833   Circ. Dispositions à prendre pour empêcher que le domaine militaire ne soit grevé de servitudes susceptibles d'être acquises par prescription, *B. G.*, E. R., vol. 48, p. 539.

10 août 1853   Décr. Servitudes imposées à la propriété autour des fortifications, *B. M.*, p. 877; *B. M. R.*, p. 1082; *B. G.*, E. R., vol. 48, p. 147.

Signalements.

(Voir : *Désertion et insoumission.*)

Signaleurs.

18 juin 1892 Circ. Suppression des signaleurs dans l'infanterie de marine, *B. M.*, p. 771.

29 mai 1903 Décr., art. 2. Les dépenses des signaleurs sont à la charge de la masse des écoles, *B. G.*, E. M., vol. 2, p. 6.

Signatures.

(Voir : *Légalisations.*)

8 oct. 1836 Arr. Signature des actes de l'état civil relatifs aux militaires et des certificats de légalisation de pièces, *B. G.*, E. R., vol. 10, p. 80.

30 mars 1838 Lettre. Invitation à tous les fonctionnaires et agents du département de la marine d'écrire lisiblement leur signature, *A. M.*, p. 531; *B. M. R.*, p. 430.

27 déc. 1811 Ordre prescrivant aux officiers, fonctionnaires et agents du département de la guerre de signer d'une manière lisible les pièces et actes sur lesquels ils ont à apposer leur signature, *B. G.*, E. R., vol. 10, p. 83.

8 juill. 1866 Interdiction de l'usage des griffes pour remplacer les signatures, *B. G.*, E. R., vol. 10, p. 87.

14 janv. 1869 Règl. financier (colonies), art. 95. La signature des ordonnateurs secondaires est au moment de leur entrée en fonctions accréditée auprès des agents du Trésor, vol. spl.

3 avril 1869 Règl. financier (guerre), art. 111. La signature des ordonnateurs secondaires est au moment de leur entrée en fonctions accréditée auprès des agents du Trésor, *B. G.*, E. M., vol. 24, p. 41.

8 sept. 1869 Circ. Signatures types des fonctionnaires chargés des légalisations, *B. M.*, p. 140; *B. M.*, p. 500.

7 mars 1887 Circ. Envoi des signatures types à l'administration des colonies, *B. C.*, p. 89; et circ. des 21 août 1889, *B. C.*, p. 825; 4 décembre 1889, *B. C.*, p. 1501; 20 avril 1893, *B. C.*, p. 329.

Situations administratives.

20 oct. 1892 Service intérieur. Inf., art. 216; Artil., art. 251. Situation et rapport journalier, *B. G.*, E. R., vol. 78.

16 oct. 1903 Règl. sur les directions d'artillerie coloniales, *B. C.*, vol. spl., p. 85.

    Art. 69. Situations administratives mensuelles.
       71. Situations administratives trimestrielles.

26 mai 1904 Décret sur la solde et les revues (France), art. 95, 98 à 101, *B. G.*, vol. spl., T. C., p. 118.

16 janv. 1905 Inst. sur la comptabilité-matières (colonies), art. 337 à 343. Situations administratives, mensuelles et trimestrielles, *B. C.*, p. 218.

8 juill. 1905 Inst. sur le fonctionnement administratif du service de santé colonial, art. 19, 20, 33 et 34, *B. C.*, p. 1377.

Situations d'effectifs.

(Voir : *Mutations. — Non-activité. — Situation de la force armée.*)

9 mai 1891 Circ. Renseignements à fournir sur les effectifs des garnisons coloniales. Situations mensuelles, *B. C.*, 1893; p. 156; et circ. du 4 février 1893, *B. C.*, p. 155.

Situations d'effectifs (*suite*).

3 oct. 1894 Inst. donnant les règles à suivre pour l'Établissement de la situation mensuelle n° 1 des corps de troupe, *B. G.*, E. R., vol. 87, p. 3 ; modif. 6 mars 1901, *B. G.*, p. 107 ; 27 janvier 1902, *B. G.*, p. 196 ; 6 février 1903, *B. G.*, p. 86 ; 15 mai 1886, *B. G.*, p. 656.

29 août 1901 Circ. Établissement par les corps de troupe coloniaux stationnés en France de situations mensuelles modèle 1, *B. G.*, p. 868.

7 nov. 1902 Circ. Modification à la situation A C prescrite par la circ. du 29 août 1901. Suppression de la situation A. Situation B. Rapport mensuel, *B. G.*, p. 2128.

8 déc. 1901 Circ. relative à l'envoi des situations mensuelles d'effectif, *B. G.*, p. 1767.

Situation de la force armée.

27 nov. 1902 Circ. Établissement aux colonies, *B. C.*, p. 1187.

20 avril 1900 Circ. La situation ne sera plus fournie qu'en une seule expédition adressée au bureau militaire, *B. C.*, p. 382.

Situation de l'armement.

30 août 1881 Règl., art. 50. Situation à adresser au Ministre de la guerre, *B. G.*, E. R., vol. 19.

28 déc. 1903 Règl. sur l'armement aux colonies, art. 42. Situations semestrielles à fournir par les corps.

Situation semestrielle des principaux approvisionnements de réserve.

16 oct. 1903 Règl. sur les directions d'artillerie coloniales, art. 123, *B. C.*, vol. spl., p. 110.

8 juill. 1905 Inst. sur le fonctionnement administratif du service de santé colonial, art. 23, 36, *B. C.*, p. 1356.

Société française de tempérance.

15 sept. 1901 Service courant, art. 270. Propositions pour les récompenses décernées par la société, *B. G.*, E. R., vol. 74.

Société militaire d'escrime pratique.

22 févr. 1901 Circ. Création, *B. G.*, p. 141.

Société nationale d'encouragement au bien.

15 sept. 1901 Service courant, art. 282. Propositions pour des récompenses en faveur des militaires de la gendarmerie, *B. G.*, E. R., vol. 74.

Sociétés.

27 mai 1895 Circ. relative aux règles à suivre pour les militaires en ce qui concerne les associations ou sociétés quelconques, *B. G.*, E. R., vol. 31, p. 3, complétée 13 novembre 1901, *B. G.*, p. 1649.
11 nov. 1905 Circ. Application pour les troupes des garnisons coloniales de la circ. du 15 novembre 1901 complétant celle du 27 mai 1895, *B. C.*, p. 1221, *B. G.*, p. 1702.

SOCIÉTÉS DONT LES MILITAIRES DE L'ARMÉE ACTIVE SONT AUTORISÉS A FAIRE PARTIE.

DATES DES AUTORISATIONS.	DÉSIGNATION DES SOCIÉTÉS.	PERSONNELS auxquels s'applique l'autorisation.	CONDITIONS de l'autorisation.
7 janvier 1887 *B. G.*, E. M., vol. 31 *bis*, p. 61.	Union des officiers d'instruction publique et d'académie.	Personnes relevant du Département de la guerre	Etre décoré des palmes universitaires.
23 avril 1887 Id. p. 23	Association française de topographie, de gymnastique et de tir. '	Les officiers peuvent être autorisés à prêter leur concours.	Les cours ne doivent pas entraver le service et être facultatifs et gratuits.
13 mai 1887 Id. p. 57	Société de topographie de France.	Les officiers peuvent prêter leur concours.	
27 mars 1889 Id. p. 28	Club alpin français.	Officiers.	
17 avril 1889 Id. p. 22	Association créole.	Id.	
2 mai 1889 Id. p. 4	L'Alliance française.	Id.	
11 mai 1889 Id. p. 32	Société contre l'abus du tabac.	Membres de l'armée.	
17 juillet 1889 Id. p. 59	Société des Touristes du Dauphiné.	Officiers.	
30 août 1889 Id. p. 55	Le Souvenir français.	Id.	
19 décem. 1890 *B. M.*, p. 785....			
30 août 1890 *B. G.*, E. M., vol. 31 *bis*, p. 8.	Association amicale coopérative des officiers de terre et de mer.	Officiers et assimilés.	
15 septem. 1890 *B. M.*, p. 316....			
8 février 1893 *B. G.*, E. M., vol. 31 *bis*, p. 33.	Croix-Verte française (ancienne association tonkinoise).	Militaires de tous grades.	
23 novemb. 1893 Id. p. 45	La Sabretache.	Officiers et assimilés.	
22 janvier 1895 *B. M.*, p. 74.....			
19 avril 1895 *B. G.*, E. M., vol. 31 *bis*, p. 58.	Touring-Club de France.	Id.	
25 avril 1895 *B. M.*, p. 629....			
28 juin 1895 *B. G.*, E. M., vol. 31 *bis*, p. 41.	Groupe parisien des Anciens Elèves de l'Ecole Polytechnique.	Officiers issus de l'Ecole.	
25 juillet 1895 Id. p. 63	Union vélocipédique de France.	Officiers et assimilés.	
29 juillet 1895 *B. M.*, p. 240....			
22 février 1897 *B. G.*, E. M., vol. 31 *bis*, p. 32.	Société contre l'usage des boissons spiritueuses, 5, rue de Pontoise, Paris.	Membres de l'armée.	
29 octobre 1897 *B. M.*, p. 529....			
28 mars 1898 *B. G.*, E. M., vol. 31 *bis*, p. 30.	Comité de Madagascar, 44, rue de la Chaussée-d'Antin, Paris.	Officiers.	
21 février 1899 *B. M.*, p. 321, *B. C.*, p. 415.			
21 juillet 1898 *B. G.*, E. M., vol. 31 *bis*, p. 30.	Comité Dupleix, 26, rue de Grammont, Paris.	Id.	
3 septem. 1898 *B. M.* p. 381.....			
29 août 1898 *B. G.*, E. M., vol. 31 *bis*, p. 36.	Société de protection des engagés volontaires élevés sous la tutelle administrative.	Id.	
26 juin 1899 Id. p. 28	Club Cévenol, 5, rue Las-Cases, Paris.	Id.	
18 août 1899 Id. p. 42	Société de l'Histoire de France.	Id.	
27 décemb. 1899 Id. p. 47	Ligue fraternelle des Enfants de France.	Officiers et militaires de tous grades.	
2 mars 1900 Id. p. 62	Union des Sociétés françaises de sports athlétiques.	Militaires en activité.	
26 mars 1900 Id. p. 37	L'Enseignement pratique, 284, boulevard Raspail, Paris.	Officiers et assimilés.	
29 juin 1900 Id. p. 49	Société nationale de tir des communes de France, d'Algérie et des colonies, 42, rue du Louvre, Paris.	Id.	
19 avril 1901 Id. p. 38	Société fraternelle des anciens officiers des armées de terre et de mer, membres de la Légion d'honneur, 22, rue Vivienne, Paris.	Officiers et assimilés en activité âgés de plus de 50 ans, membres de la Légion d'honneur.	Sous réserve de ne pas assister aux assemblées générales, mais pourront s'y faire représenter.
23 avril 1901 Id. p. 54	Réunion d'études algériennes, 70, rue d'Assas, Paris.	Officiers et assimilés.	
15 mai 1901 Id. p. 17 *B. G.*, p. 793	Société des anciens Elèves de l'Ecole coloniale, 2, avenue de l'Observatoire, Paris.	Id.	
29 mai 1901 Id. p. 28 *B. G.*, p. 900	Comité de l'Asie française, 19, rue Cassette, Paris.	Id.	

Sociétés (suite).

DATES DES AUTORISATIONS.		DÉSIGNATION DES SOCIÉTÉS.	PERSONNELS auxquels s'applique l'autorisation.	CONDITIONS DE L'AUTORISATION.
18 octobre 1901	B. O. E. M., vol. 31 bis, p. 30.	Comité d'honneur des Sociétés des Anciens Militaires de leur régiment qui sont rattachées à l'Union des Sociétés régimentaires, 61, rue de Malte, à Paris.	Officiers.	
20 janvier 1902	Id. p. 50	Œuvre coloniale des Femmes françaises, 46, rue de l'Université, Paris.	Officiers et assimilés.	
17 février 1902	Id. p. 24	Association sténographique unitaire, 28, rue Serpente, Paris.	Id.	
24 février 1902	Id. p. 53	Société française de prophylaxie sanitaire et morale, 21, rue de Paradis.	Id.	
22 mai 1902	Id. p. 29	Comité d'honneur des Sociétés d'Anciens Militaires de leur régiment qui sont rattachées à l'Union des Sociétés régimentaires et d'anciens Militaires de la Gironde, 53, rue des Trois Conils, à Bordeaux.	Officiers.	
2 juin 1902	Id. p. 37	Sociétés qui composent la Fédération française des Sociétés d'aviron, 23, rue du Chemin-Vert, Paris.	Militaires de tous grades.	
3 juillet 1902	Id. p. 44	Institut sténographique de France, 150, boulevard Saint-Germain, Paris.	Officiers et assimilés.	
3 septemb. 1902	Id. p. 56	Association du tir universitaire de France, 220, rue Saint-Jacques, Paris.	Les officiers qui en feront la demande pourront être exceptionnellement autorisés à en faire partie.	
12 septemb. 1902 et 13 février 1905	Id. p. 31	Société nationale des Conférences populaires.	Officiers et assimilés, sous-officiers.	
19 janvier 1903	Id. p. 52	Société de préservation contre la tuberculose, 33, rue Lafayette Paris.	Officiers.	
16 février 1903	Id. p. 49	Société d'océanographie du golfe de Gascogne, 3, cours du Jardin-Public, à Bordeaux.	Id.	
13 mars 1903	Id. p. 60	Union coloniale française, 44, rue de la Chaussée-d'Antin, Paris.	Id.	
16 mars 1903	Id. p. 55	Saint-Hubert-Club de France, 25, quai Voltaire, Paris.	Id.	
25 avril 1903	Id. p. 24	Société des Auteurs normands, à Alençon.	Officiers nés en Normandie ou y habitant.	
25 mai 1903	Id. p. 5	Alliance nationale pour l'accroissement de la population française, 26, avenue Marceau, Paris.	Officiers.	
30 juin 1903	Id. p. 53	Syndicat d'initiative de Carcassonne et de l'Aude.	Id.	
21 juillet 1903	Id. p. 15	Les Petits Volontaires de 1870-1871.	Id.	
21 juillet 1903	Id. p. 32	Association confraternelle des vétérinaires français.	Vétérinaires militaires.	
27 juillet 1903	Id. p. 53	Société pour la propagation des langues étrangères en France, 28, rue Serpente, à Paris.	Officiers et assimilés.	
24 septemb. 1903 complétés le 2 juin 1904.	Id. p. 51	Sociétés et Syndicats de pêcheurs à la ligne de France rattachés au Syndicat central à Paris, 4, rue Combes.	Officiers et assimilés, sous-officiers et soldats.	
8 octobre 1903	Id. p. 24	Association philomatique, 38, rue de la Verrerie, Paris.	Officiers et assimilés.	
4 décemb. 1903	Id. p. 62	Union des Sociétés de tir de France, 61, rue Caumartin, Paris.	Id.	
30 décemb. 1903	Id. p. 51	Société de pisciculture « La Morbihannaise », Vannes.	Id.	
14 janvier 1904	Id. p. 12	Association amicale des Anciens Élèves du Lycée de Marseille.	Officiers anciens élèves des lycées et collèges de France et d'Algérie.	
16 janvier 1904	Id. p. 25	Automobile Club vosgien.	Officiers et assimilés.	
22 janvier 1904	Id. p. 26	Caisse de retraite des officiers de réserve et de l'armée territoriale, 5, rue de Maubeuge, Paris.	Officiers et assimilés de l'armée active.	Sous réserve qu'ils ne pourront assister aux assemblées générales mais seulement s'y faire représenter.
19 février 1904	Id. p. 15	Les Allobroges, au Puy (Haute-Loire).	Officiers et assimilés, sous-officiers rengagés et commissionnés.	Limitée aux originaires de la Savoie, de l'Isère et de la Drôme.

Sociétés (suite).

DATES DES AUTORISATIONS.	DÉSIGNATION DES SOCIÉTÉS.	PERSONNELS auxquels S'APPLIQUE L'AUTORISATION.	CONDITIONS DE L'AUTORISATION.
7 mars 1904 — B. O. E. M., vol. 31 *bis*, p. 63.	Union fraternelle des Enfants de la Haute-Saône et de Belfort, 2, boulevard de Strasbourg, à Paris.	Militaires de tous grades.	Limitée aux originaires de la Haute-Saône et du territoire de Belfort.
7 mars 1904 — Id. p. 42	Union des Sociétés de gymnastique de France, 9, passage Saulnier, Paris.	Officiers et assimilés.	
6 mai 1904 — Id. p. 48	Société mycologique de France, 84, rue de Grenelle, Paris.	Id.	
16 mai 1904 — Id. p. 50	Œuvre des Jeux du soldat, 4, rue Halévy, Paris.	Id.	
18 mai 1904 — Id. p. 4	Action coloniale et maritime, 35, rue de Lille, Paris.	Id.	
21 mai 1904 — Id. p. 46	Ligue contre la mortalité infantile, 7, rue Mondovi, Paris.	Id.	
2 juin 1904 — Id. p. 48	La Mutuelle des Enfants de l'Ain, 26, rue du Quatre-Septembre, Paris.	Id.	Limitée aux originaires du département de l'Ain.
16 juin 1904 — Id. p. 13	Association amicale et de prévoyance de l'administration centrale de la guerre.	Officiers, fonctionnaires militaires ou assimilés ou ayant la correspondance de grade.	En qualité de membres honoraires.
1er juillet 1904 — Id. p. 42	Société d'Histoire de la Révolution de 1848, 79, rue Jouffroy, Paris.	Officiers et assimilés.	
6 juillet 1904 — Id. p. 61	Union des Sociétés d'instruction militaire de France, 42, rue d'Argout, Paris.	Id.	
18 juillet 1904 — Id. p. 40	Société de géographie d'Alger et de l'Afrique du Nord.	Officiers.	
30 juillet 1904 — Id. p. 9	Société amicale des Anciens Elèves de l'Ecole nationale professionnelle de Vierzon (Cher).	Officiers et assimilés.	Anciens élèves de l'école.
22 août 1904 — Id. p. 54	Société Dunkerquoise pour l'encouragement des sciences, des lettres et des arts, 2, rue Benjamin-Morel, à Dunkerque.	Id.	
30 août 1904 — Id. p. 36	Association des engagés volontaires mineurs de 1870-1871, 1, avenue de la République, Paris.	Militaires en activité de service.	Limitée à ceux qui étaient mineurs en 1870-71 et se sont engagés à cette époque.
8 octobre 1904 — Id. p. 48	Association nationale de préparation des jeunes gens au service militaire, 3, rue de la Paix, Paris.	Officiers et assimilés.	Limitée à ceux qui en feront la demande.
19 octobre 1904 — Id. p. 64	Société des visiteurs, 5, rue de Poitiers, Paris.	Id.	
19 octobre 1904 — Id. p. 4	L'Africaine, 46, rue Saint-André-des-Arts, Paris.	Id.	
20 octobre 1904 — Id. p. 5	Association pour l'aménagement des montagnes.	Militaires de tous grades.	
11 novemb. 1904 — Id. p. 59	Section de Ternay (Isère), de la Société d'instruction et d'éducation militaires Touristes lyonnais.	Officiers et assimilés.	
15 décemb. 1904 complétée le 19 mai 1905 — Id. p. 54	Société républicaine des conférences populaires, 5, rue de l'Isly, Paris.	Officiers et sous-officiers.	
31 décemb. 1904 — Id. p. 37	Comité d'honneur de la Fédération des Sociétés régimentaires et d'Anciens Militaires et des sociétés qui la composent.	Officiers et assimilés.	
30 janvier 1905 — Id. p. 40	Société de géographie du Cher.	Id.	
30 janvier 1905 — Id. p. 29	Comité d'honneur de l'Œuvre des jeux du soldat.	Généraux membres du conseil supérieur de la guerre et généraux commandant les corps d'armée.	
30 janvier 1905 — Id. p. 11	Association amicale des Anciens Elèves du lycée Malherbe, à Caen.	Militaires de tous grades.	Limitée aux anciens élèves de ce lycée.
3 février 1905 — Id. p. 47	Société des médaillés militaires de France, 57, rue de Rennes, Paris.	Officiers et assimilés.	En qualité de membres d'honneur.
16 février 1905 — Id. p. 52	Société pour la propagation de l'Espéranto et divers groupes espérantistes.	Militaires de tous grades.	
18 février 1905 — Id. p. 27	Cercle parisien de la Ligue française de l'enseignement, 16, rue Miromesnil, Paris.	Officiers et assimilés.	Sous réserve qu'ils ne figureront pas dans le comité de ce cercle.

Sociétés (*suite*).

DATES DES AUTORISATIONS.	DÉSIGNATION DES SOCIÉTÉS.	PERSONNELS auxquels S'APPLIQUE L'AUTORISATION.	CONDITIONS DE L'AUTORISATION.
23 février 1905 — *B. G.*, E. M., vol. 31 *bis*, p. 22.	Association coloniale française d'Algérie. 25, rue de l'Isly, à Alger.	Militaires de tous grades.	
27 février 1905 — Id. p. 43	Société des 1, 52, rue de Clichy, Paris.	Officiers.	En qualité de membres correspondants.
6 mars 1905 — Id. p. 19	Association des Anciens Élèves du lycée de Toulouse.	Militaires de tous grades.	Limitée aux anciens élèves.
8 mars 1905 — Id. p. 42	Les Enfants de l'arrondissement de Vienne, à Grenoble, 15, rue du Lycée.	Id.	Limitée aux originaires de l'arrondissement.
8 mars 1905 — Id. p. 23	Association fondatrice et fédératrice des Sociétés de préparation au service des armes à cheval.	Officiers et assimilés.	Sous réserve de ne pas remplir les fonctions d'instructeur ou de membre des bureaux.
20 mars 1905 — Id. p. 52	Société de propagande coloniale, 21, rue Condorcet, Paris.	Officiers et sous-officiers.	
28 mars 1905 / *B. G.*, p. 374 et circ. (marine) du 31 janvier 1899 — *B. M.*, p. 321 et *B. G.*, p. 415	Ligue maritime française, 39, boulevard des Capucines, Paris.	Officiers et assimilés.	
8 avril 1905 — *B. G.*, E. M. vol. 31 *bis*, p. 9.	Association amicale des Anciens Élèves de l'École professionnelle de Nevers.	Militaires de tous grades.	Limitée aux anciens élèves.
10 avril 1905 — Id. p. 10	Association amicale des Anciens Élèves du lycée Gambetta, à Cahors.	Id.	Limitée aux anciens élèves.
28 avril 1905 — Id. p. 43	Association des ingénieurs et hygiénistes municipaux de France, Belgique, Suisse et grand-duché de Luxembourg, à Paris.	Médecins militaires.	
3 mai 1905 — Id. p. 25	Automobile-Club d'Auvergne, à Clermont-Ferrand.	Officiers et assimilés.	
15 mai 1905 — Id. p. 3	L'Abeille vosgienne, à Épinal.	Militaires de tous grades.	
15 mai 1905 — Id. p. 11	Association amicale des anciens Élèves du collège et du lycée de Laon.	Id.	
15 mai 1905 — Id. p. 43	La Macchia, 195, rue de Grenelle, Paris.	Id.	Limitée aux Corses ou originaires de la Corse.
16 mai 1905 — Id. p. 33	La Côte d'Azur à Paris, 7, rue Edmond-Guillout.	Id.	Limitée aux originaires des Alpes-Maritimes, du Var et des Bouches-du-Rhône.
17 mai 1905 — Id. p. 6	Association amicale des Anciens Élèves et Professeurs du collège de Honfleur.	Id.	
19 mai 1905	Voir 15 décembre 1904 ci-dessus.		
20 mai 1905 — Id. p. 43	Société de l'Histoire de la Révolution Française, 3, rue Furstemberg, Paris.	Officiers et assimilés.	
25 mai 1905 — Id. p. 16	Comité d'honneur de la Société Friedland.	Id.	
26 mai 1905 — Id. p. 8	Association amicale des Anciens Élèves de l'École municipale Diderot, 25, rue Béranger, Paris.	Militaires de tous grades.	Limitée aux anciens élèves.
7 juin 1905 — Id. p. 10	Association amicale des Anciens Élèves du lycée de Châteauroux.	Officiers.	
14 juin 1905 — Id. p. 6	Association amicale des Anciens Élèves du collège de Clermont (Oise).	Militaires de tous grades.	
24 juin 1905 — Id. p. 7	Association amicale des Anciens Élèves du collège de Thiers.	Officiers et sous-officiers.	Limitée aux anciens élèves
6 juillet 1905 / *B. G.*, p. 1036 — Id. p. 7	Association amicale des Anciens Élèves du collège de Valence.	Militaires de tous grades.	
6 juillet 1905 / *B. G.*, p. 1037 — Id. p. 6	Association amicale des Anciens Élèves du collège et du lycée d'Alger.	Id.	
11 juillet 1905 / *B. G.*, p. 1063 — Id. p. 56	Société timbrophile de Bordeaux.	Officiers et assimilés.	
18 juillet 1905 / *B. G.*, p. 1076 — Id. p. 10	Association amicale des Anciens Élèves de l'École de médecine et de pharmacie de Reims.	Médecins et pharmaciens militaires.	Limitée aux anciens élèves.
16 août 1905 / *B. G.*, p. 1236 — Id. p. 46	Ligue du Progrès naval, 26, rue de Grammont, Paris.	Officiers, fonctionnaires et agents du Département de la guerre.	
21 août 1905 — Id. p. 18	Association fraternelle des Anciens Élèves du lycée de Nîmes.	Militaires de tous grades.	
31 août 1905 — Id. p. 18	Association des Anciens Élèves du collège de Commercy.	Officiers.	

Sociétés (suite).

DATES DES AUTORISATIONS.	DÉSIGNATION DES SOCIÉTÉS.	PERSONNELS auxquels s'applique l'autorisation.	CONDITIONS de l'autorisation.
13 septemb. 1905 B. G., p. 1393 — B. G., E. M., vol. 31 bis, p. 18.	Association amicale des Anciens Élèves du lycée d'Évreux.	Militaires de tous grades.	
17 septemb. 1905 B. G., p. 1439 — Id. p. 17	Association amicale des Anciens Élèves du collège de Millau.	Id.	
18 septemb. 1905 B. G., p. 1439 — Id. p. 46	Ligue contre la poussière des routes, 6, place de la Concorde, Paris.	Officiers et assimilés.	
19 septemb. 1905 B. G., p. 1442 — Id. p. 19	Association des Anciens Soldats de la légion étrangère en résidence dans le département de Meurthe-et-Moselle, à Nancy.	Id.	En qualité de membres honoraires.
28 septemb. 1905 B. G., p. 1453 — Id. p. 31	La Colonisation française, 12, rue des Lombards. Paris.	Militaires de tous grades.	
30 septemb. 1905 B. G., p. 1473 — Id. p. 38	La France colonisatrice, 22, place Saint-Marc, à Rouen.	Officiers.	La collaboration par des conférences, par des publications, par la présidence des réunions est soumise chaque fois à l'autorisation du Ministre
16 octobre 1905 B. G., p. 1559 — Id. p. 50	Œuvre des Vieux Militaires, 89, rue Lamarck, à Paris.	Id,	
17 octobre 1905 B. G., p. 1560 — Id. p. 62	Union fédérative des médecins de la réserve et de l'armée territoriale.	Médecins militaires.	
30 octobre 1905 B. G., p. 1661 — Id. p. 17	Association des Anciens Élèves du collège de Compiègne.	Militaires de tous grades.	
30 octobre 1905 B. G., p. 1662 — Id. p. 13	Association amicale des Anciens Professeurs et Élèves du collège Jules-Simon, de Vannes.	Id.	Limitée aux anciens élèves.
30 octobre 1905 B G., p. 1662 — Id. p. 20	Société d'archéologie de Neufchâteau et de la région.	Id.	
8 novemb. 1905 B. G. p. 1701 — Id. p. 11	Association amicale des Anciens Élèves du lycée du Mans.	Officiers et assimilés.	
22 novemb. 1905 B. G, p. 1722 — Id. p. 7	Association amicale des Anciens Élèves du collège de Verdun.	Militaires de tous grades.	Limitée aux anciens élèves.
1er décem. 1905 B. G., p. 1758 — Id. p. 25	Automobile-Club de Picardie, à Amiens.	Officiers et assimilés.	
13 décemb. 1905 B. G., p. 1806 — Id. p. 34	Les Enfants du Gard, 1, rue Papin, Paris.	Id.	Limitée aux originaires du département du Gard
4 janvier 1906 B. G., p. 3....	Association des Anciens Élèves du lycée de Lyon.	Militaires gradés.	Limitée aux anciens élèves.
15 janvier 1906 Id. p. 45....	Association des Anciens Élèves du collège de Béthune.	Militaires de tous grades.	Limitée aux anciens élèves.
19 janvier 1906 Id. p. 35....	Société Gambetta.	Officiers.	
19 janvier 1906 Id. p. 46....	La Solidarité humaine, association maritime française, 5, rue de l'Alma, à Cherbourg.	Militaires de tous grades.	Sous réserve de ne pas figurer dans le conseil d'administration.
19 janvier 1906 Id. p. 47....	Réunion amicale des Officiers coloniaux, 61, rue Buffon, Paris.	Officiers.	
19 janvier 1906 Id. p. 47....	Association amicale des Anciens Élèves du lycée de Versailles.	Id.	Limitée aux anciens élèves.
27 janvier 1906 Id. p. 126....	Société française d'émulation agricole contre la désertion des campagnes, 3, rue Baillif, Paris.	Officiers et militaires de tous grades.	
30 janvier 1906 Id. p. 126....	Société Franklin, 1, rue Christine, Paris.	Officiers et assimilés.	Sous réserve de ne pas faire partie du bureau.
8 février 1906 Id. p. 145....	La Mission laïque française, 6, rue des Ursulines, Paris.	Officiers.	
12 février 1906 Id. p. 163....	Association amicale des Anciens Élèves du collège de Condé-sur-l'Escaut.	Id.	Limitée aux anciens élèves.
23 février 1906 Id. p. 304....	Œuvre des Enfants de la garde républicaine.	Militaires de tous grades.	
9 mars 1906 Id. p. 361....	L'Aéronautique-Club de France, 58, rue Jean-Jacques-Rousseau, Paris.	Officiers et assimilés.	
10 mars 1906 Id. p. 361....	Société d'encouragement à l'élevage du cheval de guerre français, 20, boulevard de Courcelles, Paris.	Officiers de toutes armes.	Sous réserve de n'occuper aucune fonction de direction ou d'administration.
16 mars 1906 Id. p. 368....	Association des Officiers de réserve de l'armée territoriale et en retraite du département du Gers, à Auch.	Officiers et assimilés.	

Sociétés (suite).

DATES DES AUTORISATIONS.	DÉSIGNATION DES SOCIÉTÉS.	PERSONNELS auxquels S'APPLIQUE L'AUTORISATION.	CONDITIONS DE L'AUTORISATION.
23 mars 1906 *B. G.*, p. 304.....	Aéro-Club de France, à Paris, 84, Faubourg-Saint-Honoré.	Officiers et assimilés.	Sous réserve de n'occuper aucune fonction de direction d'administration.
23 mars 1906 Id. p. 395.....	Automobile-Club de la Sarthe, au Mans.	Id.	Sous réserve de n'occuper aucune fonction de direction d'administration.
9 avril 1906 Id. p. 842.....	Société des Anciens Élèves des Écoles nationales d'arts et métiers, 6, rue Chauchat, Paris.	Id.	
23 avril 1906 Id. p. 842.....	Société hippique du Dauphiné, à Grenoble.	Id.	
1er mai 1906 Id. p. 842.....	La France hippique, rue de la Bienfaisance, 4, à Paris.	Id.	
30 mai 1906 Id. p. 842.....	Ligue nationale contre l'alcoolisme, 50, rue des Écoles, Paris.	Militaires de tous grades.	
31 mai 1906 Id. p. 842.....	Association amicale des Anciens Élèves, des Fonctionnaires et anciens Fonctionnaires du collège d'Épinal.	Id.	Limitée aux anciens élèves et anciens fonctionnaires collège.
4 juin 1906 Id. p. 842.....	Association amicale des Anciens Élèves du collège de Perpignan.	Id.	Limitée aux anciens élèves.
6 juin 1906 Id. p. 843.....	Syndicat général d'initiative de la Bourgogne 65, rue des Godrans, à Dijon.	Officiers et assimilés.	
18 juin 1906 Id. p. 843.....	Association amicale des Anciens Élèves du collège de Pamiers.	Militaires de tous grades.	Limitée aux anciens élèves.

Sociétés d'assistance aux blessés et malades.

(Voir : *Association des Dames françaises.*)

19 oct. 1892 Décret réglant le fonctionnement général des sociétés d'assistance aux blessés et malades des armées de terre et de mer, *B. M.*, p. 575; et service de santé en campagne, notice 15, vol. spl., p. 300.

Sociétés hippiques.

12 avril 1906 Inst. Autorisations d'en faire partie à accorder aux militaires de l'armée active, *B. G.*, p. 524.

Sœurs hospitalières.

(Voir : *Laïcisation.*)

19 sept. 1882 Circ. Allocations à payer aux sœurs employées dans les colonies, *B. M.*, p. 442.

Soldats de 1ʳᵉ classe.

14 janv. 1889 Arr. relatif aux nominations de soldats de 1ʳᵉ classe dans les corps de troupe de toutes armes, *B. G.*, E. R., vol. 22, p. 86.
27 avril 1889 Note. Port du galon de 1ʳᵉ classe par les soldats musiciens, *B. G.*, E. R., vol. 22, p. 87; complétée 6 juillet 1889, *B. G.*, E. R., vol. 22, p. 88.
20 oct. 1892 Service intérieur, Inf., art. 191. Admission à la 1ʳᵉ classe. Service, *B. G.*, E. R., vol. 78.

Soldats ordonnances.

(Voir : *Ordonnances.*)

Soldats porteurs d'outils.

20 oct. 1892 Service intérieur, Inf., art.192. Désignation, *B. G.*, E. R., vol. 78.

Solde.

(Voir : *Avances de solde. — Chine. — Comptabilité-finances (3 juin 1902). — Cumul. — Délégations. — Engagements volontaires. — Hautes payes. — Indemnités. — Prescription. — Primes d'engagement. — Primes de rengagement. — Rengagements. — Retenues.*)

1° *Dispositions diverses.*

10 déc. 1896 Circ. Envoi d'une circ. des finances. Les trésoriers généraux et receveurs des finances sont autorisés à payer la solde des officiers et assimilés le dernier jour du mois, *B. M.*, p. 747.
22 juin 1897 Circ. L'intendance militaire est seule chargée des paiements à faire aux officiers et militaires de l'armée de terre partant pour les colonies ou en revenant, *B. O.*, p. 601; notes (guerre) du 20 juillet 1897, *B. G.*, E. R., vol. 88, p. 241; *B. O.*, p. 816; 20 avril 1899; *B. G.*, E. R., vol. 88, p. 242; *B. G.*, p. 260; *B. O.*, p. 1305; circ. (colonies) du 18 octobre 1899, *B. O.*, p. 1305.
26 juin 1903 Circ. (colonies). Paiement des allocations dues aux militaires des T. M. provenant des colonies. Indications à porter sur les livrets ou certificats en vue de faciliter les opérations des sous-intendants, *B. O.*, p. 585; *B. G.*, p. 1129.

Solde (*suite*).

2° *Dispositions spéciales au département de la guerre.*

Solde (*suite*).

Tarif 3. — des sous-officiers, employés militaires, modif. 11 juin 1905.
  4. — de la troupe, modif. 11 juin 1905.
  5. — de disponibilité et de réserve.
  6. — de non-activité.
A et B. Tarifs transitoires (commissaires et médecins).

Modèles, *B. G.*, vol. spl., T. C.

2 juin 1901 Décret. Application aux T. C. en service aux colonies et entretenues sur le budget de la guerre du décret (colonies), du 29 décembre 1903, *B. G.*, p. 814.

20 sept. 1906 Décret. Revision des tarifs de solde applicables aux corps de troupe des T. C. en France. Solde mensuelle des sous-officiers après cinq ans de services. Indemnités aux engagés et rengagés, *J. O.* du 27 septembre.

3° Dispositions particulières au département des colonies.

A) Personnel militaire.

10 août 1841 Ord. Solde allouée aux officiers ou fonctionnaires suspendus de leurs fonctions aux colonies. Solde d'Europe, *A. M.*, p. 901; *B. M., R.*, p. 579.

22 juin 1847 Ordonnance, vol. spl.

Art. 280 à 292. Epoques des paiements.
  293 à 295. Décompte des diverses allocations.
  296 à 303. Ordonnancement des paiements.
  304 à 320. Livrets de solde.
  321 à 323. Paiement des mandats.
  324 - 325. Rappels.
  326 à 328. Classement des militaires sans troupe.
  329 à 340. Etablissement des mandats de paiement.
  341 à 344. Changement de destination.
  345 - 346. Perte d'un mandat.
  347 - 348. Rappels de solde de captivité.
  349 à 363. Paiement des corps de troupe et détachements.
  403 à 445. Contrôles, art. 436 modif. 10 avril 1888, ci-après.
  446 à 509. Revues de liquidation.
  510 à 537. Décomptes de libération.
  538 à 552. Vérification des revues.
  553.   Inspections administratives des commissaires généraux ou ordonnateurs.
  554.   Responsabilité pécuniaire des officiers du commissariat.
  555 - 556. Registre des revues et des pièces d'imputation.
  557.   Répertoire des procès-verbaux.
  558.   Mode d'envoi des pièces d'un commissaire aux revues à un autre.
  559.   Réclamations particulières à qui adressées.

24 janv. 1848 Formes à suivre pour le paiement de la solde et des accessoires aux isolés et aux détachements, *B. M.*, p. 55; *B. M., R.*, p. 11; et circ. du 10 février 1849, *B. M.*, p. 69; *B. M. R.*, p. 153.

21 juin 1880 Circ. Les officiers sans troupe et employés militaires doivent être payés sur états collectifs émargés, *B. M.*, p. 1114.

26 août 1880 Déc. prés. Nouveaux tarifs de solde et indemnités des spahis et de la gendarmerie, *B. M.*, p. 434; et circ. du 10 septembre 1880, *B. M.*, p. 433.

9 mai 1881 Circ. Les sommes inscrites au budget ne doivent pas servir de base pour l'allocation des soldes et indemnités, *B. M.*, p. 669.

27 juill. 1881 Circ. Mention sur les avis de dette de l'origine des trop-perçus, *B. M.*, p. 155.

10 avril 1888 Circ. Modification à l'art. 436 de l'ord. du 22 juin 1847. Exonération de présenter les militaires au commissaire, *B. M.*, p. 390.

7 juill. 1893 Circ. Solde et vivres à allouer aux militaires le jour de leur embarquement, *B. C.*, p. 569.

25 janv. 1895 Circ. Les militaires embarqués à destination de France doivent être payés intégralement de leur solde jusqu'à la veille de leur départ des colonies, *B. C.*, p. 87.

Solde (*suite*).

B) Personnel civil.

Solde (*suite*).

21 oct. 1903 Décret. Mode de paiement de la solde de congé des fonctionnaires, employés et agents des services coloniaux et locaux, *B. C.*, p. 1221; et circ. du 17 décembre 1903, *B. C.*, p. 1221

      4° *Personnel des troupes coloniales détaché à la marine.*

10 juin 1901 Circ. Le tarif de la solde progressive des capitaines et assimilés, approuvé par déc. prés. du 6 mai 1901 est applicable au personnel détaché de la marine, *B. C.*, p. 541.

Solde de réforme.

26 mai 1904 Décret sur la solde des T. C. en France, art. 131 à 143, *B. G.*, vol. spl., T. C.
21 mars 1905 Loi sur le recrutement, art. 65. Solde de réforme des sous-officiers, *B. C.*, p. 359; *B. G.*, p. 263; *B. G.*, E. M., vol. 68-1.
23 sept. 1905 Décret sur les pensions des militaires indigènes, art. 1. Solde de réforme des officiers et sous-officiers, *B. C.*, p. 1028; *B. G.*, p. 1510.
20 sept. 1906 Décret, art. 17. Solde de réforme des sous-officiers, *J. O.* du 27 septembre.

Solde de réserve.

14 janv. 1890 Loi portant la solde des officiers généraux du cadre de réserve au taux de leur pension de retraite, *B. G.*, E. R., vol. 66, p. 215.
31 mars 1903 Loi de finances, art. 67. Les officiers généraux placés dans la 2e section du cadre de l'état-major général avant la limite d'âge recevront une solde égale à la pension de retraite à laquelle ils auraient eu droit à la même date, *B. C.*, p. 262.

Soufflet entonnoir.

6 déc. 1903 Achat au compte de la masse générale d'entretien, *B. G.*, vol. spl., T. C., p. 226.

Soufre.

6 déc. 1903 Achat au compte de la masse générale d'entretien, *B. G.*, vol. spl., T. C., p. 225.

Souliers.

(Voir : *Chaussures.*)

30 sept. 1903 Description des uniformes, art. 453, *B. G.*, vol. spl., T. C., p. 275.

Soupe.

(Voir : *Ordinaires.*)

Sous-chef artificier.

20 oct. 1892 Service intérieur : Artil., art. 213. Fonctions, *B. G.*, E. R., vol. 78.

Souscriptions.

28 mars 1811 Aucune souscription ne peut être ouverte dans l'armée sans une autorisation préalable, *B. G.*, E. R., vol. 31, p. 19.
26 mars 1815 Les souscriptions autorisées dans l'armée doivent conserver leur caractère individuel, *B. G.*, E. R., vol. 31, p. 19.

Sous-pieds.

30 sept. 1903 Description des uniformes, art. 455. Sous-pieds en toile, *B. G.*, vol. spl., T. C.

Soutache d'ancienneté.

30 sept. 1903 Description des uniformes, art. 412 à 415. Manière de poser les soutaches, *B. G.*, vol. spl., T. C.

Soutiens de famille.

(Voir : *Congés.*)

21 mars 1905 Loi sur le recrutement, art. 22. Indemnité aux familles, *B. G.*, p. 263; *B. G.*, p. 359; *B. G.*, E. M., vol. 68-1, p. 13.
25 juin 1906 Inst. Mode d'attribution des allocations journalières prévues par l'art. 22 de la loi du 21 mars 1905, *B. G.*, E. M., vol. 69 *ter;* addition à l'art. 2, 16 août 1906, *B. G.*, p. 1123.

Spahis sénégalais.

(Voir : *Avancement*, 8 mai 1901. — *Solde.*)

29 août 1888 Déc. Adoption d'un attribut de casque pour les spahis du Sénégal, *B. C.*, p. 511.
15 sept. 1901 Service courant, art. 169. Proposition pour les spahis sénégalais, *B. G.*, E. R., vol. 74; modif. 15 mars 1902, *B. G.*, p. 267; 21 mars 1903, *B. G.*, p. 352.
15 août 1902 Décr. Organisation des deux escadrons, *B. C.*, p. 709; *B. G.*, p. 1759; modif. 29 mai 1906 ci-après.
25 oct. 1904 Décr. prés. Primes d'engagement et de rengagement des spahis indigènes.
  Engagement ou rengagement de 2 ans, 80 francs; de 4 ans, 180 francs; de 6 ans, 300 francs, *B. C.*, p. 1055.
29 mai 1906 Décr. Suppression du 2ᵉ escadron. Effectifs du 1ᵉʳ, *B. C.*, p. 511; *B. G.*, p. 783.

Stages.

(Voir : *Conducteurs de voitures, de caissons et de mulets. — Ordonnances. — Service géographique. — Télégraphie militaire.*)

12 juill. 1902 Circ. Stages des officiers affectés en cas de mobilisation à des emplois du service de l'artillerie dans les places maritimes, *B. G.*, p. 1521; *B. G.*, E. M., vol. 55-1, p. 151.

Stages (*suite*).

18 nov. 1902 — Stages que doivent faire les officiers des T. C. brevetés d'état-major à leur sortie de l'Ecole de guerre, *B. G.*, p. 2387.

9 nov. 1905 — Circ. Stages à accomplir dans les différentes armes par les lieutenants-colonels, commandants et capitaines, *B. G.*, p. 1689.

19 mars 1906 — Périodes de courte durée à effectuer par les officiers et les sous-officiers de l'infanterie et de l'artillerie coloniale dans celle des deux armes à laquelle ils n'appartiennent pas, *B. G.*, p. 397.

14 mai 1906 — Circ. Périodes d'instruction régimentaire que les officiers admis à l'Ecole de guerre doivent accomplir dans les armes autres que leur arme d'origine, soit avant leur entrée à l'école, soit au cours du stage d'état-major, *B. G.*, p. 654.

10 juill. 1906 — Circ. relative à la désignation des stagiaires à l'Ecole supérieure de guerre, *B. G.*, p. 902.

Stagiaires officiers d'administration d'artillerie coloniale.

(Voir : *Feuillets de notes. — Réserves.*)

26 janv. 1901 — Circ. Les stagiaires conducteurs de travaux sont mis à la disposition des directions du génie pendant leur séjour en France, *B. G.*, p. 201 ; *B. G.*, vol. spl., T. C., p. 91.

19 spet. 1903 — Décr. réorganisant l'artillerie coloniale, tableaux 3 et 9. Effectifs et répartition, *B. C.*, p. 842.

3 févr. 1906 — Décr. Réorganisation du personnel des stagiaires officiers d'administration d'artillerie coloniale, *B. C.*, p. 92.

3 févr. 1906 — Inst. relative à l'établissement des tableaux d'avancement pour l'emploi do stagiaire officier d'administration de 2ᵉ classe et aux nominations à cet emploi, *B. C.*, p. 94.

Statistique médicale.

(Voir : *Service de santé colonial (documents techniques).*)

25 nov. 1889 — Service de santé à l'intérieur, art. 28, *B. G.*, E. M., vol. 80.

7 juill. 1900 — Loi organisant les troupes coloniales, art. 24, *B. C.*, p. 594.

6 mars 1901 — Inst. pour l'établissement de la statistique médicale do l'armée, *B. G.*, E. R., vol. 83 *ter* ; err., *B. G.*, 2ᵉ sem. 1901, p. 1122.

26 août 1902 — Inst. pour l'établissement de la statistique médicale des troupes coloniales stationnées aux colonies, et circ. du même jour, *B. C.*, p. 751 ; complétée, 10 janvier 1905, *B. C.*, p. 8.

28 déc. 1902 — Circ. Simplification à apporter à la statistique médicale de l'armée, *B. G.*, p. 2529.

29 avril 1903 — Circ. relative à l'envoi des comptes rendus mensuels de la statistique médicale de l'armée, *B. G.*, p. 615.

3 mai 1905 — Circ. Les rapports sanitaires concernant les expéditions coloniales (expéditions, opérations de police, etc.) doivent être transmis annuellement avec la statistique, *B. C.*, p. 591.

Stérilisateurs

19 févr. 1902 — Circ. Emploi des stérilisateurs Gaillard-Desmaroux aux colonies, *B. C.*, p. 150.

Subordination.

20 oct. 1892 — Service intérieur, chapitre préliminaire, *B. G.*, E. R., vol. 78.

Subsistances.

*(Voir : Approvisionnements de guerre. — Farine. -- Masse
de ravitaillement. — Service des subsistances. — Vivres.)*

8 mai 1891 Circ. Observations sur l'importance des différences que font ressortir
les recensements de liquides. Soins à donner. Reprise en charge des
rations non perçues. L'ouillage de 3 p. 100 ne doit pas être atteint.
B. C., p. 379.

31 août 1897 Circ. Achat sur place des vivres et liquides nécessaires aux ration-
naires du service colonial. Stock de réserve à entretenir par les
fournisseurs, *B. C.*, p. 869.

21 mai 1898 Décr. Paiement par anticipation sur les crédits de l'exercice suivant
de tout ou partie des achats effectués pour les services des subsistances des administrations militaires et maritimes des colonies.
B. C., p. 383.

Substituts dans les parquets militaires.

15 sept. 1901 Service courant, art. 142. Désignation, *B. G.*, E. R., vol. 74 ; modif.
26 août 1902, *B. G.*, p. 1789.

Successions.

1º *En France.*

(Voir : Caisses d'épargne.)

3 avril 1869 Règl. financier (guerre), art. 193. Versement à la Caisse des dépôts
et consignations des produits de successions des militaires décédés
B. G., E. M., vol. 24, p. 90.

13 mars 1877 Le timbre de 0 fr. 10 doit être apposé sur les récépissés délivrés lors
du versement des successions, *B. G.*, E. M., vol. 83, p. 397.

25 nov. 1889 Service de santé à l'intérieur, *B. G.*, E. M., vol. 80.

Art. 66. Décès au corps.
Art. 453 à 462. Successions des militaires décédés dans les hôpitaux
militaires.

31 oct. 1892 Service de santé en campagne, vol. spl.

Art. 111. Dispositions concernant les militaires décédés.
Notice 18, chapitre 6. Comptabilité des successions.

18 juin 1891 Circ. Successions des militaires de l'armée de terre décédés dans les
hôpitaux de la marine, *B. G.*, E. M., vol. 83, p. 397 ; modif. 2 juillet 1905, *B. G.*, p. 1035 (versement à la Caisse des dépôts au lieu
de la Caisse des gens de mer).

23 juill. 1894 Inst. pour l'application des dispositions du code civil en ce qui concerne les militaires, art. 128 et 131. Décès à l'intérieur. Décès aux
armées, *B. G.*, E. R., vol. 28, p. 71.

2º *Aux colonies et à bord.*

22 nov. 1847 Arrêt de la Cour de cassation. Les successions mobilières des marins,
officiers d'administration et employés de la marine doivent être re-
cueillies aux colonies par les commissaires de l'inscription maritime,
A. M., p. 1575 ; *B. M.*, R., p. 791.

27 janv. 1855 Décr. sur l'administration des successions et biens vacants dans les
colonies de la Martinique, de la Guadeloupe et de la Réunion.
B. lois, p. 495 ; modif. art. 7, 21 janvier 1882, *B. M.*, p. 101 ; art. 1,
12, 19, 26, 41, 46, 10 mars 1890, *B. C.*, p. 496 ; application à toutes
les colonies, 14 mars 1890, *B. C.*, p. 496 ; modif., art. 25, décret du
2 septembre 1901, *B. C.*, p. 919, appliqué à toutes les colonies par
décret du même jour, *B. C.*, p. 921.

25 juill. 1855 Inst. pour l'exécution du décret du 27 janvier 1855, *B. M.*, 1er sem.
1862, p. 120 ; *B. M.*, R., p. 749.

23 juin 1880 Circ. Envoi d'un arrêt de la Cour de cassation du 10 mai 1880, relatif
aux créances non privilégiées en matière de successions maritimes,
B. M., p. 1106.

Successions (*suite*).

8 oct. 1893 Inst. relative aux actes de l'état civil, etc., dressés à bord des navires de commerce, 4e partie, *B. C.*, 1894, p. 91.
26 juill. 1894 Inst. concernant les actes de l'état civil, etc., à bord et aux armées. Procès-verbal d'inventaire, *B. C.*, p. 747.
7 juill. 1899 Circ. Notification d'un jugement du tribunal civil de Saïgon, du 16 mai 1899. Paiement des créanciers privilégiés, *B. C.*, p. 715.
6 juin 1901 Circ. L'administration de la marine est chargée de la liquidation des successions de toutes personnes mortes en mer à bord des bâtiments français, *B. M.*, p. 849.
8 juin 1905 Inst. pour les commandants des troupes passagères à bord des navires de commerce, art. 31, *B. C.*, p. 676; *B. G.*, p. 724; modif. 28 décembre 1905, *B. G.*, p. 1955.
1er mai 1906 Inst. portant réglementation générale des successions des militaires de toutes armes et de tous grades décédés aux colonies, *B. C.*, p. 424, et circ. du 1er mai 1906, *B. C.*, p. 423.

    Art. 1 à 3. Autorité militaire compétente pour la liquidation des successions.
          4 à 30. Opérations préliminaires de liquidation des successions.
        31 à 37. Liquidation provisoire des successions.
           38.   Successions litigieuses et immobilières.
           39.   Oppositions.
           40.   Liquidation des successions des militaires créoles ou indigènes.

20 juin 1906 Circ. Application aux successions des fonctionnaires et agents civils des services coloniaux et locaux, de l'inst. du 1er mai 1906, *B. C.*, p. 574.

Sursis d'incorporation.

21 mars 1905 Loi sur le recrutement, art. 20 et 21, *B. G.*, p. 263; *B. C.*, p. 359; *B. G.*, E. M., vol. 68-1, p. 12.
7 avril 1906 Inst., art. 13. Décompte des services des jeunes gens ayant obtenu des sursis d'incorporation.

Surveillance administrative des corps de troupe.

(Voir : *Administration et comptabilité des corps de troupe*.)

25 avril 1896 Circ. Rappel à l'observation des règlements relatifs à la surveillance administrative des corps de troupe, *B. C.*, p. 231.

Syntaxe.

26 févr. 1901 Arr. (instruction publique). Simplification de la syntaxe, *B. G.*, p. 381; *B. C.*, p. 337, et circ. du 28 février 1901, *B. C.*, p. 335; *B. G.*, p. 379.
15 mars 1901 Circ. (guerre), relative à la simplification de la syntaxe, *B. G.*, p. 378.
9 avril 1901 Circ. (colonies). Application de l'arrêté du 26 février 1901, *B. C.*, p. 335.

Syphilis.

(Voir : *Maladies vénériennes*.)

20 sept. 1888 Circ. Mesures à prendre pour arrêter la propagation de la syphilis, *B. M.*, p. 386; *B. C.*, p. 629.

T

Tabac à fumer.

(Voir : *Bons de tabac.*)

Tableau du service journalier.

20 oct. 1892 Service intérieur : Inf. et Artil., art. 3, *B. G.*, E. R., vol. 78.

Tableaux d'avancement et de concours.

15 mars 1901 Décr. relatif à l'établissement annuel des tableaux d'avancement et de concours pour la Légion d'honneur et la médaille militaire, *B. G.*, p. 376.

1er juill. 1901 Inst. pour l'application du décret du 15 mars 1901; à jour au 26 juillet 1906, *B. G.*, 1906, p. 953; modif. 9 août 1905, *B. G.*, p. 1100, et inst. complémentaire du 17 septembre 1906, *B. G.*, p. 1221.

21 juin 1905 Décr. organisant l'intendance coloniale, art. 20. Fonctionnaires de l'intendance et officiers d'administration, *B. C.*, p. 583; *B. G.*, p. 810.

21 juin 1906 Décr. organisant le corps de santé des T. C., art. 12. Médecins, pharmaciens et officiers d'administration, *B. C.*, p. 593; *B. G.*, p. 820.

Tableaux de recensement.

21 mars 1905 Loi sur le recrutement, art. 10 à 15, *B. C.*, p. 362; *B. G.*, p. 263; *B. G.*, E. M., vol. 68-1, p. 6.

20 oct. 1905 Inst. relative à l'établissement des tableaux de recensement, *B. G.*, p. 1565; err., *B. G.*, p. 1715; *B. G.*, E. M., vol. 68-1, p. 81.

Tableaux noirs.

6 juill. 1899 Description, *B. G.*, E. R., vol. 51 *bis*, p. 71.

16 oct. 1903 Description, *B. C.*, vol. spl., p. 1003.

Tables.

Tables de caserne. Table de sous-officiers à deux tiroirs. Table-toilette de sous-officier. Table de pension de sous-officier. Table de la salle de rapport. Table de magasin d'habillement. Tables légères à tréteaux. Tables de réfectoire. Table à claire-voie pour cuisine. Table d'enseignement avec banc adhérent; description, 6 juillet 1899, *B. G.*, E. R., vol. 51 *bis*, p. 66 et suiv.; 16 octobre 1903, *B. C.*, vol. spl., p. 999 et suiv.

Tables des officiers et des sous-officiers.

20 oct. 1892 Service intérieur, Inf., art. 398 et 399; Artil., art. 417 et 418, *B. G.*, E. R., vol. 78..

Tablier pour cuisinier.

6 déc. 1903 Achat au compte de la masse générale, *B. G*, vol. spl., T. C., p. 227;
modif. 11 juin 1905, *B. G.*, p. 744.

Taille des hommes,

(Voir : *Aptitude physique. — Engagements volontaires.*)

Tannage.

27 avril 1894 Annexe 3. Vérification des matières premières.
Annexe 4. Inst. sur la fabrication des cuirs, *B. G.*, E. R., vol. 52, p.
30 et 38.

Tapis.

6 déc. 1903 Achat au compte de la masse générale du tapis pour la salle des séances
du conseil d'administration, *B. G.*, vol. spl., T. C., p. 228

Tatouages.

11 févr. 1860 Recommandations à. adresser aux militaires au sujet du tatouage,
B. M., p. 85; *B. M. R.*, p. 9.

Taxe des témoins.

1er sept. 1899 Décret sur les dépenses des tribunaux militaires, art. 14 et 18, et inst.
du 21 décembre 1899; art. 15, 18, 22, 26, *B. G.*, E. M., vol. 59-3,
p. 61 et suiv.
31 oct. 1903 Circ. Indemnité de séjour aux hommes de troupe autres que les adjudants cités comme témoins devant les tribunaux civils, *B. G.*, p. 1559.

Teintures.

17 sept. 1904 Inst. pour la vérification des teintures, *B. G.*, p. 1458; modif. 8 novembre 1905, *B. G.*, p. 1684.

Télégraphie militaire.

(Voir : *Télégraphistes coloniaux.*)

7 janv. 1905 Circ. Organisation des stages d'instruction de télégraphie sans fil pour
les militaires des T. O., *B. G.*, p. 145.
10 janv. 1905 Inst. sur les visites techniques du matériel de télégraphie militaire
(art. 37 et 38, dispositions spéciales aux télégraphistes coloniaux),
B. G., p. 20.
28 déc. 1905 Règl. sur l'armement aux colonies, art. 128. Visite par l'inspecteur
d'armes du matériel télégraphique des détachements de télégraphistes
coloniaux.
8 mars 1903 Notice provisoire sur la composition, l'emploi et l'entretien du matériel
de télégraphie sans fil.

Télégraphistes coloniaux.

(Voir : *Télégraphie militaire.*)

Témoignage de satisfaction.

Témoins.

(Voir : *Justice militaire. — Taxe des témoins.*)

Tentes.

Tenue.

(Voir : *Bicyclettes. — Casques. — Habillement. — Officiers de réserve et de l'armée territoriale. — Tenue de ville des sous-officiers rengagés. — Uniformes. — Services auxiliaires.*)

8 mai 1863 Déc. imp. réglant pour les officiers généraux le droit de porter la plume frisée au chapeau, *B. O., E. R.*, vol. 62, p. 91.

12 déc. 1871 Dispositions relatives à la tenue des officiers généraux, *B. G., E. R.*, vol. 31, p. 21.

1er févr. 1873 Tenue des officiers en non-activité, *B. G., E. R.*, vol. 31, p. 23.

8 juin 1881 Tenue des officiers, fonctionnaires et employés militaires assistant à des obsèques sans être commandés de service, *B. G., E. R.*, vol. 31, p. 21.

12 nov. 1882 Circ. Tenue et discipline, *B. M.*, p. 1010; *B. G., E. R.*, vol. 31, p. 15; appliquée à l'infanterie de marine, 18 décembre 1882, *B. M.*, p. 1010.

11 juin 1884 Inst. Tenue que doivent porter les militaires en permission ou en congé, modif. 3 mai 1888, *B. M.*, p. 830; *B. G., E. R.*, vol. 31, p. 27; appliquée aux troupes de la marine, 1er juin 1888, *B .M.*, p. 830, et circ. (marine), du 14 mai 1897, *B. M.*, p. 615.

21 juill. 1886 Déc. Tenue des officiers et assimilés en retraite ou en réforme pour infirmités, *B. M.*, 1891, 1er sem., p. 3; et note du 18 avril 1887, *B. G.*, p. 732; appliqués aux troupes de la marine, 15 janvier 1891, *B. M* , p. 3.

23 avril 1891 Circ. Port de l'uniforme à l'étranger, *B. M.*, p. 779; *B. G., E. R.*, vol. 31, p. 23; et circ. (marine), 19 mai 1891, *B. M.*, p. 779; circ. (colonies), 4 juillet 1891, *B. C.*, p. 502; (autorisation accordée aux colonies par le gouverneur).

4 oct. 1891 Service des places, *B. G., E. R.*, vol. 75.

    Art. 49. Tenue des plantons et ordonnances.
        62. Surveillance de la tenue des hommes de garde.
      109. Surveillance de la tenue par les commandants d'armes.

20 oct. 1892 Service intérieur, Inf., art. 278 à 281; Artil., art. 205 à 208, *B. G., E. R.*, vol. 78.

20 déc. 1893 Tenue que porteront les officiers généraux dans les cérémonies particulières, *B. G., E. R.*, vol. 31, p. 24; appliqué aux troupes de la marine, circ. du 5 février 1894, *B. M.*, p. 488.

18 févr. 1895 Inst. générale sur les manœuvres, titre 3, art. 66. Tenue pendant les manœuvres, *B. G., E. M.*, vol. 55-3, p. 66.

8 mars 1899 Déc. fixant la tenue des officiers et hommes de troupe de toutes armes en campagne, *B. G., E. R.*, vol. 98; modif. 11 juillet 1899, *B. G.*, p. 532; 14 août 1899, *B. G.*, p. 649; 25 novembre 1899, *B. G.*, p. 1174; 9 juillet 1900, *B. G.*, p. 1080; 16 juillet 1901, *B. G.*, p. 407; 12 novembre 1901, *B. G.*, p. 1322; err., *B. G.*, p. 1583; 27 octobre 1902, *B. G.*, p. 2095; 23 janvier 1903, *B. G.*, p. 36; err., p. 46; 10 avril 1903, *B. G.*, p. 584, err., p. 1126; 30 avril 1904, *B. G.*, p. 553; err., p. 577; 6 septembre 1904, *B. G.*, p. 1445; 16 mars 1905, *B. G.*, p. 253; 8 mai 1905, *B. G.*, p. 593; 15 juin 1905, *B. G.*, p. 841.

2 oct. 1899 Circ. Les officiers doivent porter une tenue strictement réglementaire dans toutes les prises d'armes, *B. G., E. R.*, vol. 31, p. 59.

4 déc. 1899 Circ. relative à la tenue du dimanche pour les officiers, *B. G., E. R.*, vol. 31, p. 61.

21 mai 1900 Circ. interdisant le port du képi mou dit « Saumur », *B. G.*, p. 1381; rappelée, 20 août 1900, *B. G.*, p. 1454.

23 oct. 1903 Circ. Tenue pendant l'escale de Saïgon des militaires se rendant au Tonkin ou en Chine (tenue bleue ou kaki), *B. G.*, p. 1781.

19 oct. 1905 Circ. Port de la tenue militaire par les officiers de réserve et de l'armée territoriale, *B. G.*, p. 1563.

12 avril 1906 Inst. Tenue des militaires participant à des fêtes ou cérémonies civiles. Tenue des militaires travaillant chez les cultivateurs, *B. G.*, p. 524.

Tenue des chambres.

(Voir : *Hygiène*, 20 octobre 1892.)

Tenue de ville des sous-officiers rengagés.

(Voir : *Masse individuelle.*)

1er juin 1888   Note. Circonstances dans lesquelles les sous-officiers rengagés ou commissionnés pourvus d'une tenue de ville sont autorisés à porter cette tenue, *B. G.*, E. R., vol. 19, p. 207 et 273.

17 oct. 1901   Circ. autorisant les sous-officiers rengagés à porter une tenue spéciale dite tenue de ville des sous-officiers rengagés, *B. G.*, p. 969.

30 sept. 1903   Description, art. 311 à 317. Infanterie coloniale, art. 318 à 350. Artillerie coloniale, *B. G.*, vol. spl., T. C., p. 185.

Terrains militaires.

12 avril 1903   Inst. Prêt à des entreprises ou œuvres civiles, *B. G.*, p. 524.

Testaments.

(Voir : *Successions.*)

8 juin 1893   Loi modifiant les dispositions du code civil relatives aux testaments faits soit aux armées, soit en cours d'un voyage maritime, *B. M.*, p. 7, *B. C.*, p. 524.

8 juill. 1893   Circ. Mesures d'application de la loi du 8 juin 1893, *B. M.*, p. 4; *B. C.*, p. 521.

3 oct. 1893   Inst. Application de la loi du 8 juin 1893 à bord des navires de commerce. 2e partie et modèles, *B. M.*, p. 981; *B. C.*, 1894, p. 75.

23 juill. 1894   Inst. (guerre), pour l'application aux militaires de la loi du 8 juin 1893, art. 108 à 127, *B. G.*, E. R., vol. 28, p. 64.

26 juill. 1894   Inst. (marine). Application de la loi du 8 juin 1893 à bord et aux armées; 2e partie et modèles, *B. M.*, p. 430; *B. C.*, p. 718.

1er mai 1900   Inst. sur les successions des militaires aux colonies, art. 22, *B. C.*, p. 421.

Théories et règlements.

13 avril 1889   Circ. Théories à abandonner aux sous-officiers et caporaux rentrant dans leurs foyers, *B. G.*, E. M., vol. 55-2, p. 211; appliquée aux troupes de la marine le 30 août 1889, *B. M.*, p. 436.

20 mai 1903   Inst. sur la masse des écoles. Fourniture gratuite aux corps des règlements, théories et placards. Achat d'un supplément au compte de la masse des écoles, *B. G.*, E. M., vol. 2, p. 14.

6 déc. 1903   Art. 211. Fourniture gratuite aux corps. Achats supplémentaires, *B. G.*, vol. spl., T. C., p. 105.

Timbre.

(Voir : *Marchés.*)

13 brumaire an VII (4 sept. 1798)   Loi sur le timbre, *B. M. R.*, p. 121.

16 juill. 1840   Circ. Les certificats concernant les hommes des armées de terre et de mer sont dispensés du droit et de la formalité du timbre, *A. M.*, p. 678; *B. M. R.*, p. 515.

20 mai 1846   Lettre. Les connaissements, lettres de voiture, factures, sont soumis à la formalité du timbre, *A. M.*, p. 631; *B. M. R.*, p. 281.

21 août 1846   Lettre. Les frais de timbre des lettres de voitures, connaissements, factures, incombent à ceux qui contractent envers l'Etat, *A. M.*, p. 743; *B. M. R.*, p. 303.

14 janv. 1869   Règl. financier (colonies), art. 152. Timbre des pièces justificatives de dépenses, vol. spl.

3 avril 1869   Règl. financier (guerre), art. 137 *bis*. Timbre de dimension des pièces justificatives de dépenses. Art. 158. Timbre des quittances et inst. du 30 juillet 1903, *B. G.*, E. M., vol. 24.

Timbre (suite).

Timbres et cachets.

Tir.

(Voir : *Cours pratique de tir. — Ecoles à feu. — Ecoles de tir. — Ecoles régimentaires de tir. — Miroir de pointage. — Munitions. — Tir à la mer. — Tir réduit.*)

Tir (*suite*).

16 mars 1900 Circ. Approbation d'un projet de méthode de tir pour les batteries de côte desservies par le télémètre Audouard et faisant du tir indirect, ainsi qu'une note explicative, *B. M.*, p. 811.
19 oct. 1900 Circ. Dispositions complémentaires à prendre pour l'inspection des armes à magasin après les exercices de tir à répétition, *B. M.*, p. 728.
17 avril 1901 Loi relative à l'exécution des exercices de tir par les troupes de toutes armes, *B. G.*, p. 585, et inst. du 3 août 1901, *B. G.*, p. 585; modif. 9 avril 1902, *B. G.*, p. 438; 20 juin 1906, *B. G.*, p. 800; err., *B. G.*, p. 585.
9 mai 1902 Circ. Sécurité des marqueurs sur les champs de tir de l'infanterie, *B. G.*, E. M., vol. 55-2, p. 103.
8 févr. 1903 Inst. sur le matériel de tir et les champs de tir de l'infanterie, modif. 2 avril 1905, *B. G.*, p. 408.
22 avril 1903 Solutions pour l'application de l'inst. du 3 août 1901, modif. le 9 avril 1902, pour l'exécution de la loi du 17 avril 1901 sur les exercices de tir, *B. G.*, p. 588.
8 août 1903 Circ. Le règlement provisoire du 18 novembre 1902 sur l'instruction du tir de l'infanterie est applicable aux troupes d'infanterie françaises et indigènes en garnison aux colonies, *B. G.*, p. 1173.
11 juin 1904 Inst. sur le tir (artillerie à pied), modif. 12 février 1906.
13 août 1904 Circ. Modification en ce qui concerne les T. C. de l'annexe 4 du règl. du 18 novembre 1902, *B. G.*, p. 1301.
31 août 1905 Règl. sur l'instruction du tir dans l'infanterie.
12 déc. 1905 Circ. Création de cours de tir régionaux pour l'artillerie de campagne, *B. G.*, p. 1799.
17 janv 1906 Inst. sur la préparation au tir de guerre des troupes de l'artillerie de campagne et de l'artillerie à pied.

Tir à la mer.

11 juin 1906 Circ. Désignation des officiers généraux et supérieurs qui doivent assister aux tirs à la mer, *B. G.*, p. 762.

Tir réduit.

26 févr. 1897 Circ. Le tir réduit sera effectué dans les corps de troupe de l'artillerie de marine avec le mousqueton mod. 1892, *B. M.*, p. 225.
18 févr. 1902 Inst. sur l'organisation du tir réduit pour armes de 8^{mm}; modif. 2 avril 1905 ci-après.
2 avril 1905 Circ. Dotation à titre de première mise des compagnies d'infanterie et du génie en étuis mod. 86 M. pour la confection des cartouches de tir réduit, *B. G.*, p. 408.
15 mars 1906 Circ. relative aux inconvénients que peut présenter, au point de vue de la conservation des têtes mobiles des armes de 8^{mm}, un amorçage défectueux des étuis de cartouches de tir réduit, *B. G.*, p. 366.

Tirailleurs annamites.

4 déc. 1879 Décr. créant un régiment de tirailleurs annamites en Cochinchine, *B. M.*, p. 1607.
4 déc. 1879 Règl. relatif au recrutement, à l'organisation, à l'administration et à la discipline, *B. M.*, p. 1012; art. 6, modif. 10 juillet 1883, *B. M.*, p. 31; art. 42, modif. 4 janvier 1892, *B. C.*, p. 157; *B. M.*, p. 7.
10 juill. 1883 Circ. Les tirailleurs qui se rengagent pour la deuxième fois ont droit au paiement de la prime de 50 francs, *B. M.*, p. 34.
4 janv 1892 Avancement des militaires français, *B. M.*, p. 7; *B. C.*, p. 157.
3 fév. 1894 Décr. § 2. Situation des sergents interprètes. Ont envers les sergents l'autorité des adjudants. Portent les galons de sergent-major. Perçoivent une indemnité journalière de 1 franc, *B. M.*, p. 165; *B. C.*, p. 172.
19 sept. 1903 Décr. réorganisant l'infanterie coloniale, art. 5. Effectifs : 2 régiments, *B. C.*, p. 820; *B. G.*, p. 1417.

Tirailleurs cambodgiens.

28 mai 1902 Décr. Création. Recrutement. Allocations, *B. C.*, p. 408; *B. G.*, p. 1229.

10 sept. 1903 Décr. réorganisant l'infanterie coloniale, art. 5. Effectifs : 1 bataillon, *B. G.*, p. 1417; *B. C.*, p. 820.

Tirailleurs de frontière.

(Anciens tirailleurs chinois.)

20 juin 1902 Décr. Création. Recrutement. Allocations, *B. C.*, p. 608; *B. G.*, p. 1290.

10 sept. 1903 Décr. réorganisant l'infanterie coloniale, art. 5. Effectifs : 1 bataillon, *B. C.*, p. 820; *B. G.*, p. 1417; modif. 12 juillet 1905 ci-après.

12 juill. 1905 Décr. Les tirailleurs chinois prennent le nom de tirailleurs de frontière, *B. C.*, p. 800; *B. G.*, p. 1083.

Tirailleurs malgaches.

(Voir : *Masse individuelle. — Recrutement indigène.*)

13 janv 1895 Décr. Création d'un régiment, *B. C.*, p. 62; *B. M.*, p. 11.

8 juill. 1897 Décr. Réorganisation du régiment. Recrutement. Organisation. Administration, *B. C.*, p. 652; *B. M.*, p. 34; modif. art. 4, 25 mai 1899 ci-après; art. 3, 19 avril 1900, *B. M.*, p. 566; 19 novembre 1900 et 28 mai 1904 ci-après.

10 oct. 1897 Décr. Création d'un deuxième régiment, *B. C.*, p. 1608; *B. M.*, p. 401.

25 mai 1899 Décr. Prime journalière à la masse individuelle 0 fr. 15, *B. C.*, p. 649; *B. M.*, p. 843.

19 nov. 1900 Décr. Durée des engagements des indigènes, 1, 2, 3 et 5 ans. Rengagements 2 et 3 ans. Primes de rengagement : 2 ans, 40 francs; 3 ans, 100 francs. Mode de paiement des primes, *B. C.*, p. 1015; *B. M.*, p. 922.

19 sept. 1903 Décr. réorganisant l'infanterie coloniale, art. 5. Effectifs : 3 régiments, *B. C.*, p. 820; *B. G.*, p. 1417.

28 mai 1904 Décr. Rengagements d'un an sans prime, *B. G.*, p. 811.

Tirailleurs sénégalais.

(Voir : *Habillement. — Masse individuelle. — Recrutement des militaires indigènes.*)

5 juin 1889 Décr. Réorganisation du régiment, *B. C.*, p. 727; *B. M.*, 2⁰ sem., p. 264.

5 juin 1889 Régl. Recrutement. Organisation. Administration, *B. C.*, p. 738; *B. M.*, 2⁰ sem., p. 274.

28 oct. 1895 Circ. Recrutement sur place des militaires indigènes des compagnies en garnison à la Côte d'Ivoire, *B. C.*, p. 811.

15 juin 1900 Circ. Signe distinctif des régiments de tirailleurs sénégalais, *B. C.*, p. 553; *B. M.*, p. 1192.

7 juin 1903 Déc. prés. Les tirailleurs sénégalais (sous-officiers, caporaux et tirailleurs) ont droit à la délivrance journalière d'une ration en nature dite indigène ou à une indemnité représentative de vivres égale au prix de revient de la ration, *B. C.*, p. 546.

19 sept. 1903 Décr. réorganisant l'infanterie coloniale, art. 5. Effectifs, *B. C.*, p. 820; *B. G.*, p. 1417.

Tirailleurs tonkinois.

(Voir : *Masse individuelle. — Recrutement des militaires indigènes.*)

12 mai 1884 Décr. Création de deux régiments, *B. M.*, p. 942.

28 juill. 1885 Décr. Création d'un troisième régiment, *B. M.*, p. 236.

10 déc. 1897 Décr. Création d'un quatrième régiment, *B. M.*, p. 693; *B. C.*, p. 1162.

Tirailleurs tonkinois (*suite*).

19 sept. 1903 Décr. réorganisant l'infanterie coloniale, art. 5. Effectifs : 4 régiments, *B. C.*, p. 820; *B. G.*, p. 1117.
5 févr. 1904 Déc. prés. Allocations de la masse individuelle des tirailleurs tonkinois : première mise, 50 francs; prime journalière, 0 fr. 00, *B. C.*, p. 110.

Titres nobiliaires.

23 déc. 1830 Circ. Aucun officier ne doit être officiellement appelé par son titre nobiliaire, mais par la dénomination de son grade, *B. G.*, 1902, p. 2037.
5 mars 1859 Décr. relatif à l'autorisation pour les Français de porter en France un titre conféré par un souverain étranger, *B. G.*, E. R., vol. 10, p. 77.
31 déc. 1859 Circ. Vérification de l'état civil et des titres nobiliaires des militaires, *B. G.*, E. R., vol. 10, p. 79.
23 déc. 1903 Inscription sur les états de service des officiers généraux, *B. G.*, p. 1948.

Toiles.

15 janv 1903 Description : art. 6, toile à tentes; art. 7, toile à pourrir; art. 8, toile pour garnitures de chapeau de tente; art. 10, toile à seau; art. 12, toiles servant au garnissage des caisses; art. 13, toile pour sachets à vivres de réserve, *B. G.*, E. M., vol. 53, p. 8 et suiv.

Toise.

6 déc. 1903 Achat au compte de la masse générale du double mètre étalonné pour mesurer la taille des hommes nouvellement incorporés, *B. G.*, vol. spl., T. C., p. 226.

Tondeuse.

6 mai 1886 Circ. Achat d'une nouvelle tondeuse au compte de la masse générale, *B. M.*, p. 835; (application de la déc. guerre du 9 décembre 1885).
6 déc. 1903 Annexe F. Achat et entretien au compte de la masse générale en France des instruments de perruquier, *B. G.*, vol. spl., T. C., p. 220.
Annexe G. Achat, remplacement, réparation, graissage et repassage des tondeuses pour chevaux au compte de la masse de harnachement (France), *B. G.*, vol. spl., T. C., p. 231.
9 déc. 1901 Règl. sur la masse de harnachement aux colonies. Notice 1. Achat, remplacement, réparation, graissage et repassage des tondeuses pour chevaux, *B. C.*, p. 1281.

Tonkin.

(Voir : *Garde indigène. — Indo-Chine. — Troupes métropolitaines.*)

8 août 1898 Décr. Réorganisation du conseil de protectorat, *B. C.*, p. 583.

Tonneaux d'arrosage.

6 juill. 1890 Description, *B. G.*, E. R., vol. 51 *bis*, p. 71.
16 oct. 1903 Description, *B. C.*, vol. spl., p. 1004.

Tour de service colonial.

*(Voir : Congés. — Permutations. — Prolongations de séjour colonial
Relève. — Séjour colonial.)*

Trains régimentaires.

*(Voir : Equipages régimentaires. — Masse de ferrage et de harna-
chement.)*

Trains régimentaires (*suite*).

26 juill. 1904 — Inst. sur la constitution et l'organisation des trains régimentaires aux colonies. Effectifs, *B. C.*, p. 674.

9 déc. 1904 — Décret, art. 1. Les dépenses d'entretien et de renouvellement des voitures incombent à la masse de ferrage et de harnachement, *B. C.*, p. 1250; et inst. du 9 décembre 1904, art. 1, § 6, et art. 61, *B. C.*, p. 1253.

16 janv 1905 — Circ. Taux des abonnements pour les trains régimentaires, *B. C.*, p. 13.

28 déc. 1905 — Règl. sur l'armement aux colonies, art. 128. Visite du matériel par l'inspecteur d'armes.

Traites sur le Trésor.

(Voir : *Marchés*

Tramways.

(Voir : *Troupes en route.*)

·

Transports.

18 juin 1870 — Lettre. Transport des marchandises dangereuses par eau et par voies de terre autres que les chemins de fer, *B. M.*, p. 647.

26 fév. 1892 — Circ. Les frais de transport des vivres et du matériel destinés aux colonies sont à la charge des chapitres de vivres et de matériel, *B. C.*, p. 190.

16 janv 1901 — Circ. prescrivant de prendre, le cas échéant, les dispositions nécessaires pour assurer en temps voulu le départ et le transport des T. C., *B. O.*, p. 109; *B. G.*, vol. spl., T. C., p. 80.

4 juin 1902 — Décret portant règlement sur les transports ordinaires, *B. G.*, E. M., vol. 100-3, p. 10.

12 nov. 1902 — Inst. pour l'application du décret du 2 novembre 1902 sur les compagnies de discipline. Conduite des disciplinaires, *B. G.*, p. 2231.

16 oct. 1903 — Règl. sur les directions d'artillerie coloniales, art. 119, 120, *B. C.*, vol. spl., p. 107.

16 janv 1905 — Inst. sur la comptabilité-matières (colonies), art. 75 à 102, 182 à 198. Envois, *B. C.*, p. 157 et suiv.

3 mai 1905 — Inst. sur l'exécution des transports du matériel des corps de troupe et des services militaires aux colonies, *B. C.*, p. 588.
Prescriptions générales. Exécution des transports à l'entreprise. Exécution des transports en régie.

Transports des restes mortels.

(Voir : *Décès.*)

25 janv 1856 — Inst. (agriculture, commerce, et travaux publics) sur l'admission dans les lazarets, le transport et la réinhumation dans l'intérieur de la France des personnes mortes hors du territoire continental, *B. M.*, p. 100; *B. M. R.*, p. 4.

8 juin 1887 — Inst. Transport en France des restes mortels des personnes décédées dans les colonies ou à bord des bâtiments de l'État, *B. C.*, p. 291; *B. M.*, p. 797.

11 déc. 1903 — Inst. Transport des restes des militaires décédés sous les drapeaux ou pavillons, *B. G.*, p. 1892; *B. G.*, E. M., vol. 100-3, p. 132; modif. 5 juin 1906, *B. G.*, p. 1045.

Transports maritimes.

*(Voir : Compagnie générale transatlantique. -- Condamnés. — Indem-
nités de route et de séjour. — Messageries maritimes. — Passages.
— Rapatriement.)*

1° Guerre.

2° Colonies.

Transports maritimes (*suite*).

16 juin 1891 Circ. Les permis d'embarquement ne doivent être délivrés dans les ports de commerce aux officiers, fonctionnaires, etc., que sur le vu du certificat constatant la visite médicale prévue par les circ. des 23 août, 9 octobre et 22 novembre 1890, *B. C.*, p. 433.

8 janv 1891 Circ. Embarquement du personnel colonial sur les paquebots de la Méditerranée. Etablissement des permis d'embarquement, *B. C.*, p. 28.

13 janv 1891 Décret. Admission à la 1re classe sur les paquebots des lignes d'Australie, de la mer des Indes, de l'Indo-Chine et de la Côte occidentale d'Afrique, des officiers subalternes des corps militaires relevant de l'administration des colonies et jouissant du bénéfice de la loi de 1831 (voir : *Passages*), *B. C.*, p. 42.

30 avril 1895 Circ. Escorte des condamnés militaires voyageant par paquebots ou bâtiments de commerce, *B. C.*, p. 420; *B. G.*, 1905, p. 1812.

23 déc. 1895 Circ. Voie à employer pour diriger sur Tahiti les officiers, fonctionnaires, etc., relevant du département des colonies, *B. C.*, p. 904; *B. M.*, p. 510.

16 mars 1896 Circ. Voyage annuel entre Papeete et Nouméa et vice-versa. Mode d'envoi du personnel et du matériel destinés à Tahiti, *B. M.*, p. 538.

23 sept. 1897 Circ. Mesures à prendre relativement à l'embarquement des militaires en service aux colonies qui rentrent en France. Avis à adresser. Bagages, *B. C.*, p. 987; *B. M.*, p. 355.

2 avril 1900 Circ. Dispositions relatives : 1° au décompte des surestaries à prévoir dans les contrats de transports maritimes; 2° à la réquisition des navires de commerce par les administrations coloniales, *B. C.*, p. 277.

21 janv 1901 Circ. Instructions relatives à l'acquit des connaissements et aux mentions spéciales à inscrire sur ces documents en vue du paiement du fret, *B. C.*, p. 44.

5 juin 1901 Circ. Transport des objets divers et du matériel commandé directement en France par les conseils d'administration des corps stationnés aux colonies, *B. C.*, p. 500.

15 juin 1901 Circ. Le matériel du service local et des services locaux expédié en France doit être adressé aux chefs du service colonial des ports de commerce, *B. C.*, p. 532.

15 déc. 1904 Circ. Les passagers militaires seront embarqués sur les paquebots des Messageries maritimes trois heures avant le départ des paquebots. La compagnie fournira gratuitement la nourriture des détachements lorsque ceux-ci s'embarqueront à l'heure des repas, *B. C.*, p. 1307.

1er mai 1906 Inst. sur les successions des militaires aux colonies, art. 26. Transport au compte de l'Etat des objets provenant des successions, *B. C.*, p. 424.

Transports par chemin de fer.

(Voir : *Condamnés. — Mouvements de troupe.*)

1° *Dispositions diverses.*

13 juin 1887 Règl. pour les transports militaires par le chemin de fer de Dakar à Saint-Louis, *B. C.*, p. 459.

16 janv 1902 Circ. relative à la préparation des transports militaires par chemin de fer en temps de paix, *B. G.*, E. M., vol. 100-3, p. 8.

11 déc. 1903 Inst. Conditions dans lesquelles s'effectue en temps de paix le transport, sur les voies ferrées du personnel relevant du département de la guerre, des animaux de l'armée ainsi que des voitures, des bagages et du matériel des corps de troupe, *B. G.*, p. 1873; *B. G.*, E. M., vol. 100-3, p. 109.

Dispositions préliminaires.

Application de l'arrêté du Ministre des travaux publics du 9 mai 1903.
Art. 2. Feuille de route.
  4. Cartes d'identité.
  13. Voitures, caissons, prolonges, affûts.
  17. Détenus.
  18. Bagages.
  20. Chevaux et voitures des cantinières et cantiniers.
  24. Chevaux et mulets.

Transports par chemin de fer (*suite*).

Applicat'on du règl. du 4 juin 1902 sur les transports ordinaires.

Art. 15. Tracé des itinéraires.
  20. Bons de chemin de fer.
  23. Transport des militaires isolés. Dispositions générales; addition, 22 février 1905, *B. O.*, p. 173.
  48. Matériel à employer pour le transport des hommes.

Dispositions particulières.

I. — Officiers de réserve et de l'armée territoriale se déplaçant pour suivre les cours des écoles d'instructions, pour faire un stage volontaire ou pour prendre part ou assister aux manœuvres, exercices, etc.

II. — Militaires de la disponibilité de la réserve et de l'armée territoriale se rendant à des réunions de tir.

III. — Anciens militaires appelés à se présenter devant une commission de réforme, en vue : de l'admission à la gratification de réforme renouvelable, du maintien en jou'ssance de cette allocation, ou de la conversion de la gratification renouvelable en gratification permanente.

IV. — Anciens militaires autorisés à faire usage des eaux minérales aux frais de l'Etat.

V. — Militaires malades ou blessés transportés dans des wagons de marchandises spécialement aménagés.

VI. — Réduction de tarif pour les familles des militaires déplacés pour le service, modif. 22 mars 1905, *B. O.*, p. 351.

VII. — Transport des restes des militaires décédés sous les drapeaux ou pavillons, modif. 5 juin 1906, *B. G.*, p. 1045.

Annexes.

N° 1. Tarif des prix à payer aux compagnies de chemin de fer d'intérêt général pour le transport des militaires, des animaux de l'armée, ainsi que des voitures, des bagages et du matériel voyageant avec la troupe.

N° 2. Arrêté du Ministre des travaux publics du 9 mai 1903, *B. O.*, p. 500.

N° 3. Note sur la délivrance et le retrait des cartes d'identité, modif. 26 janvier 1905, *B. G.*, p. 72.

N° 4. Traité passé avec les compagnies de chemins de fer pour le transport des chevaux et mulets de l'armée, 14 octobre 1890.

N° 5. Etat des agents supérieurs des compagnies de chemins de fer ayant qualité pour viser les feuilles de réduction à délivrer aux officiers de réserve et de l'armée territoriale se rendant aux réunions des écoles d'instruction.

2° *Personnel.*

30 juin 1890 Circ. Utilisation par les passagers de l'Etat des trains spéciaux transatlantiques entre Par's (Saint-Lazare) et Saint-Nazaire, *B. O.*, p. 814; *B. M.*, p. 721.

23 déc. 1892 Circ. Transport à prix réduit des membres des congrégations religieuses, *B. O.*, p. 858.

30 mars 1893 Circ. Réduction de tarif sur les voies ferrées en faveur des familles des officiers, fonctionnaires et agents du service colonial ayant droit au quart de place et voyageant pour raison de service, *B. O.*, p. 237.

11 avril 1894 Circ. Règle à suivre pour la demande des bons de réduction de demiplace sur les voies ferrées, *B. O.*, p. 350.

20 févr. 1902 Inst. fixant les règles relatives à l'exécution du transport par chemin de fer des troupes de toutes armes, *B. G.*, E. M., vol. 100-7, p. 3.

9 mai 1903 Arr. (travaux publics) réglant l'application aux militaires et marins du tarif réduit prévu par les cahiers des charges des concessions de chemins de fer, *B. O.*, p. 500; *B. G.*, p. 1899; *B. G.*, E. M., vol. 100-3, p. 77.

11 mai 1905 Circ. relative aux réductions de tarif consenties par les compagnies de chemins de fer et de navigation en faveur des parents des militaires gravement malades, *B. G.*, p. 600; addition, 9 août 1905, *B. G.*, p. 1215.

25 avril 1906 Circ. relative au maintien de l'ordre dans les gares, *B. G.*, p. 574.

Transports par chemin de fer (*suite*).

3° *Matériel.*

17 mars 1889   Tarif fixant : 1° le maximum de poids à allouer aux corps de troupe pour le transport des effets, outils et armes; 2° le cube maximum à allouer pour chacun desdits objets, *B. G.*, E. M., vol. 100-4, p. 7.

15 juill. 1891   Traité pour l'exécution des transports ordinaires du matériel de la guerre, *B. G.*, E. M., vol. 100-4, p. 29; modif. 28 janvier 1905, *B. G.*, p. 83; 11 avril 1905, *B. G.*, p. 443; 21 juin 1905, *B. G.*, p. 919; modif. 14 mai 1906, *B. G.*, p. 793.

28 mai 1895   Inst. pour l'application du traité du 15 juillet 1891, *B. G.*, E. M., vol. 100-4, p. 163; modif. 7 novembre 1901, *B. G.*, p. 1628; 10 janvier 1905, *B. G.*, p. 9; 28 janvier 1905, *B. G.*, p. 83; 7 novembre 1905, *B. G.*, p. 1683; additions, 20 juin 1906, *B. G.*, p. 796.

27 juin 1896   Circ. Application du barème 2 du traité des transports de la guerre aux bagages et au mobilier des officiers, employés et agents du service colonial ayant droit au quart de place sur les voies ferrées, *B. C.*, p. 372.

12 nov. 1897   Règl. sur le transport par chemin de fer des matières dangereuses et des matières infectes, *B. G.*, E. M., vol. 100-4, p. 163; modif. 29 mars 1906, *B. G.*, p. 457.

16 juill. 1898   Inst. (travaux publics), concernant la surveillance des expéditions d'explosifs, munitions et matières assimilées, *B. G.*, E. M., vol. 100-4, p. 235.

6 mars 1903   Circ. Groupement des expéditions de matériel, rappel de l'art. 58 de l'inst. du 28 mai 1895, *B. G.*, E. M., vol. 100-4, p. 241.

Travail.

2 nov. 1892   Loi sur le travail des enfants, des filles mineures et des femmes dans les établissements industriels, *B. G.*, E. R., vol. 65, p. 120; modif. 30 mars 1900, *B. G.*, p. 465.

12 juin 1893   Loi concernant l'hygiène et la sécurité des travailleurs dans les établissements industriels, *B. G.*, E. R., vol. 65, p. 225; modif. 11 juillet 1903, *B. G.*, 1904, p. 507.

8 août 1893   Loi relative au séjour des étrangers en France et à la protection du travail national, *B. des lois.*

10 août 1899   Décret sur les conditions du travail dans les marchés passés au nom de l'Etat, *B. G.*, E. M., vol. 25, p. 278.

21 août 1899   Inst. pour l'application du décret du 10 août 1899, *B. G.*, E. M., vol. 25, p. 280.

8 sept. 1899   Circ. relative à l'applic. du décret du 10 août 1899, *B. G.*, E. M., vol. 25, p. 290; complétée 2 décembre 1905, *B. G.*, p. 1762, en ce qui concerne la revision des bordereaux des salaires normaux.

3 oct. 1899   Compléuent à l'instruction pour l'application du décret du 10 août 1899, *B. G.*, E. M., vol. 25, p. 287.

15 sept. 1901   Service courant, art. 24. Suspension du travail le dimanche, sauf nécessité absolue, *B. G.*, E. R., vol. 74.

28 mars 1902   Décret sur la durée du travail journalier des ouvriers adultes, *B. G.*, p. 1024.

16 oct. 1903   Inst. Durée du travail dans les ateliers aux colonies (artillerie), *B. O.*, vol. spl., p. 437.

2 mars 1905   Décret. Application dans les établissements de l'Etat de la loi du 12 juin 1893, modif. le 11 juillet 1903, concernant l'hygiène et la sécurité des travailleurs, *B. G.*, p. 391.

Travailleurs.

4 oct. 1891   Service des places, art. 51. Travaux militaires. Auxiliaires fournis par l'infanterie, *B. G.*, E. R., vol. 75.

27 oct. 1891   Circ. relative à la diminution des hommes distraits du service régimentaire. Chapitre 3. Travailleurs au génie, à l'artillerie, aux services administratifs et de santé en ville, *B. G.*, E. R., vol. 62, p. 120.

20 oct. 1892   Service intérieur, Inf., art. 278; Artil., art. 293, *B. G.*, E. R., vol. 78.

12 avril 1903   Inst. Conditions dans lesquelles l'armée ou ses membres peuvent prêter un concours effectif à des œuvres ou entreprises civiles et se livrer à des occupations non militaires. Travailleurs agricoles, grèves, etc., *B. G.*, p. 524.

Travaux de campagne.

(Voir : *École des travaux de campagne.*)

23 mars 1878 Inst. sur les travaux de campagne à exécuter dans les corps de troupe de l'infanterie, *B. O.*, E. M., vol. 55-1, p. 65.

15 nov. 1892 Inst. sur les travaux de campagne à exécuter dans les corps de troupe d'infanterie, appliquée à l'infanterie de marine, 28 juillet 1893, *B. O.*, p. 627; *B. M.*, p. 232.

Travaux de constructions.

(Voir : *Directions d'artillerie.*)

Travaux d'études.

(Voir : *Revue des troupes coloniales.*)

12 juill. 1877 Recommandations relatives au mode à suivre pour l'envoi des mémoires et projets préparés par les officiers d'artillerie, *B. M.*, p. 50; *B. M. R.*, p. 464.

12 mars 1900 Circ. relative à l'instruction des cadres, aux travaux d'études des capitaines et officiers supérieurs, aux conférences d'école et aux travaux d'hiver des lieutenants, *B. O.*, E. M., vol. 55-1, p. 147.

15 sept. 1901 Service courant, art. 280. Récompenses, *B. O.*, E. R., vol. 74.

18 août 1900 Circ. relative aux travux d'étude exécutés par des officiers et sous-officiers rengagés de l'infanterie, *B. O.*, p. 1146.

Travaux mixtes.

(Voir : *Conseils de défense aux colonies.*)

Travaux publics.

(Voir : *Exécution des jugements. — Justice militaire.*)

Treillis pour étuis d'ustensiles.

15 janv. 1905 Art. 11. Description, *B. G.*, E. M., vol. 53, p. 10.

Trésorerie et postes aux armées.

24 mars 1877 Décret sur le service de la trésorerie et des postes aux armées, *B. G.*, E. M., vol. 99, p. 3.

23 mai 1877 Arr. Traitements et indemnités des payeurs d'armée, *B. G.*, E. M., vol. 99, p. 18.

28 mai 1877 Arr. Désignation et fixation du traitement des sous-agents, *B. G.*, E. M., vol. 99, p. 20.

14 avril 1902 Décret. Uniforme du personnel, *B. G.*, p. 633.

31 oct. 1904 Inst. sur la comptabilité et le service des payeurs d'armée, *B. G.*, E. M., vol. 99, p. 145.

1er mai 1906 Décret modifiant le service des places, art. 205 à 214. Service de la trésorerie dans les places de guerre, *B. G.*, p. 756.

Trésorier.

22 juin 1817 Ord., art. 627 à 638, vol. spl.
29 oct. 1892 Service intérieur, B. G., E. R., vol. 78.

    Inf., art. 52 à 58. Artil., art. 50 à 53. Capitaine trésorier.
    Inf., art. 59. Artil, art. 51. Adjoint au trésorier.
6 déc. 1903 Décret, art. 50 à 59, B. G., vol. spl., T. C., p. 20.

Trompette.

20 oct. 1892 Service intérieur, Artil., art. 248. Nomination, service, B. G., E. R., vol. 78.
6 déc. 1903 Achat des instruments au compte de la masse générale, B. G., vol. spl., T. C., p. 226.

Trop-perçu.

(Voir : *Retenues.*)

22 juin 1817 Ord. (colonies). Mode de remboursement des sommes payées en trop ou en moins.
    Art. 710. Rations perçues en trop. Retenues sur la solde des capitaines, vol. spl.
6 déc. 1903 Décret. Administration et comptabilité des T. C. en France.
    Art. 129. Mode de remboursement des trop ou moins payés sur le traitement des officiers et sur les indemnités spéciales aux sous-officiers rengagés ou commissionnés.
    Art. 111 et 112. Régularisation des perceptions en nature, B. G., vol. spl., T. C., p. 51 et 55.
13 févr. 1905 Circ. Mode de remboursement des trop-payés aux colonies, B. C., p. 251.

Troupes coloniales.

7 juill. 1900 Loi organisant les troupes coloniales, B. C., p. 501; B. G., p. 1176; B. vol. spl., T. C., p. 5.

  Art. 1. Rattachement à la guerre. Emploi.
        2. Autonomie. Budget. Création d'une direction spéciale au ministère de la guerre.
        3. Responsabilité des gouverneurs et commandants supérieurs, correspondance du commandant supérieur.
     4-5. Organisation et composition.
        6. Emploi des troupes métropolitaines. Personnel des missions et explorations.
        7. Troupes indigènes.
        8. Emploi de la légion étrangère, des bataillons d'Afrique, des tirailleurs algériens et des compagnies de discipline.
        9. Etat-major général.
      10. Service d'état-major.
      11. Services du commissariat (intendance), de santé, du recrutement, justice militaire, gendarmerie.
      12. Relève.
      13. Permutations.
   14-15. Recrutement. Engagements. Rengagements.
      16. Recrutement indigène.
      17. Réserves européennes.
      18. Réserves indigènes..
      19. Milices.
      20. Pensions des indigènes.
      21. Exclus.
      22. Personnel pour la marine. Pensions.
      23. Matériel et casernement en France et aux colonies.
      24. Rapport annuel sur les expéditions coloniales. Statistiques médicales.
      25. Mise en vigueur.

Troupes colonialos *(suite)*.

29 déc. 1900   Inst. Conditions dans lesquelles la loi du 7 juillet 1900 doit être miso en vigueur à la date du 1ᵉʳ janvier 1901, *B. G.*, 1901, p. 126; *B. G.*, vol. spl., T. C., p. 80.

21 févr. 1901   Circ. Aucune création de corps ou modification dans l'organisation des troupes ou services militaires ne peut être faite par l'autorité locale sans l'assentiment des Ministres de la guerre et des colonies, *B. C.*, p. 431; et circ. (guerre), du 24 avril 1901, *B. C.*, p. 435.

11 juin 1901   Décret constituant un corps d'armée des T. C., *B. G.*, p. 1023; *B. G.*, vol. spl., T. C., p. 142.

3 juin 1902   Convention ayant pour objet : 1° de fixer les dépenses incombant pour l'entretien complet des T. C. ou des T. M. soit au budget de la guerre (partie métropolitaine ou coloniale), soit au budget des colonies, soit au budget de la marine; 2° de préciser les bases devant servir à la préparation de ces budgets, de définir le mode de règlement de ces dépenses au cours de l'exercice, *B. G.*, p. 1191; *B. C.*, p. 579.

Troupes on route.

4 oct. 1891   Service des places, art. 115. Une troupe en marche ne doit pas se laisser couper. Art. 159 à 163. Dispositions spéciales aux troupes en route, *B. G.*, E. R., vol. 75.

20 oct. 1892   Service intérieur, Inf., art. 406 à 438; Artil., art. 426 à 466, *B. G.*, E. R., vol. 78.

7 févr. 1899   Circ. Circulation des tramways et chemins de fer sur route en présence des troupes en marche, *B. G.*, E. R., vol. 78, p. 804; *B. G.*, E. M., vol. 100-2, p. 12; et circ. du 18 avril 1902, *B. G.*, p. 615; *B. G.*, E. M., vol. 100-2, p. 14

31 juill. 1906   Circ. relative à la circulation des troupes sur la voie publique, *B. G.*, p. 1035.

Troupes métropolitaines.

(Voir : *Solde.* — *Cavalerie.*)

29 avril 1890   Décret réglant la situation des officiers et sous-officiers du département de la guerre mis à la disposition du service du protectorat de l'Annam-Tonkin, *B. C.*, p. 561; *B. G.*, E. M., vol. 85, p. 25.

29 nov. 1897   Circ. relative aux propositions pour l'envoi des officiers et sous-officiers dans les colonies et pays de protectorat, complétée 3 avril 1898, 30 mai 1898 et 24 mars 1902, *B. C.*, p. 601; *B. G.*, E. M., vol. 85, p. 27.

7 juill. 1900   Loi, art. 8. Emploi aux colonies de la légion étrangère, des bataillons d'Afrique, des tirailleurs algériens et des compagnies de discipline, *B. C.*, p. 591; *B. G.*, vol. spl., T. C., p. 5.

Trousses.

1ᵉʳ févr. 1901   Circ. Mode d'acquisition des trousses pour les bataillons du service régimentaire aux colonies, prix 126 fr. 66, *B. C.*, p. 14.

30 sept. 1903   Description des uniformes, art. 456. Trousse en basane garnie, *B. G.*, vol. spl., T. C., p. 282.

Tuberculose.

(Voir : *Hygiène.*)

12 sept. 1800   Circ. Mesures à prendre pour arrêter les progrès de la tuberculose pulmonaire parmi les militaires des troupes de la marine, *B. M.*, p. 558.

19 févr. 1904   Circ. Mesures prophylactiques contre la tuberculose aux colonies, *B. C.*, p. 178.

Tunique.

1ᵉʳ avril 1892 Officiers généraux, art. 14 et 41. Tuniques des officiers généraux et
assimilés, art. 158 et 183, *B. G.*, E. R., vol. 104.
30 sept. 1903 Description des uniformes, modif. 21 juin 1901, 24 octobre 1901, 8 mai
1905, *B. G.*, vol. spl., T. C.

Art. 15 à 17. Tunique de drap, de flanelle, de toile blanche, de toile
kaki, modèle général.
67. Tunique de drap, officiers d'infanterie coloniale.
101. Tunique de drap léger, officiers d'artillerie coloniale,
modif. 21 juin 1901.
178. Tunique de drap, officiers du commissariat.
188 Tunique de drap, officiers d'administration du commissariat, modif. 21 juin 1901.
199-200. Tunique de drap et de toile blanche et kaki des officiers
du corps de santé.
268. Tunique des officiers d'administration du service de santé, modif. 21 juin 1901.
236-237. Tunique des adjudants et chefs de fanfare d'infanterie
coloniale.
284-285. Tunique des adjudants d'artillerie coloniale.
309. Tunique simple des élèves de l'école de Saint-Maixent.
353. Tunique des maîtres ouvriers d'artillerie coloniale.

Tutelle.

23 juill. 1891 Inst. sur les actes de l'état civil aux armées, art. 107. Tutelle temporaire, *B. G.*, E. R., vol. 28.

Typomètre.

6 déc. 1903 Modèles. Annexe II. Instruction sur la manière de prendre les mesures au typomètre, *B. G.*, vol. spl., T. C., p. 633.

U

Uniformes.

(Voir : *Habillement. — Inspection des colonies. — Tenue. — Trésorerie et postes aux armées.*)

Urne et accessoires.

Ustensiles de campement.

V

Vacances.

(Voir : *Bulletin des emplois vacants.*)

Vaccination.

25 nov. 1889   Service de santé à l'intérieur.
Notice 3 sur la pratique de la vaccination et de la revaccination dans l'armée, *B. G.*, E. M., vol. 80, p. 203.

26 janv. 1895   Circ. Il y a lieu de revacciner avant leur départ pour les colonies les hommes dont la revaccination a été opérée sans succès à leur arrivée au corps, *B. M.*, p. 51.

Vaguemestres.

(Voir : *Indemnités.*)

31 oct. 1851   Circ. Les vaguemestres sont autorisés à vendre des timbres-poste, *B. M.*, p 661; *B. M.*, R., p. 522.

23 janv. 1855   Inst. pour la vente des timbres-poste aux vaguemestres avec la remise de 2 p. 100, *B. G.*, E. R., vol. 78, p. 659.

13 nov. 1877   Note relative aux délais de validité et de remboursement des mandats-poste et à la vente des timbres, *B. G.*, E. R., vol. 78, p. 660.

20 oct. 1892   Service intérieur : Inf., art. 203 à 208; Artil., art. 160 à 165, *B. G.*, E. R., vol. 78.

10 juill. 1893   Note. Recouvrement par les vaguemestres des valeurs dues par des militaires stationnés dans des forts détachés et présentés par l'administration des postes et télégraphes, *B. G.*, E. R., vol. 78, p. 661.

6 déc. 1903   Annexe F. Gratifications aux vaguemestres des T. C. en France; modif. 11 juin 1903, *B. G.*, p. 744.

Vareuse.

30 sept. 1903   Art. 238. Vareuse de bord en toile rousse de chanvre ou de lin. Description, *B. G.*, vol. spl., T. C., p. 116.

Ventes.

(Voir : *Fumiers.*)

9 juin 1831   Ord. Vente des effets mobiliers déposés dans les greffes des cours et tribunaux, *B. G.*, E. M., vol. 59-4, p. 127.

14 janv. 1869   Règl. financier (colonies), art. 21, 211 à 217. Vente des objets mobiliers ou immobiliers, vol. spl.

3 avril 1869   Règl. financier (guerre). art. 247 à 253. Ventes de chevaux réformés. d'objets mobiliers ou immobiliers, etc.
Art. 254. Vente des fumiers des corps de troupe, et inst. du 30 juillet 1903, *B. G.*, E. M., vol. 24.

29 mars 1881   Circ. Interprétation de l'art. 211 du règl. du 14 janvier 1869. Droit attribué aux officiers du commissariat d'ajourner les ventes d'objets immobiliers remis au Domaine, *B. M.*, p. 413.

Ventes (*suite*).

16 janv. 1905 Règl. sur la comptabilité matières (colonies), art. 211 à 217. Sortie des matières, denrées, objets, etc., remis aux domaines pour être vendus, *B. C.*, p. 189 et suiv.

1ᵉʳ mai 1906 Inst. sur les successions des militaires aux colonies, art. 29 et 30. Vente des objets provenant des successions, *B. C.*, p. 424.

Vestes.

19 juin 1899 Circ. Substitution de la veste au dolman dans la tenue de manœuvres des sous-officiers et brigadiers fourriers d'artillerie (régiments, compagnies d'ouvriers et d'artificiers). Application de la note (guerre) du 22 avril 1899, *B. G.*, P. s., p. 262; *B. M.*, p. 969; *B. C.*, p. 652.

30 sept. 1903 Description des uniformes, *B. G.*, vol. spl., T. C.

    Art. 287. Veste en drap. Artillerie coloniale.

        288. Veste de travail des sous-officiers des compagnies d'ouvriers et d'artificiers.

        289. Veste de travail en toile bleue.

        377. Veste de gymnase.

6 déc. 1903 Achat au compte de la masse générale des vestes de gymnase, *B. G.*, vol. spl., T. C., p. 226.

Veston en cuir.

30 avril 1902 Circ. autorisant le port facultatif par les officiers de toutes armes d'un veston en cuir, *B. G.*, p. 766; autorisation pour les adjudants, 20 juin 1902, *B. G.*, p. 1283.

30 sept. 1903 Description des uniformes, art. 18. Port par les officiers et adjudants, *B. G.*, vol. spl., T. C., p. 22.

Vétérinaires.

(Voir : *Service vétérinaire.*)

Viande.

(Voir : *Alimentation. — Ordinaires. — Service des subsistances.*)

22 avril 1905 Inst. pour la reconnaissance technique et l'examen de la viande sur pied et abattue, *B. G.*, E. M., vol. 7, p. 113.

22 avril 1905 Inst. sur le contrôle et l'inspection de la viande, *B. G.*, E. M., vol. 7, p. 110; modif. 20 juillet 1906, *B. G.*, p. 923.

22 avril 1905 Inst. sur la distribution, la préparation et la consommation des conserves de viande, *B. G.*, E. M., vol. 7, p. 93.

Villa des officiers (fondation Furtado-Heine).

18 janv. 1896 Décr. relatif à l'organisation de la fondation Furtado-Heine, *B. G.*, E. R., vol. 85, p. 148.

7 avril 1902 Inst. pour l'application du décret du 18 janvier 1896. Conditions d'admission, *B. G.*, p. 472.

Vin.

6 oct. 1887 Circ. Emploi de la bonde Piaubert-Lescure, *B. C.*, p. 763.

3 févr. 1890 Circ. Quantité de chlorure d'argent à tolérer dans les vins, 2 grammes par litre. La présence du baryum est proscrite, *B. C.*, p. 253.

Vin *(suite).*

20 mai 1897   Circ. Traitement et conservation des vins expédiés aux colonies, *B. C.*, p. 485.

15 sept. 1901   Service courant, art. 7. Allocation supplémentaire à l'occasion des opérations du service courant, *B. G.*, E. R., vol. 74.

9 avril 1902   Circ. Clause à insérer dans les cahiers des charges pour la fourniture des vins nécessaires aux colonies. Les barriques doivent être exclusivement de fabrication française, *B. C.*, p. 361.

16 nov. 1903   Circ. La ration de vin des infirmiers européens aux colonies est majorée de 25 centilitres, *B. C.*, p. 976.

6 févr. 1904   Circ. Suppression des allocations de vin aux ouvriers du service de l'artillerie, *B. C.*, p. 118.

30 avril 1906   Circ. Contrôle spécial à exercer sur le vin vendu dans les cantines des corps de troupe, *B. G.*, p. 571.

Visites.

(Voir : *Honneurs. — Inspection des colonies.*)

30 juin 1876   Circ. Tenue des magistrats et de l'autorité militaire dans les visites officielles qu'ils ont à échanger, *B. G.*, E. R., vol. 75, p. 268.

8 août 1876   Circ. Tenue des préfets et des sous-préfets dans les visites officielles qu'ils ont à échanger avec les représentants de l'autorité militaire, *B. G.*, E. R., vol. 75, p. 266.

13 janv. 1884   Circ. Visites individuelles entre les autorités civiles et les autorités militaires, *B. G.*, E. R., vol. 75, p. 195.

30 août 1884   Règl. sur l'armement (France), art. 280. Visites des inspecteurs d'armes aux autorités militaires, *B. G.*, E R., vol. 19.

22 juin 1886   Circ. (affaires étrangères). Visites, *B. M.*, 2ᵉ sem., p. 14.

27 mai 1890   Tenue des officiers pour les visites officielles. Grande tenue de service, *B. G.*, E. R., vol. 31, p. 21.

4 oct. 1891   Service des places, art. 307, 308. Visites individuelles entre les autorités militaires et maritimes, *B. G.*, E. R., vol. 75, et circ. du 26 juillet 1897, *B. G.*, E. R., vol. 75, p. 196.

    Art. 108. Visites des officiers généraux, fonctionnaires, employés militaires et marins arrivant dans une place et *B. G.*, E. R., vol. 60, p. 111.

20 oct. 1892   Service intérieur, *B. G.*, E. R., vol. 78.

    Inf., art. 224; Artil., art. 259. Visites de corps.
    Inf., art. 225; Artil., art. 260. Visites individuelles.
    Inf., art. 432; Artil., art. 463. Troupes en route. Visites de corps.

8 nov. 1895   Décr. Visites à échanger entre les autorités militaires et maritimes aux colonies, *B. M.*, p. 703; *B. C.*, p. 813.

16 juin 1897   Art. 53. Visite des officiers de réserve promus ou nommés à leur chef de corps, *B. G.*, E. R., vol. 72.

10 août 1898   Décr. Visites des contrôleurs de l'armée en mission, *B. G.*, E. R., vol. 64, p. 39.

28 déc. 1905   Inst. sur le service de l'armement aux colonies, art. 100. Visite des inspecteurs d'armes aux autorités militaires, vol. spl.

Visite des établissements militaires.

25 nov. 1889   Notice 4. Visites des directeurs du service de santé dans les corps de troupe et dans les établissements militaires, *B. G.*, E. M., vol. 80, p. 232.

21 juin 1895   Note. Visite des établissements militaires. Désignation de ceux que les officiers peuvent visiter, *B. M.*, p. 111; *B. G.*, E. R., vol. 31, p. 36; et circ. (marine), 21 juillet 1895, *B. M.*, p. 111.

Visite médicale.

(Voir : Maladies vénériennes.)

2 nov. 1882　Circ. Visite médicale du personnel appelé à servir aux colonies, *B. M.*, p. 744.

25 oct. 1890　Circ. Visite médicale des officiers, fonctionnaires, etc., du service colonial préalablement à leur embarquement pour les colonies, *B. C.*, p. 1113; *B. M.*, p. 517.

20 oct. 1892　Service intérieur, Inf., art. 71; Artil., art. 65. Visite générale mensuelle. Visite des hommes qui arrivent au corps, qui le quittent ou qui s'absentent, *B. G.*, E. R., vol. 78; modif. le 6 mai 1898 en ce qui concerne la visite des hommes allant en permission et note du 6 mai 1898, *P. G.*, E. R., vol. 78, p. 762.

30 mai 1905　Circ. Modification à la note du 6 mai 1898. Prolongations de congé ou de congé ou de permission, *B. G.*, p. 707.

Vivres.

(Voir : Approvisionnements de guerre. — Cessions. — Lard salé. — Masse de ravitaillement. — Service des subsistances. — Subsistances. — Tirailleurs sénégalais. — Vin.)

17 juill. 1893　Circ. Vivres à allouer aux militaires le jour de leur embarquement, *B. C.*, p. 569.

Voitures.

(Voir : Service de santé en campagne. — Trains régimentaires. — Transports par chemin de fer (15 juillet 1891, 9 mai et 11 décembre 1903.)

18 févr. 1895　Transport des voitures des corps pendant les manœuvres, *B. G.*, E. M., vol. 55-3, p. 40.

23 sept. 1903　Règl. de manœuvres du train des équipages, art. 272 à 281. Description des voitures en usage dans l'armée.

Vote.

21 mars 1905　Loi, art. 9. Conditions dans lesquelles les militaires peuvent voter, *B. C.*, p. 359; *B. G.*, p. 263; *B. G.*, E. M., vol. 68-1, p. 6.

Voyages d'état-major.

20 févr. 1895　Inst. sur les travaux et les exercices des officiers du service d'état-major, art. 18 à 37, *B. G.*, E. M., vol. 55-1, p. 185.

Z

Zone frontière.

10 août 1853　Décret concernant la zone frontière, *B. M.*, p. 655; *B. M.*, R., p. 1101; *B. G.*, E. R., vol. 48, p. 228.

Paris et Limoges. — Imprimerie militaire Henri CHARLES-LAVAUZELLE.

Extrait du Catalogue général de la Librairie militaire
Henri CHARLES-LAVAUZELLE
INTÉRESSANT TOUT PARTICULIÈREMENT LES TROUPES COLONIALES

Organisation et administration.

BULLETIN OFFICIEL DU MINISTÈRE DE LA GUERRE. — Recueil, en textes authentiques, des lois intéressant l'armée en vigueur au 1" janvier 1902 (1791-1901). — Volume in-8° de 1116 pages......................... 8 »

ORGANISATION DE L'ARMÉE. — 1" Partie. Organisation générale. Division militaire du territoire. Places fortes. Défense des côtes. État-major général. Service d'état-major. Officiers d'administration du service d'état-major. (Édition mise à jour des textes en vigueur jusqu'en août 1901.) — Volume in-8° de 288 pages, broché.................. 2 25
Relié pleine toile gaufrée......................... 3 25

2" Partie. Cadres et effectifs. Dispositions générales Troupes (armée active). Dispositions générales et dispositions particulières à chaque arme. Armée territoriale. Armée coloniale. (Édition mise à jour des textes en vigueur jusqu'au 1" août 1904.) — Volume in-8° de 434 pages, cartonné.................................... 3 25

3" Partie. Administration de l'armée. Établissements et services spéciaux destinés à assurer la défense du pays. Corps du contrôle de l'administration de l'armée. État-major particulier de l'artillerie. État-major particulier du génie. Service de l'intendance militaire. Service de santé. Service religieux. Vétérinaires militaires. Interprètes militaires. Recrutement et mobilisation. Affaires indigènes en Algérie et en Tunisie. Gendarmerie. Garde républicaine. Corps militaire des douanes. Corps des chasseurs forestiers. Auxiliaires indigènes employés en Algérie et en Tunisie. Musiques et fanfares. Cantinières-vivandières. (Édition mise à jour des textes en vigueur jusqu'au 1" juillet 1905.) — Volume in-8° de 356 pages, broché.................. 3 »
Relié pleine toile gaufrée........................ 4 »

Loi du 24 juillet 1873 sur l'organisation de l'armée, suivie des lois, décrets, circulaires et notes ministérielles concernant la division militaire du territoire, les places fortes et la défense des côtes. (Édition mise à jour jusqu'en juin 1898.) — Brochure in-8° de 92 pages............. 1 »

Loi du 16 mars 1882 sur l'administration de l'armée. Modifiée le 1" juillet 1889 (3" édition). — Brochure in-8° de 28 pages................................ » 50

Ministère de la guerre. — Administration centrale de la guerre. État-major de l'armée. Service géographique. Secrétariat général. Conseil supérieur de la guerre. Comités et sections techniques. Commissions. Dépôt des modèles. Service intérieur. (Édition mise à jour des textes en vigueur jusqu'au 31 décembre 1898.) — Volume in-8° de 148 pages, broché.......................... 1 25
Relié pleine toile gaufrée....................... 2 »

Archives de la guerre. Édition à jour jusqu'au 1" août 1900. — Volume in-8° de 96 pages, avec modèles, broché.. 1 »
Relié toile...................................... 1 50

Instruction du 7 mars 1899 sur l'organisation des bibliothèques militaires. Édition mise à jour au 10 novembre 1900. — Brochure in-8° de 30 pages............... » 50

Instruction du 23 mars 1897 pour l'application du décret du 10 février 1890 portant règlement pour l'exécution de la loi du 16 mars 1882, en ce qui concerne le service de l'intendance militaire. — Volume in-8° de 120 pages, avec annexes, tableaux et modèles...................... 1 »

Lois, décrets, circulaires et notes ministérielles relatifs aux engagements volontaires et aux rengagements (Armée de terre, troupes métropolitaines et troupes coloniales ; armée de mer, équipages de la flotte et armuriers de la marine) (11" édition mise à jour jusqu'en août 1905). — Brochure in-8° de 160 pages...................... 1 50

Instruction du 19 février 1906 sur la réforme des hommes de troupe. — Brochure in-8° de 42 pages... » 50

L'armée en 1906. — Considérations générales à propos du budget de la guerre, par L.-L. KLOTZ, député de la Somme, rapporteur du budget de la guerre, avec préface du général H. Langlois, ancien membre du conseil supérieur de la guerre. — Volume in-8° de 294 pages.............. 3 »

Instruction du 20 février 1900 sur le service des états-major, mise à jour jusqu'en mai 1906. — Brochure in-8° de 36 pages.................................... » 50

Recrutement de l'armée.

Loi du 21 mars 1905 sur le recrutement de l'armée. (3" édition, mise à jour jusqu'en mars 1906.) — Brochure in-8° de 76 pages.................................. » 50

Commentaire de la loi du 21 mars 1905 sur le recrutement de l'armée et la réduction à deux ans de la durée du service dans l'armée active, par Georges GARREAU, docteur en droit, sénateur, rapporteur adjoint de la loi militaire, secrétaire du Sénat, secrétaire de la Commission de l'armée. — Volume in-8° de 884 pages, broché.. 10 »
Relié toile...................................... 12 »

Dictionnaire du recrutement, contenant tout ce qui est relatif au recrutement, à l'administration des réserves et de l'armée territoriale et aux réquisitions (armées de terre et de mer) (3" édition, revue, considérablement augmentée et mise à jour), par J. SAUMUR. ✳, ⬦, officier d'administration principal d'état-major :
TOME I". — Volume in-8° de 1.184 pages, broché... 10 »
Relié toile...................................... 12 »
TOME II. — Volume in-8° de 704 pages, broché..... 6 »
Relié toile...................................... 7 50
(L'achat de cet ouvrage par les corps de troupe a été autorisé par décisions du 29 juin 1900 de M. le Ministre de la guerre et du 29 septembre 1900 de M. le Ministre de la marine.)

Étude sur le recrutement malgache. — Brochure in-8° de 28 pages...................................... » 60

Emplois civils.

Emplois civils réservés aux sous-officiers, brigadiers, caporaux, et soldats, d'après la loi du 21 mars 1905 et le décret du 26 août 1905, portant règlement d'administration publique. — Volume in-8° de 70 pages........ » 75

Emplois civils réservés : 1° aux sous-officiers ; 2° aux militaires gradés comptant au moins quatre ans de service ; 3° aux militaires non gradés comptant au moins quatre ans de service (Préparation des examens, traitements, avancement, attribution des titulaires, etc., etc.), par J. SAUMUR, ✳, ⬦, officier d'administration principal d'état-major (4" édition, mise à jour au 1" mai 1906). — Volume in-8° de 262 pages.................. 2 »

Instruction du 1" octobre 1906 pour servir à l'application des dispositions du chapitre IV du titre IV de la loi du 21 mars 1905 et du règlement d'administration publique du 26 août de la même année relatifs aux emplois civils et militaires réservés aux engagés et rengagés (2° édition, mise à jour jusqu'au 1" mai 1906). — Volume in-8° de 159 pages.. 1 »

Honneurs et Préséances.

Fêtes et cérémonies. — Honneurs militaires, honneurs civils. — Recueil des décrets, circulaires et instructions relatifs aux cérémonies et honneurs, par J. Saumer ✻, ✻✻, officier d'administration principal d'état-major (2° édition, revue et augmentée). — Volume in-8° de 144 pages.... 2 »

[Ouvrage honoré d'une souscription du ministère des colonies et dont l'achat est autorisé suivant décision de M. le Ministre de la guerre du 4 janvier 1895.]

Réserve et Armée territoriale.

Règlement ministériel du 16 juin 1897 sur le recrutement, la répartition, l'instruction, l'administration et l'inspection des officiers de réserve et de l'armée territoriale, précédé d'une instruction de même date portant envoi du règlement, du rapport et d'un décret du 16 juin 1897 sur l'avancement des officiers (réserve et territoriale) (5° édition mise à jour jusqu'en janvier 1905). — Brochure in-8°, 48 pages, annotée.......................... » 50

Aide-mémoire à l'usage des officiers de toutes armes (armée active, réserve et armée territoriale), contenant les documents officiels d'une application courante, ainsi que les formules à employer dans la correspondance officielle et privée, par J. Saumer, officier d'administration principal d'état-major. — Volume in-8° de 350 pages, relié toile souple.. 4 »

[Ouvrage honoré d'une souscription du ministère de la guerre.]

Droit civil, Jurisprudence, Justice Militaire.

Nouveaux codes français et lois usuelles civiles et militaires. Recueil spécialement destiné à l'armée (11° mille). — Volume in-12 de 1.438 pages, relié toile.......... 5 »

[Ouvrage honoré d'une souscription du ministère de la guerre.]

Recueil des documents officiels relatifs au mariage des officiers (5° édition). — Brochure in-8° de 62 pages. 1 25

Code de justice militaire pour l'armée de terre, annexes, formules et modèles (édition mise à jour des textes en vigueur jusqu'au 1" octobre 1904). — Volume in-8° de 266 pages, cartonné.................................... 2 »

Congés et Permissions, Pensions et Secours.

Décret du 1" mars 1890 portant règlement sur la concession des congés et permissions (4° édition, annotée, mise à jour jusqu'au 15 août 1904, par 4 annexes). — Brochure in-8° de 78 pages........................... » 75

Manuel du service des pensions (lois et règlements), suivi de l'instruction générale pour son application (édition à jour jusqu'au 1" mai 1904). — In-8°, 444 pages, tarifs et modèles, cartonné.. 3 »

Enfants de troupe.

Recueil des lois, décrets et instructions concernant les fils et filles de militaires et leur admission dans les écoles militaires préparatoires, maisons d'éducation, lycées et collèges, par J. Saumer, ✻, officier d'administration principal d'état-major. — Volume in-8° de 144 pages... 2 50

Troupes coloniales, Infanterie.

Décret du 3 décembre 1904 portant règlement sur les manœuvres de l'infanterie. (Titre I, *Règles générales et méthodes d'instruction;* — Titre II, *École du soldat;* — Titre III, *École de section;* — Titre IV, *École de compagnie et des unités plus fortes;* — Titre V, *L'infanterie dans le combat,* — *Annexes.* — Volume in-12 de 106 pages, cartonné.. 1 25
Relié toile... 1 50

Règlement du 31 août 1905 sur l'instruction du tir de l'infanterie. In-12 de 70 pages, cartonné.......... » 60
Relié toile... » 80

Instruction du 8 février 1903 sur le matériel de tir et les champs de tir de l'infanterie (2° édition, mise à jour jusqu'au 15 février 1906). — Volume in-32 de 264 pages, avec 125 figures dans le texte et 2 planches hors texte, cartonné.. 1 »
Relié toile... 1 25

Instruction pratique sur le service de l'infanterie en campagne, approuvée par le Ministre de la guerre le 5 septembre 1902 (6° édition, mise à jour d'après les modifications du 27 mai 1906). — Volume in-32 de 224 pages, cartonné.. » 75
Relié.. 1 »

Manuel d'infanterie à l'usage des sous-officiers, caporaux et élèves caporaux, conforme aux programmes en vigueur et mis en concordance avec les derniers règlements parus, accompagné de 425 vignettes et de la planche en couleurs des fanions (232° édition). — Volume in-12 de 970 pages, relié toile................................... 2 50

[L'achat de cet ouvrage par les corps de troupe a été autorisé par décisions des 18 avril 1891 et 3 juillet 1897 de M. le Ministre des colonies et du 5 mai 1897 de M. le Ministre de la marine.]

Questionnaire pour le Manuel d'infanterie (10° édition, 1906). — Volume in-32 de 126 pages............. » 60

[L'achat de cet ouvrage a été autorisé par décisions du 5 mai 1897 de M. le Ministre de la marine et du 3 juillet 1897 de M. le Ministre des colonies.]

Questionnaire du soldat d'infanterie (demandes et réponses), par un colonel du 1" corps d'armée (15° édition, 1906). — Volume in-32 de 184 pages............. » 75

Carnets à feuilles mobiles (*Décret du 20 octobre 1892*). Couverture souple en percaline rouge, avec ficelles permettant le remplacement des feuilles, titre en blanc, peau d'âne à l'intérieur. Ces carnets contiennent le nombre de feuilles nécessaires à chaque gradé pour l'effectif du pied de paix et du pied de guerre.

Prix réduits et nets.

Carnet complet avec peau d'âne.
Capitaine... » 65
Officier.. » 60
Adjudant... » 60
Sergent.. » 55
Caporal.. » 55
Couverture avec peau d'âne :
Capitaine... » 50
Officier.. » 50
Adjudant... » 50
Sergent.. » 45
Caporal.. » 45

Feuilles séparées pour titre du carnet, *le cent*.... 1 25
Feuilles séparées pour titre de contrôle en blanc, *le cent*................................. 1 25
Feuilles séparées pour intercalaire de contrôle, *le cent*................................. 1 25

Artillerie.

Règlement de manœuvre de l'artillerie de montagne : approuvé par le Ministre de la guerre le 26 août 1903 :
1re PARTIE. — Titres I, II, III, IV, V, VI, VII. — Volume in-12 de 296 pages, cartonné.................. 2 »
Relié... 2 50
2e PARTIE. — Titres I, II, III, IV, VI. — Volume in-12 de 162 pages, cartonné.................. 1 50
Relié... 2 »

Règlement sur le service des canons de 80 et de 90, approuvé par le Ministre de la guerre le 27 mars 1901. — Volume in-12 de 174 pages, nombreuses figures dans le texte, cartonné................................. 1 50
Relié pleine toile gaufrée.................... 2 »

Manuel du sous-officier d'artillerie (8e édition, 1906). — Volume in-18 de 352 pages, avec planches en couleurs et 18 figures, relié toile..................... 2 »

Instruction sur la tenue, le paquetage et le transport des effets et des vivres dans les unités de l'artillerie non armées du matériel de 75 millimètres. (Nouvelle édition de l'Instruction du 27 mai 1891, mise à jour au 15 mars 1903.) — Volume in-12 cartonné, de 74 pages, avec croquis.. » 75

Carnets à feuilles mobiles (*décret du 20 octobre* 1893). Couverture souple en percaline verte, avec ficelles permettant le remplacement des feuilles, titre suivant le grade, peau d'âne à l'intérieur. Ces carnets contiennent le nombre de feuilles nécessaires à chaque gradé pour l'effectif du pied de paix et du pied de guerre.

Prix réduits et nets.

Carnet complet avec 4 pages de peau d'âne :

Batterie.................................... 1 »
Demi-batterie.............................. » 80
Chef de section............................ » 95
Adjudant................................... » 90
Chef de pièce.............................. » 70
Brigadier.................................. » 70

Couverture avec peau d'âne :

Batterie................................... » 50
Demi-batterie.............................. » 50
Chef de section............................ » 50
Adjudant................................... » 50
Chef de pièce.............................. » 45
Brigadier.................................. » 45

(Tableaux des rations et de la composition de la section, collés à l'intérieur de la couverture.)

le cent.
Feuilles séparées pour titre de carnet avec tableau des vivres et fourrages emportés en campagne........ 1 25
Feuilles séparées pour titre de contrôle de la batterie. 1 25
— pour intercalaires................. 1 25
Feuilles séparées pour titre de contrôle par pièce.... 1 25
— pour intercalaires................. 1 25
Peau d'âne, feuille double, préparée des deux côtés, l'une.. » 20
Livret de feuilles blanches pour notes, le cent...... 5 »
Tableaux des rations et de la composition de la section, le cent...................................... 1 25

Etude sur l'organisation d'un matériel d'artillerie coloniale, par le chef d'escadron CHARBONNIER, de l'artillerie coloniale. Volume in-8° de 72 pages.............. 1 25

Notes sur les mitrailleuses, par le capitaine MLÉSECK, de l'artillerie coloniale. — Volume in-8° de 140 pages, avec 46 figures dans le texte..................... 3 »

Ecoles militaires.

Programmes des examens imposés aux sous-officiers proposés pour l'admission à l'École militaire d'infanterie (troupes métropolitaines et troupes coloniales). 32e édition, mise à jour jusqu'au 20 mars 1906. — Brochure in-8° de 64 pages................................. » 50

Sujets des compositions écrites pour les concours d'admission à l'École militaire d'infanterie, depuis la session 1884-1885. Brochure in-8° de 68 pages, avec 45 figures. 1 25

Programme des examens imposés aux sous-officiers proposés pour l'admission à l'École militaire de l'artillerie, du génie et du train des équipages (troupes métropolitaines et troupes coloniales). 19e édition mise à jour jusqu'en mars 1906. — Brochure in-8° de 82 pages.... 1 »

Sujets des compositions écrites pour les concours d'admission à l'École militaire de l'artillerie, du génie et du train des équipages : *Division de l'artillerie, du génie et de l'artillerie coloniale,* de 1885 à 1905 inclus. — Brochure in-8° de 128 pages, avec 39 figures.................. 2 »

Instruction et programmes des examens pour l'admission à l'École supérieure de guerre, suivis du programme des examens à subir par les candidats au brevet d'état-major, Brochure in-8° de 46 pages.................... » 30

Sujets des compositions écrites pour les concours d'admission à l'École supérieure de guerre, de 1878 à 1905 inclus. — Brochure in-8° de 86 pages............... 1 »

EXAMENS DE L'ÉCOLE SUPÉRIEURE DE GUERRE. — **Solutions des sujets tactiques donnés depuis 1880 à 1905 inclus aux examens d'entrée,** par un ancien élève de l'École supérieure de guerre (6e édition, revue et corrigée). — Volume in-8° de 208 pages avec 23 croquis dans le texte...... 6 »

Ouvrages généraux.

Projet de décret portant règlement sur le service intérieur des troupes de toutes armes. — Volume in-12 de 234 pages, broché............................... 1 50

Décret du 28 mai 1895 portant règlement sur le service des armées en campagne (16e édition, annotée et mise à jour jusqu'au 1er avril 1906). — Volume in-32 de 186 pages, cartonné.. 1 »
Relié pleine toile gaufrée.................... 1 25

Règlement provisoire du 26 mai 1904, sur la solde et les revues des corps des troupes coloniales stationnés dans la métropole.
Texte. — Volume in-8° de 220 pages, cartonné..... 2 »
Modèles. — Volume in-8° de 302 pages, cartonné.... 3 50

Règlement provisoire du 6 décembre 1903, sur l'administration, la comptabilité et l'habillement des corps des troupes coloniales stationnés dans la métropole.
Texte. — Volume in-8° de 316 pages, cartonné..... 2 »
Modèles. — Volume in-8° de 616 pages, cartonné... 6 »

Décret du 29 décembre 1903, portant règlement sur la solde et les accessoires de solde des troupes coloniales, à la charge du département des colonies. — Volume in-8° de 102 pages, cartonné............................ 1 »

Notification, du 30 septembre 1903, de la description des uniformes des troupes coloniales. — Volume in-8° de 288 pages, cartonné.................... 2 25

Instruction provisoire du 5 novembre 1904 sur le service de couchage et de l'ameublement dans les troupes coloniales. — Volume in-8° de 108 pages, cartonné.................... 1 »

Règlement provisoire du 17 novembre 1904 sur la masse individuelle dans les corps des troupes coloniales stationnés aux colonies. — In-8° de 36 pages, cartonné.................... » 50

Instructions du 12 mars 1889, sur l'emploi de l'artillerie de montagne aux colonies. — In-32 de 80 pages, fig. et annexe.................... » 50

Marine. Dispositions intéressant le ministère de la guerre. Édition à jour jusqu'au 20 mai 1908. — Volume in-8° de 160 pages avec tableaux et modèles, broché... 1 25
Relié toile.................... 2 »

Dispositions spéciales aux troupes coloniales. (Mis à jour jusqu'au 1er juillet 1903.) Volume in-8° de 716 pages, cartonné.................... 3 »
Franco.................... 4 »

Décret du 23 décembre 1897 portant règlement sur la solde et les accessoires de solde du personnel colonial. — Brochure in-8° de 56 pages.................... » 75

Recueil administratif à l'usage des officiers et sous-officiers des troupes coloniales. 4e édition, mise à jour (sous presse). — Broché.................... 6 »
Relié.................... 7 50

Cartographie, Géographie.

Cartes étrangères. Notions et signes conventionnels, par le capitaine Espéranduec, professeur de topographie et de géographie à l'École militaire d'infanterie. — Volume in-8° de 110 pages.................... 4 »

Le monde moins la France (*Atlas de géographie moderne*), par G. Pauly et R. Hausermann. — Volume in-4° avec 38 cartes en chromolithographie, 7 couleurs; le texte est en regard de chacune des cartes, cartonné.................... 2 10

La France et ses colonies (*Atlas de géographie moderne*), par G. Pauly et R. Hausermann (nouvelle édition). — Volume in-4° avec 67 cartes en chromolithographie, cartonné.. 3 15

Atlas universel de géographie moderne, par G. Pauly et R. Hausermann. — Volume in-4° avec 120 cartes en chromolithographie, 7 couleurs, cartonné.................... 6 »

PUBLICATIONS COLONIALES

ÉTUDES, RELATIONS DE VOYAGE

Ouvrages généraux.

Observations sur la guerre dans les colonies (organisation, exécution), conférences faites à l'École supérieure de guerre, par le lieutenant-colonel Ditte, de l'infanterie coloniale. — Volume grand in-8° de 368 pages, avec 13 gravures dans le texte.................... 7 50
[Ouvrage honoré d'une souscription du ministère de la guerre.]

Essai sur la défense des colonies, par le capitaine Ferrandini, de l'infanterie coloniale, breveté d'état-major. — Vol. in-8° de 188 pages, avec 12 croquis dans le texte.. 3 »

Colonisation militaire, par le capitaine Condamy, de l'infanterie coloniale, section technique des troupes coloniales. — Volume in-8° de 108 pages.................... 2 50

Petit manuel du chaufournier colonial, par J. Pleyben, officier d'administration d'artillerie coloniale, section des conducteurs de travaux. — Brochure in-8° de 32 pages » 60

Instructions pour la récolte et la conservation des échantillons géologiques dans nos colonies, par M. Stanislas Meunier, professeur de géologie au Muséum d'histoire naturelle, membre du conseil technique de l'agriculture coloniale. — Brochure in-8° de 16 pages » 50

Trois colonisateurs : Bugeaud, Faidherbe, Galliéni, par le capitaine Froelicher, ancien officier de l'armée d'Afrique. — Volume grand in-8° de 370 pages avec 3 photographies et 4 cartes dans le texte.................... 5 »
[Ouvrage couronné par la société de propagande coloniale et honoré d'une souscription du ministère de la guerre.]

Expéditions militaires d'outre-mer, par le colonel George-Armand Furse, ayant servi dans la *Black Watch*, traduit de l'anglais, avec l'autorisation de l'auteur, et annoté par le lieutenant-colonel breveté Seprans, de l'infanterie coloniale. — Volume grand in-8° de 600 pages avec 12 cartes et croquis dans le texte.................... 10 »

Major C. E. Callwell, Royal Artillery (division des renseignements, Ministère de la guerre). **Petites guerres, leurs principes et leur exécution,** traduit et annoté par le colonel breveté Seprans, de l'infanterie de marine, et publié avec le consentement du Controller of her Britannic Majesty's Stationery office. — Grand in-8° de 372 pages, 12 croquis.................... 7 50
[Ouvrage honoré d'une souscription du ministère de la guerre.]

Étude sur l'admission et le séjour des indigènes dans les hôpitaux et sur l'organisation d'hôpitaux spéciaux pour les malades, par P.-E. Ceccaldi, officier d'administration de 1re classe du service de santé. — Brochure in-8° de 20 pages.................... 1 »

Habitations coloniales, par le capitaine Condamy, de l'infanterie coloniale, à l'état-major du corps d'armée colonial. — Brochure in-8° de 40 pages.................... 1 »

La marine et les colonies de l'Allemagne, par le lieutenant-colonel A. Heumann, ✻, O. I. ☆, ex-directeur des études à l'École de St-Cyr. Ouvrage accompagné de 8 croquis. — 2 volumes in-32 de 124 et 120 pages, brochés.................... 1 »
Reliés pleine toile gaufrée.................... 1 50

Les transports dans les expéditions outre-mer, par le général Luzeux. — Brochure in-8° de 20 pages.................... » 50

Projet d'organisation d'armée coloniale, par le général Luzeux. — Brochure in-8° de 52 pages.................... 1 »

Encore l'armée coloniale, par E. de Guzman. — Brochure in-8° de 24 pages.................... » 50

Bases pour servir à la constitution d'une solide armée coloniale dans les conditions les plus économiques, par le capitaine Hart. — Brochure in-8° de 72 pages.................... 1 50

A propos d'une armée coloniale, par le général de division en retraite Lespieau. — Brochure in-8° de 32 p. 1 »

En campagne aux colonies. Simples exemples aux jeunes officiers et sous-officiers appelés à servir aux colonies, par le capitaine A. Massy. — Volume in-8° de 110 pages. 2 50

Le départ en campagne en Europe et aux colonies, par le commandant Coumès. Volume in-32 de 123 pages, relié toile.................... 1 50

Souvenirs d'un officier d'infanterie de marine, par le commandant Thirion. Volume in-8° de 272 pages..... 3 50
[Ouvrage recommandé par le ministère de l'instruction publique pour les bibliothèques de quartier et les distributions de prix des classes supérieures, classes de philosophie et cours de Saint-Cyr des lycées et collèges de garçons.]

Infanterie montée à chameau. *Notes sur l'organisation d'une compagnie montée à chameau dans les 1er et 3e territoires militaires de l'Afrique occidentale*, par le capitaine Moll, résident commandant la 5e compagnie du 2e sénégalais. — Brochure in-8° de 28 pages avec 3 gravures dans le texte » 60

L'infanterie montée et les compagnies mixtes dans les guerres coloniales. — Brochure in-8° de 40 pages. 1 »

Le livre d'or de l'infanterie de marine, par le capitaine d'infanterie de marine Victor Nicolas, ✪. Ouvrage orné de dessins de Paul Léonnec. — 2 volumes gr. in-8°, 508 et 504 pages, brochés. 20 »

[Ouvrage honoré d'une souscription des ministères de la guerre et de l'instruction publique et dont l'achat a été autorisé par décision du 11 mars 1892 de M. le Ministre de la marine.]

Étude sur la tactique de ravitaillement dans les guerres coloniales, par Ned-Noll. — Volume in-8° de 150 pages. 2 50

Historique du 16e régiment d'infanterie de marine (année 1900). — Brochure in-8° de 48 pages, avec 3 croquis dans le texte. 1 »

L'armée coloniale, par le colonel Famin, commandant le 5e régiment d'infanterie de marine. — Brochure in-8° de 64 pages. 1 50

[Ouvrage honoré d'une souscription du ministère de la guerre.]

Afrique.

Général O. Baratieri. — **Mémoires d'Afrique (1892-1896).** Préface de Jules Claretie, de l'Académie française, et portrait de l'auteur. — Volume in-8° de xiv-542 pages, contenant 8 plans de batailles, cartes ou croquis hors texte et une carte de l'Erythrée, en couleurs, de 63×60 centimètres. 7 50

[Ouvrage honoré d'une souscription du ministère de la guerre.]

Guerre coloniale (1866-1896). — **Custozza-Adoua.** Opérations du général Baratieri contre le négus Ménélick, par le lieutenant Condamy, du 3e régiment d'infanterie de marine. — Brochure in-8° de 68 pages, avec 7 croquis. 1 50

[Ouvrage honoré d'une souscription du ministère de la guerre.]

Les troupes anglaises du West-Afrik (*West african frontiere force*), par le capitaine E. Lenfant, de l'artillerie coloniale. — Brochure in-8° de 36 pages. » 60

Notes sur la tactique en pays touareg. — Brochure in-8° de 30 pages. » 60

Au pays des Pahouins (*Du Rio Mouny au Cameroun*), par le capitaine J.-B. Roche, membre de la commission franco-espagnole de délimitation du golfe de Guinée. — Volume in-8° de 198 pages, orné de nombreuses photogravures. 3 »

Le pays des Baoulés et sa pacification, d'après un rapport de l'état-major des troupes de l'Afrique occidentale française. — Brochure in-8° de 62 pages, avec 2 gravures dans le texte. 1 25

Le Transsaharien par la main-d'œuvre militaire, étude d'un tracé stratégique et commercial, par le capitaine du génie breveté Bonnefon. — Volume in-8° de 240 pages, avec 3 croquis dans le texte. 4 »

Les expéditions anglaises en Afrique. Ashantee (1873-1874), Zulu (1878-1879), Egypte (1882), Soudan (1884-1885), Ashantee (1893-1896), par le lieutenant-colonel Septans, de l'Infanterie de marine. — Volume grand in-8° de 500 pages avec 29 cartes ou croquis. 7 50

[Ouvrage honoré de souscriptions des ministères de la guerre, de la marine, de l'instruction publique et couronné par la Société d'encouragement au bien.]

Voyage au Dahomey et à la côte d'Ivoire, par René Le Hérissé, député. — Volume grand in-8° de 263 pages, illustré de nombreuses photographies. 6 »

L'Afrique et l'expansion coloniale, par le capitaine breveté d'état-major C. Chatelain. — Volume in-8° de 296 pages, avec 5 cartes. 5 »

[Ouvrage honoré d'une souscription du ministère de l'instruction publique.]

Navigation sur le Niger entre Forcados et Tombouctou, par le capitaine Fourneau, de l'artillerie coloniale. — Brochure in-8° de 52 pages. 1 »

Histoire de l'Afrique septentrionale sous la domination musulmane, par le général G. Faure-Biguet. — Vol. grand in-8° de 458 pages. 7 50

Le partage de l'Afrique, par le général Ch. Paillebert. — Brochure in-8° de 76 pages. 1 50

Vue d'ensemble sur l'Afrique française, par le général Ch. Paillebert. — Brochure in-8° de 56 pages avec une carte. 1 50

Considérations sur la défense de l'Algérie-Tunisie et l'armée d'Afrique, par R. J. Faisch, major du 149e d'infanterie, ancien officier des affaires arabes d'Algérie et du service des renseignements de Tunisie. — Volume in-8° de 248 pages. 3 50

[Ouvrage honoré d'une souscription du ministère de la guerre.]

L'Afrique politique en 1900, par E. L. Bonnefon, capitaine du génie breveté d'état-major. — Volume grand in-8° de 532 pages. 7 50

[Ouvrage honoré d'une souscription des ministères de la guerre et de la marine.]

Rôle militaire du chameau en Algérie et en Tunisie, par le commandant Wacm, du 3e bataillon d'infanterie légère d'Afrique. — Brochure in-8° de 20 pages. » 75

D'Aïn-Sefra à Tombouctou par le Gourara et le Touât, par Vallette, capitaine au 3e tirailleurs algériens. — Brochure in-8° de 32 pages, une carte. 1 25

La domination espagnole en Algérie et au Maroc, par le capitaine E. Frœlicher. — Brochure in-8° de 40 pages. » 75

Algérie et Tunisie, esquisse géographique, par A. Laplace, membre et lauréat de plusieurs sociétés savantes, ancien professeur de l'Université. — Brochure in-18 de 106 pages. 3 »

Algérie.

La conquête des Oasis sahariennes (opérations au Tidikelt, au Gourara, au Touat, dans la Zousfana et dans la Saoura en 1900 et 1901), par E. Tillion, capitaine commandant breveté au 1er régiment de dragons. — Volume in-8° de 176 pages. 3 »

[Ouvrage honoré d'une souscription du ministère de la guerre.]

La question du Touât. — Des moyens dont la France peut user pour faire pénétrer son influence dans la région des Areg, par le colonel Malher. — Brochure in-8° de 52 pages. 1 »

L'expédition du Touât. Conférence faite à la réunion des officiers de Sidi-bel-Abbès par Damon, sous-intendant militaire. — Brochure in-8° de 32 pages. » 75

Dans le Bled, *esquisse algérienne*, par le lieutenant O. de la Bourdonnaye, du 4e cuirassiers. — Volume in-4° de 108 pages, couverture illustrée. 2 50

En Algérie. — **Les Ouled Sidi Cheikh.** — Brochure in-8° de 16 pages. » 50

En Algérie. — **Souvenirs, — Géryville.** par Kiva. — Brochure in-8°. » 50

En Algérie. — **Souvenirs,** par Kiva. — Volume in-8° de 108 pages. 2 50

Notes sur la religion musulmane en Algérie. — Brochure in-8° de 24 pages................ » 60

L'Algérie et l'assimilation des indigènes musulmans, *étude sur l'utilisation des ressources militaires de l'Algérie,* par le capitaine PASSOLS. — Volume in-8° de 120 pages.... 2 50

Côte d'Ivoire.

La Côte d'Ivoire. Notices historiques et géographiques, par le lieutenant BONNEAU, du 7ᵉ régiment d'infanterie de marine. — Volume in-8° de 100 pages................ 2 »

Notes sur la Côte d'Ivoire, par le lieutenant CONNET. — Br. in-8° de 38 pages, avec 3 gravures dans le texte.. » 75

Une page d'histoire militaire coloniale. La colonne de Kong, par le lieutenant-colonel MONTEIL. — Volume grand in-8° de 102 pages................ 2 »
[Ouvrage honoré d'une souscription du ministère de la guerre.]

Dahomey.

L'expédition du Dahomey en 1890, par Victor Nicolas, O, capitaine d'infanterie de marine (2ᵉ édition). — Volume in-8° de 152 pages, avec un aperçu géographique et historique du pays, sept cartes, plans ou croquis des opérations militaires et de nombreuses annexes contenant s, texte des conventions, traités, arrangements, cessions, échanges de dépêches et télégrammes auxquels a donné lieu l'expédition................ 3 »
[Ouvrage honoré d'une souscription des ministères de la guerre, de la marine et des colonies.]

Historique de notre expansion dans l'Hinterland dahoméen, par le commandant LORNO. — Brochure in-8° de 60 pages, avec 4 gravures dans le texte,........ 1 25

Exposé sommaire des opérations de délimitation entre le Dahomey et le Togo (mai 1898-janvier 1900), par le commandant PLÉ, de l'infanterie coloniale. — Brochure in-8° de 78 pages avec croquis et photogravures dans le texte................ 1 50

Egypte.

L'expédition d'Egypte (1798-1801), par C. DE LA JONQUIÈRE, capitaine d'artillerie breveté, de la section historique de l'état-major de l'armée.
TOME Iᵉʳ. — Volume grand in-8° de 676 pages, avec 4 cartes hors texte................ 10 »
TOME II. — Volume grand in-8° de 632 pages, avec 10 cartes ou croquis hors texte et 5 croquis dans le texte..... 10 »
TOME III. Volume grand in-8° de 720 pages, avec 7 cartes ou croquis hors texte et 5 croquis dans le texte...... 12 »
TOME IV. — Volume grand in-8° de 688 pages, orné de 11 cartes ou croquis hors texte et de 5 croquis dans le texte................ 12 »

Etude militaire sur l'Egypte, *Campagne des Anglais en 1882* (2ᵉ édition). — Volume in-32 de 32 pages, broché.. » 50
Relié pleine toile gaufrée................ » 75

Madagascar.

Général GALLIÉNI. — **Rapport d'ensemble sur la pacification, l'organisation et la colonisation de Madagascar** (octobre 1896 à mars 1899). — Volume in-8° de 628 pages................ 7 50

Dans le sud de Madagascar. *Pénétration militaire.* — *Situation politique et économique* (1900-1902), par le colonel LYAUTEY. — Volume grand in-8° de 398 pages, avec de nombreuses photographies et cartes dans le texte et hors texte................ 7 50

Notes sur Madagascar (région Nord-Ouest) par le docteur VIVIE, médecin-major de 2ᵉ classe des troupes coloniales. — Brochure in-8° de 76 pages avec 12 gravures dans le texte................ 2 »

Souvenirs de Madagascar, par le lieutenant Langlois. — Volume in-8° de 192 pages, avec 37 croquis....... 3 50
[Ouvrage honoré d'une souscription du ministère de la marine.]

Les troupes noires de l'Afrique orientale française, par le capitaine OLIVIER, de l'infanterie coloniale. — Brochure in-18 de 54 pages................ 1 »

Guide de Madagascar, par le lieutenant de vaisseau COLSON. — Volume in-18 de 220 pages, accompagné de la carte de Madagascar au 1/4,000,000ᵉ, des itinéraires de Tamatave à Tananarive, de Majunga à Tananarive, du plan de Tananarive et d'un croquis indicatif des cyclones de l'océan Indien................ 3 50
[Ouvrage honoré d'une souscription du ministère de la guerre.]

Conquête de Madagascar (1895-1896), par Jules POIRIER, préface de M. LE MYRE DE VILERS, député, ancien résident général. — Volume grand in-8° de 436 pages, avec 2 cartes, 12 croquis, et 6 portraits................ 7 50
[Ouvrage honoré d'une souscription du ministère de la guerre.]

Etude sur le recrutement malgache. — Brochure in-8° de 26 pages................ » 60

Une méthode de guerre coloniale. — La Conquête du Ménabé à Madagascar (1897-1900), par le capitaine CONDAMY, de l'infanterie coloniale. — Volume in-8° de 312 pages, avec 7 croquis dans le texte................ 5 »

Une reconnaissance à Madagascar. — Brochure in-8° de 26 pages................ « 60

Le problème de la main d'œuvre à Madagascar, par Fernand SABATIER. — Brochure in-8° de 66 pages..... 1 25

Maroc.

Notre politique au Maroc, par le général LUZEUX. — Vol. in-8° de 156 pages, avec 3 croquis dans le texte.. 3 50

La guerre au Maroc, Enseignements tactiques des deux guerres franco-marocaine (1844) **et hispano-marocaine** (1859-1860), par le capitaine MORDACQ, breveté d'état-major. — Volume in-8° de 126 pages, avec 6 croquis dans le texte................ 2 »
[Ouvrage honoré d'une souscription du ministère de la guerre.]

Sénégal.

Notice sur les tirailleurs sénégalais, par le capitaine OBISSIER. — Brochure in-8° de 28 pages................ » 60

CAMPAGNES D'HIER ET D'AUJOURD'HUI. — **De Brest au Sénégal. En campagne; en maraude; une exécution,** par C. HABERT DE GINESTET. — Brochure in-8° de 84 pages.. 1 50

Soudan.

Notice géologique sur la région de Dori (Soudan), par le Dᵉ BOUSSENOT. — Brochure in-8° de 36 pages, avec 4 planches dans le texte................ 0 75

Notice sur l'agriculture dans la région Nord du Soudan et sur les essais du jardin de Gao, par le Dr MAINGUY. — Brochure in-8° de 18 pages, avec 2 gravures dans le texte.............................. 1 »

Autour de Kita, étude soudanaise, par G. TOUTÉE, chef de bataillon d'infanterie de marine. — Volume grand in-8° de 320 pages........................... 3 »

[Ouvrage honoré d'une souscription du ministère de l'instruction publique.]

Le calcaire et l'argile au Soudan. — Petit manuel du chaufournier colonial. — Petit manuel du briquetier colonial, par J. PLEYBER, officier d'administration de l'artillerie coloniale. — Brochure in-8° de 78 pages, avec 6 dessins................................... 2 »

Notice sur la résidence du Zinder, par le capitaine GADEN. — Volume in-8° de 120 pages, avec 11 gravures dans le texte.................................... 2 »

Tchad.

La région du Tchad, d'après les travaux du lieutenant-colonel DESTENAVE et du capitaine TAUFFERT. — Brochure in-8° de 18 pages.......................... » 50

Tunisie.

L'expédition militaire en Tunisie (1881-1882). — Vol. grand in-8° de 422 pages, 7 cartes.............. 7 50

[Ouvrage honoré d'une souscription du ministère de la guerre en date du 4 janvier 1899.]

Croquis tunisiens : Souvenirs d'un officier des affaires arabes, par L. ESTEBAN. — Volume in-8° de 264 pages avec de nombreux croquis dans le texte.............. 3 50

La 6e brigade en Tunisie, orné d'un portrait du général, de 13 gravures et d'une carte en couleurs hors texte du théâtre des opérations, par le général Ch. PHILEBERT. — Volume in-8° de 232 pages, broché.......... 5 »

[Ouvrage honoré d'une souscription du ministère de la guerre et dont l'achat par les corps de troupe a été autorisé par décision du 9 janvier 1896 de M. le Ministre des colonies. — Inscrit sur la liste des ouvrages recommandés par la préfecture de la Seine.]

Asie.

L'art médical en Extrême-Orient, par le docteur REGNAULT, médecin de la marine. — Brochure in-8° de 12 pages...................................... » 50

Les expéditions anglaises en Asie. Organisation de l'armée des Indes (1859-1893), Lushai expédition (1871-1872), les trois campagnes de lord Roberts en Afghanistan (1878-1880), expédition du Chitral (1893), par le lieutenant-colonel breveté SEPTANS, de l'infanterie de marine. — Volume grand in-8° de 352 pages, avec 17 cartes ou croquis....... 7 50

[Ouvrage honoré d'une souscription des ministères de la guerre et de l'instruction publique.]

Russes et Anglais en Asie centrale, par le capitaine DIDREL. — Brochure in-8° de 76 pages.............. 1 50

Chine.

Expédition de Chine de 1900 jusqu'à l'arrivée du général Voyron, par le colonel DE PÉLACOT, ancien commandant du corps expéditionnaire. — Volume grand in-8° de 286 pages avec 18 gravures dans le texte........... 5 »

[Ouvrage couronné par l'Académie française et honoré d'une souscription du ministère de la guerre.]

Rapport sur l'expédition de Chine (1900-1901), par le général VOYRON. — Volume in-8° de 514 pages, orné de nombreuses gravures.......................... 7 50

Pékin pendant l'occupation étrangère en 1900-1901, par le lieutenant-colonel GERTOR, ancien commandant du génie de la 1re brigade du corps expéditionnaire de Chine. — Volume in-8° de 96 pages, avec 4 croquis et le plan de Pékin, couverture illustrée............................. 3 50

Campagne de Chine (*mai à septembre 1900*). — Journal d'un officier, par le lieutenant M. SAILLENS. — Volume in-8° de 160 pages, avec 24 gravures.......... 3 »

Réorganisation de l'armée chinoise, écoles militaires, traduction de documents chinois. — Volume in-8° de 100 pages..................................... 3 »

Campagne de Chine 1900-1901. — Service vétérinaire du corps expéditionnaire français et dans les armées alliées, par M. BARASCUD, chef du service vétérinaire du corps expéditionnaire de Chine. — Volume in-8° de 270 pages, illustré de nombreuses gravures........ 5 »

Notes sur la compagnie montée du corps expéditionnaire de Chine, par le capitaine COUP, de l'infanterie coloniale. — Brochure in-8° de 16 pages............. » 60

Vallée du Yang-Tsé. — Les trois villes de l'embouchure du Han, par le capitaine GADOFFRE. — Brochure in-8° de 64 pages, avec 9 gravures dans le texte......... 1 25

Vallée du Yang-Tsé. — Les troupes chinoises et leurs instructeurs, par le capitaine GADOFFRE, de l'infanterie coloniale. — Brochure in-8° de 50 pages avec 4 gravures dans le texte................................. 1 »

La Chine pour tous (*Histoire, population, administration, traités avec la France*). — Volume in-8° de 84 pages, avec une carte dans le texte........................ 2 »

Le chemin de fer français du Yunnan, par le capitaine P. INOS. — Brochure in-8° de 34 pages avec 4 gravures dans le texte................................... » 75

Du ravitaillement du corps expéditionnaire français pendant la campagne de Chine de 1900-1901, par L. VILLATE, sous-intendant militaire de 1re classe. — Volume in-8° de 136 pages............................. 2 50

Etude sur le Hounn-Ho inférieur, son delta, son confluent avec le Peï-Ho et les relations qui existent entre ses apports alluvionnaires et l'avenir du port fluvial de Tien-Tsin, par le lieutenant SERVAGNAT. — Brochure in-8° de 36 pages, avec 6 croquis....................... » 75

L'expédition de Formose, souvenirs d'un soldat, par le commandant TULLOT. — Volume in-8° de 104 pages, avec carte.. 2 50

Notre politique en Chine, par le général LUZEUX. (Extraits de la *France militaire*.) — Brochure in-18 de 52 pages...................................... 1 25

Zootechnie du Petchili, par le vétérinaire CABRIFORCE. — Brochure in-8° de 56 pages, avec 4 gravures dans le texte..................................... 1 25

Etude sur le Quang-Si, par le capitaine JAQUET, de l'artillerie coloniale. — Brochure in-8° de 36 pages.... » 75

Etude sur la garnison anglaise de Shanghaï et les corps indigènes de l'Inde. — Brochure in-8° de 32 pages...................................... » 60

De Tien-Tsin à Paris en wagon, par le capitaine AUBÉ, de l'infanterie coloniale. — Brochure in-8° de 24 pages, avec 3 gravures dans le texte.................. » 60

Excursion dans le Sud de la Mandchourie en septembre 1901, par le capitaine AUBÉ. — Brochure in-8° de 30 pages avec 4 gravures dans le texte.............. » 60

Etude sur la Mandchourie, par le lieutenant PRUNEAU, de l'infanterie coloniale. — Brochure in-8° de 92 pages, avec 1 carte et 3 photographies....................... 2 »

Corée.

Notes sur la Corée, par le lieutenant. A. VERNERET, du 6e chasseurs d'Afrique. — Brochure in-8e de 18 pages, avec 7 gravures dans le texte .... 1 »

Inde.

Les cipahis de l'Inde, par RENFLD. — Volume in-32 de 64 pages, broché .... » 50
Relié pleine toile gaufrée .... » 75

Indo-Chine.

Mes campagnes, par une femme, **Cochinchine et Chine**, par C. VRAY, lauréat de l'Académie française. — Volume in-4e de 104 pages, avec 10 photographies dans le texte, couverture illustrée 2 50

Les services de l'arrière à la colonne de Lang-Son, par le colonel PAIVÉ. — Brochure in-8e de 40 pages avec 3 croquis dans le texte .... » 75

Opérations militaires au Tonkin, par le commandant breveté CHABROL, du 161e régiment d'infanterie. — Grand in-8e de 350 pages, 72 cartes .... 6 »
[Ouvrage honoré de souscriptions des ministères de la guerre, de la marine et des colonies et dont l'achat par les corps de troupe a été autorisé par décision du 17 mars 1897 de M. le Ministre des colonies.]

Lang-Son (combats, retraite et négociations), par le commandant breveté LECOMTE, détaché à la section technique de l'infanterie. — Volume grand in-8e de 560 pages, broché, imprimé sur beau papier, 31 magnifiques gravures (têtes de chapitre, culs-de-lampe, vignettes), avec un atlas de 19 cartes et 3 planches .... 20 »
[Ouvrage honoré d'une souscription du ministère de la guerre; couronné par l'Académie des sciences morales et politiques (prix Audiffred) et par la Société d'encouragement au bien.]

Carnet d'un officier. — En colonne au Laos (1887-1888). — Volume in-8e de 72 pages .... 2 »

La conquête du Tonkin, par H MOREL. — Volume in-32 de 80 pages, broché .... » 50
Relié pleine toile gaufrée .... » 75

Etude sur les communications en Annam, par le capitaine DEBAY, de l'infanterie coloniale. — Brochure in-8e de 22 pages .... » 60

Histoire militaire et politique de l'Annam et du Tonkin depuis 1799, avec 18 cartes ou gravures dans le texte, par le capitaine ROUYER. — Vol. in-8e de 322 p. .. 4 »

Rapport sur les opérations militaires au Tonkin, par le colonel L.-V. RIOU (avril et mai 1901). — Brochure in-8e de 80 pages 1 50

Opérations militaires au Tonkin (campagne d'hiver 1895-1896). — Brochure in-8e de 32 pages .... » 60

Le chemin de fer du fleuve Rouge et la pénétration française au Yunnan, par le capitaine IUOS, de l'infanterie coloniale. — Volume in-8e de 68 pages 1 25

QUESTIONS INDO-CHINOISES. — **Organisation de l'instruction publique. Création d'un corps d'officiers indigènes**, par le capitaine BILLÈS. — Broch. in-8e de 46 p. 1 »

Le péril japonais en Indo-Chine, réflexions politiques et militaires, par R. CASTEX, enseigne de vaisseau. — Brochure in-8e de 36 pages, avec 1 carte .... » 60

Jaunes contre Blancs. Le problème militaire indochinois, par M. R. CASTEX, enseigne de vaisseau, avec une préface de M. François DELONCLE, député, ministre plénipotentiaire. — Volume in-8e de 132 pages .... 3 »

Dix mois à Hanoï, étude de mœurs tonkinoises, par Hector PIÉTRALBA. — Brochure in-18 de 72 pages 1 50

D'Haïphong à Toulon. — Souvenirs de voyage, par Hector PIÉTRALBA. — Volume in-18 de 104 pages ...... 2 »
[Ouvrage couronné par la Société d'instruction et d'éducation.]

Souvenirs de l'Annam et du Tonkin, par le capitaine J. MASSON, ancien membre de la mission militaire de l'Annam. — Volume grand in-8e de 300 pages avec 8 croquis dans le texte .... 5 »

Construction d'une passerelle à Lao-Kay (Tonkin), par le capitaine I. CARPINETTY, de l'artillerie coloniale. — Br. in-8e de 18 pages avec 3 gravures dans le texte ... » 60

Un sanatorium pour l'Annam central, par le capitaine DEBAY. — Broch. in-8e de 44 p. avec 5 grav. ou cartes. 1 »

La colonisation en Annam, par le capitaine DEBAY. — Br. in-8e de 78 pages, avec 4 gravures dans le texte ... 1 50

Notes sur la campagne du 3e bataillon de la légion étrangère au Tonkin. — Brochure in-8e de 64 pages. 1 »

Historique succinct de l'artillerie au Tonkin pendant les années 1883 et 1884, par C. HUMBERT, colonel breveté d'artillerie de marine. — 2 volumes in-32, brochés... 1 »
Reliés pleine toile gaufrée 1 50

La question des frontières du Siam et du Cambodge, par le capitaine IUOS, de l'infanterie coloniale. — Brochure in-8e de 32 pages, avec trois gravures dans le texte... 1 »

Le Tonkin français contemporain, études, observations, impressions et souvenirs, par le docteur Edmond COURTOIS, médecin-major de l'armée, ex-médecin en chef de l'ambulance de Kep. — Grand-in-8e de 412 pages, 3 cartes 7 50
[Ouvrage honoré d'une souscription du ministère de la guerre et du ministère de l'instruction publique.]

La piraterie au Tonkin. — Recueil de documents historiques. — Brochure in-18 de 54 pages, avec une carte au 1/2.000.000 .... 1 25

Au Tonkin. — Milices et piraterie, par E. BÉVIS. — Brochure in-8e de 56 pages 1 50

De l'importance du fleuve Rouge comme voie de pénétration en Chine, par le commandant E. FRANQUET, de l'infanterie de marine. — In-8e de 144 pages, cartes, dessins 2 50
[Ouvrage couronné par la société de géographie.]

Etude sur le bassin de la Rivière Claire au point de vue des ressources agricoles, industrielles et commerciales, par GARDEUR, officier d'administration de 2e classe des subsistances militaires. — Brochure in-8e de 64 pages. 1 50

Japon.

L'armée et la marine japonaises, par Pierre LEHAUTCOURT. — Brochure in-8e de 52 pages 1 25

Notes sur le Japon (extrait des notes prises au cours de la campagne de Chine 1900-1901), par le commandant MORNRELLE, de l'infanterie coloniale. — Brochure in-8e de 24 pages .... » 50

Notes sur Port-Arthur, prises au mois de décembre 1902, par le lieutenant FORNER. — Brochure in-8e de 20 pages, avec 4 gravures dans le texte .... » 50

Guadeloupe.

Les Saintes, point d'appui de la flotte. Son utilité? par le commandant NICOLLE, de l'artillerie coloniale. — Brochure in-8e de 22 pages .... » 60

Annuaires.

Annuaire du ministère des colonies, 1907. — Volume in-8° de 808 pages, broché 6 00
Franco, 6 85; aux colonies 7 25
Relié pleine toile gaufrée 7 50
Franco, 8 35; aux colonies 8 75

Annuaire officiel des troupes coloniales pour 1907. — Volume in-4° de 366 pages, broché 6 50
Relié toile gaufrée 7 50

Annuaire illustré de l'armée coloniale. — Almanach du Marsouin (12° année, 1907), par NED NOLL. — Volume in-4° de 200 pages, sur fort papier, avec cartes ou croquis ou gravures en couleurs, couverture illustrée .... 2 »
Franco 2 60
Les mêmes pour les années 1894, 1895, 1896, 1897, 1901, 1902, 1904, 1905 et 1906 .... 3 »
Franco 2 60
(1898, 1899, 1900 et 1903, épuisées).
(Ouvrage honoré de souscriptions des ministères de la marine et des colonies.)

Agenda de l'armée française pour 1907, véritable vade-mecum des militaires de tous corps, de toutes armes et de tous services, carnet de poche recouvert en peau, avec poche, coulisseau et fermoir en caoutchouc, tranches dorées (20° année) 3 50

Édition refondue ou méthodique du Bulletin Officiel.

Les volumes publiés par l'Éditeur LAVAUZELLE sont revisés et mis au point dès l'apparition d'un document important, sans attendre que l'Édition en cours soit épuisée. — Cette façon d'opérer est très appréciée de la clientèle, qui a la certitude de recevoir des ouvrages à jour.

Recrutement de l'armée. — Dispositions générales. — I. (Volume arrêté à la date du 15 février 1906.) — In-8° de 188 pages, cartonné 1 50

Réquisitions. (Édition mise à jour des textes en vigueur jusqu'au 1er avril 1906.) — In-8° de 248 pages, cartonné. 1 75

Ministère de la guerre. Administration centrale de la guerre. État-major de l'armée. Service géographique. Comité d'administration. Conseil supérieur de la guerre. Comités et sections techniques. Commissions. Dépôt des modèles. Service intérieur. (2° édition, mise à jour des textes en vigueur jusqu'au 20 mars 1906.) — In-8° de 160 pages, cartonné. 1 50

Discipline générale, sociétés dont les militaires de l'armée active sont autorisés à faire partie. (Volume arrêté à la date du 31 décembre 1905.) — In-8° de 80 pages, cartonné 0 75

Règlement du 18 mars 1901 sur le service des frais de route (mis à jour jusqu'en avril 1906). — In-8° de 178 pages, cartonné 1 25

Instruction du 22 août 1899 concernant les officiers d'approvisionnement (édition mise à jour jusqu'en février 1906). — In-8° de 148 pages, cartonné 1 25

Manuel du service des pensions (lois et règlements) suivi de l'instruction pour son application. (Édition mise à jour jusqu'en février 1906.) — In-8° de 426 pages, cartonné .... 3 »

Instruction du 22 octobre 1905 sur l'aptitude physique au service militaire. — Brochure in-8° de 63 pages .... » 50

Objets divers. — Algérie. Caisse d'épargne. Colonies et protectorat. Drapeaux et étendards. Imprimerie nationale. Incendies. Octrois. Offrandes nationales. Poids et mesures. Sapeurs-pompiers des communes. Serment. Sociétés de tir et de gymnastique. Traité de paix. Divers. (Volume arrêté à la date du 1er novembre 1905.) 208 pages 2 25

Objets divers. — Congés et permissions. Équipages régimentaires et d'état-major. Harnachement des chevaux des officiers montés de toutes armes et des différents services. Inspections et revues. Presses autographiques. Primes de travail. Ravitaillement de l'armée et des populations civiles des places fortes en cas de guerre. Salles d'honneur. Tabac à fumer dit de cantine. Divers. (Volume arrêté à la date du 31 décembre 1905.) 168 pages 1 25

Habillement et campement. Description du matériel de campement en usage dans l'armée. (3° édition, mise à jour des textes en vigueur jusqu'au 1er septembre 1905.) — Volume in-8° de 244 pages 1 80

Code de justice militaire pour l'armée de terre (9 juin 1857). Annexes, formules et modèles, 5° édition, mise à jour des textes en vigueur jusqu'au 15 avril 1906. — Volume in-8° de 184 pages .... 2 »

Avancement dans l'armée et état des officiers (à jour au 1er juin 1904). 288 pages, cartonné 2 25

Décorations (à jour au 1er mai 1896.) — Volume in-8° de 108 pages, broché .... 1 »
Relié toile 1 75

Discipline générale (à jour en septembre 1902.) — Volume in-8° de 76 pages, broché .... » 75

Instruction. — 1er volume. Dispositions communes à toutes les armes. Dispositions communes à un certain nombre d'armes, mais non à toutes. Dispositions communes à une arme ou à un service. (Volume arrêté à la date du 1er janvier 1904.) — 268 pages 1 75

Instruction. — 2° volume. Dispositions générales. — Bibliothèques militaires. — Publications. Divers. — (Volume arrêté à la date du 1er mars 1904.) — 232 pages, cartonné 1 50

Instruction. — 3° volume. Instruction générale sur les manœuvres (manœuvres avec cadres, manœuvres de garnison, manœuvres d'automne). (Volume arrêté à la date du 1er janvier 1904.) — 144 pages 1 25

Marine. Dispositions intéressant le ministère de la guerre. (Édition à jour jusqu'au 20 mai 1900.) — 160 pages, avec tableaux et modèles., broché 1 25
Relié toile .... 2 »

Instruction du 28 décembre 1895 sur l'administration des hommes des différentes catégories de réserve dans leurs foyers. — Troupe (à jour jusqu'au 1er février 1904). — 302 pages, cartonné 2 50

Chapitre XIII (refondu) de l'instruction du 28 décembre 1895 pour l'administration des hommes des différentes catégories de réserve dans leurs foyers. — 72 pages, broché .... » 50

Officiers de réserve et officiers de l'armée territoriale et assimilés. Recrutement, répartition, administration, inspection, avancement, état des officiers, dispositions générales et dispositions spéciales à chaque arme ou service, avec annexe (officiers de réserve des troupes de la marine) et modèles. (Édition à jour des textes en vigueur jusqu'en juillet 1904. — 324 pages, cartonné 2 50

Service des armées en campagne, suivi des droits au commandement : officiers français, officiers étrangers; de la déclaration signée à Saint-Pétersbourg à l'effet d'interdire l'usage de certains projectiles en temps de guerre. — Prisonniers de guerre, suivi du décret du 4 août 1811 concernant les prisonniers de guerre et otages, de la convention internationale de Genève et de l'instruction sur les historiques des corps de troupe (à jour au 1er juin 1898). — In-8° de 192 pages, avec modèles, broché 1 75
Relié toile 2 50

Instruction sur le service courant au 15 septembre 1901 (à jour en mars 1904). -- 388 pages, broché, 2 75

Service courant. *Tableau des pièces périodiques* (à jour jusqu'en février 1904). -- 160 pages, cartonné........ 1 25

Service dans les places de guerre et les villes ouvertes, suivi des annexes : *État de siège, honneurs et préséances, cercles et bibliothèques militaires* (à jour au 1er août 1904). -- 280 pages, cartonné............ 2 25

Décrets du 20 octobre 1892 portant règlement sur le service intérieur : Infanterie, Cavalerie, Artillerie et Train des équipages (à jour au 15 janvier 1897). -- TEXTE. -- Volume in-8° de 756 pages, broché......... 5 »
Relié toile.............. 6 50

MOUVEMENTS ET TRANSPORTS. -- **Transports maritimes. Dispositions générales.** (Volume arrêté au 1er septembre 1904.) -- 188 pages, cartonné............ 1 50

Règlement provisoire du 26 mai 1904, sur la solde et les revues des corps des troupes coloniales stationnées dans la métropole.
TEXTE. 220 p., cartonné............ 2 »
MODÈLES. 302 pages, cartonné............ 3 50

Décret du 29 décembre 1903, portant règlement sur la solde et les accessoires de solde des troupes coloniales à la charge du département des colonies. -- 102 pages, cartonné............ 1 »

Dispositions spéciales aux troupes coloniales *publiées antérieurement au 1er juillet 1903* (n° 22 inclus du B. O., 1er semestre 1903). -- 716 p., cartonné, 3 fr.; *franco*.. 4 »

Notification de la description des uniformes des troupes coloniales du 30 septembre 1903. -- 288 pages, cartonné............ 2 25

Règlement provisoire du 6 décembre 1903 sur l'administration, la comptabilité intérieure et l'habillement des corps des troupes coloniales stationnées dans la métropole.
TEXTE. 316 pages, cartonné............ 2 »
MODÈLES. 616 pages, cartonné............ 6 »

Instruction provisoire du 5 novembre 1904 sur le service du couchage et de l'ameublement dans les troupes coloniales. -- 108 pages, cartonné......... 1 »

www.ingramcontent.com/pod-product-compliance
Lightning Source LLC
LaVergne TN
LVHW020600060726
842526LV00003B/559